武则天传

韩 昇

生活·讀書·新知 三联书店

图书在版编目（CIP）数据

武则天传 / 韩昇著 . -- 北京：生活·读书·新知
三联书店，2025. 9. -- ISBN 978-7-108-08144-5

Ⅰ . K827=421

中国国家版本馆 CIP 数据核字第 2025K6245M 号

特约编辑　冯立君

责任编辑　张　龙　张天蓉

装帧设计　薛　宇

责任校对　陈　明　张　睿

责任印制　卢　岳

出版发行　生活·讀書·新知 三联书店

　　　　　（北京市东城区美术馆东街 22 号　100010）

网　　址　www.sdxjpc.com

经　　销　新华书店

印　　刷　河北鑫玉鸿程印刷有限公司

版　　次　2025 年 9 月北京第 1 版

　　　　　2025 年 9 月北京第 1 次印刷

开　　本　720 毫米 × 1020 毫米　1/16　印张 31

字　　数　430 千字　图 102 幅

印　　数　00,001 - 10,000 册

定　　价　128.00 元

（印装查询：01064002715；邮购查询：01084010542）

对历史的颂谀或者诋毁，

都将重蹈覆辙。

只有还原真相，理性反思，才能启示未来。

倘若历史不能使人清醒理智，

便会因误读而智障偏执。

历史没有周期，

人却有见识与境界。

目录

第 一 章

家 世

噫吁嚱，危乎高哉！
蜀道之难，难于上青天！

——李白《蜀道难》

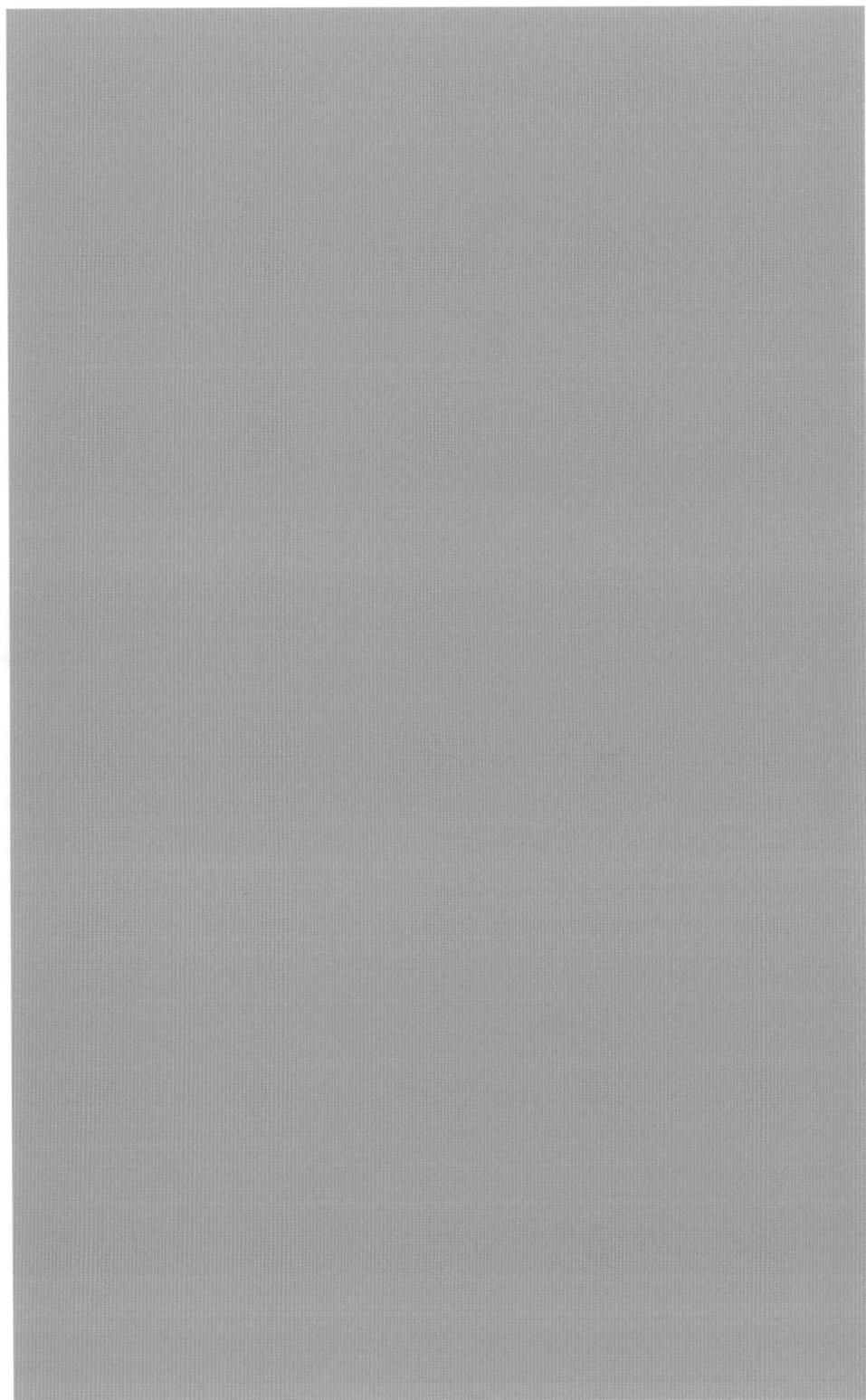

一

　　从汉中进入川北，嘉陵江逶迤盘绕于崇山峻岭之间，水急滩浅。抬头仰望，两岸群山直耸云霄，参天树木，遮天蔽日，江水呜咽，猿声凄厉，幽谷回响，森然可怖。

　　沿江开凿的羊肠小道，正是出入川北的崎岖通路。远远望去，行人仿佛贴在悬崖峭壁上浮空行走，叫人直捏一把冷汗。峰回路转，爬上陡坡，眼前的山路变得更加狭隘，空气稀薄，风声呼啸，夹道耸立的山峰在此碰头，就像在贴耳商议，要把入蜀道路把守得更加严实。身处其间，看群峰并立，整齐一列，犹如一把长锯，直面苍天。"不知造化初，此山谁开坼。双崖倚天立，万仞从地劈。云飞不到顶，鸟去难过壁"[1]。当年，边塞诗人岑参伫立于此，眺望巴山蜀水，发出阵阵感慨："朝登剑阁云随马，夜渡巴江雨洗兵。"[2]

　　这里便是"一夫当关，万夫莫开"的天险剑门关。山顶上的巨大岩石，犹如神工鬼斧所劈，铜墙铁壁似的面北耸立，足抵百万雄师。当年，蜀将姜维在此把守，任你司马懿足智多谋，钟会骁勇善战，也一筹莫展。

　　就是这兵家必争的咽喉要地，成就了多少英雄豪杰，谱写下一曲曲千古史诗。诸葛出师北伐曾驻足于此，造木马，输军饷，运筹帷

1 —— 岑参《入剑门作寄杜杨二郎中时二公并为杜元帅判官》，见陈铁民、侯忠义校注《岑参集校注》卷4，上海古籍出版社1981年版。

2 —— 岑参《奉和相公发益昌》，见《岑参集校注》卷4。

幄，流芳百世。牧马山旁，筹笔驿前，引来文人骚客流连忘返，感慨万千。唐朝诗人罗隐咏叹道：

> 抛掷南阳为主忧，北征东讨尽良筹。
> 时来天地皆同力，运去英雄不自由。
> 千里山河轻孺子，两朝冠剑恨谯周。
> 唯余岩下多情水，犹解年年傍驿流。[1]

1————
罗隐《筹笔驿》，见雍文华校辑《罗隐集》甲乙集，中华书局1983年版。

"时来天地皆同力，运去英雄不自由"，这感叹造化弄人的诗句，给这块土地平添许多宿命论的神秘色彩。岩下多情的嘉陵江水，更把人们带到山下的利州城边（今四川广元）。穿过千佛崖，展现于眼前的是依山傍水的皇泽寺。上负悬崖，下瞰洪流，东岸是城郭千家，桑麻四野，山城利州，尽收眼底，好一派山光水色，气势非凡。

皇泽寺内有五佛亭、小南海、吕祖阁、则天殿，楼阁迭进；六窟四十一龛千余尊造像，错落有致。则天殿里供奉一座石刻坐像，端庄稳重，宽额广颐。据说，这就是武则天的真容像。这位中国历史上唯一的女皇帝缘何在此享受人间香火？莫非又是不可思议的宿命？

唐朝贞观元年（627），京城里发生了一系列政治变动。前一年在皇宫北面的玄武门发动政变的李世民掌握了政权，接受其父传位，南面登基，成为千古传颂的太宗皇帝。

政治上的大变动，必然引起权力关系的变化。正月里，天节将军、燕郡王李艺占据泾州（今甘肃泾川泾河北岸），起兵造反。李艺原名罗艺，为隋朝军将，隋末崛起于幽州，颇有势力。后来，罗艺降唐，助唐击破刘黑闼，受赐李姓。但罗艺居功自傲，与唐太宗颇生嫌隙，故太宗即位，他惶恐不安，起兵反叛。这场叛乱虽然很快就被平定，但影响却波及利州。原来，罗艺的弟弟罗寿（李寿）正在利州担任都督，自然受到牵连，被捉了起来，处以死刑。

朝廷很快又给利州派来了新都督李孝常。李孝常的父亲李圆通在隋朝是非常有名的人物，幼时为隋文帝家收养，长大后出将入相，被

四川广元皇泽寺及大佛窟佛像

隋文帝倚为心腹。大概由于这样的家族背景，故李孝常在唐朝并不安分守己。这年十二月，他因入朝而与唐太宗皇后的异母兄长孙安业、右武卫将军刘德裕及其甥元弘善等人凑在一起，互说符命，竟然异想天开，打算以宿卫禁军谋反，夺取政权。不料叛乱尚未发动，阴谋就已被朝廷侦破，李孝常落了个身首异处。

短短的一年里，就有两位利州都督谋叛，对朝廷震动不小。因此，唐太宗亲自考察官员，仔细挑选出武士彟来担任利州都督，希望他能好好治理一下这天高皇帝远的要地。而武士彟也确实没有辜负唐太宗的一片厚望，凭借多年商场打拼中对民间疾苦的较深了解，在四年左右的任内，招辑叛亡，抚恤老弱，把利州治理得井井有条，百姓乂安，因此受到唐太宗的褒奖。这位治绩不凡的都督，就是武则天的父亲。

据《新唐书》卷74上《宰相世系表》的记载，武士彟颇有来历。据说，武氏出自姬姓。当年，周平王少子出生时，手上赫然有一"武"字，因而分出武氏一枝。这当然是附会之说，可以一笑置之。武家远祖一直追溯到汉代，其谱系大略如下：

汉赵王、梁邹孝侯武臣—德—东武亭侯最—敬襄侯婴—中涓、济阴侯山附—陈留太守、内黄侯都—汝南太守宣—司徒、左长史浮—临漳令静—烈—光禄勋笃—太常、中垒校尉悌—九江太守、临颍侯端—魏侍中、南昌侯周—晋左仆射、薛定侯陔—太山太守、嗣薛侯越—咸远将军、嗣薛侯铺—太子洗马蝦—洛州长史、归义侯念—平北将军、五兵尚书、晋阳公洽—祭酒神龟—本州大中正、司徒越王长史、寿阳公克己—北齐镇远将军、寿阳公居常—后周永昌王谘议参军俭—隋东都丞华—唐工部尚书、应国公士彟

远溯始祖于秦汉之交，倒也符合魏晋世族的惯例；而武臣也确有其人，他是秦末义军领袖陈胜的旧友，受命经略赵地，不料他取得赵地后，竟自称王，为部下所杀。汉朝建立后，所封功臣中，确有梁邹孝侯，只是他名叫武儒，与武臣是毫不相干的两个人。武氏族谱一开

始就把义军的叛臣与功臣混为一谈，则其远祖记载附会史籍，可谓马脚毕露。

武臣以下，或抄自《史记·高祖功臣侯者年表》《汉书·高惠高后文功臣表》，或抄自正史列传。然而，作谱者文化水平似不太高，故人物与官职、封爵常常对不上号；而且，还多出几代祖先，如第二代的武德、十六代的武越，都是作谱者衍生出来的，或许是为了填补时间上的空白。至于将"辅"写作"铺"、将"克己"写成"克已"等错别字，叫人不忍细究。一些重大错误，清人沈炳震已在《唐书宰相世系表订讹》中作了纠正。看来《新唐书·宰相世系表》中收录的这份武氏族谱系武则天发迹后让人编造的，不能过于顶真对待。柳存仁先生曾经十分认真地考证过这份族谱，最后也只能摇头叹息道："《世系表》所载武氏先世之根源，其讹谬之大，漏洞之多，绝难视为可靠之史料，有不待赘言者矣。"[1]

值得注意的是，第十九代武念封"归义侯"，这一封号在魏晋南北朝多用以封赏远方归附的狄戎酋长，武念为何得此封号，颇令人百思不得其解。武则天掌权后，曾纠集一批卖身取宠的僧徒编撰佛书，滥加改窜发挥，以证明武则天上膺天命。其《大云经·疏》（伦敦博物馆藏敦煌写本）称：

1 —————
柳存仁《武则天先世来原之推测》，载《中华文史论丛》1987年第2、3期合刊。

敦煌本 S.2658《大云经神皇授记义疏》片段

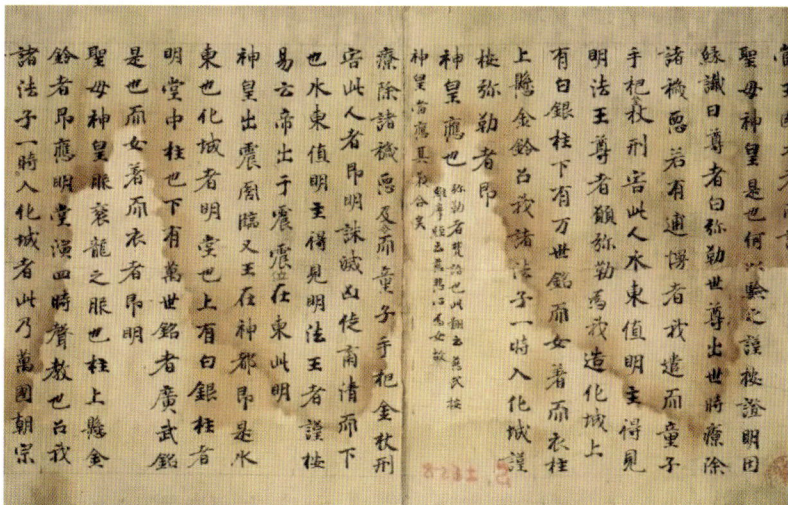

《经》言彼国有河，名曰黑河者，但生死名河，烦恼称黑，即显神皇菩萨慈悲，化生于大河中，除烦恼故。又窃维武氏羽姓，在于北方；北方色黑，羽又为水，故曰黑河。又黑水成姓，即表黑衣，与《孔子谶》相符，名黑河也。伏承神皇幼小时，已披缁服，固惟黑衣之义也。

由于《大云经·疏》是武则天授意编撰，并诏令颁行天下的，故其所言代表武则天本人的意思，可以无疑。引文称武姓出自北方羽姓，查《魏书》卷113《官氏志》赫然记载，"羽弗氏，后改为羽氏"，把羽姓同北方联系起来，则其为胡姓，可谓板上钉钉，无可动摇。柳存仁先生以此铁证，撰写长篇大论，追根溯源，考证武则天出自晋末入据山西的卢水羯胡，且与北魏末年崛起于山西秀容（今山西忻州）的尔朱氏颇有关系[1]。

1 —————
前引柳存仁《武则天先世来原之推测》。

柳氏所论，可以自成一说。然而，仔细阅读上引疏文，不难看出，其中所言，恰与五行说完全对应。五行中的"水"为五行之终，其所对应者为：北、羽、黑……故引文中所谓"北方色黑，羽又为水，故曰黑河"，完全是谶纬之说。

东汉以来，谶纬之说大为流行，世间万般事物，均被纳入与木、火、土、金、水对应的五行体系，构成相生相克的关系。根据这一原理，音乐中的宫、商、角、徵、羽五音自然也和五行对应，而根据音韵等因素，各种姓氏亦被归纳为对应的五姓。这样一来，根据各人的姓氏，就可以用五行说来测算其运数。这种事例，在南北朝隋唐时代屡见不鲜。例如，隋朝有一位专门给文帝编造符命的幸臣叫王劭，他上表言称：北周末年，亳州（今安徽省亳州市）大周村有两条龙相斗，白龙胜而黑龙死，战胜的龙之所以为白色，是因为"杨姓纳音为商，至尊又辛酉岁生，位皆在西方，西方色白也"[2]，可知隋兴周亡实属天意。说得隋文帝龙颜大悦，厚加赏赐。

2 —————
《隋书》卷69《王劭传》中华书局点校本，1973年版。

谶纬经常被利用于政治斗争，所以，历代帝王都将谶纬图书深藏于秘府，严禁民间流传。唐太宗时，太常博士吕才奉命整理各类阴阳杂书，在为《宅经》作叙时，他写道：

> 近世巫觋妄分五姓，如张、王为商，武、庾为羽，似取谐韵；至于以柳为宫，以赵为角，又复不类。或同出一姓，分属宫、商；或复姓数字，莫辨徵、羽。此则事不稽古，义理乖僻者也。[3]

据此可知，在隋唐盛行的五姓分类中，武姓即属羽类，故《大云经·疏》所谓"武氏羽姓"的"羽"，并非胡族的"羽姓"，而是宫、商、角、徵、羽五音中的"羽"，属于当时术士图谶的通说，武则天只是随俗认可罢了。所以，"武氏羽姓"一语并不能证明武则天出自胡族。

我们不妨回过头再仔细研究这件不太可靠的武氏系谱，从中发现一些线索和启迪。

十九代武念封归义侯，在武氏家族史上，或许是颇具意义的事件。诚然，他从何处，以什么身份"归义"均不得而知。然而，似乎自他归义之后，武氏家族才初步安定下来，并开始有了相对可信的记载。武念的儿子武洽，"别封大陵县，赐田五十顷，因居之"。也就是说，自武洽开始，武氏家族终于在山西文水（旧名大陵）县扎下根来了，子孙便在此繁衍[4]。这点可以从其子孙的官爵得到证明，如本州大中正、晋阳公或寿阳公等。当然，这些官封纯属自我吹嘘。北魏时，晋阳和寿阳俱隶并州太原郡，乃尔朱荣、高欢等一代枭雄崛起之根据地，为北齐头等重镇，不是武氏这等家族做梦就能得到的封地。所以，这些官封仅仅表明武氏自定居后再没有离开这片土地而已。

从时间上推算，武氏家族的历史大概也就是从北魏时期开始的，武洽只记得祖上从外地"归义"，逐步定居下来，再往前的历史恐怕就是后人附会上去的，无从证明。实际上，武则天临朝称制后追尊其祖先，只上溯到武洽的孙子武克己；称帝后立天子七庙时，也只是在武克己以上胡乱加上周文王和周武王，不伦不类。至于武克己等祖先的官职纯属瞎编，诸如"司徒越王"云云，北齐根本没有此人，北周

3 ————
《资治通鉴》卷196"太宗贞观十五年（641）四月"条，中华书局点校本，1956年版。

4 ————
李峤《攀龙台碑》（收于《全唐文》卷248，中华书局1983年影印版）称：武士彠的"六代祖洽，仕魏封于晋阳，食采文水，子孙因家焉"，以武洽为开基祖。

虽有越王盛，却官不居司徒，牛头不对马嘴。所有这一切只能说明武氏门第寒微。

二

武士彟似乎比其祖先头脑灵活得多。他出生于北周建德六年（577），长大后，不愿再老老实实当农民，便和邻人许文宝等结伙贩卖木材，省吃俭用，积攒成一方富豪。后来由商入仕，倒也长袖善舞，做成大官，故其乡人称："士彟以鬻材之故，果逢构夏之秋。"[1]

隋炀帝大业末年，天下纷乱，朝廷四下扩军，武士彟趁势跻身军中，好歹当上府兵鹰扬府队正。大业年间，府兵的建制为：卫将军府—鹰扬府—团—旅—队，队正不过是府兵最低级军官，若依唐朝制度，也就是统领五十名士兵的小头目。即便如此，这一职务恐怕还是花钱营钻而来的。

武则天登基后，曾令李峤撰写《攀龙台碑》，为其父武士彟脸上贴金。其中称隋文帝晚年，坐镇东方的汉王谅曾亲率僚属登门造访，逼令他出山。武士彟不得已来到京师，满朝文武一见到他，无不敬仰，宰相杨素自愧不如，嫉妒生恨，竟想加害于他，幸赖观德王杨雄和吏部尚书牛弘庇护才免罹祸难，犹如刘邦逃离鸿门宴一般惊险。当时，武士彟连个小小的队正都不是，竟能为满朝大臣所瞩目，大概是白日做梦。不过武士彟父女吹牛从不脸红，这种令闻者喷饭的功业还有许多。好好一个商人不致力推销木材，却成日想入非非，足证武士彟热衷于官场营钻，投机取巧，绝非安分守己之辈。

果然，不起眼的队正职务到了武士彟手中，便像点石成金的魔术一般，得到十二分利用。他不像别的队正那样埋头练兵，而是挟其财势，广泛交接官人。例如，镇守太原的李渊每次因公务路过文水县时，他总要恭恭敬敬地迎接到自己家中，尽心侍奉，照顾得无微不

1 ————
《太平广记》卷137《征应三·人臣休征·武士彟》，中华书局1961年新1版。

至。文水县隶属于太原郡，武士彟自然对太原郡的官员格外殷勤。

当时，隋炀帝远巡江都，留下李渊担任太原留守。但隋炀帝又对李渊放心不下，便委派虎贲郎将王威和高君雅为副留守，监视李渊。在这种人事安排下，李渊与其副手之间的关系自然形同水火。武士彟对此心中有数，他采取各不得罪的办法，左右逢源，使双方都拿他当朋友。

武士彟的做法是可以理解的。在国家政治权力凌驾于一切的社会，各行各业都在官府的严格控制之下，连社会观念都是颠倒的，不是生产者养活统治者，而是统治者给生产者以活路，人们种"官田"，交"官课"，吃"官饭"，哪一样都离不开"官"。明明是一帮军阀、野心家把一个好好的社会破坏得百孔千疮，使原本自立的农民沦落为官府、官僚和地主豪强的依附人口，却倒过来好像是官绅养活了农民。对于走南闯北的商人，官人更是万万惹不起的，随便一个磕碰都可以让你倾家荡产，弄不好还得搭上小命一条。相反，如果有官人做靠山，那么，商因官富，官以财通，官商勾结，无往不利。所以，商人哪怕心里把官吏恨得咬牙切齿，表面上却亲热得犹胜兄弟一等。武士彟见官如拜佛，自是出于商人的本能。

可是，隋末天下大乱，眼看生意是做不下去了。武士彟比别人多长了一个心眼，岂能坐以待毙。他早就筹算好出路，把本钱投于政治，将来好本利双收。因此，他自己十分关注政治形势的变化，好下赌注。

在郡中，李渊图谋自立的迹象越来越明显。他秘密召回在外地的儿子，招兵买马，进行起事的准备。这些动作当然引起王威和高君雅的怀疑，他们把武

唐高祖李渊像，出自《三才图会》

像祖高唐

士矱找来，商量要将李渊的心腹干将刘弘基和长孙顺德捉拿审问。武士矱已经感觉到隋朝气数不长了，但烽火中原，究竟鹿死谁手，毫无把握，因此，他得尽量给自己多留几条路，对于一向关系亲密的李渊更不能得罪。所以，他劝阻王威和高君雅，没有采取任何行动。这时，留守司兵田德平也发觉情况有异，准备劝王威追查李渊募兵之事，武士矱知道后，先对田德平说道："讨捕之兵，总隶唐公；王威、高君雅等并寄坐耳，彼何能为！"[1] 一番利害分析，打消了田德平告发李渊的念头。武士矱的这些行为，有助于李渊太原起兵的成功。

其实，武士矱早就曾私下劝李渊起兵，还郑重其事地献上一本自己编撰的兵书。李渊乃将门后代，对于这种门外谈兵的笔记杂抄岂能引起兴趣，但他深明武士矱看似班门弄斧的行为暗藏着劝说的用意：这本书唯一的价值不在其内容，而在书名为"兵书"，商人论兵其实是劝李渊起兵，同时也表明自己的立场。起兵谋反这种事情岂能明言，却在搞笑的献书中暗示无误。李渊何等聪慧，心领神会，笑着回答道："幸勿多言，兵书禁物，尚能将来，深识雅意，当同富贵耳。"[2] 高手对话，尽在不言之中获得默契。

不久，李渊杀王威和高君雅，正式起兵。在新组建的统帅部里，他委任武士矱为大将军府铠曹，发挥其商业特长，协助处理军需事务，但不让他参与决策。就这样，武士矱随着起义大军，浩浩荡荡地进入京城长安，成为"起义元从"，官拜光禄大夫，封太原郡公。然而，这个开国元勋的头衔不是战场拼杀得来的，难以为人信服，武士矱心有不甘，便向人吹嘘，"尝梦高祖入西京，升为天子"，表明自己当初是如何识人投效的。唐高祖李渊听后，不由得好笑，当面揭穿道："汝王威之党也。以汝能谏止弘基等，微心可录，故加酬效；乃说迂诞而取媚也？"[3]

不过，在赏赐功臣的时候，唐高祖李渊还是给武士矱记了一大功。根据当时的一道政令，头等功臣裴寂和刘文静可恕二死，次一等功臣可恕一死，武士矱荣列其中。以后，武士矱不断升迁，颇得信任。只是这些经历的具体时间已难确知。《攀龙台碑》称，武德元年

1 ——————
《旧唐书》卷58
《武士矱传》，中
华书局点校本，
1975年版。

2 ——————
《旧唐书》卷58
《武士矱传》。

3 ——————
《旧唐书》卷58
《武士矱传》。

《旧唐书》书影，清刻本

4

据《旧唐书》卷57《刘文静传》记载，武德九年（626）十月，太宗定功臣实封时，长长的名单中竟无武士彟名字，可知其实际地位。而武士彟任工部尚书事，《旧唐书》卷58《武士彟传》载："武德中，累迁工部尚书。"但同书卷6《则天皇后本纪》则载为"贞观中，累迁工部尚书。"同一书中，相互抵牾竟至如此。而《新唐书》则干脆抽去时间记载。显然，武士彟任工部尚书事，早已不得其详。倒是《册府元龟》卷464《台省部·谦退二》保留下珍贵的实录："唐武士彟，武德中为工部尚书，判六尚书，赐实封八百户。士彟为性廉俭，期于止足，殊恩虽被，固辞不受，前后三让，方遂所陈。"

5

《新唐书》卷88《刘义节传》。刘义节原名刘世龙，《旧唐书》卷57亦有传，但无"富于财"记载，《新唐书》本传所补甚是。

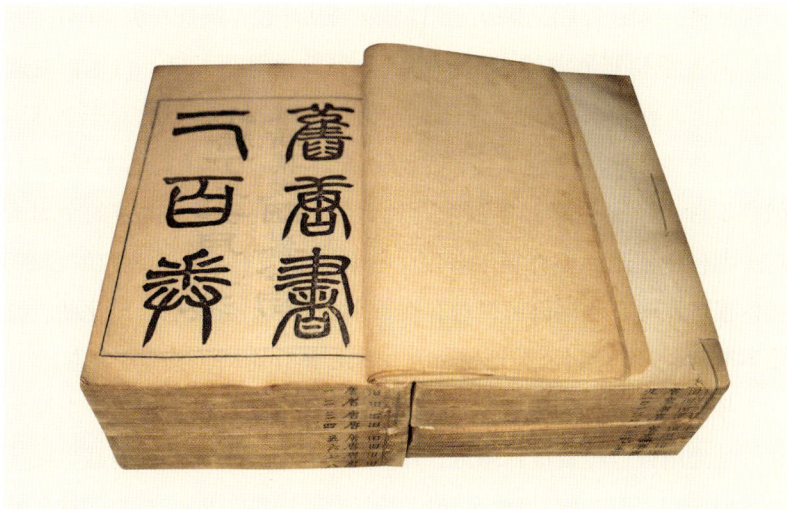

（618），武士彟荣任内史令（中书令），跻身宰相之列。可是，根据《旧唐书》本传记载，此时他只不过是兵部下属的库部郎中而已。由此可知，在考订武士彟乃至武则天事迹时，《攀龙台碑》只能作为参考，不宜径以为据。

据《攀龙台碑》称，武德三年（620），武士彟被任命为工部尚书。查《旧唐书》卷1《高祖纪》的记载，这年二月，"工部尚书独孤怀恩谋反，伏诛"。大概由于这一事件，武士彟突然获得升迁的机会。从一个从五品上的库部郎中直接成为正三品的工部尚书，这个跃升太大了，尤其是在开国初年，元老功臣比比皆是，像武士彟这种因缘际会而得进身者，根本算不上什么人物。武士彟是个聪明人，对此心中有数，再三上表固辞，推掉了对自己将来发展颇为不利的高升，获得谦让的美名。实际上，这样的声誉更有利于他在上层社会站稳脚跟[4]。

其后，高祖封他为应国公。在唐朝开国元勋中，封国公者并不多，没有什么功勋的武士彟缘何得此殊荣呢？他的一位同乡刘世龙的事迹或可作为参考。刘世龙在隋大业末年补晋阳乡长，"富于财"[5]，于李渊和王威两派之间左右逢源。李渊起兵时，他向李渊告发王威等人的密谋，助擒王威一党；以后，他又教李渊采伐京中树木换取布帛，大得其利，解决了军需困难，所以，在唐初武德年间被封为葛国公。

武士彠和刘世龙的经历说明了几个重要问题。第一，他们对起兵的态度，在相当程度上代表着山西地方势力的立场，这对于李渊可谓生死攸关。北周隋唐三代，表面上看是关中势力始终居主导地位，但在实际上，北周能够在关中立足实赖山西一带大家世族的全力支持；而杨坚建隋后则在很大程度上摆脱关陇勋贵对中央政权的控制，我们很难证明在北周以后仍然存在一个垄断国家政权的、僵化的、一成不变的关陇集团[1]。无须赘言，李渊要建立唐朝，首先必须依靠其在太原的班底，故山西地方势力的向背是决定性的。其次，李渊初起，处处用钱，经费极其困难，即所谓"草创之始，倾竭府藏以赐勋人，而国用不足"[2]。当此危急时刻，武士彠等一班商人的贡献自然非同一般，因而受到殊赏。由此可见商人阶层在隋末群雄并起中的特殊作用。

三

在京城任职期间，武士彠的家庭发生了种种变化。早年，武士彠在老家和一位叫相里氏的乡下妇女成亲，还生了四个儿子。发迹后，他不知出于什么考虑，不曾把糟糠之妻接到京城来。从他后来携带名门妻室四处赴任的情况来看，大概是害怕惹人耻笑，毕竟官场对家世身份的重视不是我们今天所能想象的。武士彠狠下心来，一心扑在职守上，妻子病死，他没有回去，两个儿子先后夭折，他还是没有回去探望。有关部门将其事迹呈报上去，唐高祖深受感动，传令嘉奖道："此人忠节有余，去年儿夭，今日妇亡，相去非遥，未尝言及，遗身狥国，举无与比。"[3] 而且，还亲自做媒，把隋朝宰相杨达的女儿杨氏嫁给他。成亲的具体日子，虽已模糊不清，只知道在武德三年以后，但是，这门婚事带给武家的好处却是实实在在的。看来，武士彠真的

1
李渊建唐班底的研究，参阅布目潮沨《隋唐史研究》，日本京都，同朋社，1979年再版；隋朝用人政策的研究则请参阅韩昇《隋文帝传》第八章，人民出版社1998年初版；2015年二版；台湾商务印书馆，2005年初版，2021年二版。

2
《旧唐书》卷57《刘世龙传》。

3
《册府元龟》卷627《环卫部·忠节》。

是因祸得福了。

杨氏自称出自弘农（今河南省灵宝市东北故函谷关城）。弘农杨氏自从东汉年间出了号称"关西孔子"的杨震以后，声名大作，成为天下首屈一指的名门，历代政治家争相与婚。晋武帝两娶皇后，竟是杨氏姊妹；杨坚建隋，自称出自弘农杨氏，以膺时望，凡此种种，无不说明杨氏血统之高贵。武士彟这样一个商人出身的政治暴发户，若非隋亡而杨家衰落，以及唐高祖亲自主婚，恐怕壮起胆子都不敢奢望踏入杨氏家门。皇帝主婚的面子，加上杨家的声望，顿时让武士彟羞于启齿的家世熠熠生辉，仕途更加宽广。

后来，武士彟的孙子武三思曾撰写《大周无上孝明高皇后碑铭》[4]，为杨氏刻石纪功，其中记载杨氏死于唐高宗咸亨元年（670），享年九十二岁。据此推算，她应生于北周静帝大象元年（579），比武士彟小两岁。这一推算被纷纷引用，成为研究武则天生年的重要根据。因为杨氏婚后育有三女，按照间隔两年产子计算，需要六年，则杨氏结婚时的年龄应在四十五岁以前，这样正好可以赶在更年期以前生育[5]。以此为据，考证杨氏出嫁于武德三年或其后不久，当时杨氏四十出头，则其次女武则天的生年可以判定在唐高祖武德后期，或说是武德六年（623），或说是武德七年（624）等，恰与正史所记武则天享年八十余岁的记载相符。总之，绝无可能出生于唐太宗贞观年间。

其实，关于武则天的享年，正史并无定说。《旧唐书》卷6《则天皇后纪》载为八十三岁，《新唐书》卷76《则天武皇后传》则载为八十一岁。新旧《唐书》都记载武则天十四岁入宫，没有记载具体年份，而《资治通鉴》将此事系于贞观十一年（637），由此推算武则天生于武德七年，故记载其享年为八十二岁。武则天的卒年（神龙元年，705）是确定的，故不难算出其生年当在武德六年至武德九年（626）之间，若再后推，便会遇到更年期问题，路尽于此。可是，仔细一看，各书记载都是推算出来的[6]。想当年，武则天浓妆淡抹，神采奕奕，左右无不惊奇岁月流逝怎么不曾在她脸上留下痕迹？可知当

4 ——
武三思《大周无上孝明高皇后碑铭并序》，收于《全唐文》卷239。

5 ——
罗元贞在《武则天集》（山西人民出版社1987年版）之《附录一》中发现并强调妇女的更年期，指出杨氏于武德八年（625）产下末女后，"此年杨氏已四十六岁，已开始进入更年期。按一般妇女生育规律，四十五岁至五十岁为更年期，即停止生育期。"（第303页）不知有无例外？

6 ——
《资治通鉴考异》对于武则天的生年详细说明道："《旧·则天本纪》，崩时年八十三。《唐历》、焦璐《唐朝年代记》、《统纪》、马总《唐年小录》、《圣运图》、《会要》皆云八十一。《唐录》、《政要》，贞观十三年入宫。据武入宫年十四。今从吴兢《则天实录》为八十二。"

时已经无人能够确知武则天的年龄了，而后来的研究者竟也无人怀疑其母杨氏年龄的可靠性。

杨氏的年龄，首见于上述武三思的记述。武三思撰写碑文，乃秉承武则天的旨意，一心为杨氏歌功颂德，装扮神化。胡吹瞎编本是武三思的专长，故此碑文的可信程度不高，无须赘论。而且，如果相信武三思的话，那么我们首先将遇到的难题是，杨氏于显庆五年（660）被封为荣国夫人时，已经八十二岁，如何会与其外孙贺兰敏之苟合偷欢呢？[1] 就算没有此事，我们仍将遇到新的难题：杨氏父亲杨达是隋朝皇室重臣，隋文帝时，任职内外，政声颇佳，官至工部尚书，连目空一切的宰相杨素都称赞他说："有君子之貌，兼君子之心者，唯杨达耳。"[2] 隋炀帝时，杨达更受重用，升任纳言，位居宰辅，大业八年（612）五月去世。若按武三思所述，则此时杨氏已是三十三岁的老姑娘了，我们简直无法想象如此荣华富贵的官宦贵族，会拒绝无数的求婚者而宁愿让亲生闺女人老珠黄。因此，最为合理的解释应该是此时"杨家有女初长成，养在深闺人未识"，其父还来不及为她寻得好夫家便撒手人寰，紧接着天下鼎沸，隋朝灭亡，岁月蹉跎，好不容易熬到唐朝建立，天下初安，杨氏才得以由唐高祖主婚，嫁给武士彠。据此算来，杨氏享年的"九十二"，或应为"七十二"。"九"和"七"字形相近，如果武三思没有作伪，那就是传写有误。

据此推算，杨氏嫁给武士彠时，约在二十二岁以后。在那时，这般年岁绝对称不上年轻，但也不至于影响生育。毫无疑问，以杨氏不真实的年龄来确定武则天的生年是站不住脚的。

四

婚后不久，武士彠被委以重任，辅佐襄邑王出镇江南，于武德九

---

[1] 《旧唐书》卷183《武承嗣传》记载："敏之既年少色美，烝于荣国夫人。"

[2] 《隋书》卷43《观德王雄附杨达传》。

年来到扬州，担任主持日常事务的扬州都督府长史。起自商贾的武士
彟，治理州务来也颇为拿手。他一上任便"开辟田畴，示以刑礼，数
月之间，歌谣载路"[3]，还把动乱时迁往江南的扬州治所迁回到江北的
江都，大得好评，"时论以为明干"[4]。更重要的是，此次外任使他躲
开了京城内剑拔弩张的政治旋涡。

　　就在武士彟离开京城半年，李唐皇室内部争夺皇位继承权的斗争
演变为流血政变。六月四日，李世民在皇宫北面的玄武门埋伏甲士，
引诱长兄太子李建成、弟弟李元吉入宫，一举将他们射杀，史称"玄
武门之变"。事情闹到这般地步，高祖已经无法再控制局面了，只得
让出皇位，当太上皇享清福去。新继位的李世民，就是中国历史上家
喻户晓的明君楷模唐太宗。

　　太宗一上台，立即对中央和地方的人事重作安排，以巩固根基。
武士彟干练著称，又不参与派系斗争，显得没有政治野心，所以很得
太宗好感。被召进京中，面授机宜，并获得提升，出任豫息舒道等四
州诸军事、豫州（今河南省汝南县）都督。不久，又因为利州屡屡发
生都督谋叛事件，太宗下决心彻底整治，所以特地派他前来担任都
督。就这样，武士彟携带家小，来到利州，一任就是四年多。多年来
操劳忙碌，这下子总算可以过上比较平稳的家庭生活了。

　　这几年光阴，他过得充实而富有成果，一州上下，政通人
和，桑麻遍野。人逢喜事精神爽，他也越发显得年轻力壮，自家
的日子一样过得红红火火。杨氏早先给他生了个女孩，到利州
后，又接二连三给他生了两个女儿。贞观二年（628）正月出生的
二女儿[5]，长得天庭饱满，凤眼有神，俨然像个男孩，尤其招人
喜爱。

　　据说，有个名满天下、专为帝王高官算命的相士袁天纲，大约在
贞观五年（631）底路过利州前往京城时[6]，武士彟专门款待他，请他
给全家人看相。袁天纲为杨氏相面后，称赞道："夫人骨法非常，必
生贵子"；给武士彟前妻所生的两个儿子看相后说："可至刺史"；相
杨氏长女道："此女夫贵，然不利其夫"；最后，武士彟让人把二女

3 ——
《册府元龟》卷
677《牧守部·
能政》。

4 ——
《册府元龟》卷
690《牧守部·
强明》。

5 ——
张明善、黄展岳
《四川广元县皇泽
寺调查记》（《考
古》1960年第7
期）说，广元民
众每年在武则天
生日，即农历正
月二十三日，做
舟游纪念。

6 ——
袁天纲，又名袁
天罡。《太平广记》
卷221《袁天纲》
记载："贞观六年，
（袁天纲）秩满入
京，太宗召见"，
则其于贞观五年
底途经利州入京，
当可成立。因为
到了贞观六年，
武士彟已经转任
他职。袁天纲给
武士彟全家看相
的故事，还记载
于《旧唐书》和
《新唐书》的《袁
天纲传》中，似
乎颇为人知。

儿抱了出来，袁天纲一见，大惊道："日角龙颜，龙晴凤颈，伏牺之相，贵人之极也。"赶忙让她在床前试走几步，沉吟了一会儿，不无遗憾地说道："若是女，当为天下主也。"袁天纲的话，给了武士彟无限的安慰。从二女儿的装束打扮可以看出，自大女儿出生以后，武士彟夫妇一心祈盼的是生个儿子承祧嗣胤，谁知道又是个女儿，只好权当男儿抚养。现在，袁天纲说这孩子有出息，不啻给失望的武士彟平添喜悦，因为抱出来的正是女孩，而且还有一个颇为响亮的名字，叫作武曌。这是一个后来让天下无比敬畏的名字，而她也如预言一般成为"天下主"，被尊为"则天大圣皇帝"，后人因此称她为武则天。

　　以上袁天纲算命的故事，出自唐人撰写的《谭宾录》一书。在看相十分流行的古代，尤其是在热衷于功名的官僚家庭，延请相士占卦算命可谓家常便饭，何况杨氏还是个佛教信徒。因此，袁天纲相命一事，应可置信。至于相命的内容，则见仁见智，或以为与后来武氏兄妹的事迹毫厘无差，故其中掺杂了武则天为其登基而制造天命根据的

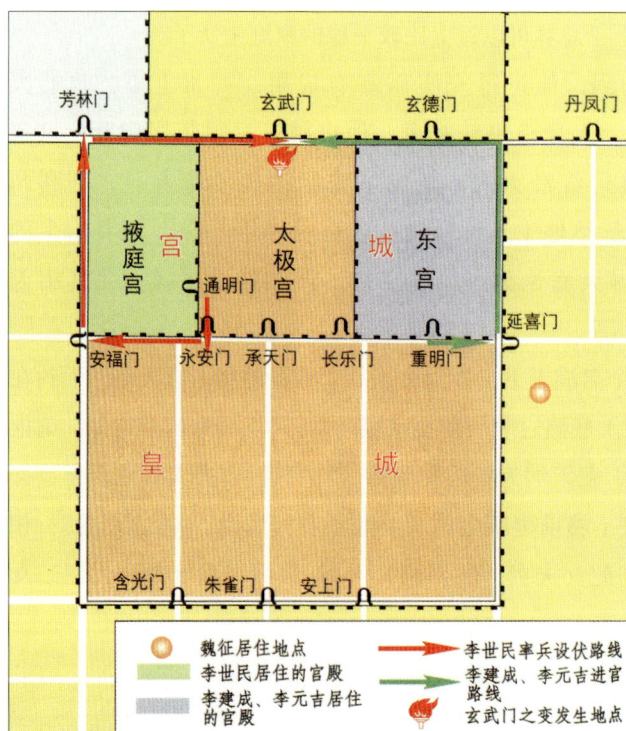

玄武门之变示意图，出自《地图上的中国史》

私货，不无道理。更可注意的是，袁天纲算命时，武则天尚在怀抱之中，大约两三岁光景，而其妹妹还没出生，这些都可说明，武则天应出生于贞观初年。

唐朝人似乎也以为武则天出生在利州。晚唐诗人李商隐路过利州时，曾留下一首意思相当隐晦的诗篇《利州江潭作》：

神剑飞来不易销，碧潭珍重驻兰桡。

自携明月移灯疾，欲就行云散锦遥。

河伯轩窗通贝阙，水宫帷箔卷水绡。

他时燕脯无人寄，雨满空城蕙叶凋。[1]

唐太宗像

可是，李商隐另外写了一篇题为《宜都内人》的杂记[2]，称："武后篡既久，颇放纵，耽内习"，故有宜都内人面谏武则天去男宠以固君位。把《宜都内人》与上引诗篇相联系，则此诗以龙女暗喻武则天，"既赞服武后之刚决果断，又疾其耽内习"之义[3]，昭然可见。而引起李商隐怀古幽思的是利州遗留的武则天传说遗迹，故他在诗后自注道："感孕金轮所。"

我们知道，武则天建立周朝后，自称"金轮圣神皇帝"，由此可知，李商隐乃是由武则天的诞生传说而引发思古之幽情，故胡震亨在《唐音癸签》中引《蜀志》说道："则天父士彠泊舟江潭，后母感龙交娠后。"杨氏与龙王相交而生武则天，大概是后来为证明武则天有神

1 ————
李商隐《利州江潭作》，见刘学锴、余恕诚著《李商隐诗歌集解》，中华书局1988年版。

2 ————
见李商隐著，钱振伦、钱振常笺注《樊南文集》卷8《杂记》，上海古籍出版社1988年版。

3 ————
《利州江潭作》按语，见上引《李商隐诗歌集解》第1122页。

种而编造的故事，然而，这一神话在只有几千户的山区居民中深深地扎根流传[1]。

宋朝王存所撰《元丰九域志》记载："（利州）皇泽寺，有唐武后真容殿。按武士彟为利州都督，生皇后于此"[2]；而王象之撰写的《舆地纪胜》也记载：

> 天后梳洗楼　在州城西北渡江二里。
> 天后故宅　报恩寺在州城北一里即唐
> 顺圣皇后庙　唐李义山有感孕金轮所诗，意即此地也。
> 唐李义山碑[3]
> ……

1954年，修筑宝鸡至成都的铁路时，在广元市皇泽寺吕祖阁前的斜坡中，出土了有名的《利州都督府皇泽寺唐则天皇后武氏新庙记》石碑。石碑立于后蜀广政二十二年（959），文称："寺内之庙，不知所创之因，古老莫传，图经罕记。"[4]但从藏经洞碑残存碑文所记"贞观二年"，可知此寺在贞观初已建立。明朝天启年间邑令陈鸿恩所作《皇泽寺书事碑记》称：

> 皇泽寺相传为武后创，其偏祀其像云。……乃寺前石一区，中空为洞，颜写《心经》一卷，题"贞观五年"。盖此寺前已有矣。考志武士彟尝为利州都督，或者后生其时、后修其报耶？今县有则天乡是已。"[5]

陈鸿恩从立寺年代推测该寺乃武则天为纪念其父及自己的诞生而修建，颇有见地。但从"贞观五年"的时间推断，则更有可能是武士彟修作家庙的。南北朝以来，达官贵人延请家僧、修建家庙的事例极为常见，更何况出身商人的武士彟及其信佛的妻子杨氏。而且，他们夫妇离任时将自家宅院舍为报恩寺，亦可说明此点。

皇泽寺的缘起既明，则其中"偏祀"武则天神像就显得十分自然。

1 根据唐宪宗朝宰相李吉甫所撰《元和郡县图志》卷22《山南道三·利州》记载，利州属下府，"开元户一千八百八十一，乡三十二。元和户二千四百四十四，乡二十七"，"管县五：绵谷，益昌，葭萌，胤山，景谷"。据此可知，利州在贞观年间的人户最多也就是几千户。

2 王存撰，王文楚、魏嵩山点校《元丰九域志》（下册）附录《新定九域志》卷8"利州"，中华书局1984年版。

3 王象之撰《舆地纪胜》卷184"利州"，中华书局1992年影印版。

4 《利州都督府皇泽寺唐则天皇后武氏新庙记》碑文，见前引《四川广元县皇泽寺调查记》。

5 同见上引《四川广元县皇泽寺调查记》，及郭沫若《武则天》附录《重要资料十四则》之七，《郭沫若全集·文学编》第八卷，人民文学出版社1987年版。

那么，我们再回过头来看看后蜀广政碑，碑文第三、第四行记载：

3、天后武氏其人也，事具实录，此不备书。贞观时，父士護为都督，于是□□□

4、后焉。……

碑文逢武后处另行顶格刻写，故第三行后面缺字不多。郭沫若以为可补为"于是 州 始 生 后焉"，并据此证明武则天出生在利州。[6]

在利州，百姓虔诚地将武则天奉为神明，顶礼膜拜。碑文记述道："蒙之灵宫，管境所依，祷祈必验"，"其间以水旱灾沴之事，为军民祈祷于天后之庙者，无不响应"。而且，人们还以她来命名地方，如石碑背面所刻寺帐中有"则天坝白沙里"，而同时在皇泽寺北发现的宋墓买地券石刻亦载"白沙里则天坝"，明人石刻则称"则天乡"，且沿用至今。将这些事实联系起来考虑，应该说，推断武则天出生于利州是有相当根据的。

此外，还有一段不为人们重视的细节，也给武则天出生于贞观二年的推断提供有力的佐证。武则天夺宫后，派人害死王皇后和萧良娣，萧良娣临死前诅咒死后变猫，咬死武则天这只老鼠。武则天因此禁止宫中养猫。萧良娣的毒咒和武则天的恐惧，都源于武则天生肖属鼠。查贞观二年恰为戊子年，亦即鼠年，适证武则天生于是年。

武士護在利州的政声传入唐太宗的耳中，而且，他也确实表现得忠心耿耿。

自太宗登基以来，国泰民安，颂声四起。贞观五年（631）开春，赵郡王孝恭上表，请求封禅。自古以来，封禅是天子功成告天的盛典，自从东汉光武帝建武三十二年（56）封泰山以来，数百年间，竟无一朝帝王举办过。所以，太宗也颇感踌躇，亲自作答，婉言拒绝。远在利州的武士護大概知道了此事，所以，他趁年底入京述职的机会，上表再请封禅。太宗虽然依旧拒绝，但心里总归是乐滋滋的。算来武士護任期将满，治绩亦佳，当下决定改任他为荆、峡、沣、朗、

6 ———
郭沫若《武则天》附录二《重要资料十四则》，收于《郭沫若全集》文学编，第八卷；《武则天生在广元的根据》《关于武则天的两个问题》，均收于《郭沫若全集》历史编，第三卷，人民出版社1984年版。

岳、果、松七州诸军事，荆州都督。[1]

荆州是长江中上游重镇，自古为兵家要地，唐朝建立初期，曾在此地设立大总管，统辖西南地区二十余州。贞观年间，随着政局的安定，其辖区才逐渐缩小，但仍为统辖周围七州的大府。武士彟从下州都督出掌荆州，显然是对其政绩的褒奖。

从贞观六年（632）起，武士彟一直在荆州都督任上，但有关他的情况并不清楚，《攀龙台碑》只是说他宽徭劝农，治理有方，而大加赞颂。可是，从一些迹象看，他似乎过得并不是那么开心。

从玄武门之变至今，唐太宗的体制日益巩固，尤其在中央人事上，太宗的人马完全取代了高祖的班子。虽说这是政治人事的必然，但元老们难免会感到失落惆怅。这些年来，唐太宗待武士彟不薄，而他所获得的官位爵封也够高的了。但是，他毕竟是武德年间的京官，这几年在地方上转来转去，回京任职的希望似乎越来越渺茫。在唐朝，朝官与地方官在官品上虽然没有多少落差，但在实际社会中，特别是在官场上，受人重视的程度判若天渊。朝官是权力与荣耀的象征，是地方官向慕渴求的归宿，哪怕是降级任用，也要苦苦钻营着跻身京官之列。对于一个曾经在京城显赫过的人物，到地方上短期打转还可以，日子一长，还不能回京，不啻流放一般的痛苦。

而且，武士彟已进入迟暮之年，不知不觉中，日渐沉浸于对往事的追怀感伤里。贞观九年（635），京城传来唐高祖李渊驾崩的消息。玄武门事变后，高祖名义上是太上皇，但已被排除于政治之外，成为过去的象征。所以，他的逝世，仿佛把那个时代也一同带走了。那些和他同呼吸共命运一道从那个时代跋涉过来的人，能不感到无限的伤悲？

武士彟接到噩耗后，在高祖灵位前不顾一切地失声恸哭，无名的惆怅得到尽情的宣泄，生命中晚霞映照的天空随着日落而黯然失色。他哭得天昏地暗，只记得病势沉沉中，唐太宗曾派医生前来探视，但他已经丧失了生命的支撑力量，只要清醒过来，就落泪不止，终于有一天，他在哀恸中大口大口地呕血，溘然长逝。

只可怜夫人杨氏，拖着五个孩子，不知路在何方。

1 ————
《攀龙台碑》称，贞观五年，武士彟"改授荆、峡、沣、朗、岳、果、松等七州诸军事，荆州大都督。"据《资治通鉴》卷193"唐太宗贞观五年（631）十二月"记载，"己亥，朝集使利州都督武士彟等复上表请封禅，不许"，可知是时武士彟仍为利州都督，则其任命当在此后，翌年赴任。另据《旧唐书》卷39《地理志三》"荆州江陵府"记载，"（贞观）二年，降为都督府，惟督前七州而已"，可知武士彟所任乃都督，并非《攀龙台碑》所夸大的"大都督"。

第二章

砥 砺

山重水复疑无路，
柳暗花明又一村。

——陆游《游山西村》

五

武士彟撒手归西，留给杨氏的是一副沉重的家庭重担。

家里除了杨氏和三个年幼的亲生女儿外，还有两个已经长大的儿子，他们是武士彟前妻相里氏所生，依序为元庆和元爽。照道理说，兄长妹幼，杨氏又无子嗣，不存在承祧门户之争，应是一个和睦融洽的家庭。然而，事实却非如此。

武士彟死后，朝廷给了他很高的荣誉，追封他为礼部尚书。根据他的遗嘱，杨氏携带子女，扶其灵柩，回到家乡山西文水，依山造坟，厚加安葬。唐太宗还令时任并州大都督的英国公李勣监护丧事，专门派一位郎中前来吊唁，所需费用，概由官府支出。年幼的武则天绝不会想到，丧礼中与李勣的一面之缘，对其后日的崛起产生了举足轻重的影响。这位起自草莽的山东豪杰，似乎对同样出身寒微的武士彟有着英雄相惜的心灵共鸣[1]。这些后话，容再细述。当时，杨氏并没有心情去结识官场贵显，她正感受到武家的白眼和武元庆兄弟的反叛。

武元庆兄弟对杨氏的怨恨，大概还达不到阶级仇恨的高度。[2]究其根本，恐怕还在武士彟身上。前面曾经介绍过，武士彟早年在京城当官时，对家庭没有尽责。他把乡下妻子搁在老家，哪怕生病垂危，

1 ————
参阅卞孝萱《有关武则天的两件资料》，载《光明日报》1962年7月18日，笔名"敬堂"。

2 ————
王涤武《武则天时代》（厦门大学出版社1991年版）第60页称："武氏家族内部矛盾的性质是士、庶矛盾在一个新士族家庭中的曲折表现。"

他也不闻不问；两个儿子夭折，他未曾回家探望，直到娶了杨氏以后，才把仅存的武元庆兄弟接到城里一起生活。孩子们不会知道事情的经过与父亲的苦衷，幼小的心灵只感觉到父亲是因为有了城里的女人才冷落他们，自然而然将一腔怨恨倾泻在杨氏身上。

更糟糕的是，武氏家族对杨氏也没有好脸色。

武士彟兄弟四人，依次为武士稜、武士让、武士逸和武士彟。武士稜为人憨厚，勤于稼穑，唐初官至司农少卿；武士逸早年参加唐军，任职于齐王李元吉麾下，在坚守太原、抵抗刘武周南下的作战中兵败被俘，但他仍秘密向唐军通风报信，故刘武周被平定后，他被提拔为益州行台左丞。据《攀龙台碑》记载，武德三年，唐高祖对武士彟说："朕在并州之日，恒往卿家，今欲使卿一门三公，用微答主人之意也。"因此封其长兄武士稜为宣城郡公，次兄武士逸为安陆郡公。然而，《新唐书·外戚传》仅记载武士稜为宣城县公，而武士逸任韶州刺史，未见封爵。这两位兄长似乎都死于武德年间。值得注意的是，《新唐书·外戚传》显然漏载了武士彟的另一位哥哥武士让。[1]

1 —— 林宝撰，岑仲勉校记，郁贤皓、陶敏整理《元和姓纂》（中华书局1994年版）卷6"武氏"记载："（武）华生士稜、士让、士逸、彟。……士让，唐太庙令、路公，生惟良、怀道。"士让的官封是死后追赠的，他生前未仕，故《唐书》不载。

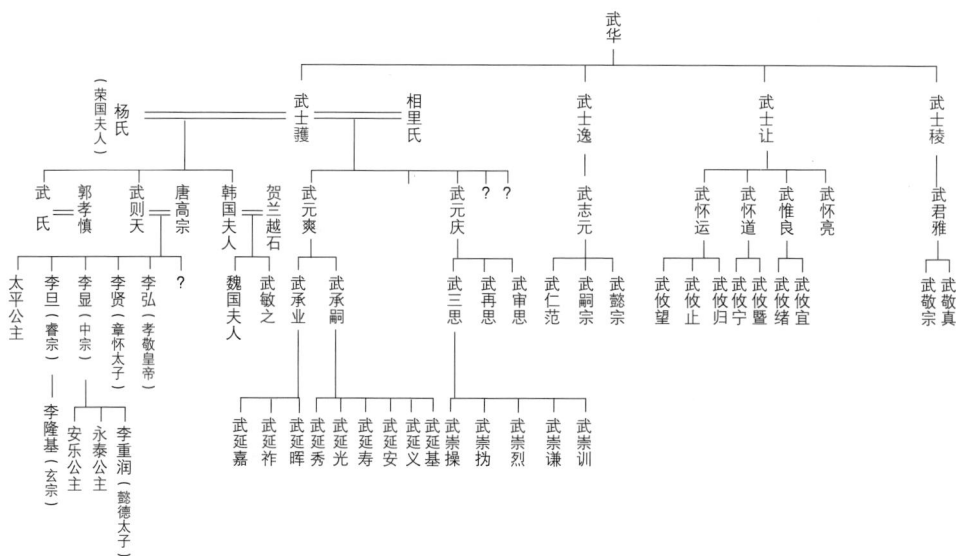

武士彟家族系图

武华
— 杨氏（荣国夫人）— 武士彟 — 相里氏 | 武士逸 | 武士让 | 武士稜

武氏＝郭孝慎 | 武则天＝唐高宗 | 韩国夫人 | 贺兰越石 | 武元爽 | 武元庆 | ？ ？ | 武志元 | 武怀运 | 武怀道 | 武惟良 | 武怀亮 | 武君雅

太平公主 | 李旦（睿宗） | 李显（中宗） | 李贤（章怀太子） | 李弘（孝敬皇帝） | ？ | 魏国夫人 | 武敏之 | 武承业 | 武承嗣 | 武三思 | 武再思 | 武审思 | 武仁范 | 武嗣宗 | 武懿宗 | 武攸望 | 武攸止 | 武攸宁 | 武攸归 | 武攸绪 | 武攸宜 | 武敬真 | 武敬宗

李隆基（玄宗） | 安乐公主 | 永泰公主 | 李重润（懿德太子） | 武延嘉 | 武延祚 | 武延晖 | 武延秀 | 武延光 | 武延寿 | 武延安 | 武延义 | 武崇基 | 武崇操 | 武崇烈 | 武崇拯 | 武崇谦 | 武崇训

从以上情况来看，武士彠四兄弟，三人出外当官，只有老二武士让留在家乡。杨氏扶武士彠灵柩归葬乡里时，武氏家族由武士让的儿子武惟良兄弟主持，大概武士让已经去世。叔伯们当大官，骑高马，好不风光，武惟良、武怀运兄弟心中早就暗生嫉妒，愤愤不平。现在武士彠死了，留下的孤儿寡母不得不回乡投靠亲戚，总算也有了今天！兄弟顿时抖了起来，拿足威风，全然没有好脸色。而武元庆、武元爽兄弟也趁势将平日压抑心中的怨恨发作起来，叔伯兄弟齐心要把杨氏这外来女人排挤出去[2]。

丧夫之痛，加上子侄的无礼，杨氏心灰意冷，只能在念佛诵经中聊得慰藉。

武士彠夫妇之信佛，不仅可以从利州寺院遗存获知，而且，在其一生中也有不少事迹可寻。武士彠在荆州都督任上，曾因为天旱而"乃亲往长沙寺，迎阿育王像而祈焉"[3]，即是明证。杨氏出身于极端崇拜佛教的隋朝皇室[4]，其佛教信仰之虔诚，更在武士彠之上。故遭此逆境，她自然而然地从佛教信仰中寻求解脱，"于是心持宝偈，手写金言……将佛日而长悬，共慈灯而不灭"，甚至一度打算出家，只是因为女儿年幼，狠不下心来，"特以圣上年居膝下，爱切掌中，理藉劬劳，方资顾复，宣和谕善，屡积葭灰，日就月将，频移柘火"[5]。世态炎凉，早在隋朝灭亡那段惊心动魄的日子里体验过了，平静下来仔细想想，毕竟这红尘世界还有太多东西让她割舍不下。

杨氏没有出家，对于武则天实属幸事。因为从此以后，她便把全副身心投入子女的抚育上，让她们受到别的女孩难以企求的贵族教育。武则天通经史，能诗文，写得一手好字，这些贵族才女的气质与修养，曾令唐高宗倾慕不已。而且，杨氏对皇室贵族的深刻了解，自己几度风雨枯荣的生活经历，以及由此悟出的人生哲理，更给武则天上了活生生的一课。这一课，是任何学校课堂都无法学到的，因为它浸透着一个从社会顶端跌将下来又时刻企望爬将回去的女人对社会的辛酸总结。这一课，让武则天在小小的年龄就知道了隐蔽于绚丽光彩后面的政治诀窍，使她即便在青春浪漫的年代也从来不曾迷失自我，

左侧脚注：

[2]
《旧唐书》卷183《武承嗣传》记载："士彠卒后，兄子惟良、怀运及元爽等遇杨氏失礼。"

[3]
前引《攀龙台碑》。

[4]
隋朝皇室崇信佛教，概无例外，具体事迹，请参阅韩昇《隋文帝传》第十一章。

[5]
引文均见《大周无上孝明高皇后碑铭并序》。文中称武则天此时"年居膝下"。《覆卷子本唐开元御注孝经·圣治章第九》（收于清人黎庶昌辑《古逸丛书》，江苏广陵古籍刻印社1994年第二版）"故亲生之膝下，以养父母日严"句注："言子孩幼养于父母膝下。"其余各家注疏也都以"孩幼之时"作"膝下"之注，可知当时武则天年纪尚幼，益可佐证其当生于贞观二年，顺带言之。

而只有她在迷惑别人，哪怕是英明无比的唐太宗耳提面命苦心调教出来的唐高宗，听到从她嘴里轻声细语道出的政治见解，也钦佩得五体投地，视为治理国家时须臾不可或缺的智囊。

当然，对政治人生如此深刻的感悟，不会是教出来的。个人的性格天分、家庭环境潜移默化的熏陶之外，最为重要的是曲折人生的自我砥砺。

武则天是将父母满腔希望化作泡影的小生命，为了弥补所生非子的缺憾，父母亲从小就将她女扮男装，当作男儿抚养，平时言谈中闪现出不无遗憾的目光，深深烙在孩子心中，激起胸中自强不息的志气。在父亲去世、母女遭人白眼的日子里，更使得出人头地的渴望在扭曲的状态下变得越发强烈而固执。

这种渴望，只有和母亲一道长跪在菩萨面前才得以细诉，而化为誓言。

武则天自幼信佛，概无疑问。敦煌发现的写本《大云经·疏》保留了弥足珍贵的记载：

伏承神皇幼小时，已被缁服。

陈寅恪据此考证武则天十四岁入宫以前，"即已一度正式或非正式为沙弥尼"[1]。这一论断，完全可以从武则天的早年经历中得到满意的证明。由此看来，她披缁服的时间，很可能就在父亲去世后遭兄长排斥之时。

这段艰难的岁月，是超越世间万物之上的佛陀成为武则天母女唯一的凭借和力量的源泉。日出日落，满腹的委屈与辛酸只有在佛像前才得以倾诉宣泄，随着很有节奏的木鱼声而获得内心的平静，诞生新的希望。显然，武则天的佛教信仰，并不来自佛学的修炼与成佛的渴望，而是颇具功利主义色彩的现世保佑。这种信仰，随着时间的推移而根深蒂固。因此，我们不能将她当政后尊崇佛教的政策理解为刻意针对李唐皇室的临时借用，也不必对她毫不在乎地将佛教为我所用的

[1] 陈寅恪《武曌与佛教》，收于《陈寅恪史学论文选集》，上海古籍出版社1992年版。

行为感到奇怪。

逆境是最能考验和磨炼人的。弱者在逆境中衰亡，强者在逆境中崛起。咬紧牙关苦苦支撑的日子，使武则天早早地成熟起来，她学会了忍耐、掩饰感情和在心中算计。另一方面，她身上流淌的商人血液，以及父亲生前的言传身教，都让武则天自幼便受到理性思维的熏陶与训练，养成果敢明断的性格，这些因素的综合已经决定了她是一个坚韧而务实的强者，决定了今后无论在什么样的环境中，她都将像春笋般顽强地破土而出，梦想着出人头地。

具有如此性格素质，母亲杨氏的指点犹如拨云见日，使她对人世的感悟非常人所及。就在此时，一个机会突然降临在她的面前。如果说以前她对官场的理解是在母亲故事般的叙说中从旁观火，那么，命运很快就要让她步入其中，独自去品尝个中滋味。

六

杨氏终究出自隋朝天潢贵胄，"百足之虫，至死不僵"，贵族之间相互通婚，使得杨家在唐朝仍然保持着高贵的声望与地位，而娘家亲戚更给了杨氏许多关照。

唐朝李家与隋朝杨家本都起自北周创业集团，且有亲戚关系，所以当年唐高祖知道杨氏还待字闺中，便为她做主下嫁武士彟。须加留意的是高祖特意让其女儿桂阳公主主持这场婚礼。

桂阳公主原先嫁于赵慈景，武德元年，赵慈景以行军总管出讨据守河东郡（今山西永济西南蒲州镇）的隋将尧君素，不幸被俘而死。于是，桂阳公主改嫁给杨师道。

杨师道是隋朝皇室宰相杨雄的儿子。其长兄杨恭仁，隋时已官至吏部侍郎，入唐后，历任黄门侍郎、凉州总管、吏部尚书、左卫大将军，身兼文武要职。贞观初，先后担任雍州牧和洛州都督，颇为唐太宗所倚重。杨师道因为娶桂阳公主而获得越级提升，到贞观十年（636）已经当上侍中，三年后转任中书令，长期居于宰辅高位，尤以文名著称，"退朝后，必引当时英俊，宴集园池，而文会之盛，当时莫比"[1]。

杨氏的父亲杨达和杨雄是亲兄弟，故杨恭仁、杨师道是杨氏的堂兄弟。有这样的兄弟在朝中当大官，杨氏多少都能得到佑庇，说不定当年她与武士彠的亲事就是杨师道通过桂阳公主玉成的，所以桂阳公主才那么起劲为她主办婚礼。

杨家与李唐皇室的婚姻关系远不止于此。杨师道的儿子杨豫之娶唐太宗之弟李元吉的女儿寿春县主，侄儿杨思敬娶唐高祖之女安平公主，从侄女嫁给李元吉为妃……玄武门事变中，李元吉被杀，其妃杨氏为唐太宗收继，十分得宠。长孙皇后逝世后，若不是大臣魏征极力反对，她差一点就被立为皇后。按辈分排列，这位太宗的宠妃是武则天的姨姊。显然，贞观时代，从朝廷到皇宫，都有杨家的人围绕在太宗身旁。

这些杨家的亲戚自然会想办法帮助向他们恳切求援的武士彠遗孀。命运之光就这样照射在武则天的头上。

武则天十四岁那年，从宫内传来一道诏令：唐太宗听说武士彠的女儿长得很美丽，特召她入宫。按照武则天的生年推算，此事应在贞观十五年（641）[2]。

武则天长相如何？现在已经缺乏第一手材料来说明了。前面介绍过相士袁天纲称赞武则天"日角龙颜，龙睛凤颈，伏牺之相，贵人之极也"，这几句几乎是用来形容帝王的套话，最多只能理解为五官端正，丰满有神。武则天觉得女儿太平公主很像自己，太平公主"丰硕，方额广颐"[3]，符合唐人喜爱丰腴圆润的审美标准。盛唐画家张萱给我们留下一幅《唐后行从图》，据认为是现存最早的武则天画像。画中的武则天花团锦簇，脸圆体胖，显得雍容华贵，与历史文献的描述并无二致。然而，仅此并不足以证明她是绝代佳人。因此，她为唐太宗所知，显然是由于有得力的人为她吹捧渲染。这位推荐者是谁

1 ———
《旧唐书》卷62《杨恭仁附杨师道传》。

2 ———
《资治通鉴》按照武则天出生于武德七年推算其入宫的时间在贞观十一年。可是，在前一年长孙皇后刚刚去世，到十一月才下葬，而次年太宗便召武则天入宫，似嫌遽迫。《新唐书》卷76虽然没有具体记载武则天入宫的时间，但说："文德皇后崩，久之，太宗闻士彠女美，召为才人，方十四。"显然，武则天是在长孙皇后逝世之后，过了相当一段时间，"久之"方才入宫。

3 ———
《旧唐书》卷183《太平公主传》。

张萱绘《唐后
行从图》

呢？前述杨家贵戚都有可能，而最合适的人选则莫过于能在太宗枕边柔声吹风的杨妃。[1]

武则天将被召入宫的消息传来，杨氏的心情极其复杂。像她这种皇室出身的人不可能不知道皇帝私生活的一面。唐太宗是人所敬仰的英雄，却也是渔色猎艳的老手，后宫里有的是美女少妇，要想从这里杀出重围，谈何容易！更何况宫中布满情场失意的怨妇和人模鬼样的宦官，心理变态与生理残废的人聚在一块，相互间的钩心斗角便越发阴险惨烈。更凄惨的是许多初涉人世的纯情少女在这里埋葬了青春和理想，还不能和皇帝会上一面。宫廷诗人沈佺期曾写过一首题为《长门怨》的诗歌，描述失意宫人的心情道：

> 月皎风泠泠，长门次掖庭。
> 玉阶闻坠叶，罗幌见飞萤。
> 清露凝珠缀，流尘下翠屏。
> 妾心君未察，愁叹剧繁星。[2]

一想到女儿此去前途难料，忧愁交织着希望的泪水簌簌直流，杨氏哭得好不伤心。倒是武则天满心喜悦，对母亲道："见天子庸知非福，何儿女悲乎？"[3]一句话，顿时止住了母亲的悲泣，千叮万嘱都没有必要了，杨氏望着尚带稚气却充满自信的女儿步履坚定地迈出家门。

武则天走进了皇宫。

和她幼弱的身躯相比，这座宫殿实在是大得出奇，无法想象。

据说，在古代的人类文明史上，没有一座宫殿能与之比肩，也没有一座城市能望长安之项背。隋唐长安城考古实测的数据是：外郭城东西宽9721米，南北长8652米，周长近38公里；位于城北中央的宫城，东西宽2820米，南北长1492米，周长为8.6公里。这些乏味的数字记起来着实让人头疼，形象一点说，我们今日熟悉的北京紫禁城，其面积才抵得上唐代长安宫城内的太极宫面积的六分之一。

1 ——
前引卞孝萱《有关武则天的两件资料》指出："武曌能够被太宗召进宫，立为才人，我推测是由于这位姨姊的推荐。"

2 ——
陶敏、易淑琼校注《沈佺期宋之问集校注》，中华书局，2001年。

3 ——
《新唐书》卷76《则天武皇后传》。

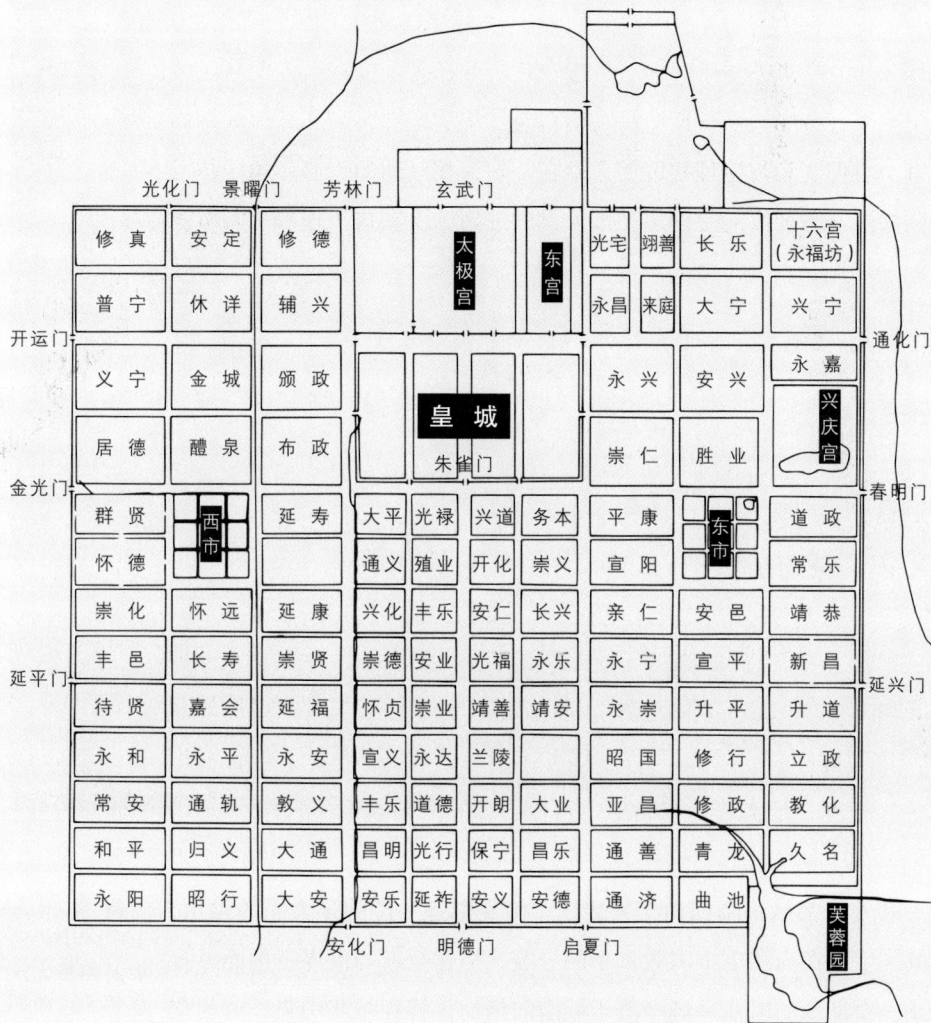

唐长安城平面图，出自《中华文明地图》

长安新都城是隋朝初年兴建的。隋文帝是一位胸怀大志的君主，他的一生都在为结束中国数百年的分裂、构建全新的世界帝国而孜孜奋斗。新都改变以往皇城坐落于城南的格局，移到城北中央，成为全城的重心所在。然后，再根据皇城模数放大，设计全城各个区域，这种以皇帝为中心，将皇帝的家推广为国，强调涵盖一切、化生一切的皇权至上的理念，是隋文帝构思新都的灵魂，把中央集权的理念原则化为具体的都市建设，不能不说是一大创举。

就这样，人们从未见过如此规划齐整、宏伟壮丽的都城，展现

《阙楼图》，1971年陕西省乾县懿德太子墓出土，陕西历史博物馆藏。"九天阊阖开宫殿，万国衣冠拜冕旒"，可在此图中直观感受到王维笔下所描写大唐宫廷的恢宏气势

于眼前。向南望去，一片片与宫城相似的区块在向前不断延伸，一条条广场般宽阔的大道携高楼大宅滚滚而至，王气浩荡，喷薄而出，让渺小的个人于心灵颤抖中匍匐在地，由衷地感到这才是世界的中心，天子的家乡。即使是那些在战场上叱咤风云的英雄，一旦进入气象森严的皇宫，也不由得产生敬畏之心。我们不知道当年武则天是怀着怎样的心情走进这里的。从以后透露出来的故事片断看，她似乎新奇喜悦多于震惊畏惧，仿佛此地正适合她居住一般。

她颇为大胆地迈了进去。不久，她被领到唐太宗跟前。

此时的唐太宗已经四十三岁，正是精力与经验俱臻饱满的时候。这位曾经统率千军万马南征北战的英雄，长得极为魁梧，络腮胡子，目光炯炯，豪气逼人，让人一见而折服。据说，当年名耸天下的瓦岗军统帅李密投降唐朝后，全然没有把唐朝君臣放在眼里，等见到唐太宗时，竟不由自主感到害怕，私下对人夸奖道："真英主也，不如是，何以定祸乱乎！"[1]

1 ————
《资治通鉴》卷186 "唐高祖武德元年（618）十一月"。

景仰已久的天子如此贴近地出现在武则天这样一位未涉世事的女孩子面前，那种威严、气势，真有点让她喘不过气来，显得拘谨羞怯。太宗看得有趣，问了她一些身世情况，赐她武媚称号，封为才人。

经过这次见面，武则天似乎感受到太宗的亲切诙谐，胆子渐渐壮了起来，有机会就急于表现自己。晚年，她曾经回忆起在太宗身边的一件往事，说道：

太宗有马名师子骢，肥逸无能调驭者。朕为宫女侍侧，言于太宗曰："妾能制之，然须三物，一铁鞭，二铁楇，三匕首。铁鞭击之不服，则以楇楇其首，又不服，则以匕首断其喉。"太宗壮朕之志。[2]

2 ————
《资治通鉴》卷206，"唐则天后久视元年（700）正月"。

这哪里是在驯马，还敢在精通养马弓箭的太宗面前侃侃而谈，全然不觉得班门弄斧的羞愧，太宗算是给她面子，随口夸奖她有勇气。但是，如此残忍的话语从一个幼弱女子口中一字一句地吐出来，太宗心里恐怕一阵发紧，嫌恶代替了怜爱的感觉。

试将前后两件事联系起来，或许武则天在太宗心目中的印象会显现得更加清楚一些。

太宗赐"武媚"称号，似乎颇含戏谑的味道。此称号源于隋朝以来颇为流行的歌名，隋朝废太子杨勇十分喜爱这首歌曲，曾在东宫饮酒作乐时，让太子左庶子唐令则弹奏琵琶，歌唱《武媚娘》。在一旁的太子洗马李纲一听，起身谏道："令则身任宫卿，职当调护，乃于宴坐自比倡优，进淫声，秽视听。事若上闻，令则罪在不测，岂不累于殿下？臣请遽正其罪！"[1] 由此可知，《武媚娘》是一首民间倡优时常弹唱的流行歌曲。唐令则常教东宫侍女弦歌，东宫官刘行本斥责道："庶子当匡太子以正道，何有嬖昵房帏之间哉！"[2] 可知《武媚娘》乃房帏中曲，故李纲斥之为"淫声"。这些事情，唐太宗十分熟悉。而且，他还擅长音乐，对于被视为"郑声"的民间流行乐曲了如指掌。有一次，大臣向他建议禁止"郑声"，他坚决不同意，指出：音乐只会引起人的内在共鸣，而不会将某种情感强加于人，"欢者闻之则悦，忧者听之则悲，悲悦在于人心，非由乐也。"[3] 正是由于太宗坚持了音乐审美的独立性，才使唐朝兼收并蓄的音乐繁荣得到政策上的宽容。正是这位多才多艺的夫君，把自己刚刚迎娶的嫔妃称为"武媚"，这恐怕不仅是对其"武"姓的打趣，还在于这位新人不同于贵族女子，身上散发着民间气息。

而太宗喜欢的女性，属于典雅温顺的类型。长孙皇后是太宗视为知己的伴侣，她以顺从谦让著称，遇到太宗生气而要治罪某人，她虽然明知不妥，也首先支持太宗，"必助帝怒请绳治，俟意解，徐为开治，终不令有冤"[4]；太宗回宫与她讨论国家大事时，她总是以妇人不宜干政为由，委婉回避。另一位太宗敬重的徐贤妃，年龄与武则天相仿，入宫以后，"手未尝废卷，而辞致赡蔚，文无淹思，帝益礼顾"[5]。显而易见，太宗对于国务政事自有主张，不喜欢妇人干政，更

1 ——
《旧唐书》卷62
《李纲传》。

2 ——
《隋书》卷62《刘行本传》。

3 ——
吴兢撰，谢保成集校《贞观政要集校》卷7《论礼乐第二十九》，中华书局，2009年第2版。

4 ——
《新唐书》卷76《文德长孙皇后传》。

5 ——
《新唐书》卷76《徐贤妃传》。

不喜欢锋芒毕露咄咄逼人的女性。也许这是他和长孙皇后从历史经验教训中取得的共识，长孙皇后还专门采撷史事，编成《女则》十篇，以为劝诫。这些贵族式的修养，武则天并不具备，政治的险恶，更不是家庭委屈所能比拟的。所以，她才一开口，马上就栽了个大跟头。

按照初唐后宫制度，皇后之下，有贵妃、淑妃、德妃、贤妃，各一人，为夫人，正一品；昭仪、昭容、昭媛、修仪、修容、修媛、充仪、充容、充媛，各一人，为九嫔，正二品；婕妤九人，正三品；美人四人，正四品；才人五人，正五品；宝林二十七人，正六品；御女二十七人，正七品；采女二十七人，正八品。[6]

从以上内官序列来看，武则天入宫时的地位并不高。同是大臣之女，原隋朝通事舍人郑仁基的女儿因容貌出众，被太宗聘为充华。[7] 充华是前朝官号，两晋南朝皆设，隋炀帝时复为九嫔之一，正二品。[8] 据此，则唐太宗对他所器重者也有直接聘为九嫔的情况，远远高于五品的才人。不过，以五品才人的身份入宫并不委屈，上述徐贤妃也是以才人身份入宫的。因此，初聘为才人似为一般惯例。才人地位固然不高，但具体负责宫内事务，"掌叙燕寝，理丝枲，以献岁功"[9]，较多服侍皇帝起居。因此，若得皇帝青睐，则颇有晋升机会。徐贤妃与武则天前后脚入宫，贞观后期却已升为正一品的四夫人之一。相比之下，武则天受冷落是显而易见的。

或许，武则天还不明白到底发生了什么事，每天充满喜悦，憧憬着皇上再次召幸。可是，日子一天天过去，自己不得不一次次在难熬的长夜里亲手揉碎梦想，醒来还须忍声吞泣地面对宦官日益冰冷的脸色。

> 看朱成碧思纷纷，憔悴支离为忆君。
> 不信比来长下泪，开箱验取石榴裙。[10]

6 ————
《新唐书》卷47《百官志二·内官》。

7 ————
《贞观政要集校》卷2《直谏》。

8 ————
《隋书》卷36《后妃传序》记载："炀帝时……顺仪、顺容、顺华、修仪、修容、修华、充仪、充容、充华，是为九嫔，品正第二。"

9 ————
《新唐书》卷47《百官志二·内官》。

10 ————
《全唐诗》（中华书局1960年版）卷5"则天皇后"所收《如意娘》，题注称："《乐苑》曰：《如意娘》，商调曲。唐则天皇后所作也。"

从贞观十五年到太宗逝世的贞观二十三年，武则天陪伴太宗达八年之久。太宗好色，武则天善生育，两人之间竟无一丝骨肉留于世间，则其关系可以不必费心再去探讨了。

七

花朵尚未开放就要凋零，年纪轻轻就被皇帝置之脑后，那种犹如刀割的痛苦，眼看邻室笙歌宴舞而心生的嫉妒，以及自怨自艾的辛酸，人生辛辣在短短的日子里都要武则天独自遍尝。

常言道："福无双至，祸不单行。"就在武则天陷入困境的时候，更大的危机悄然而至。

当时，民间流传一本讲谶纬的图书《秘记》，其中预言："唐三世之后，则女主武王代有天下。"[1] 谶言传得沸沸扬扬，一直传入太宗耳中。政治家最为宝贝的就是权柄，无事都要疑神疑鬼，更何况人言凿凿。

于是，太宗悄悄召来神仙般的太史令李淳风，详细探听谶言的可信程度。没想到李淳风也肯定确有其事，而且说得更加具体："臣仰稽天象，俯察历数，其人已在陛下宫中，为亲属，自今不过三十年，当王天下，杀唐子孙殆尽，其兆既成矣。"

说得太宗一阵心惊，问道："疑似者尽杀之，何如？"

李淳风制止道："天之所命，人不能违也。王者不死，徒多杀无辜。且自今以往三十年，其人已老，庶几颇有慈心，为祸或浅。今借使得而杀之，天或生壮者肆其怨毒，恐陛下子孙，无遗类矣！"[2]

这则故事不能简单斥为虚妄。民间纬书谶言流传，无时不有。只是李淳风的预言说得太神了，不能排除传言者的渲染夸大以及后来武则天用以证明自己有天命的成分。更重要的问题还在于谶言成立所暗示的民意政情，换言之，太宗统治晚期已经出现政治不稳的征兆。

1 ——
《旧唐书》卷79
《李淳风传》。

2 ——
以上对话见《资治通鉴》卷199"唐太宗贞观二十二年（648）六月"。

问题还在于太宗家庭内部。

太宗登基后，立八岁的嫡长子承乾为太子。太子聪明，颇得太宗喜爱。贞观九年，高祖病逝，太宗为父守孝，让十八岁的太子承乾监国。这段时间的代理政事，太子"颇识大体"[3]，得到太宗的称赞，所以，到六月太宗重新听政后，"其细务仍委太子，太子颇能听断。是后上每出行幸，常令居守监国"[4]。

也许事情就坏在监国上，参与朝政无形中染指了皇帝视为禁脔的权力。要知道，一触及权力，那可是六亲不认的。虽然，双方起初都笼罩于亲情之中而没有意识到，但随着处理具体问题上的意见分歧，隔阂就在不知不觉中致命地增长着。这时候，太宗开始对承乾看不顺眼起来。一般而言，人总是拿自己为尺度去衡量别人，偏偏太宗又是那么广博多才、功勋卓著。一比较，承乾顿时黯然无光，而且还贪玩好色。太宗大概没有退一步想想，这些都是他的遗传，只不过他适逢乱世，顽皮劲儿正好有战场令其尽情发泄，化作功名事业。而和平时代的承乾，刚在二十岁前后，浑身精力正没处施展，他何尝不想杀敌立功？所以，他把下人组织起来，穿着突厥服装，设穹庐，竖五狼头纛，自己高坐中央，俨然以可汗自居，得意起来，跳上战马奔驰呼啸，鼓角之声，震天动地。而这一切，在太宗君臣看来却是那么的荒唐狂愚。

说实在的，唐太宗娇宠子女也是相当有名的，甚至引起大臣的不满，贞观十一年，侍御史马周就曾上疏道："陛下宠遇诸王，颇有过厚者，万代之后，不可不深思也。"[5]此点下面还将述及。太宗的子女少有不骄奢的，这岂与太宗的放纵无关？待到太宗有所省悟时，已经太晚了。

和承乾相比，弟弟魏王泰越来越显得可爱。他长得圆滚滚的，机灵好学。长大后，更是喜欢与文人交游，"于是大开馆舍，广延时俊，人物辐凑，门庭如市"[6]。众所周知，太宗还是秦王的时候就广泛收罗文士，开文学馆，设十八学士。登基以来更是于正殿左侧置弘文馆，延揽天下文儒名士，共商国是，厉行文治。故魏王泰的做法颇有乃父

3 ————
《旧唐书》卷76
《恒山承乾传》。

4 ————
《资治通鉴》
卷194"唐太宗
贞观九年（635）
六月"。

5 ————
《资治通鉴》卷
195"唐太宗贞
观十一年（637）
八月"。

6 ————
《资治通鉴》卷
196"唐太宗贞
观十六年（642）
正月"。

之风，深得太宗欢心。贞观十年二月，太宗将诸子派往各地任都督时，虽也任命魏王泰为相州都督，却特意将他留在京城，还专门在其王府内别置文学馆，任由他自行招揽贤才，享受特殊待遇。

从这时候，魏王泰开始表露出要朝臣向他致敬服从的欲望。他曾向太宗控诉大臣轻视他，主要指的是骨鲠的魏征。而太宗出于对子女的偏爱，不问青红皂白地将三品以上大官召集一处，发作一通，吓得大臣们汗流浃背，只有魏征毫不屈服，据理力争道："臣窃计当今群臣，必无敢轻魏王者。在礼，臣、子一也。《春秋》，王人虽微，序于诸侯之上。三品以上皆公卿，陛下所尊礼。若纪纲大坏，固所不论；圣明在上，魏王必无顿辱群臣之理。隋文帝骄其诸子，使多行无礼，卒皆夷灭，又足法乎！"[1]

从这场争论可以看出，太宗对魏王泰的偏爱已经超出家庭的范围而扩大到朝政方面。魏王泰明显过分的要求却得到太宗的支持，统治集团内部既存的秩序开始动摇，政治野心就这样在无形之中得到鼓励而滋长。

任何一个社会的礼法秩序都是在划分和确定权力，因此也是在维护政治权威。然而，最高统治者总想让自己超越于任何限制之上，获得绝对的权力，可以任意施为。因此，他们以自己的行为来破坏自己制定的政治秩序，表面上获得了权力，却在根本上破坏了权力体系而造成目无法纪的混乱，从而把自己陷于两难的困境中，使得政治权力遭到实质上的削弱。魏征所争的就是维护现有政治秩序，以维护政权的长治久安。在这一点上，魏征是清醒而理智的，而唐太宗却在感情用事，所以，他最终必须喝下自己亲手酿造的苦酒。

太宗对魏王泰的偏爱表现得越来越明显。魏王泰召引文人宾客，开馆著述，曾编写一部重要的地理书《括地志》，太宗因此不断给予赏赐加禄，以至于超过太子。而且，太宗还让魏王泰搬入皇宫，住在武德殿内。如果说古代政治的根本体现在森严的等级秩序，那么，太宗的这些做法都在破坏它。因此，朝中大臣纷纷上疏。谏议大夫褚遂

1 ——————
《资治通鉴》卷194"唐太宗贞观十年（636）十二月"。

良指出："先王必本人情，然后制法，知有国家，必有嫡庶。然庶子虽爱，不得超越，嫡子正体，特须尊崇。如当亲者疏，当尊者卑，则佞巧之奸，乘机而动，私恩害公，惑志乱国。"[2]

侍中魏征也上奏道："陛下爱魏王，常欲使之安全，宜每抑其骄奢，不处嫌疑之地。今移居此殿，乃在东宫之西，海陵昔尝居之，时人不以为可；虽时异事异，然亦恐魏王之心不敢安息也。"[3]

太宗表面上接受了大臣的劝谏，但是，如果他不能真正从根本上认识在子女中无节制的偏心于公于私的严重危害性，那么，暂时的克制很快就会故态复萌。到了贞观十六年（642），事情已经发展到相当严重的程度。这年八月，太宗询问大臣："当今国家何事最急？"

褚遂良当即回答道："今四方无虞，唯太子、诸王宜有定分最急。"[4]

原来，太宗的行为已经造成相当严重的后果。

权力政治最令人生厌之处，就在于它没有是非良知，只有结党营私，只要有利可图，便可把自己的一切尽数出卖，何况他人或国家。可悲的是，只要这个社会仍然崇拜权力，而权力又没有处在合理的监督与制约之下，那么，官位便成为无以复加的肥缺而引来千军万马的殊死拼抢，无孔不入，皆用其极。现在，太宗的偏爱等于告诉世人，太子的地位不稳了。如此一来，许多人的利益顿时就有发生变动的可能。无孔都要钻，何况眼下有隙可乘。于是，从家庭内部到朝廷，结帮分裂的活动在紧锣密鼓地进行着。

而且，太宗家族内部，"玄武门之变"的伤口并未真正愈合。当年，太宗通过武装政变推翻太子建成而夺取政权，留下了争夺权柄的恶劣影响。当然，太宗的情况与现在截然不同。那时，太宗与建成都是创业英雄，唐朝建立后，太宗平定四方，功高难赏，恐怕想当个顺民都不可得。而现在这场悲剧，却是太宗无意义的子女偏爱造成的。

中国古代专制伦理中，天底下没有不对的父亲，也没有不对的皇上。太子面对强大的父亲，何能为力？焦虑不安使他行为乖张，而这反过来又成为他"失德"的证据，形势对他越来越不利。魏王泰在

2 ——————
《旧唐书》卷76
《濮王泰传》。

3 ——————
《资治通鉴》卷196"唐太宗贞观十六年（642）正月"。

4 ——————
《资治通鉴》卷196"唐太宗贞观十六年（642）八月"。

父亲的娇宠下，更加咄咄逼人。他屈尊卑辞交接朝官，猎取声誉。而太宗还先后将黄门侍郎韦挺和工部尚书杜楚客派往魏王府任职，这两位朝廷高官趁势与魏王泰勾结，为他拉拢贿赂权贵，结为党与，共谋废立太子。愤怒与无奈之中，承乾私养娈童发泄，名之为称心，大概只有在这变态性欲中他才能获得短暂的如意称心。然而，东宫的一切都在别人的监视掌握之下，承乾与称心的事很快就被太宗知道了，相关的人或死或捉，只留下承乾于东宫徘徊流涕。看来，被废黜将成定局，承乾已被逼得走投无路，他铤而走险了。

承乾偷偷豢养了一批刺客，由纥干承基统率，企图刺杀魏王泰。朝中失意的大臣，也各怀鬼胎地聚集于承乾门下。东宫卫士贺兰楚石将其岳父吏部尚书侯君集引荐给承乾。侯君集是员勇将，早年跟随太宗，力劝太宗铲除太子建成；贞观中，先后出讨吐谷浑和高昌，皆破之。但他私掠财宝，听任士兵抢劫，故被劾入狱，后来虽然因功释放，但却怀恨在心，在朝中挑拨离间，唯恐天下不乱。承乾的另一位重要党羽是左屯卫中郎将李安俨，他曾是李建成旧部，玄武门事变中力战被俘，太宗欣赏其忠勇，不但赦免了他，而且还用为宿卫将领，但他时刻梦想为旧主复仇，自然参加到承乾集团里。

家族内部，汉王元昌站到承乾一边。这位太宗的弟弟曾多次担任重要州职，任内屡屡违法，遭到太宗手书训斥，因此心怀怨恨，听说太宗家内不和，赶快勾结承乾，朝夕玩耍，怂恿他起来造反。此外，驸马都尉杜荷、太宗外甥赵节等人，平日与承乾玩在一块，也都参与其事。杜荷是贞观名相杜如晦的儿子，赵节是前述桂阳公主与其前夫赵慈景所生之子。野心家和纨绔子弟成为承乾集团的骨干，他们都想通过改朝换代来攫取更大的权力，甚至像汉王元昌没出息到只想政变成功后能分得太宗身边弹奏琵琶的美人，故其失败自可预料。

看到兄长不和，下面的弟弟也跟着学样。太宗第五子齐王祐的舅舅劝他说："王兄弟既多，即上百年之后，须得武士自助。"[1]齐王祐深以为然，便私下招募了不少死士，暗作准备。不久，他因为种种劣迹被太宗派来辅佐他的官员所纠弹，一怒之下，起兵作乱，旋被

1 ———
《旧唐书》卷76
《庶人祐传》。

平定。

齐王祐的案子很快就追查到纥干承基头上，他被捉了起来，判处死刑。纥干承基为求活命，便出卖了承乾，将其阴谋向太宗举报。太宗立刻组织调查，取得了大量的罪证。贞观十七年（643）初夏，太宗做出了重要的决定，废太子承乾为庶人，幽禁于右领军府。汉王元昌赐死，侯君集、李安俨、赵节、杜荷等人伏诛。

争夺皇位继承权的悲剧再度重演，太宗不能不感到心伤。他曾经亲自责问承乾，承乾说了心里话："臣为太子，复何所求！但为泰所图，时与朝臣谋自安之术，不逞之人遂教臣为不轨耳。今若泰为太子，所谓落其度内。"[2] 已经成为太子的承乾只会力图维持现有的秩序而不会试图去改变它，这个道理实在简单。但是，太宗仍被偏爱所蒙蔽，恐怕也不愿意承认自己是这场悲剧的导演。他仍像以往一样偏爱魏王泰，甚至有过之而无不及。看来，其家庭内部的风暴尚无平息的迹象。

果然，魏王泰加紧了谋立太子的步伐，他像小孩撒娇一般投入太宗怀里，动情地说："臣今日始得为陛下子，乃更生之日也。臣有一子，臣死之日，当为陛下杀之，传位晋王。"

太宗和长孙皇后之间所生的儿子，健在的只有承乾、魏王泰和晋王治三人，承乾已经败下阵来，则有可能成为太子的首先就是魏王泰和晋王治。所以，魏王泰才说如果自己当上太子，将来要杀死亲子，好把皇位传给弟弟晋王治。这简直就是当面诓骗，竟然精明过人的太宗会信以为真，不仅许诺立他为太子，还把这通话拿到朝廷上向大臣们宣布，其用意再明显不过了。

谏议大夫褚遂良一听就知道魏王泰在使诈，当场反驳道："陛下言大失。愿审思，勿误也！安有陛下万岁后，魏王据天下，肯杀其爱子，传位晋王者乎！陛下日者既立承乾为太子，复宠魏王，礼秩过于承乾，以成今日之祸。前事不远，足以为鉴。陛下今立魏王，愿先措置晋王，始得安全耳。"

这番话，说得有理有据，说得太宗心乱如麻，一时无从决断。

2 ————
《资治通鉴》卷197"唐太宗贞观十七年（643）四月"。

长孙无忌像，出自《三才图会》　　房玄龄像，出自《三才图会》　　褚遂良像，出自《三才图会》

就在这当口，魏王泰犯了一个严重的错误，葬送了自己。他唯恐晋王治和自己争夺太子之位，迫不及待地跑去威胁晋王治道："汝与元昌善，元昌今败，得无忧乎？"

晋王治听后，成日里忧心忡忡。太宗追问缘由，才知道魏王泰所为，他动摇了。这天下朝之后，太宗留下长孙无忌、房玄龄、李世勣和褚遂良等心腹大臣，悲戚地说："我三子一弟，所为如是，我心诚无聊赖！"说罢，扑倒于坐床上，忽又跃起，拔刀自刺。大臣们赶忙抱住太宗，褚遂良抢下刀来，递给晋王治，长孙无忌趁势让太宗说出心中打算。太宗试探道："我欲立晋王。"

长孙无忌马上抓住话头，不容太宗改口，大声宣布："谨奉诏，有异议者，臣请斩之！"就这样，太宗半是无奈，半是被逼地立晋王治为太子，亦即后来的唐高宗。日后，太宗曾道出当时心中的忧虑："我若立泰，则是太子之位可经营而得。自今太子失道，藩王窥伺者，皆两弃之，传诸子孙，永为后法。且泰立，承乾与治皆不全；治立，则承乾与泰皆无恙矣。"[1]

立晋王治为太子，可以说是亡羊补牢的措施。太宗心里当然明

[1] 《资治通鉴》卷197"唐太宗贞观十七年（643）四月"。

白，晋王性格太弱，与其两位哥哥相比，缺乏当领袖的素质。所以，从他立后，太宗把当朝文武要员几乎都派到东宫任职，既辅佐太子，增进感情，又希望他们早有服属关系。而且，太宗汲取教训，亲自调教督励太子。吃饭的时候，太宗便教育道："凡稼穑艰难，皆出人力，不夺其时，常有此饭。"骑马的时候，便道："能代人劳苦者也，以时消息，不尽其力，则可以常有马也。"乘舟的时候，又开导说："舟所以比人君，水所以比黎庶，水能载舟，亦能覆舟。尔方为人主，可不畏惧！"连太子在树下休息的时候，太宗也不忘教诲道："此木虽曲，得绳则正，为人君虽无道，受谏则圣。此传说所言，可以自鉴。"[2] 真是苦口婆心，耳提面命，大有恨铁不成钢的味道。

2 ————
《贞观政要集校》卷4《教戒太子诸王第十一》。

太宗还从来没有如此调教过子女，足见心中无限的焦虑。有时忍耐不住，他也会向大臣透露苦衷道："吾如治年时，颇不能循常度。治自幼宽厚，谚曰：'生子如狼，犹恐如羊'，冀其稍壮，自不同耳。"[3] 因此，他对太子的关怀呵护几乎达到不厌其烦无微不至的程度。太子才立不久，太宗旋即想到儿子们在好色方面酷似乃父，不由得担心起来，生怕哪天太子走火入魔爱上身份微贱的女子，还生下子女来坏了皇室血脉，乱了朝政。于是，他下令选良家女以实东宫。没想到太子倒正经起来，一口拒绝，让太宗松了一口气。然而，太宗阅历极其丰富，他以毕生的智慧来忧虑太子的未来，虽嫌多疑，却也颇中其的。果然，将来太子就是在情色上落入彀中，让太宗处心积虑的安排一切都化为泡影。这除了感慨造化弄人外，又能怪谁呢？

3 ————
《资治通鉴》卷197"唐太宗贞观十八年（644）四月"。

命运就是如此奇妙。要不是太宗的偏心，怎会酿成家庭的悲剧？如果没有长孙无忌颇带个人打算的力争，又怎会有软弱的晋王治上台？然而，所有局中人的愿望努力统统都成为一场空，各方的力量倒是凝成一股，共同搭台，把与此毫不相干的武则天推上场来。可以说，要没晋王治成为太子的这一幕，任凭武则天再有通天本事也只能在深深不知几许的宫墙大院里清冷一生，管她是看朱成碧还是看碧成朱，总之，她永远也看不到通往辉煌的活路。而这两件事竟然是相隔如此之遥远，哪怕患了狂想症也连不到一块，所以也就无从责怪太宗了。这位不世出的英雄，仿佛控制着一切，算计着别人。其实，他连自己都控制不住，算计不了。这其中多少的究竟，有谁能说得清楚？"道可道，非常道。"

说不清就不要强作解人。问题是朝中的每一丝颤动都在冥冥之中牵系着深宫内武则天的命运，又不能不看个明明白白清清楚楚。

太宗对于立晋王为太子一直深有疑虑。说实在的，如果不限于嫡子，那么，从太宗十四个儿子中还是能找出人才的。所以，没过多久，太宗悄悄问长孙无忌道："公劝我立雉奴（晋王治小名），雉奴懦，恐不能守社稷，奈何！吴王恪英果类我，我欲立之，何如？"

按年龄排序，吴王恪是太宗第三子，才高辩悟，太宗已经作了介绍，其母亲是隋炀帝的女儿，出身不可不谓高贵，显然也是理想的太子人选。可是，长孙无忌一听，不啻晴天霹雳，顿起反对。说来说去，无非是嫡庶之分，但态度十分坚决，太宗虽然当面指出长孙无忌的私心道："公以恪非己之甥邪？"却也无可奈何，只得作罢。[1] 只可怜了吴王恪，不但没当上太子，而且还因此招忌，被长孙无忌视为心腹大患，终于在太宗死后，找个机会诬告他造反，置之死地而后快。由此不难看出，晋王治的地位关系着长孙无忌的巨大利益。也许太宗亦因此而略感放心，在无奈之中，寄希望并全力营造太子与长孙无忌甥舅接班的体制。

长孙无忌的私心显而易见。他出身鲜卑拓跋贵族，父亲长孙晟是隋朝最有谋略的边疆问题专家，他本人则与太宗一道长大，亲如兄弟。从高祖起兵以来，他始终追随太宗出生入死，贞观元年就以功勋第一名列诸臣榜首。其妹妹嫁给太宗为皇后，为避外戚当政之嫌，辞去相职，深自谦抑。贞观后期，与太宗一道创业的功臣逐渐凋零，长孙无忌的地位更显重要。对于国家来说，他是开国元勋，一贯忠心耿耿；对于皇室而言，他是娘舅，感情深厚。他以此特殊身份，在长孙皇后去世后全力确保外甥的皇位继承权，绝不容许其他皇子染指。而在诸甥当中，晋王治的懦弱于他最为有利，因为这将使他能够在太宗

1 ————
以上引文见《资治通鉴》卷197"唐太宗贞观十七年（643）十一月"。

逝世后主持朝政，这是他所期盼的，而对于自己的能力，他更是深信不疑。

长孙无忌的忠诚，太宗完全信任，而且，以他作为栋梁来确保将来权力继承与政局稳定，无疑是最佳方案。除此而外，再难找到第二位功高望重又没有太多政治野心的人了，这就是太宗为何在继承问题上屡屡向长孙无忌让步的原因。可以说，从晋王治立为太子之后，太宗的一切举措布置，都与确保接班体制有关，这乃是贞观后期政治的特色。

对内对外的安排都在加速进行。在对外关系方面，太宗登基以来，北定突厥，西取高昌，败吐蕃，平西南，四方宾服，唐朝威名远扬。只有东北的高句丽抗命不服，而且置唐朝一再警告于不顾，不断攻击南方的新罗。

高句丽问题说来话长，难于细述。简单地说，西晋崩溃以后，高句丽推翻了中原王朝在朝鲜设置的郡县，采取向西扩张的政策，一直拓展到辽河东岸。隋朝建立以后，总想收回这块领土，尤其是隋炀帝不惜倾国力以征伐之，结果由于军事上的一系列失误导致大败，把好端端一个国家给断送了[2]。前车之鉴，高句丽问题成为唐朝的心腹之患。太宗对此一直采取克制态度，致力于增强国力而不轻易开启战端。可是，到了此时，他一反常态，积极着手解决高句丽问题，终于在贞观十八年（644）亲率大军奔赴辽东，做生死的较量。

以万乘之尊置身于兵锋之下，大臣们颇为之捏把冷汗，力加劝阻。太宗不得不解释道："今天下大定，唯辽东未宾，后嗣因士马盛强，谋臣导以征讨，丧乱方始，朕故自取之，不遗后世忧也。"[3] 还是对身后事的忧虑：高句丽问题迟早总是要解决的，既然如此，还是趁自己在世的时候解决的好，省得将来没有军事经验的儿子被大臣煽动，小觑高句丽的实力，贸然出兵，重蹈隋朝覆辙。多了这一层考虑，太宗对高句丽采取的行动就难免操之过急，欲速则不达，虽然收复辽东大部，却没有实现臣服高句丽的预期目标。他大概没有料到，

[2]
参阅拙著《隋と高句麗の国際政治关係をめぐって》（载《中国古代の国家と民衆》，日本，汲古书院，1995年版）；《唐朝对高句丽政策的形成与嬗变》（《东北亚研究》1995年 第2期）；《唐平百济前后的东亚国际形势》（《唐研究》第1卷，北京大学出版社，1995年版）等。

[3]
《新唐书》卷220《高丽传》。

高句丽问题最终却是他所担忧的嗣君解决的。

亲征高句丽还有一个好处，就是让太子监国，树立威信，同时也考验一下大臣的态度。这个隐藏于太宗内心的秘密，太子似乎没能体会到。他见父亲带病出征，天天流泪，依依不舍，太宗只好对他明言道："今留汝镇守，辅以俊贤，欲使天下识汝风采。夫为国之要，在于进贤退不肖，赏善罚恶，至公无私，汝当努力行此，悲泣何为！"[1]

实际上，到太宗晚年，特别是经过废立太子的政治震荡，已经让一些政治野心家滋长求乱邀功的侥幸之心，社会出现不稳的苗头。所以，老将军尉迟敬德虽然退休在家，还是忍不住上书道："陛下亲征辽东，太子在定州，长安、洛阳心腹空虚，恐有玄感之变。且边隅小夷，不足以动万乘，愿遣偏师征之，值期可殄。"[2]杨玄感是隋朝宰相杨素的儿子，他趁隋炀帝亲征高句丽之机，在后方发动兵变，给隋朝统治集团造成巨大的震撼。[3]尉迟敬德以此来提醒太宗，但太宗不听，反而让他带一支骑兵上前线。

按照太宗的布置，首都长安留房玄龄坐镇，洛阳由萧瑀留守，太子则驻留定州（今河北定州）。也就是说，太宗和太子都不在东西两京。这种布置当然是不合理的，然而，这种不合理的背后，不正是太宗故意卖的破绽吗？房玄龄当了十几年宰相，他太清楚太宗的用意了，所以凡有大事都向远在辽东的太宗请示，示无擅权野心，甚至有人密告他图谋不轨，他也不置一词，照样送往辽东，让这人当面向太宗揭发。太宗听了来人密报，立即将他杀了，并以玺书责备房玄龄缺乏自信，责令他以后遇到此类事情，自行处理。

在太子身边，太宗留下另一位新近提拔的宰相刘洎辅佐，郑重叮嘱道："我今远征，使卿辅翼太子，社稷安危之机，所寄尤重，卿宜深识我意。"

刘洎大受激励，奋声答道："愿陛下无忧，大臣有愆失者，臣谨即行诛。"

太宗听后，心中一阵发紧，告诫道："君不密则失臣，臣不密则

1 ————
《资治通鉴》卷197"唐太宗贞观十九年（645）三月"条。

2 ————
《资治通鉴》卷197"唐太宗贞观十九年（645）二月"条。

3 ————
参阅拙作《论隋朝统治集团内部斗争对隋亡的影响》，《厦门大学学报（哲社版）》1987年第2期。

失身。卿性疏而太健，恐以此取败，深宜诫慎，以保终吉。"

可是，刘洎似乎没有听出太宗弦外之音，依然作风泼辣，直言不讳。太宗此次远征，实在是勉为其难。离开定州后，就在行军途中病倒了，甚至一度出现危险，刘洎赶往探视，从大营出来时，愁云密布，流着眼泪对同僚说："圣体患痈，极可忧惧。"[4]

刘洎的言行都被人收集起来，待太宗旋师，褚遂良向太宗诬告，称刘洎要效法汉朝宰相霍光，扶太子执政，诛除当朝异己。太宗亲自询问刘洎，刘洎虽然尽力辩解，而且有中书令马周证明其清白，太宗最后还是决定赐刘洎自尽，并下诏切责"（刘）洎与人窃议，窥窬万一，谋执朝衡，自处伊、霍，猜忌大臣，皆欲夷戮。……"[5]

刘洎是太宗一手提拔起来的，他对唐王朝的忠诚无可怀疑，就在不久之前，太宗还评价他"性最坚贞，有利益。然其意尚然诺，私于朋友"[6]。至于说清除刘洎是太宗排斥"非关陇派"的行动，则是言过其实。刘洎被诛的真实原因大概有两条：一是因为他为人太过刚直鲁莽。有一次，太宗在宴会上挥毫作书，众臣纷纷抢要，他竟然冲上御座，从太宗手里夺得。众臣当即弹劾他严重失礼，请予法办，幸亏太宗不加追究。此事颇能反映刘洎的性格，如果太宗健在，这些缺点都可以容忍，问题是太宗不能将如此强悍的大臣留给他软弱的儿子，要是驾驭不住，就会出现刘洎专权的局面。而刘洎本人在受命留佐太子时不假思索地说要诛杀有异心的大臣，更证实了太宗的担心。所以，尽管太宗心里明白他是清白的，但也乐于借故将他除去。《刘洎赐自尽诏》说，"且皇太子治，春秋鼎盛，声溢震方，异汉昭之童幼，非周成之襁褓。辄生负图之望，是有无君之心"[7]，所指即此。二是刘洎在废立太子的斗争中站在魏王泰一边，承乾被废黜后，他曾经劝太宗立魏王泰为太子[8]，这就得罪了支持晋王治的长孙无忌一派。晋王治既立，则太宗下决心要确立长孙无忌辅佐太子的继承体制，就不能不牺牲与此相矛盾的势力。此时此刻，太宗不会愚蠢地去挑起什么"关陇集团"与"非关陇集团"的斗争来加深内部矛盾。他只是以确保继承体制的巩固来画线，并尽可能争取更多的支持。

4 ————
以上对话均见《旧唐书》卷74《刘洎传》。

5 ————
《资治通鉴》卷198"唐太宗贞观十九年（645）十二月"条。

6 ————
《资治通鉴》卷197"唐太宗贞观十八年（644）八月"条。

7 ————
《唐大诏令集》卷126，学林出版社1992年版。

8 ————
《资治通鉴》卷197"唐太宗贞观十七年（643）四月"条。

太宗为了扶持柔弱的太子，可谓煞费苦心。在尽力消除内外隐患的同时，太宗还帮助太子广施恩德，增进私人感情。一天，太宗到未央宫时，看见道旁草丛中躲着一个带刀的人。审问后得知，此人因见前卫开道而慌忙躲入草丛，趴在地上不敢乱动，并非歹徒。可是，不管理由多充分，这终究是死罪。太宗悄悄对太子交代一番之后，引身回宫。待太宗车队走后，太子当场就把犯人开释。犯人都放了，此事便无须追查，等于赦免了严重失职的禁卫。

这些年，太宗时常发病，有几次还相当严重，看来，人生的尽头已经依稀可见。太宗心里相当清楚，他挣扎着把自己从政的心得体会总结归纳，结合先哲事迹编写了《帝范》一书留给太子，书中包含"君体""建亲""求贤""审官""纳谏""去谗""戒盈""崇俭""赏罚""务农""阅武"和"崇文"等十二个方面。同时，太宗还告诫太子道："汝无我之功勤而承我之富贵，竭力为善，则国家仅安；骄惰奢纵，则一身不保。且成迟败速者，国也；失易得难者，位也；可不惜哉！可不慎哉！"[1]显然，太宗根据太子柔弱的资质因材施教，教他厚道俭朴，堂堂正正，心中最多也就是希望他能保住大唐江山。

1 ——
《资治通鉴》卷
198 "唐太宗贞观
二十二年（648）
正月"条。

太宗几乎是拼上老命为儿子的接班做万全的布置。老英雄的晚年固然壮烈，却掩饰不住苍凉，他在向一切潜在的危险挑战，以他日渐衰老的病体去同有限的生命竞赛。而这种与未知命运搏斗的动力，竟是内心的焦虑与万般的无奈。从结果来看，如此惨烈的抗争都在瞬间的逆转中失去意义，所有的布置竟无法弥补造成家庭悲剧的过失。

扑朔迷离的政治变迁，都说明中央出了毛病，并不是那么稳固。人们对年迈的太宗与懦弱的太子不免忧心忡忡。于是，各种谣传不胫而走，特别是谶纬之说再度甚嚣尘上，这才出现了太宗身后将有人篡权的预言。每逢政治交接之际都会出现各种揣测，不宜完全斥为虚妄。

贞观后期废立太子的经过，正好发生在武则天入宫之后，活生生地展现在她眼前。这些年来遭人冷落，武则天痛定思痛，心酸变为坚强，热血化作冷酷，她仔细反思发生过的事情，冷静观察周围的动静，打量自己的处境，她变得格外清醒，从政治旋涡中心的皇宫居高临下观察，一切都显得如此清晰，洞若观火。皇室的自私卑鄙，政治的残忍狡诈，各方的不择手段，都给武则天上了刻骨铭心的一课，有如亲历。李唐皇室几乎是手把手地教会了武则天政治本事。

而且，这几年的冷遇，可以说是武则天命中的幸运。

太宗从李淳风那里确认了对谶言的忧虑之后，并不像史书所说的那样放弃对可疑分子的追查。要知道，那时太宗全神贯注的正是如何挖出潜藏的野心家，以保证太子即位后国家安泰，甚至不惜错杀嫌疑，神经分分。

贞观二十年（646），刑部尚书张亮因为私养义子五百人，被人检举，说他常与术士来往，图谋不轨。太宗草草审讯后，即行处决。当时，将作少匠李道裕为张亮争辩，认为证据不足，罪不当死。太宗虽然不听，但一年后刑部侍郎出缺时，即以李道裕即任，称赞他敢于辩白张亮之冤。由此可见，太宗对于张亮的冤情不是不明白，而是有不得已的苦衷。

在这种形势下，太宗岂能放过谶言预告的乱唐人物，况且此人已进入宫中！警惕的目光在暗中闪烁。这一天，太宗在宫中宴请中央禁军将领，酒酣耳热，行酒令作乐，各人自言小名以行令，守卫玄武门的左武卫将军李君羡自报小名为"五娘"，太宗顿时被震住了，真是踏破铁鞋无觅处，得来全不费功夫！太宗假装笑脸道："何物女子，乃尔勇健！"

酒席散后，太宗独自沉吟：李君羡出身武安县，爵封武连县公，现在守卫玄武门，小名五娘，有多少个"武"字团团围绕着他。而"五娘"又是女人名字，这一切无不与"唐三世之后，则女主武王代有天下"的谶言吻合。太宗决定暂时将李君羡外放为华州（今山西华县）刺史，试探他的反应。李君羡完全蒙在鼓里，根本不知道自己已经被人严密监视着。不久，密告传到太宗手中：李君羡与术士过从甚密，经常屏人密语。好一个李君羡，果然是个乱臣贼子！贞观二十二年（648）七月，太宗让御史弹劾李君羡与妖人交通，图谋不轨，处以死刑，籍没其家。

一场可能广为牵连的危机，因为及早破获而得以消弭，李君羡这条冤魂不知拯救了多少生灵。首先应该深感庆幸的就是武则天，竟然如此轻巧地逃过鬼门关。究其原因，太宗不相信女人能掀起什么风浪固是其一，但这些年武则天失宠，以致太宗压根儿就没想起她来，则是十分关键的。塞翁失马，焉知非福。

八

逃过生死劫难的武则天成熟起来了，促使她成熟的太宗皇帝却不可抗拒地走向衰亡。

贞观二十三年（649），太宗已经衰弱到举步维艰的程度。三月，天上下起雨来，大大缓解了去冬以来长时间的干旱，似乎是个好兆头。太宗勉力来到显道门外，宣布大赦天下。他历来反对法外施恩，尤其是让恶人得以逃脱惩罚的大赦，现在他却亲加实施，显然是在祈祷上天宽限他时日，希冀有奇迹出现。

然而，一切都与往常无异，什么奇迹也没有出现。到了四月，天气才刚刚转热，太宗就觉得暑气难熬，拖着病躯前往翠微宫休养。一个多月过去，病势非但没有好转，反倒日见沉重，太宗心里明白，大限将至，他聚集起最后一点精神，嘱咐太子道："李世勣才智有余，然汝与之无恩，恐不能怀服。我今黜之，若其即行，俟我死，汝于后用为仆射，亲任之；若徘徊顾望，当杀之耳。"[1]

这些日子里，太宗一遍又一遍掂量自己为太子和社稷布置下的一道又一道防线，还是觉得放心不下。前几年，太宗在评论大臣优缺点时说："长孙无忌善避嫌疑，应物敏速，决断事理，古人不过；而总兵攻战，非其所长。"[2] 缺乏军事才能，驾驭不了军队，是难以确保国家稳固的。放眼朝中，自李靖逝世后，最具声望的将领当数李勣、李

1 ——
《资治通鉴》卷199 "唐太宗贞观二十三年（649）四月" 条。

2 ——
《资治通鉴》卷197 "唐太宗贞观十八年（644）八月" 条。

道宗和薛万彻，太宗曾评价他们道："当今名将，唯李勣、道宗、万彻三人而已。李勣、道宗不能大胜，亦不大败；万彻非大胜，即大败。"[3] 这三人中，江夏王李道宗和薛万彻都与长孙无忌不和，显然不能寄托后事，那么，最佳的人选便是功高望重的李勣了。

李勣起自乡间豪强，隋末与翟让一道揭竿而起，成为威名远扬的瓦岗军大将。归顺唐朝后，他随太宗破王世充，擒窦建德，降伏突厥颉利可汗于碛口，大败薛延陀于青山，功勋卓著。尤为可贵的，是他不骄不贪，每次打胜仗，他总是将获得的金帛分给将士。而且，他知人善任，提拔不少人才，对亲戚朋友很有情义，其旧主李密叛唐伏诛，他为之举哀发丧；昔日故友单雄信拒唐被俘，他营救无效，便割身上肉与之诀别。所以，他在朝廷文武百官中，很有威望。可是，军队讲军功、看资历、注重战友情谊，像太子这种完全与军队没有关系的人能否得到李勣等军将的效忠，太宗也毫无把握。所以，他一直在培养太子与李勣的感情。

贞观中，太宗以晋王治为并州大都督，任命李勣为并州大都督府长史，名义上成为上下级。贞观十七年，晋王治立为太子，太宗即以李勣为太子詹事兼左卫率，并对李勣说道："我儿新登储贰，卿旧长史，今以宫事相委，故有此授。虽屈阶资，可勿怪也。"以后，又借宴会之机再次叮嘱李勣道："朕将属以幼孤，思之无越卿者。公往不遗于李密，今岂负于朕哉！"[4] 用李勣不负旧主李密的故事来激励他效力尽忠于太子治。

现在太宗行将就木，他多少还是有点放心不下，李勣才智过人，颇有政治头脑，不是一般军将可比，必须让太子有恩于他，以得其死力。做到这一点，嗣君的地位将增添一道屏藩而坚如磐石。在政治的节骨眼上，太宗思虑之精深周到，非常人所及。然而，有一点是他无能为力的。偌大一个国家并不缺乏人才，缺乏的倒是能识人、用人和容人的人，也就是缺乏领袖人物。太宗能够保证李勣和长孙无忌的忠诚，却无法保证他们能够通力合作，也无法保证嗣君有能力协调他们，则其前景足堪忧虑。此时此刻，人们不禁会因贞观时代的人才济

3 ————
《旧唐书》卷67
《薛万彻传》。

4 ————
《旧唐书》卷67
《李勣传》。

济而对太宗投以钦佩的目光，才能更深刻地理解太宗始终不能挥去的隐忧，他心里是亮堂堂的。

李勣的心里也是亮堂堂的，二十多年的风雨同舟，怎不明白太宗的心思。所以，一接到被贬为叠州（今甘肃省迭部县）刺史的命令，他一句话也没说，飞马扬鞭直接出城赴任去了，不但家没回，连头也没回。

接到李勣赴任的禀报，太宗松了一口气，聚集起来的气力也随之而去，只觉得所有的病痛汹涌而至，旋即进入了弥留状态。太子日夜守候在病榻旁边，悉心侍奉，眼见回天无术，更是茶饭不思，二十出头的青年人，头上竟生出丝丝白发。二十四日，太宗挣扎着醒了过来，望着守护在侧的太子，百感交集，泣道："汝能孝爱如此，吾死何恨！"随后，召长孙无忌入承遗命。太宗抚摸着长孙无忌老泪纵横的脸颊，竟然说不出话来。

二十六日，太宗再度病危，急召长孙无忌和褚遂良入内，郑重托付道："朕今悉以后事付公辈。太子仁孝，公辈所知，善辅导之！"转而对太子说道："无忌、遂良在，汝勿忧天下！"忽然，他仿佛又想起一件重要的事来，叮嘱褚遂良道："无忌尽忠于我，我有天下，多其力也，我死，勿令谗人间之。"[1] 做了这番交代之后，太宗才让褚遂良起草遗诏。不久，太宗带着无限的眷恋、许多的担忧，与世长辞。

不难看出，太宗心头一直有阴影笼罩，他是怀着说不出的担忧逝世的。不幸的是，后来发生的事情竟如其预感。而且，如果他能够知道这段日子里太子也在为自己的人生做另一项至关重要的安排，一定会倍感恐惧。

太宗亲征辽东时，身体一直不好，前线归来途中又患痈疾，太子曾在并州为他吮痈，可见病得不轻，故贞观二十年三月回到京城后，太宗"欲专保养"，下令："军国机务并委皇太子处决。"[2] 为此，专门在寝殿旁边建置一所别院，供太子起居。于是，太子白日在东宫听政，退朝后即回皇宫服侍太宗，不离左右。根据唐朝对内官职掌的规

1 —————
以上对话均见《资治通鉴》卷199"唐太宗贞观二十三年（649）"。

2 —————
《资治通鉴》卷198"唐太宗贞观二十年（646）三月"条。

定，嫔妃"掌教九御四德，率其属以赞后礼"，嫔妃之下的美人，"掌率女官修祭祀、宾客之事"[3]，故照料皇帝生活起居的诸般杂务，是由才人承担的。也就是说，太子和太宗的才人经常在一起。

3 ————
《新唐书》卷47
《百官志二·内官》。

而在这才人堆里，有一位与众不同的武才人，不但美丽，而且气质不凡，特别是偶尔谈论事情，很有见地，格外引起太子的注意。毕竟都是青春年华的同龄人，特别容易相互吸引。

这段温馨的日子随太宗的痊愈而中止。可是，病后的太宗仍然虚弱，经不起操劳，同时，也出于培养太子的考虑，他依然让太子主持日常事务。这样，太子依旧经常出入宫中，偶尔还能见上武则天一面，那楚楚可怜的神情，匆匆而过的身姿，留给他的却是天仙般的亮丽和触电似的震颤，久久难以平息。

此时，太子早已成亲。依照唐朝规定，太子除了妃子外，还有"良娣二人，正三品；良媛六人，正四品；承徽十人，正五品；昭训十六人，正七品；奉仪二十四人，正九品"[4]。这些人员是否已经满额，不得而知。可太子身边围绕着王妃与萧良娣却是千真万确的，而且，他已经和萧良娣及身份低微的宫女们生了四个儿子，小日子过得并不寂寞。也就是说，太子对武则天的思慕，并非出自青春冲动。显然，与身边的女子相比，武则天更有一种说不清的魅力。

4 ————
《新唐书》卷47
《百官志二·太子
内官》。

这种与众不同的魅力正是太子所缺乏并向往的，那就是独立的个性和坚定的胆识。

自从被立为太子以来，太宗唯恐懦弱的儿子不堪重托，把满朝文武能臣都派到他身边，自己更是手把手地传帮带，遇事反复指点，教导谆谆。然而，真正的领袖不是教出来的。培养固然可以增加见识，积累经验，可是，一个领袖更需要的是临危不惧、沉着果断的性格，明目达聪、知人善任的作风，虚怀若谷、兼收并蓄的胸襟，这些素质只有通过大风大浪的捶打才能锤炼出来，绝非温室所能培育。最深刻的道理往往朴实无华而为人周知，但如果没有亲身的体验，就难以领悟其精妙之处，甚至被视为老生常谈。所以，太宗和一批老臣虽然点拨得不厌其烦，但太子恐怕被拘束灌输得不耐其烦。更严重的是，时时面对这些功名显赫的英雄前辈，无形之中，太子的自信心受到了挫伤，感到巨大的压力。

此时此刻，一个聪明美丽的女子突然出现在他面前，既能使他感到新奇，又能从中感受到力量，而兴奋、而鼓舞、而安心，如释重负，仿佛获得解放。

太子的一举一动都逃不过武则天的细致观察。此时的她早已不是羞涩的小女孩了，太宗曾经让她成熟，而宫廷斗争更把她磨炼得精明敏锐，她怎会忽视太子望着自己发呆的神情！何况自己现在身处逆境之中，下一个灭顶巨浪又在眼前翻涌。太宗一天比一天衰弱，眼见得时日不多了。皇帝死后，他所遗留下来的女人，命运相当悲惨。她们将被送入尼姑庵，从此吃斋念佛，了却余生。这种安排绝非年轻女子甘愿接受的，更何况武则天这种以入宫赌晋升的人！她感觉到自己正被汹涌而至的浪涛所吞没，尽管极力挣扎，却几乎徒劳无望。就在此时，太子出现了，像一道闪电划破无尽的黑夜，有如茫茫大海中的漂浮物，管它是稻草还是方舟，总给人带来绝处逢生的希望！

一个豁将出去的成熟女人要对付一个动心的男人，那还不是老鹰捉小鸡一般手到擒来？接下来的事情便在无声无息之中发生得那么自然顺畅。

贞观二十三年夏天，太宗病得昏昏沉沉，太子连夜晚都守候在宫内。这时，武则天出现了，她点燃了这个夜晚，烧红了太子的心。

在人生命运的瞬间，在天堂与地狱的交界，她用全副身心的投入，紧紧抓住了太子的手，那可是化作有形的命运之手！

鱼死网破般的挣扎过去了，但武则天还只是触摸到命运而已，关键是如何才能拴住太子的花心？喘息未定的武则天仍旧站在悬崖边上。

第三章

夺宫

行路难，行路难，
多歧路，今安在？
长风破浪会有时，
直挂云帆济沧海。

——李白《行路难》

九

五月二十八日，太子在长孙无忌等人的严密护送下回到京城，表面上一切如常，太子任命太子左庶子于志宁为侍中，少詹事张行成兼侍中，检校刑部尚书、右庶子兼吏部侍郎高季辅兼中书令。可是，一天之内将三位东宫属官提升为宰相，已经暗示发生了非常的事件。

果然，次日，太子在太极殿为太宗发丧，宣布遗诏，并在太宗灵前即位，后庙号高宗。

六月一日，京城举行隆重的天子登基仪式，在庄严的礼乐声中，高宗宣布大赦天下，百官赐勋一级，八十以上老人赐粟帛，雍州及往年供给军役尤为显著的州免除赋役一年。此前还宣布停止征伐高句丽及在建的土木工程。这些措施带给百姓以实惠，让他们确实感受到一个更加祥和的新时代正在揭幕。

仪式过后几天，高宗又宣布了重要的人事任命。八日，晋升叠州都督李勣为特进、检校洛州刺史、洛阳宫留守。两天后任命长孙无忌为太尉兼检校中书令，知尚书、门下二省事，把中央三省的大权都集中到长孙无忌手中。大概长孙无忌也觉得权力过重，坚决辞去尚书省职。再过十天，也就是长孙无忌的中心地位明确之后，李勣被调回京城，出任开府仪同三司、同中书门下三品。两位领班宰相确立后，新朝人事也就基本确定了，这些安排完全是太宗的部署。

到了九月，高宗又任命李勣为尚书左仆射。隋唐三省六部制下，尚书省是国家最高行政机关，其首长为尚书令和尚书左、右仆射。由于尚书令权力太大，直逼皇权，所以，隋唐两代除了个别例外，均不设尚书令一职。就唐朝而言，高祖曾任命太宗为尚书令，其后此职不再授人，故尚书左仆射就成为政府的实际长官。让李勣担任尚书左仆射，居朝臣之首，尊则尊矣，可朝廷真正掌权的是长孙无忌，这是大家都明白的现实，李勣又能有什么作为？所以，这项任命无非是想进一步笼络李勣罢了。李勣当然清楚，他欣然上任，翌年就一再上表辞职，并获得批准。

李勣像，出自《三才图会》

李勣辞职后不久，也就是在永徽二年（651）正月，高宗任命黄门侍郎宇文节、中书侍郎柳奭为同中书门下三品。所谓"同中书门下三品""同中书门下平章事"等，是此期前后新出现的官称，有此衔者便是宰相。新增补的宰相中，柳奭是王皇后的舅舅；宇文节原为尚书右丞，以精通法令和廉正能干著称。八月，于志宁出任尚书左仆射，张行成为尚书右仆射，皆同中书门下三品。一系列的任命表明政权的交接进展得十分顺利，长孙无忌辅佐高宗的体制在人事组织上得到很大的加强，日益巩固。

当然，长孙无忌和褚遂良把握权柄也引起其他派系暗中不满，成为攻击的目标。

永徽元年（650），高宗登基改元伊始，就有一个名叫李弘泰的

洛阳人，告长孙无忌谋反。此事是否还有更深的内幕，已经不得而知了。高宗似乎也不愿深究，下令将此人开刀问斩，匆匆把事情了结了。

可是，到了年底，褚遂良案发。原来，身为中书令的褚遂良购买了中书译语人的田地。虽说有估价，但毕竟是长官收购部属的田地，谁能保证估价公平？事情旋被监察御史韦思谦检举弹劾，但大理少卿张睿册判褚遂良无罪。韦思谦便把案子告到高宗那里，同时告张睿册附下罔上，罪不容诛。闹到这番地步，高宗也只好把褚遂良贬为同州（今陕西大荔）刺史、张睿册为循州（今广东惠州东北）刺史。不久，高宗又把褚遂良召回，仍任宰相、吏部尚书。显然，高宗需要褚遂良的辅佐，但他有时也不得不对来自不同方面的压力做些让步。官场就是这么回事，螳螂捕蝉，黄雀在后。

政治变动总伴着几家欢乐几家愁。朝廷里，新官上任，好不风光。可在朝外，悲辛受屈的事情也同时发生。

唐昭陵鸟瞰图　　　　　　太宗的寝陵选在京畿醴泉县九嵕山，依山势建造，称作"昭陵"。

昭陵陵北的神道上刻有六匹骏马，它由著名艺术家阎立本根据唐太宗生前骑乘过的六匹骏马设计。石雕骏马是在平面上起图样，雕刻人马形状的半面及细部，并使高肉突起，称之浮雕，也叫"高肉雕"。图为昭陵六骏之"什伐赤"

昭陵六骏之"白蹄乌"

1 ————
李树桐《武则天
入寺为尼考辨》
（收入其著《唐史
考辨》，台湾中华
书局1965年版），
《再论武则天入寺
为尼说》（载台
湾《大陆杂志》
第八十三卷第六
期，1991年），力
证武则天未曾入
寺为尼，推测入
寺为尼系武三思
（前一篇论文以为
是许敬宗，后文
作了纠正）伪造，
虽成一说，但要
推翻各种正史材
料关于武则天出
家的大量记载，
仍嫌证据不充分。

2 ————
两《唐书·则天皇
后纪》及《资治
通鉴》卷199 "唐
高宗永徽五年三
月" 条均记载武
则天入感业寺为
尼。但《通鉴》注
引《长安志》说：
"贞观二十三五
月，太宗上仙，
其年即以安业坊
济度尼寺为灵宝
寺，尽度太宗嫔
御为尼以处之。"
程大昌以为《长安
志》"能言寺之位
置及始末，则安
业者是也"。

3 ————
宋敏求《长安志》
（收于平冈武夫
编《唐代的长安
和洛阳（资料）》，
上海古籍出版社
1989年版）卷9
"崇德坊崇圣寺
注" 及 "安业坊
济度尼寺注"。

贞观二十三年八月，太宗灵柩被隆重安葬于此。这一天，最伤心的莫过于太宗的妃子才人们。太宗生前，她们并没有享受什么荣华富贵，太宗一死，她们倒是要终生为其亡灵祈祷。虽然唐朝没有实行嫔妃殉葬制度，但她们必须到尼姑庵去斩断青丝俗缘，比殉葬不过多了一口气。而太宗下葬的这一天，也就成了她们与尘世告别的日子。青山绿水，草木含情，看一眼，哭一声，发自生命的悲号，格外叫人心酸。

在这行列当中，赫然出现了武则天的身姿。看来，高宗也没有能力留住她，[1] 只好眼睁睁地看着她出家去了。和其他人不同，武则天跨出宫门的心情更加复杂，她不相信自己的命就如此凄惨，希望就此化作虚妄，毕竟与高宗的缠绵缱绻，宛如昨夜，山盟海誓，言犹在耳，自己给高宗铭心刻骨的感动，一定会让他难以忘怀。可是，她还是没能彻底征服高宗，在感情与政治现实的较量中，她的分量毕竟太轻，传统礼制的力量宛如金汤，就像眼前的宫墙，虽只一门之隔，却让她怎么也迈不过去，反而被打扫出来。难道真的没有生路了？她绝不肯相信。有了这一分希望，不管如何渺茫，都让她平添许多企盼的焦躁和旧梦难圆的痛苦。且不问乡关何处，只要一息尚存，她总是要挣扎着回到宫里来的！掺杂着这一点自信，她一边在心底里怨恨高宗的懦弱，一边拖着沉重的脚步，随着出殡的行列麻木地移动。

她被送到朱雀大街西侧安业坊的灵宝寺内。[2] 此寺原为隋太师李穆别宅，其妻元氏舍为佛寺。唐太宗去世后，高宗将邻近的济度尼寺搬迁至此，用以安置太宗宫人，而西邻的崇善坊济度尼寺原址则改作太宗别庙。[3] 显然，这两所寺庙都是专门为太宗追福而改设的，为了方便皇帝行香，故都选在城内中心地段，特别是济度尼寺仅与朱雀大街一墙之隔，凭栏北眺，皇城巍峨可见，怎不让武则天百感交集。但仔细想想，既然是祭祀太宗的寺庙，则皇上就一定会来行香，机会并没有完全消失。武则天默默忍受严酷的现实，蓄势待发，去捕捉历史的一瞬间。

新旧《唐书》及《资治通鉴》
所载的感业寺

十

这一瞬间终于在将近一年之后如期来临。

永徽元年五月，太宗周年忌日，高宗皇帝前来为太宗进香致祭。这一切都在预料之中，武则天为了这一天的到来做好了准备。祭奠仪式过后，高宗入内休憩，就像当年那样，武则天又出现在眼前。

久别的恋人，只能在这样的日子和地点重逢！多少的委屈和思念，都在这一刻喷涌而出，哽咽低诉，武则天哭得像泪人似的，心软的高宗也跟着泪如雨下。哭归哭，伤心依旧只是伤心，要高宗公然把武则天接回去，他却不敢。

可这一回武则天真的是要走运了，她又一次成为宫廷斗争的间接受益者。灵宝寺内催人泪下的那一幕，已经悄悄传到宫中，传入王皇后的耳朵里。

王皇后是王思政的后裔。王思政出身于太原王氏，在西魏任大将军，功勋卓著，受人尊敬。但是，大统十四年（548）坚守颍川（今河南许昌）的那场恶战，他没能挡住东魏源源不断的进攻，最后被亲自提兵来援的高欢所俘虏，虽然壮烈，却也使得家道中衰，子孙中没有在朝中当大官的。尽管如此，王家毕竟是和崔、卢、李、郑并列为天下名门的大姓，故达官贵族依然竞相与婚。唐高祖的妹妹同安公主就嫁到王家来，而且，她还为王家争取到不少好处，王皇后就是由她向太宗推荐而被选入东宫的。

这种由婚姻关系编织成的门阀士族网络，复杂得叫人眼花缭乱。王皇后的外家柳氏，也是河东一等士族。远的不说，柳氏祖上在北魏时就官至尚书左仆射，门庭显赫，子孙历北周隋唐三代，皆官显位尊。王皇后的舅公柳亨，容貌魁伟，唐高祖看了喜欢，便把妻家孙女嫁给他。这样，柳家和皇室又成了姻戚。太宗临终时曾对长孙无忌和褚遂良交代道，"我好儿好妇，今将付卿"[1]；高宗即位后不久，王皇后的舅舅柳奭就被提升为宰相。有这么多门阀世族、高官姻戚共同支

1 ——
《旧唐书》卷80
《褚遂良传》。

持的王皇后，条件十分优越，地位也相当牢固。

然而，所有的优越并没有给王皇后带来家庭生活的美满，倒是养成了她娇贵自矜的脾气，虽然容貌姣好，却显得高傲而冰冷，一举一动都合乎规矩，让人不易亲近，因此也就不能赢得高宗的欢心。他们之间看起来相敬如宾，内里却不融洽。高宗有不少子女，却没有一个出自王皇后，如果没有生理上的毛病，则她显然是被奉为天下母仪的象征，而不是高宗的亲密伴侣。

而在另一些女人身上，高宗得到了他所需要的温柔与体贴。据两《唐书》记载，高宗这些年已经育有四个儿子。长子忠还是他刚被册立为太子那年，与后宫内身份低微的刘氏所生的；次子孝和三子上金也都为后宫所育，只知道他们的母亲分别叫郑氏和杨氏。有嫔妃在侧却一个劲地跑去寻找宫女，看来高宗懦弱的性格也表现在女人身上，他显然畏惧刻板威严的女性，而喜欢让他感到轻松放浪的女人。从晋身东宫至此，短短数年间就生育四男二女，高宗不能说不好色。对女人的畏惧与喜爱这两者的矛盾，决定了他对外柔内刚型女人的偏爱。为了保持皇室血统的高贵，他必然要寻找合乎理想的嫔妃作为伴侣。

因此，萧淑妃走红起来。

萧淑妃在高宗的太子时代已为良娣，地位仅次于王妃。以她的身份而论，当不至于出身寒微，但其家世显然不能与王皇后相比拟，没有任何可以自傲的资本。有教养又不失温柔，萧淑妃很快就占据了高宗的心灵，几乎达到专宠的程度，数年之间，就为高宗生育王子素节和义阳、高安两位公主。在母以子贵的时代，萧淑妃育有皇子，不仅极大巩固了自己得宠的地位，还使得王皇后黯然失色。

眼见萧淑妃日益得势，王皇后坐立不安，处心积虑要打击萧淑妃，夺回皇宠。就在这关头，她接到宫人密报，说皇上在灵宝寺内与武则天幽会。她眉头一皱：这好色的皇上果是本性不改，依然旧情难忘。嫌恶之感未去，眼前突然一阵发亮：何不将计就计，如此如此！她暗叹自己险些失去天赐良机。

不久，宫中派出的人物神秘兮兮地出现于灵宝寺，把王皇后的意思悄悄地告诉武则天，让她蓄留头发，随时准备二进皇宫。同时，王皇后还多次有意无意地向高宗提起武则天来。高宗正心虚着，被王皇后一提，还不知如何回应，没想到王皇后倒显得十分大度，主动让高宗关心武则天，这岂不正中高宗下怀？意味着他今后可以名正言顺去会武则天了。如此一来，大家都对武则天的存在习以为常。永徽二年，武则天终于被悄悄地接回宫中，立为昭仪。如前所述，昭仪位在皇后与四妃之下，却高居九嫔之首，显然不是往日区区才人身份可比，看来不仅高宗对她一往情深，而且王皇后待她也不薄。

王皇后当然有自己的打算。武则天是先帝才人，这是谁都无法更改的事实，这记烙印已经决定了武则天翻不起大浪，因此不能对王皇后构成威胁。相反，武则天的新生是她给予的，如此大恩大德，足令武则天一辈子感激不尽。武则天的美色正可以夺走高宗对萧淑妃的关爱，轻而易举地将高宗置于自己的控制之下。王皇后深为自己的足智多谋而陶醉。

十一

经过让人沮丧的挫折，武则天重新回到了宫中，犹如从冷汗淋漓的噩梦中醒来，她加倍感觉到受人摆布的痛苦与无奈。宫墙楼阙，依然如故，看起来格外亲切。从尼寺重返皇宫，简直离奇得叫人难以置信，莫非真是应验了孟子所谓"天将降大任于是人也，必先苦其心志，劳其筋骨，饿其体肤，空乏其身"的预言？不管怎么说，自己得好好珍惜这千载一遇的机运，把命运牢牢地攥在手心里。

过去的岁月里，太宗没有给她丝毫表现的机会，她只能像大海中的一叶孤舟，随波逐流。现在，她已经感觉到命运在向她招手，该她登台表演了。

三彩贵妇俑，
洛阳博物馆藏

当然，生活的波折已经将她磨炼得异常的现实与老练。审时度势，宫内正是王皇后与萧淑妃的角逐场。她们虽然斗得凄凄惨惨，却根本不得要领，把高宗搅得烦躁不安，无形中也给自己带来巨大的伤害。这种两败俱伤的乱战，武则天是不会轻易卷入的。她看清角力双方的优劣和自己的处境，当务之急乃是自己先得在宫中安下身来，争取皇上全心全意的信任与宠爱，以立于不败之地。

她以低姿态出现在宫中，一团和气，善解人意，把两头受气的高宗安抚得心宽神定，通体舒泰。每次退朝回宫，见到的是武则天灿烂的笑颜，没有任性的使气，只有似水的柔情，宛如春风醉人，直让高宗一有余暇便迫不及待地赶来与她相守一处，仿佛到了此时才初次品尝到家的温馨，一个劲地沉浸于温柔乡中，不知不觉之间，皇子接二连三地生了下来。永徽三年（652），长子李弘诞生了[1]，紧接着又生下一个女儿和李贤。三年间生育二男一女，足见武则天何等受宠。

而在此期间，萧淑妃没有再添子女，显然，她已经被冷落在一旁。武则天在不动声色之间夺走了高宗对她的爱，将她彻底击败了。为什么皇上会如此见异思迁呢？而且，他所痴迷的竟然是一个谁都没有真正放在心上的先帝旧才人，连喜新厌旧都谈不上，到底是哪里阴差阳错，叫人如此不可思议？萧淑妃败得稀里糊涂，莫名其妙。她哪里明白，就是在她百思不得其解之处，武则天展现了巨大的优势。

在高宗面前，武则天不仅是体贴入微的妻子，而且是很好的谈话对象。她思维敏捷，胸怀宽广，从不拿宫内琐事去烦恼高宗。相反，每当高宗遇到朝中烦心的事，武则天总能体察上意，提出新颖的建议，叫人不得不服，尤其对高宗这种见识平凡而性格软弱的人来说，武则天不仅是他可以倾诉心曲的伴侣，简直快成了他的智囊和主心骨，使他如获至宝，和成天吵吵闹闹的后妃相比，不啻云泥之别。

萧淑妃失宠了。这是谁都清楚的事实，王皇后看得心花怒放，她一手导演的好戏大获成功。武则天能有今天，完全是她的功劳呀！她期望着武则天的回报，等待着高宗对她倍增的敬爱。然而，她等到的是高宗和武则天的形影不离，情投意合。去了个萧淑妃，却来了个武

1 ————
《旧唐书》卷86《孝敬皇帝弘传》记载："上元二年，太子从幸合璧宫，寻薨，年二十四。"据此推算，李弘生于永徽三年，可以无疑。前引李树桐《武则天入寺为尼考辨》和卞孝萱《武则天二三事》（《光明日报》1962年9月12日）均据此考证武则天二进宫在此之前。卞文以为当在永徽二至三年，指出永徽四年高宗封李弘为代王是一大关键，因为"皇帝身份的高宗，和尼姑身份的武曌，搞出私生子，是可能的；但高宗下诏书封这个私生子为'代王'，是不可能的。"此论精审，当从之。

则天，她一无所获，不仅空欢喜一场，而且还显得气量狭小，不择手段。王皇后气得七窍生烟，她必须另找良策，夺回失地，虽然已经有点晚了。

永徽三年，也就是武则天生下李弘的那年，王皇后痛感自己没有子嗣的不利处境，仿佛潜存的威胁正向她逼近，有必要采取行动捍卫自己。于是，她把在朝中当中书令的舅舅柳奭找来商议。柳奭献上一计：高宗的长子陈王忠因为母亲身份低微而郁郁不得志，如果由皇后出面争取立他为太子，那么，他一定会感恩不尽，忠心追随。而且，立陈王忠不但阻止萧淑妃立爱子许王素节的企图，同样还可让武则天断觊觎之心，一箭双雕，抵消她们二人拥有子嗣的优势。王皇后觉得此计大妙，当下便决定下来，两人分头行事。

柳奭先和尚书右仆射褚遂良及侍中韩瑗通气，然后一道说服太尉长孙无忌和左仆射于志宁，联合起来，向高宗提议立陈王忠为太子。在宫内，王皇后也向高宗提出相同的建议，内外遥相呼应。高宗怎不明白王皇后的心思，但他一看这次来势不小，志在必得，自己难以违拗，便落得做个顺水人情，于七月下诏宣布立陈王忠为太子，大赦天下，把仪式办得十分隆重。

立太子问题上，王皇后看似得计，显示了颇为强大的实力，可回头细想，她并没有赢得高宗的心，也没能给对手造成损害，实际收获无几。随着高宗倾心于武则天的情形表现得越来越明显，王皇后也看清了真正的敌人。于是，往日相互攻讦的王皇后和萧淑妃出于共同的利益联合了起来，一齐向武则天发起进攻。她们跑到高宗那里，大讲武则天的坏话。可是，当年她们也是这般互相攻击的，高宗早就习以为常，如何会将她们当回事？或许还把她们的人品看低。

十二

永徽五年（654），武则天确信自己已经掌握住高宗了，便开始呐喊着登上政治舞台。她一出手，就显得不同凡响。

三月，她让高宗颁布一道诏令，表彰屈突通等十三位开国勋臣，自然而然地将其父亲武士彟加了进去，从而大大抬高武氏的身份地位，为自己抢占政治制高点做准备。

武则天变得咄咄逼人起来。她的心思明显不在于后宫的争风吃醋，而具有更大的政治企图。因此，她的目标自然不会是已经在情场失宠的萧淑妃，而是王皇后。

王皇后慌了，不知如何是好。她连忙把母亲魏国夫人请入宫中商议，两个妇道人家凑在一块，怎么也想不出好办法，只能在一处诅咒泄愤。然而，她们万万不会料到，自己的一言一行早已在武则天的严密监视之下。

王皇后及其舅家柳氏都出身名门大族，自幼养尊处优，气势凌人，从不把身份卑微的下人放在眼里，不但王皇后在宫中高高在上，就是魏国夫人柳氏和中书令柳奭到宫里来，也是昂首挺胸，目中无人，把宫女宦官看得妒忌发恨。相反，武则天曾在宫中长期遭人冷遇，深知小人的厉害，所以，她再度入宫后，便暗中笼络收买宫女宦官，恩威并施，尤其是受王皇后呵斥者，她更是倾心交结，平日获得赏赐都拿出来分给她们，把她们收拾得服服帖帖，乐于效命，宫中一有风吹草动，她们便飞快地禀报给武则天，尤其对王皇后和萧淑妃的一举一动，更是告密唯恐不及。所以，武则天对王皇后她们的动静了如指掌，她从中挑些报给皇上，无不有根有据，不由得皇上不信。

宫内斗争的主动权明显转入武则天手中，一场重大的斗争已是时间问题，但人们还是没有料到会来得如此之快，如此之猛烈。

对于武则天来说，既然已经出手，就必须以迅雷不及掩耳之势置敌于死地，因为她握有的王牌只是性格懦弱却又见异思迁的高宗，谁知道他什么时候又会追逐起别的女色来，一旦色衰爱弛，自己只有任人宰割的份。眼下必须趁高宗迷恋自己之时，找到让懦夫成为勇士的办法，拼死一搏，看来只能铤而走险了。

她决定豁出去，除了自己，世界上的一切仿佛都是为这场斗争而存在。她拼命寻找着任何一点可资利用的机会。而机会也是可以制造的。

这天，武则天正抱着出生不久的女儿想心事，王皇后在宫女簇拥下走了进来。皇后乃后宫之主，皇上喜添儿女，哪怕是出于礼节，皇后都应该视察慰问。进屋后，王皇后马上被活泼可爱的女婴吸引了，抱在怀里，把严冬的寒气都给逗得暖烘烘的。皇后十分开心地离去，高宗接踵而至，武则天一脸春风将高宗迎入里屋看望女儿，揭开棉被，却是一具尸体，身上热气还没退尽。武则天一声悲鸣，把高宗的心都给撕碎了。追问宫女，才知道刚才只有皇后进来过，高宗不由得联想起皇后平日加诸武则天的恶言，似乎得到启发，认定凶手就是皇后。而武则天好像也想起什么，把皇后种种可疑之处边哭边诉，听得叫人扼腕悲愤。就这样，幼弱的生灵夹杂着泪水，彻底改变了宫内斗争的性质。

高宗宅心仁厚，他奔忙于几个女人之间，承受着各方的压力，但他还是尽量调解矛盾，哪怕十分喜爱武则天，倒也不曾考虑废立皇后。现在，事态突然将他推入绝地，逼迫他不能不做出非此即彼的抉择。女人之间的争风吃醋已经演变为伤筋动骨的政治斗争。

六月，皇后的舅舅柳奭被罢免了中书令的要职，转任吏部尚书。《资治通鉴》对此事轻描淡写地记为："中书令柳奭以王皇后宠衰，内不自安，请解政事"，且记载于上述扼婴事件之前。可是，《旧唐书·高宗纪上》记载，同年十二月十七日，高宗和武则天"发京师谒昭陵，在路生皇子贤"。皇子李贤虽属早产，但至少也应怀孕七个月以上，则扼婴事件必定发生于上半年，而柳奭显然是因此被免职的。《旧唐书·高宗废后王氏传》也泄露了这场斗争的片段："（皇）后惧不自安，密与母柳氏求巫祝厌胜。事发，帝大怒，断柳氏不许入宫中，后舅中书令柳奭罢知政事。"看来，事件发生之后，高宗采取了紧急措施，不仅罢免柳奭的中枢要职，还禁止皇后母亲入宫，斩断她们之间的联系。

接下来，对皇后的处置让高宗伤透了脑筋。女儿的死固然激怒他鼓起废后的勇气，但临上阵却又害怕大臣不从。武则天只好亲自出马，带着高宗来到元老长孙无忌家中，置酒设宴，谈笑风生。高宗即席封长孙无忌的三个儿子为朝散大夫，趁势向他诉说家门不幸，皇后无子，希望长孙无忌附和，赞同废立皇后。但是，王皇后是朝贵在宫中的代表，又有太宗临终的托付，长孙无忌岂能不拼死保护她？高宗和武则天简直是在与虎谋皮。长孙无忌一味岔开话题，装聋作哑，南辕北辙，一席酒无味而终。

看来，还应加大交易的筹码。高宗让人悄悄地给长孙无忌送去金银宝器各一车，绫罗锦帛十车，堆得像小山一般，闪闪发亮，长孙无忌看得发乐，悉数照收，就是不松口。其态度着实叫人捉摸不透，莫非有什么不便直接开口的话？武则天改派其母杨氏前去与长孙无忌密谈，看他葫芦里究竟卖什么药。杨氏干脆把意思挑明，请求长孙无忌帮忙立武则天为皇后，一定厚予报答。话说到这份儿上，长孙无忌再也不能装糊涂了，他明确地拒绝杨氏。

既然不帮忙，却为何收下皇上的厚礼？武则天觉得长孙无忌的态度并不坚决，似乎还有争取的余地。所以，她指使礼部尚书许敬宗一再拜访长孙无忌，说以利害。

许敬宗是杭州新城人，家世儒学。其父许善心为隋朝礼部侍郎，名高一时。宇文化及在江都发动政变，杀隋炀帝，隋臣纷纷变节，上朝称贺，唯独许善心不至。宇文化及大怒，将他捉来，却又怜惜他是儒士，放他回去。许善心并不领情，昂然而去，宇文化及再度被激怒，下令将他杀害。当时，许敬宗在场，看到父亲被害，吓得趴倒在地，磕头求饶。另一位匍匐泣请的也是著名文士，叫虞世南，其兄虞世基是隋末权臣，自然在诛杀之列，虞世南不忍看到哥哥被杀，请求以身代兄。同样是匍匐哀求，却截然不同，官场上常把他俩的表现比较谈论，许敬宗更是为人所轻。而且，许敬宗不仅是个官迷，还是个财迷，高宗嗣位，让他当礼部尚书，主持礼仪教化，但他忙于把女儿嫁给南疆酋帅冯盎之子，广收财宝，被宪司所劾，受到降职处分。让这样的人去游说高傲的长孙无忌，显然不合适。果然，长孙无忌丝毫不给许敬宗面子，痛加斥责，事情反倒失去回旋的余地。

接到许敬宗的禀报，武则天也被激怒了。好一个长孙无忌，你不帮忙也罢，却胆敢收受厚贿戏弄人！武则天脸上火辣辣的，大失颜面的羞辱、被人要弄的愤恨，使她下决心扳倒长孙无忌。

武则天的怨恨似乎也引起了高宗的共鸣，他同样感到长孙无忌过于目中无人了。长孙无忌的做法，即使不是当事人也会觉得过分。元代史家胡三省在《资治通鉴》永徽五年注中说道："上于无忌官及庶孽又有横赐，意可知矣，无忌欲格其非心，则辞而不受可也。为无忌得罪张本。"看来，胡三省认为长孙无忌的垮台乃咎由自取。长孙无忌老于官场，为何出此下策呢？宋代史家范祖禹在《唐鉴》卷4中评论道：

> 高宗欲废后而立妾，故官无忌妾子，又重赂以悦之，诱之以利，非德赏也。而无忌受其官与赐，岂未之思乎？夫大臣欲以义正君而先没于利，则不足以为重矣。无忌苟辞其官、反其赐而不受，使其君知大臣之不可诱以利，亦足以格其非心而益见惮矣。无忌不知出此，卒使武后怨其受赐而不助己，奸臣得以入其谋，高宗无足讥焉。惜乎，无忌之不学也！

范祖禹认为长孙无忌"没于利"，亦即贪财。当官的贪财，倒也是常理。但是，在废立皇后的生死关头还要捞一把，这种玩笑未免开过头了，大概长孙无忌还不至于财迷到如此地步。他收下皇上的厚贿恐怕有两方面的原因，第一个原因是直接而明显的，当面拒绝怕伤面子，一下子就把矛盾激化了。大概长孙无忌也没想好应付的办法，故先留余地。第二个原因是自高宗即位以来，朝政几乎都在长孙无忌的控制之下。长孙无忌大权独揽，并没有把皇上太放在心上，更多是看成需要自己监护的年轻外甥，因此，他并没有把高宗的馈赠看得十分紧要，仍是一副长辈的样子。

长孙无忌虽然还谈不上专权跋扈，但是，他常以长辈的态度对待高宗是不争的事实。永徽二年，登基不久的高宗在朝堂上对大臣说道："朕开献书之路，冀有意见可录，将擢用之。比者上疏虽多，而遂无可采者。"

长孙无忌回答道："陛下即位，政化流行，条式律令，固无遗阙。言事者率其鄙见，妄希侥幸，至于裨俗益教，理当无足可取。然须开此路，犹冀时有谠言，如或杜绝，便恐下情不达。"显然，长孙无忌对献纳政见一脸鄙夷，认为来自下层的献计献策者不过是一批侥幸邀赏之徒，见解鄙俗，一无可取。他以讥讽的口吻调侃开言路不过是一种政治摆设，不可过于当真。其见解与高宗扞格，故高宗流露不满道："又闻所在官司，犹自多有颜面。"

长孙无忌也不客气地将高宗对官府的批评顶了回去，甚至把高宗徇私情的事点了出来道："颜面阿私，自古不免。然圣化所渐，人皆向公，至于肆情曲法，实谓必无此事。小小收取人情，恐陛下尚亦不免，况臣下私其亲戚，岂敢顿言绝无。"[1]

这些年，朝中掌权的是长孙无忌一党，因此，他绝不希望人们对朝政提出批评，甚至采取高压政策进行钳制。永徽五年十月，雍州参军薛景宣给皇帝上书，认为汉惠帝筑长安城，不久便驾崩，而今又再修长安城，必有大咎。宰相于志宁听到后，竟要求诛戮薛景宣，幸好高宗阻止道："景宣虽狂妄，若因上封事得罪，恐绝言路。"薛景宣这才逃得一命[2]。

长孙无忌为了巩固权力，排除政敌，并不在乎政治斗争的手段。

永徽三年，京城出了件案子，唐太宗的女儿高阳公主派人控告兄伯房遗直企图非礼她。房遗直是著名宰相房玄龄的儿子，其弟房遗爱便是高阳公主的夫婿。此案乃皇亲国戚家族丑闻，不宜让外间知道，故高宗让长孙无忌亲自审理。

高阳公主在京城里是出了名的悍妇，自从太宗主婚将她嫁到房

1 ————
《旧唐书》卷65
《长孙无忌传》。

2 ————
《资治通鉴》卷
199 "唐高宗永徽
五 年（654）十
月"条。

唐代《大唐西域记》残片，吐鲁番博物馆藏，该书由玄奘口述、辩机整理

玄龄家后，房家就失去了安宁。房玄龄死后，她老想霸占家产，便指使丈夫房遗爱与其兄房遗直分家。房遗爱是个窝囊汉，对妻子百依百顺，公主看上一个叫辩机的和尚，满心喜欢，随便塞两个女子给其夫聊慰寂寞，自己金蝉脱壳，和辩机好得如胶似漆，将金银珠宝一股脑地送给辩机，而房遗爱竟也都认了。和尚得了珍宝，不免向人炫耀，正巧京城捕盗，见到辩机的稀世宝枕，便将他带回审问。辩机即刻就把高阳公主供了出来，被御史报给太宗。太宗正责备高阳公主闹分家，又获知此事，气得七窍生烟，下令将辩机腰斩，还杀了十几个助成奸情的奴婢。可是，高阳公主丝毫不觉羞惭，反倒怨恨乃父坏其好事。

太宗死后，高阳公主变本加厉，一个劲地催逼其夫与兄伯打官司，连高宗也觉得不成体统，将房遗爱兄弟都贬到外州去当刺史。丈夫不在家，高阳公主倍感自由，招来智勖等一帮子和尚，纵情作乐，

又指使后宫宦官掖庭令陈玄运打探宫内消息。即便风流如许，高阳公主犹感不足，深恨丈夫无能，扳不倒兄伯，害得她无法霸占其封爵，不由得咬牙切齿，亲自出马，派人控告房遗直非礼她。房遗直受此诬告，自然不会善罢甘休，在自辩清白的同时，也将房遗爱和公主的恶行稍加揭露，指斥他们"罪盈恶稔，恐累臣私门"。

长孙无忌听到这话，顿觉其中似有重大隐情，便将他们提来审问，果然审成大案。

原来，房遗爱和薛万彻是好朋友。薛万彻与其兄薛万均出身名门，都是唐代名将，屡建功勋，尤其是他本人，曾被太宗誉为当代三大名将，和李勣、李道宗并列，还被招为驸马都尉，可见圣眷之隆。然而，皇亲贵戚自幼在权力的染缸里长大，养成一身骄气，既渴求权势，又仿佛看破政治迷局而玩世不恭，目空一切。他们凑到一块，自然口无遮拦，迭出狂言。稍不如意，更是气血上冲，恨不得踩平世界。薛万彻在太宗晚年，曾率水师出征高句丽，在军中唯我独尊，欺凌部属，被弹劾而除名徙边。高宗登基后，念其旧勋，起用为宁州（今甘肃省宁县）刺史。但他哪里看得上区区边地官职，并不领情。永徽二年，他因足疾入朝，和房遗爱又聚到一起。薛万彻大言道："今虽病足，坐置京师，鼠辈犹不敢动。"甚至和房遗爱谋划起国家大事来，说道："若国家有变，当奉司徒荆王元景为主。"[1]

荆王元景是高祖第六子，乃太宗的弟弟，高宗的叔父。薛万彻谋立荆王元景，看来有着更加深刻复杂的历史背景。当年太宗与其兄李建成争抢皇位的时候，薛万彻是李建成的心腹爱将，玄武门兵变时，他一直抵抗到亲眼见到李建成的首级才放下武器。后来，他虽然归顺了太宗，却似乎对太宗一支继承皇位并非心悦诚服，所以才会想到改立太宗的弟弟荆王元景。由此看来，他显然与长孙无忌等当朝主流派不和。

荆王元景的女儿是房遗爱弟弟房遗则的媳妇，故与房遗爱常有来往。元景也不是什么守本分的人，他自吹梦里手捧日月，企图证明自己上膺天命，用意十分明显。元景有政治野心，房遗爱、薛万彻等对

[1] 《资治通鉴》卷199 "唐高宗永徽三年（652）十一月"条。

现实的不满，自然凑到一块儿。卷入这个小集团的还有太宗的另一位女儿巴陵公主的夫婿柴令武，其父乃唐朝开国功臣、高祖女婿柴绍，柴令武大概也属于贵族纨绔子弟一类，所以才和房遗爱等搞在一块。就这样，皇族内部出现了对立的小集团，唐朝有多少政治斗争都是因皇室内讧而起。

平心而论，房遗爱一伙谋反的证据并不明显，其性质更近于野心勃勃却又官场失意者的咆哮，虽然放肆张狂，却未必真敢付诸行动，实际上也没有这个能力与实力。因此，这种事情的处理可大可小，就看办案者如何拿捏了。而长孙无忌似乎感觉到潜在的政治危险，他决定借题发挥，把案子搞大。于是，高阳公主企图侵吞家产的家族纠纷变成了企图篡夺皇位的政治事件，而主谋也由荆王元景变成为吴王恪。

前已述及，吴王恪兄弟当中，以文才武略著称，太宗总觉得他很像自己，故寄予厚望，甚至打算立他为太子，后因长孙无忌坚决反对而作罢。在立太子问题上，太宗可谓错误迭出。长孙无忌是高宗的舅舅，太宗怎能将改变高宗太子地位的事情拿去和长孙无忌商量呢？此不慎密，陷爱子吴王恪于死地，也使唐室蒙受重大损失。

果然，吴王恪从此成为长孙无忌的一块心病，特别是他声望甚高，为朝野瞩目，更让长孙无忌坐立不安，总想找个机会剪除他，以绝众望。房遗爱的案子发生后，长孙无忌的眼睛猛地发亮：这是一起宗族丑闻，忌讳为外人详知，正好有利于政治黑箱作业，真是天赐良机！

不几天，狱中的房遗爱交代出同党吴王恪。至此，案情大白，迅速定谳。永徽四年（653）二月，房遗爱、薛万彻和柴令武被处斩，荆王元景、吴王恪及高阳公主、巴陵公主都被逼令自尽。这么多位亲人受刑，高宗动了恻隐之心，为荆王元景和吴王恪求情宽赦，但大臣坚持执法，高宗也只好眼睁睁看着他们死去。薛万彻临刑高呼："薛万彻大健儿，留为国家效死力，岂不佳，乃坐房遗爱杀之乎！"最为无辜的吴王恪难抑心头愤恨，咒骂："长孙无忌窃弄威权，构害良善，宗社有灵，当族灭不久！"[1]

可是，案件尚未了结，长孙无忌还要进一步加以利用，把异己势

1 ————
《资治通鉴》卷
199 "唐高宗永徽
四年（653）二
月"条。

力一网打尽。因此，清查的范围在不断地扩大，不久，侍中兼太子詹事宇文节、太常卿江夏王道宗、左骁卫大将军驸马都尉执失思力等人都被牵连，流放岭表；吴王恪的弟弟蜀王愔遭废黜，送巴州（今四川巴中）安置；薛万彻的弟弟薛万备流放交州（今越南河内西北）；房遗直贬为春州（今广东阳春）铜陵尉，甚至还殃及其父、已故名相房玄龄，被剥夺了配飨祭祀的待遇。

如果迫害吴王恪是为了铲除对皇位的潜在威胁，那么，后面的清查则是赤裸裸的公报私仇。《新唐书·江夏王道宗传》明载"长孙无忌、褚遂良与道宗有宿怨"，故诬告李道宗等人，锋芒所向，主要是军界。

长孙无忌最大的弱点恐怕是对军队缺乏影响力。他没有足以服众的军功，将军们对他不以为意，而他也对将军们有看法，视为异己，双方各存芥蒂。太宗逝世后，长孙无忌大权在握，便处心积虑要排除异己，以达到控制军队的目的。因此，房遗爱案件绝非无关紧要的偶然事件，而是当时复杂的政治斗争扭曲的表现，其影响更是深远。

就与本题相关的影响而言，至少有这样几个方面：

一、长孙无忌采取高压手段控制军队的做法，虽然一时得逞，但他与军队的关系更加疏远，尤其是制造冤案来整肃对手，不得人心。所以，他后来垮台时，军队的意向起了至关重要的作用。

二、长孙无忌所清除的都是李唐皇室的精英，当年为太宗所称道的三大名将，除李勣明哲保身外，李道宗和薛万彻竟都在此案中遭受摧残，极大削弱了皇室对军队和朝政的控制力，并造成皇室人才凋零的后果，无意之间为将来武则天夺取李唐政权扫清道路。

三、长孙无忌不择手段剪除异己，甚至残害宗室，目的都在于加强自己的权势地位。这种直逼皇帝的辅臣，必然为皇帝所厌恶。要知道，高宗正是热血方刚的青年皇帝，登基已经四年，自然渴望亲执权柄建功立业，怎能容忍长期被抑制在长孙无忌的羽翼之下，受到轻视！房遗爱案件让高宗切身感受到长孙无忌咄咄逼人的权势，更增添反感。

高宗的心情或许是长孙无忌所不能理解的，其实，他们的权力之争迟早都要发生，只不过是要有一个合适的爆发口。如今，高宗想休掉残害女儿的妻子，他觉得自己有充分的理由，可长孙无忌却不支持，明摆着要偏袒对方，甚至还捉弄自己。高宗感到自己受轻视，气不打一处出，变得强硬起来，决心和长孙无忌较量一番。其实，有足智多谋且性格刚强的武则天在一旁，只要高宗被挑动起来，往后的事就未必由得了他做主。就这样，高宗朝的政治斗争揭开了序幕。

十三

这是武则天为出人头地而进行的战斗。

当年，她满怀新奇、憧憬和仰慕之心迈入皇宫的时候，曾经为自己编织过爱情与荣耀的美梦。可是，转眼之间，她便品尝了梦幻破灭的滋味，更经受了一次次遭人白眼，受人凌辱的痛苦，让她完全明白，在金碧辉煌的背后，同样充满阴谋与背叛，在这里，没有真诚却充满尔虞我诈，没有同情却只有弱肉强食。因此，要想生存，便只有不惜一切地往上爬，直至权力的顶峰。这种唯权力论思想，既受动物本能的驱动，更来自权力角逐场激成的心态逆反。

最可悲的是在古代中国，人的社会地位与价值，是以官场的尺度来衡量，而且还不认可其他价值尺度的独立存在，因此，无论你有多大的才华成就，只要不属于官场权势范畴，都不被承认，顶多也只是扭曲折变为官场的附庸点缀来衡量其价值。哪怕被儒家尊为"万般皆下品，唯有读书高"的知识分子，也汲汲营营于"学而优则仕"，把学术的独立都给变卖了。而失去学术的独立，就如同脊梁骨被打断一般，不仅个人的品格无从树立，社会和民族也得不到精神的洗练而升华，流毒甚远。它不仅扼杀了众多的生机，而且把谋求上进者都驱赶入仕进一途，展开惨烈的竞争，国家在仕进压力下滥设冗官乃至腐败姑且不论，僧多粥少的竞争以及既得利益的权贵企图维持对权力的把持垄断，都促使竞争不按照起码的规则进行，于是，不择手段成为克敌制胜的手段，而"胜者为王，败者为寇"也成为裁判的准则。

这些令人不寒而栗的官场真谛，是皇室贵戚教会武则天的。最初，她作为才人，充当太宗生活秘书的角色，在皇帝身边目睹废立太子的过程及其后权力交接的人事安排，看透了皇室为争夺权力而骨肉相残的真实面目。以后，她更是通过长孙无忌打压政敌的冤案，领会到政治斗争的残忍无情，看穿了贵族的虚伪。

而她有着比他们更加充分的理由去抗争，去争得自己独立的地位与人格。当年，她是在宫廷的阴谋中获准重入皇宫，充当情场斗争的性工具，并没有人真正尊重过她。从表面上看，她甚得皇宠，其实那都是绚丽的表象，她只不过是用姿色在拼命维持自己的地位，宫内朝廷的风言峻目，所谓"先帝才人"的紧箍咒，时时都在提醒她要明白自己的屈辱地位。这一切，都不是个性坚强的武则天所能忍受的。因此，她要抗争，要报复，要赢得世人的仰慕，扬眉吐气，而这些难道不是属于她的正当权利吗？

不甘屈辱，不居人下、刚强果敢的鲜明性格，使她一旦伸张，就径向至尊的皇后地位发起冲击，绝不委屈妥协。或许她早已计算过，门阀社会不会给她逐步攀升的机会，懦弱的高宗也不可能一再支持她，所以，她只能出奇制胜，一举取胜。然而，这个赌注实在太大了，她面对的几乎是整个当政的世族集团，因此，斗争的结果将远远超出个人利益的范畴，造成权力格局的变动，给政坛带来巨大的冲击，并改变斗争的性质。这一切，武则天无暇细想，她明白自己再一次站在悬崖边上，要么成功，要么失败，没有退路，只有全力以赴去杀开一条血路。

就这样，她以死里求生的勇气，笼罩住希望主宰朝政的高宗，共同向大权在握的既得利益集团发起冲锋。

他们满怀怒气，在扼婴事件之后，迅速罢免了皇后舅舅柳奭的中书令职务，初战告捷。然而，他们还来不及高兴，便发现对手远比他们预料的更为强大。这种强大不仅在于他们控制了朝政，而在于其权力深深扎根于门阀世族社会。经过中央权力屡遭削弱颠覆的长期动乱年代，地方势力盘根错节，垄断乡曲，他们与历代各族贵族、军功集团呼应结合，共同支撑着既得利益阶层的门阀社会，任何王朝都建立在这样的基础之上，必须与之妥协。长孙无忌代表着太宗朝权势集团的利益，因此，当权力再分配的情形出现，朝中权贵便自然而然地集结于长孙无忌周围，保卫既成的权力现状。这种抵制，让高宗和武则天难以继续向前走。

永徽六年（655）五月，朝中人事又有新的变动，柳奭遭受进一步打击，被贬到遂州（今四川省遂宁市）当刺史去了。与此同时，黄门侍郎韩瑗和中书侍郎来济分别被提拔为侍中和中书令。[1]

韩瑗，雍州（今陕西西安）三原（今陕西咸阳三原）人，父亲是高祖朝有名的法官，本人仕途平顺，贞观中，任兵部侍郎。值得注意的是，韩瑗的妻子是长孙无忌的堂侄女[2]，其升迁显然是长孙无忌的安排。

来济，扬州（今江苏扬州）江都（今江苏江都）人，父亲是隋朝左翊卫大将军来护，与隋炀帝一道在江都遇害。来济因科举入仕，才识优洽，受到太宗的重视，政治立场与长孙无忌一致。

也就是说，朝中的权力依然牢固地掌握在长孙无忌手中，武则天好不容易驱逐了柳奭，却不得不接受增补两位长孙无忌阵营官员的现实。而此人事任命，马上就对武则天产生影响。

六月，武则天发动新的攻势，她控告王皇后与其母魏国夫人柳氏在宫内施厌胜术。厌胜是一种古代巫术，世界各地都曾流行过。中国古代常见的厌胜，是对人的象征物，如偶像、名字、年庚、衣服、指甲等，施加诅咒等法术，以图伤害对手。汉武帝时曾因为宫中巫术事件而废太子，以后历朝历代都对厌胜等巫术予以重罚。武则天显然想给王皇后以致命的打击，但是，她的指控似乎缺乏有力的证据，所以，高宗只能下令禁止王皇后的母亲柳氏入宫。武则天虽然没有达到目的，却也切断了王皇后与宫外的联系，让她处于孤立无援的状态。而且，高宗还根据岐州（今陕西凤翔）长史于承素的揭发，以柳奭泄

1 ————
此据《旧唐书》卷4《高宗纪上》记载。但《资治通鉴》卷199"高宗永徽六年（655）七月"条则将柳奭被贬为遂州刺史一事系于七月。据《旧唐书》卷81《崔敦礼传》记载：崔敦礼于永徽六年"代柳奭为中书令"，查《旧唐书》卷4《高宗纪上》，崔敦礼任中书令于此年七月，则《资治通鉴》的时间记载似可首肯。然而，《旧唐书》卷80《来济传》记载：来济于永徽六年"迁中书令，检校吏部尚书"。其时的吏部尚书为柳奭，来济"检校吏部尚书"，显然是取代柳奭，则此时柳奭已遭贬黜。本纪据《实录》而成，故仍依之。

2 ————
《新唐书》卷105《长孙无忌传附长孙操传》记载，长孙无忌从父弟操"子诠，尚新城公主。诠女兄为韩瑗妻"。女兄，《说文解字》："姊，女兄也。"

门下省 （侍中） ┄┄➤ 审议诏敕

皇帝

（封驳）

中书省 （令） ┄┄➤ 起草诏敕等

尚书省 （令）

（行政）

礼部 （尚书）
（文教）
　礼部
　祀部
　主客
　膳部

户部 （尚书）
（财政）
　户部
　度支
　金部
　仓部

吏部 （尚书）
（文官人事）
　吏部
　司封
　司勋
　考功

左仆射

工部 （尚书）
（土木）
　工部
　屯田
　虞部
　水部

刑部 （尚书）
（司法）
　刑部
　都官
　比部
　司门

兵部 （尚书）
（兵事）
　兵部
　职方
　驾部
　库部

右仆射

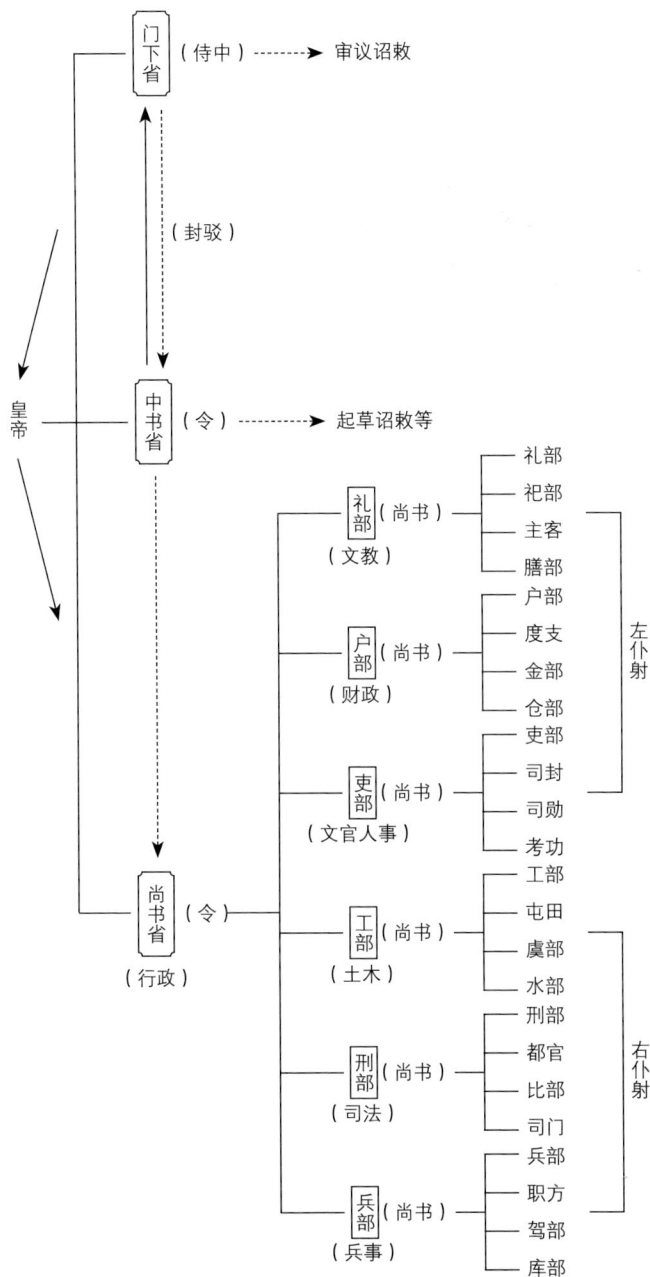

唐代三省六部制示意图

唐代铜高鼻钮"中书省之印"，
故宫博物院藏

露禁中机密的罪名，进一步将他贬为荣州（今四川荣县）刺史。看来，武则天满有收获。

这时，高宗提出了立武则天为宸妃的动议。[1] 按照唐朝后宫制度，皇后之下有贵妃、淑妃、德妃、贤妃各一人，正一品，接下来就是昭仪等九嫔，并没有宸妃的名号品位。如果要设立此职，就必须改变后宫制度。高宗到底葫芦里卖什么药，实在叫人看不明白。或许由于立武则天为皇后的阻力太大，所以他想做出妥协？但是，他的动议即刻招来反对。侍中韩瑗和中书令来济抬出祖制，奏称："帝王嫔妃，自有恒数，今若别立妃号，臣等窃以为不可。"[2] 两位新任宰相一起反对，而且说得在理，高宗语塞，只好作罢。

1 ———
《唐会要》卷3
《内职·杂录》记
载："永徽六年十
月，武后未立，
上特号为宸妃。"
《旧唐书·高宗
上》记载，永徽
六年十月，"立昭
仪武氏为皇后"，
则十月立武则天
为皇后，不是宸
妃，《唐会要》系
时有误。关于立
武则天为宸妃事，
《旧唐书》卷6
《则天皇后纪》记
载："时皇后王
氏、良娣萧氏频
与武昭仪争宠，
互谗毁之，帝皆
不纳。进号宸
妃。"《新唐书》
卷3《高宗纪》永
徽六年十月条记
载："立宸妃武氏
为皇后。"同书卷
4《则天皇后纪》
记载："立为昭
仪，进号宸妃。"
似乎武则天当皇
后之前曾经先被
立为宸妃。然前
引《唐会要》记
载："侍中韩瑗、
中书令来济奏
言：……乃止。"
《通鉴考异》也
说："按立武后诏
书，犹云昭仪武
氏。然则未尝为
宸妃也。"则立武
则天为宸妃事未
果，《新唐书》所
记皆误。

2 ———
《唐会要》卷3
《内职·杂录》。

几个回合下来，哪方都没能取得决定性的胜利，事情又僵持在那里，武则天只好重觅时机。

而转机却来得那么迅速，那么及时。

高宗和长孙无忌围绕废立皇后的斗争，早已不是什么秘密，官场内已经传得沸沸扬扬，官僚们盘算着自己应持的政治立场，野心家更是跃跃欲试，寻找投机和表演的机会。中书舍人李义府终于找到自己的角色，飞黄腾达起来。

唐朝中央权力机构主要由尚书省、中书省和门下省组成，中书省掌管军国政令，皇帝的诏敕、中央的决策，都要通过中书省形成文件，交门下省审议通过，颁布执行。而起草诏令的工作，就是由中书舍人承担的。所以，中书舍人虽然官居五品上，不算太高，却掌管机要，十分关键。因此，皇帝和宰相都要将自己的心腹安插在这个位置上，而他们的一举一动、心思密谋，也都要在这里显露出来。可以说，这个位置也是皇权与相权的交汇点。

李义府籍贯瀛州（今河北河间），祖父因仕宦而迁居永泰县（今四川盐亭东北永泰场）。李义府文辞出众，先后被当朝宰相李大亮、马周和刘洎看中，推荐给太宗。据说太宗曾让他咏鸟，他当场赋诗："日里飏朝彩，琴中半夜啼。上林多许树，不借一枝栖。"太宗大为赞赏，答道："我将全树借汝，岂唯一枝！"[3] 此事流传甚广，唐人笔记如《大唐新语》《隋唐嘉话》等都有记载。李义府的诗句，透露出勃勃的政治野心。他为人处世，一门心思全用在官场钻营，见人一团和气，笑容可掬，但句句话都听到心里，罗织构陷，让人不寒而栗，故同僚给他起外号，叫"笑中刀""人猫"。[4] 像他这种出身低微、蝇营狗苟的人，加上是刘洎等人所推荐，显然与长孙无忌等不对路，值此重要时刻，实在不宜让他继续留在机要部门。于是，长孙无忌找个茬，奏请将他贬到穷乡僻壤的壁州（今四川省通江县）去当个司马。

这简直是要李义府的命。他探听到消息，知道文件还没到达门下省，这最后一线机会，是他政治前途的拼死一搏。李义府找同僚中书舍人王德俭问计。王德俭是礼部尚书许敬宗的外甥，虽然脖子长个大

3 ——————
周勋初主编《唐人轶事汇编》上，上海古籍出版社，1995年版，第318页。

4 ——————
《新唐书》卷223上《李义府传》。

瘤，却十分狡黠，尤其对错综复杂的官场关系颇下一番功夫，揣摩得十分透彻。他冷静地为李义府分析道："武昭仪方有宠，上欲立为后，畏宰相议，未有以发之。君能建白，转祸于福也。"[1]

前面介绍过，武则天曾托许敬宗去疏通长孙无忌，所以，王德俭深知皇上与长孙无忌的矛盾，在武则天找不到合适的人为她出头时，将李义府推出来，无疑是一大功劳。而李义府得此攀龙附凤的机会，简直是因祸得福，他连忙和当值的王德俭换班，黄夜叩阁上表，请求废皇后改立昭仪。高宗闻奏大喜，召见李义府，赐珠一斗，撤销贬黜他的文件，让他继续留任。武则天还秘密派人慰问他，将他提拔为中书侍郎。

就这样，在高宗和武则天身边，暗暗集结起一批企图打破政治现状的人，除了上述的许敬宗、李义府、王德俭之外，还有御史大夫崔义玄、大理正侯善业和大理丞袁公瑜等，这六人是拥立武则天为皇后的核心人物，被武则天倚为心腹。武则天夺取政权后，先后在如意元年（692）和长安元年（701），专门下令褒奖他们及其后裔，直到睿宗即位，才停止这六家的实封。[2]

值得注意的是，第一，这批人大多以文学起家。许敬宗、李义府的事迹，已见前述。御史大夫崔义玄虽曾参加建唐事业，特别是在高宗永徽初镇压睦州（今浙江淳安西淳城镇西南）陈硕真民变时立了大功，但他酷爱儒经，《旧唐书》本传称他："少爱章句之学，《五经》大义，先儒所疑及音韵不明者，兼采众家，皆为解释，旁印证据，各有条疏。"此外的中书舍人王德俭、大理正侯善业和大理丞袁公瑜，从职业即可判明他们属于以文干禄之辈。

第二，这些人基本不是权门士族出身，职位多为辅官，对创业功臣、世家大族把持政治的保守局面颇不满意，而力图改变朝廷的政治格局，进入权力中枢，飞黄腾达。

其实，每个朝代，每一时期，都存在着既得利益集团要保持现状与政治新生代要改变权力结构的竞争关系，这并不一定就会演变为政治斗争。正常情况下，适度的政治紧张反而有利于保持政治的活力。

1 ——
《新唐书》卷223上《李义府传》。

2 ——
《旧唐书·李义府传》记载："如意元年，则天以义府与许敬宗、御史大夫崔义玄、中书舍人王德俭、大理正侯善业、大理丞袁公瑜等六人，在永徽中有翊赞之功，追赠义府扬州大都督，义玄益州大都督，德俭魏州刺史，公瑜江州刺史。长安元年，又赐义府子左千牛卫将军湛及敬宗诸子实封各三百户，义玄子司宾卿基、德俭子殿中监璿实封各二百五十户，善业子太子右庶子知一、公瑜子殿中丞忠臣实封各二百户。睿宗即位，景云元年，并停义府等六家实封。"

然而，当这种竞争关系被置于政治斗争之中，分散的不满凝聚在一起，成为有目的的政治势力，双方政治关系的性质便起了质的变化。因此，武则天与许敬宗、李义府等人的结合，使得废立皇后之争演变为改变政治现状的政治斗争，武则天成为政治新生代的领袖与代表，其地位的升迁将为他们开启一扇扇通向辉煌的殿堂之门。

然而，这种攫取权力的要求，并没有明确的政治或社会变革的目标与规划，因而使得这场斗争更多表现为权力之争，且具有强烈的破除特点，但不具有推动社会变革与进步的意义。

七月，李义府任参知政事，进入权力中枢。八月，长安令裴行俭因为和长孙无忌、褚遂良私议废立皇后事而被袁公瑜告发，被贬为西州都督府长史。看来，长孙无忌等人已经在暗中受到监视，首都的空气越来越紧张。

终于，在九月的一天，高宗召长孙无忌、李勣、于志宁和褚遂良议事。褚遂良意识到关键的时刻到来了，他对长孙无忌说道："上意欲废中宫，必议其事，遂良今欲陈谏，众意如何？"

长孙无忌给他打气道："明公必须极言，无忌请继焉。"

于是褚遂良鼓起勇气，和长孙无忌、于志宁一道入内。李勣则称病不来。

见到眼前的老臣，高宗也不知怎么说才好，他望着长孙无忌，反反复复地说："莫大之罪，绝嗣为甚。皇后无胤息，昭仪有子，今欲立为皇后，公等以为何如？"[3]

看来高宗底气也不足，找不出皇后的愆失，只好以没有后嗣作为废她的理由，多少显得勉强。

长孙无忌不愿意一开头就和高宗闹僵，所以先把褚遂良推到阵前道："先朝以陛下托付遂良，望陛下问其可否。"

于是，褚遂良站出来劝谏道："皇后出自名家，先帝为陛下所娶，伏侍先帝，无违妇德。愚臣不敢曲从，上违先帝之旨。"[4]

高宗听了很不高兴，宣布罢会。

次日，高宗再把他们四人召来，继续讨论。褚遂良毫不退缩，坚

3 ——————
以上对话见《旧唐书》卷80《褚遂良传》。

4 ——————
以上对话见刘肃《大唐新语》卷12，中华书局校点本，1984年版，第180页。相同的记载还见于《唐会要》卷3《皇后》。

持道："陛下必欲易皇后，伏请妙择天下令族，何必武氏。武氏经事先帝，众所具知，天下耳目，安可蔽也。万代之后，谓陛下为如何？愿留三思！臣今忤陛下，罪当死。"把武则天曾经当过唐太宗才人的往事端了出来，结合其寒庶出身，极力反对。说到激动处，甚至将手中的笏置于殿阶，解下头巾叩头流血道："还陛下此笏，乞放归田里。"以辞职受罚来拼死抵制。

高宗勃然大怒，命令左右将褚遂良拉出去，武则天则隔着帘子大声喝道："何不扑杀此獠！"

这时，长孙无忌站了出来，袒护褚遂良道："遂良受先朝顾命，有罪不可加刑。"[1]

于志宁吓得不敢出声。另两位宰相韩瑗和来济则各自上表，引用历史上皇家变故招致亡国的典故，力谏高宗。显然，武则天的家世出身为遵守传统伦理道德的朝臣所不能认同。

君臣当面冲突到此地步，都没有转圜的余地，仿佛站在危崖之上，让步就意味着失败。然而，双方势均力敌，谁都无法轻易将对手打下。这样的僵局，必须有极具权威的势力才能打开。已经直接参加这场争论的武则天，凭其过人的聪敏，如何不会想到另辟蹊径呢？而能够使天平倾斜的人物，便是一直作为旁观者的李勣。

翌日，心有良策的高宗召见李勣，显得十分委屈地说道："册立武昭仪，遂良固执不从，且止。"

李勣当即回答道："陛下家事，何须问外人。"

此时，许敬宗也在朝中公开宣称："田舍儿剩种得十斛麦，尚欲换旧妇。况天子富有四海，立皇后有何不可？关汝诸人底事，而生异议！"

武则天马上派人将许敬宗的言论报给高宗，促使他痛下决心。[2]顷刻之间，形势急转直下，在李勣所代表的军方的支持下，长孙无忌等朝中重臣的抵抗显得那样的无力，高宗完全占得了上风，他做出了一生中最重要的决定——废立皇后。这个决定，对于唐王朝而言，同样具有里程碑意义。

三日，高宗下令将褚遂良贬为潭州（治所在今湖南长沙）都督，

1 ———
以上对话见《资治通鉴》卷199 "高宗永徽六年九月" 条。

2 ———
以上对话见《大唐新语》卷12，第181页。

明人绘武则天
像，中国国家
博物馆藏

扫除了一大障碍。

十月十三日，高宗下诏称："王皇后、萧淑妃谋行鸩毒，废为庶人，母及兄弟，并除名，流岭南。"[3] 把皇后的宝座腾了出来。许敬宗犹嫌不足，上奏要求褫夺王皇后父亲王仁祐官爵，获准。

十九日，百官上表，请立皇后，高宗顺应众情，颁诏册立皇后：

武氏门著勋庸，地华缨黻，往以才行，选入后庭。誉重椒闱，德光兰掖。朕昔在储贰，特荷先慈，常得侍从，弗离朝夕。宫壶之内，恒自饬躬；嫔嫱之间，未尝迕目。圣情鉴悉，每垂赏叹，遂以武氏赐朕，事同政君，可立为皇后。[4]

3 ————
《资治通鉴》卷
200 "高宗永徽六
年十月" 条。

4 ————
《全唐文》卷11
《立武昭仪为皇
后诏》。

褚遂良反对立武则天为皇后时，曾以她昔为太宗才人为由，故高宗在此诏书中，不得不强作解释，称太宗生前已将武则天赐予他，以正名分。这种掩耳盗铃的举动，从一个侧面反映出高宗的困境与虚弱。

二十一日，高宗下令大赦天下，为册立皇后大典做准备。

这一天，武则天向高宗上表称："陛下前以妾为宸妃，韩瑗、来济面折庭争，此既事之极难，岂非深情为国，乞加褒赏。"[1] 高宗把武则天的表文拿给韩瑗看，韩瑗倍感忧惧，屡请去职，不被允许。

[1]——《资治通鉴》卷200"高宗永徽六年十月"条。

武则天这一招是很高明的，她外示宽柔，慰抚反对她的朝中大臣；实际上旧事重提，给韩瑗、来济以警告，且让他们无法抗争，难怪韩瑗怕得直要辞职。武则天的政治手腕，未上台已经先声夺人了。

十一月一日，在隆隆的礼乐声中，册立皇后的仪式终于开始了。高宗临轩命司空李勣赍玺绶册立武则天为皇后。在当朝大臣中，李勣是和长孙无忌并重的开国元勋，由李勣司仪，具有最高的权威和荣誉。武则天成功了，当年入宫时的悲壮誓愿，终于在今日实现，这条布满荆棘和陷阱的生死之路，让她走通了。这对她是万幸，对李室皇室却是个未知数。聪明的政治家应该明白，武则天的上台，将是一个新时期的开始。

十四

武则天想得很多，很远。她对于眼前的胜利不敢掉以轻心。从她争强好胜的性格，她决不会安于当个贤惠的国母，而必然要在国事上发表自己的主张。因此，她还要继续奋斗，从宫里到宫外，从家事到国事。

她必须给对手以最后的打击，不能留下他日复辟的祸根。她密切注视着高宗的一举一动和感情起伏，筹划着对王皇后和萧淑妃的处置。

性格柔弱的高宗还是顾念昔日夫妻的情谊，他想看看王皇后和萧淑妃被废后的景况，来到后宫别院。出乎意料的是，曾经贵极一时的皇后，竟然像牲口似地被关在阴暗的房间里，门窗都堵得严严实实，只剩下墙壁上的小孔，留作喂食之用。高宗恻恻伤情，悲呼："皇后、淑妃安在？"

王皇后悲不自胜，泣道："妾等得罪为宫婢，何得更有尊称！"又请求道："至尊若念畴昔，使妾等再见日月，乞名此院为'回心院'。"

高宗允诺："朕即有处置。"[2]

2 ————
以上对话见《资治通鉴》卷200"高宗永徽六年十一月"条。

还没等高宗想出办法，消息早已传入武则天的耳朵里。她当机立断，派人到囚室，将王皇后和萧淑妃各杖一百，打得她们死去活来，再斩断手足，置于酒瓮中，要把她们浸泡得骨肉消融。数日后，王皇后和萧淑妃在折磨中痛苦地死去，武则天还让人将她们的尸体再行处斩，惨不忍睹。

王皇后被废遭囚禁后，早已斗志消沉，故临刑时，还祝福皇上，甘承死罪。性格刚烈的萧淑妃则痛骂武则天："阿武妖猾，乃至于此！愿他生我为猫，阿武为鼠，生生扼其喉。"[3]

3 ————
《资治通鉴》卷200"高宗永徽六年十一月"条。

隋唐时代，民间流行猫鬼迷信。据史书记载，隋文帝独孤皇后曾遭兄弟所施猫蛊而生病，故隋文帝专门下诏禁止畜猫鬼、蛊毒、厌魅、野道之家。由此可知，社会对巫蛊惧怕之深。萧淑妃所发毒誓，确也让武则天从心底里感到厌惧，所以，她下令后宫不许养猫以避邪。随即又改王皇后姓为"蟒"氏，萧淑妃姓为"枭"氏。但是，她还是几次三番梦见王皇后和萧淑妃作祟，披发沥血，出现在她面前。大概王皇后和萧淑妃死状太惨了，让她看了也受不了，故不时在无意识中再现。为此，武则天把居所从东内搬到西内的蓬莱宫以避之。但是，在这里她还是梦见王皇后和萧淑妃的惨状。据说，武则天因此多居住在洛阳，不愿回到长安。

武则天处置对手的手段是极其残忍的，残忍得连她自己也感到毛骨悚然。然而，采取这种手段，不能仅从女人残害情敌的泄恨去解释，同她请求褒奖韩瑗和来济一样，这些手段都是她处心积虑想出来的。一柔一刚，都是在显示她的权威，以震慑公开的或是暗中的敌人。

　　而且，对王皇后和萧淑妃的处置，还是对高宗的考验。毕竟这是她最初侵犯到高宗的权威和面子，如果高宗隐忍，那么，她心里就有谱了。一次次得寸进尺的僭越，是她得以分享乃至攫取权力的手段。这已经显示了武则天政治的基本特色。

　　然而，武则天的权威并不是依靠功业建立的，难以服众，因此，她需要通过暴力来弥补。从另一个方面来看，这正反映出武则天的虚弱地位和面临的重重危险。这种局面不改变，高压手段也不会改弦易辙。

　　僭主政治本来就是靠恐怖手段来维持的。

第四章

锋　芒

均露均霜标胜壤，
交风交雨列皇畿。
万仞高岩藏日色，
千寻幽涧浴云衣。

——武则天

十五

　　当上皇后，武则天马上着手提高自己的威望，确立政治地位。

　　十一月三日，武则天到太庙告祖。七日，根据武则天的要求，高宗追赠武则天的父亲武士彟为司空。

　　这年年底，朝廷还进行了两项重要的人事任命。一是命礼部尚书许敬宗每日待诏于武德殿西门；二是任命中书侍郎李义府参知政事。武则天的人马开始占据要津。

　　更为重要的是要确立武则天在皇帝胤嗣上的地位。许敬宗首先提出这个问题，在武则天册立为后的第三天，他上奏道："皇太子，国之本也，本犹未正，万国无所系心。且在东宫者，所出本微，今知国家已有正嫡，必不自安。窃位而怀自疑，恐非宗庙之福，愿陛下熟计之。"

　　当年立陈王忠为太子，出于王皇后的阴谋，现在皇后之争已经尘埃落定，庶母所出的陈王忠又要再一次被政治斗争所利用，只不过上次是喜剧，这回可就要成为悲剧了。

　　高宗做出积极的回应："忠已自让。"

　　许敬宗催促道："能为太伯，愿速从之。"[1]

　　翌年春正月六日，元旦刚过几天，更换太子的诏令便正式颁布

1 ————
《资治通鉴》卷
200 "高宗永徽六
年十一月" 条。

了，武则天的儿子代王弘被立为太子，而太子忠则被降为梁王、梁州刺史，原太子府的官属害怕获罪，纷纷藏匿起来，只有右庶子李安仁流着眼泪，和太子忠告别。固然是世态炎凉，但长孙无忌一派失势和武则天的手腕，已经让官场心中有数。废立太子是个明显的风标，表明武则天的地位已经确立。

为了庆祝这个新的时代，翌日，高宗下令大赦天下，改元"显庆"。

二月十七日，武士彟再次被追封为司徒，赐爵周国公。武氏门第通过政治权力扶摇直上，看谁还敢轻视她。而且，她还要让垄断政治的豪门望族明白，现实的权力才是至高无上的。

十六

显庆元年（656）的政坛相对平静。武则天和高宗，甚至他们的对手，都需要休整一番。

长孙无忌专心于史书的编修。按照唐朝的制度，史馆修史，由宰相领衔。这年，梁、陈、周、齐、隋《五代史志》三十卷编撰完成，由长孙无忌献上。后人将它和贞观十年由魏征主持编修的《隋书》合为一书，这就是今日我们所见到的《隋书》十志。而且，长孙无忌还同国子祭酒令狐德棻缀集武德、贞观二朝史为八十卷，上表献呈，得到高宗的慰劳，赐物二千段，其子润还被封为金城县子。

武则天同高宗感情弥笃。三月，她根据皇后亲蚕的礼仪，祀先蚕于北郊。六月，其子潞王贤被封为雍州牧。到了十一月，她又产下皇子显，百官同庆，京官和朝集使都得到加勋晋级，皆大欢喜。

实际上，政治的较量并未止息。暴得大官的李义府恃宠用事，多为非法。他见到大理寺犯人淳于氏美貌，竟让大理寺丞毕正义枉法将她释放，准备纳为妾。大理卿段宝玄觉得事有蹊跷，便将情况上奏。高宗命给事中刘仁轨等人审查，李义府害怕事情泄露，逼迫毕正义在

《隋书》书影，清乾隆四年武英殿校刻本

隋書卷一

帝紀第一

高祖上

唐特進臣魏徵上

高祖文皇帝姓楊氏諱堅弘農郡華陰人也漢太尉震八代孫鉉仕燕爲北平太守鉉生元壽後魏代爲武川鎮司馬子孫因家焉元壽生太原太守惠嘏惠嘏生平原太守烈烈生寧遠將軍禎禎生忠忠即皇考也皇考從周太祖起義關西賜姓普六茹氏位至柱國大司空隋國公薨贈太保諡曰桓皇姒呂氏以大統七年六月癸

狱中自缢。高宗知道后，按下不问。侍御史王义方看不下去，与母辞别，上书弹奏。高宗不得已，让王义方当廷劾奏。根据唐朝的制度，大臣遭到御史当廷弹劾时，必须偻俯退下，立于朝堂待罪。但李义府恃宠不退，王义方只好喝令他退下，李义府顾望不听，王义方呵斥再三，李义府见高宗不说话，才不得已退了下去。然而，弹劾的结果出人意料，高宗对李义府不予追究，反而处罚王义方侮辱大臣，言词不逊，贬为莱州（今山东莱州）司户。

对李义府失败的弹劾，说明武则天势头正健，她的人马得到她的祖护，有恃无恐。但是，小人得志，必然招致朝中大臣的反感，无形中增强了对立面的阵容。

褚遂良遭贬斥近一年之际，韩瑷上书为他称冤："遂良体国忘家，捐身徇物，风霜其操，铁石其心，社稷之旧臣，陛下之贤佐。无闻罪状，斥去朝廷，内外甿黎，咸嗟举措。"[1]请求高宗将他召回。

高宗不以为然，回答道："遂良之情，朕亦知之矣。然其悖戾犯上，以此责之，朕岂有过，卿言何若是之深也！"

韩瑷见高宗如此态度，反而更加激动，争辩道："遂良可谓社稷忠臣，臣恐以谀佞之辈，苍蝇点白，损陷忠贞，昔微子去之而殷国以亡，张华不死而纲纪不乱，国之欲谢，善人其衰。今陛下富有四海，八纮清泰，忽驱逐旧臣，而不垂省察乎！伏愿违彼覆车，以收往过，垂劝诫于事君，则群生幸甚。"[2]

高宗已经将褚遂良案件的性质改变为冒犯君主，同时也承担起责任，不啻堵住韩瑷之口，再说下去，就等于批评皇上。韩瑷也明白这一点，但他还是说了要说的话，顽强地坚持了自己的立场，甚至在意

1 ——
《资治通鉴》卷200"高宗显庆元年"。

2 ——
以上对话见《旧唐书》卷80《韩瑷传》。

见不被高宗采纳时，以辞职相谏，为高宗所挽留。

韩瑗的活动引起武则天一派的警惕。显庆二年（657）三月，褚遂良改任桂州（今广西桂林）都督。这究竟是何人的主意，疑团重重，但其背后隐藏着政治陷阱，确是无疑的。褚遂良原任职的潭州，距离京师2445里，为中都督府，都督正三品上。而桂州至京师水陆路4760里，几乎比潭州远一倍，且为下都督府，都督从三品。[1] 无论距离或品秩，潭州都优于桂州。因此，从潭州到桂州，褚遂良显然是再一次遭受贬斥。可是，才过了四个月，许敬宗和李义府秉承武则天的旨意，诬告侍中韩瑗和中书令来济暗中勾结褚遂良，以桂州用武之地，故任命褚遂良为桂州都督，结为外援，图谋不轨。

八月十一日，韩瑗被贬为振州（今海南三亚西北崖城）刺史，来济为台州（今浙江临海）刺史，终身不准朝觐。褚遂良又被贬为爱州（今越南清化省清化市一带）刺史，柳奭为象州（今广西象州西北）刺史。毫无疑问，这是一起莫须有的冤案，目的在于清除反对武则天当皇后的对立派。

褚遂良早在潭州时就已患病，心情郁闷[2]，现在更被贬到了荒远的爱州，获有回京的希望更加渺茫。他不得不委屈上表，诉说当年力争高宗继立的功劳，婉转认错，言辞可怜，企图打动高宗。结果如泥牛入海，毫无反响，褚遂良在苦苦等待中黯然去世。韩瑗也忧愤交集，仅过了两年就死去了。面对日益严峻的专制权力，早逝者也许是万幸的，至少免遭更多的屈辱。然而，如果以为一死可以百了，那就过于天真了。

另一方面，拥戴武则天的人马如烟火腾空，喧嚣而耀眼。

三月，李义府晋升为中书令，兼检校御史大夫，同时掌握出令和监察大权。武则天展开政治洗牌的准备正紧锣密鼓地进行。八月，许敬宗担任侍中。这样，武则天的人马控制了皇帝的决策机关，还在宰相班子里居于上风。

从高宗废立皇后到韩瑗、来济遭贬的这段政治斗争，表面上是武则天逐步取得政治权力的过程，实际上，其意义更加深刻。

[1] 参阅《旧唐书》卷40《地理志三》"潭州"，卷41《地理志四》"桂州"，卷44《职官志三》。

[2] 褚遂良在潭州情况，可从其《潭州帖》（《全唐文》卷149）获知："潭府下湿，不可多时，深益惯悴，况兼年暮，诸何足言。疾患有增，医疗无损，朽草枯木，安可嗟乎。"

3 ————
参阅韩昇《魏晋
隋唐的坞壁和
村》,《厦门大学
学报(哲社版)》
1997年第2期。

五胡十六国的大动乱,彻底瓦解了传统的乡里社会,代之而起的是广泛存在的、以在乡士族为核心的聚落,如战时的坞壁,以及由此演变而来的自然村落。[3] 社会基层如此巨大的变化,所造成的影响无疑也是深远而多方面的,其中一个重要方面,便是士族豪强因其在乡势力的强化而对国家政权发生强大的影响,形成士族政治的局面。国家必须与士族妥协,才能建立与巩固;国家权力象征的皇帝,被视为士族阶层中的一支,具有相对的优势而没有绝对的权威。

此事反映了唐代前期政治的两个特点。第一,在唐朝政治格局中士族占有至关重要的地位。唐朝最高统治者也以此自诩,高祖李渊曾对河东大族裴寂说道:"我李氏昔在陇西,富有龟玉,降及祖祢,姻娅帝室。及举义兵,四海云集,才涉数月,升为天子。至如前代皇王,多起微贱,勤劳行阵,下不聊生。公复世胄名家,历职清显,岂若萧何、曹参起自刀笔吏也!唯我与公,千载之后,无愧前修矣。"[4]

4 ————
《旧唐书》卷57
《裴寂传》。

李渊引以为傲的是开国君臣都起自世胄名族,不同于其他王朝。的确,唐朝大臣中士族占有很高的比重,不少著姓甚至一门数代公卿辈出,绵延不绝。第二,士族政治规定了唐朝政治运作上权力制衡的特点,士族享有相对的独立性,并在一定程度上制约着皇权,贞观时代以纳谏为特色的民主气氛及其行政模式,除了唐太宗个人的政治作风外,还具有时代的规定性。

从褚遂良到韩瑗,他们在废立皇后上的抗争,甚至屡屡以挂冠为手段,正表现出士族政治的精神。他们的经济生活、社会地位和政治影响,并不仅依赖他们在朝中所任的职务。因此,他们能够在一定程度上保持自己的独立性和自由的空间。尤其是长期动乱造成文化学术由官学向私学的转移,使他们更具有文化的优越感,在官场里多少保持儒家的政治理念和价值观,以及魏晋个性解放运动以来"不为五斗米折腰"的清高态度。客观地说,反对武则天当皇后和看不惯许敬宗、李义府等新贵飞扬跋扈者,并不都是长孙无忌一党。也就是说,这些年的政治斗争不能完全从党派政治去概括,相当部分大臣是出于自身的价值观而做出的政治表态。对于武则天而言,这比摧毁几个政治派别要艰巨得多，她必须面对的是官场的主流及其价值体系。

如此重大的挑战，武则天只能通过加强皇权来达到目的，而这种加强皇权是朝着专制独裁方向发展的，必然要对士族民主议政的政治运作模式做重大的改变，在这个意义上，她无疑是贞观政治的破坏者。其手段，也必然不同于常规，而采取出乎意料的、超常的和非合法的方式进行。她最高明的地方，就在于把这些政治斗争，都归结为简单的个人或党派之争，从而掩盖了她对官僚队伍全面整肃的巨大目的。因此，当她对大臣进行各个击破的时候，众多的大臣都认定是个案而袖手旁观，采取明哲保身的立场。到最后，专制主义形成气候，带血的利剑指向自己的时候，才发现每个人都成为孤立无援的个人，毫无反抗的力量。古今中外，专制独裁政治的兴起，都走着相似的道路，民主的力量往往都因个人私心而放弃对政治原则的坚持，以及事不关己高高挂起的麻木不仁中瓦解。

的确，能够最终攫取权力的独裁者，都有着过人的胆识与狡黠，他们策划的重大阴谋，往往以简单片断的面目出现，巧妙地迷惑了众人，乃至后来的研究者。把武则天的上台，僵硬地认定为关陇集团对山东士族的斗争，不正从学术上落入武则天的圈套，而看不清武则天政治的本质。其实，武则天是个政治实用主义者，她要打破的是旧士族政治，而不是地域政治。更不用说从隋朝以来，就不存在一个长期垄断国家权力的关陇集团。[1]

韩瑗和来济的贬斥，出现了百官钳口的局面，故《新唐书·韩瑗传》说："自瑗与遂良相继死，内外以言为讳将二十年。"这正是武则天所期望的。此后，大臣的正面抵抗被压制下去，只能用隐蔽曲折的手段周旋。然而，这也未必逃得过武则天锐利的眼睛。例如，李义府当上中书令后，和另一位中书令杜正伦不和，闹到高宗跟前，高宗将他们两人都贬出京外，李义府为普州（今四川安岳北）刺史，杜正伦为横州（今广西横县南江南）刺史。吏部尚书唐临，以公平执法闻名，他拟定与来济友善的许祎为江南道巡察使，关照贬官于此的来济；同时让与李义府有怨的张伦当剑南道巡察使，整治李义府。此事

1 ————
北周开国功勋所组成的政治集团，陈寅恪先生在《隋唐制度渊源略论稿》（商务印书馆，1944年重庆初版）和《唐代政治史述论稿》（商务印书馆，1944年重庆初版）两部名著中定义为"关陇集团"，并认为此集团一直垄断以后历代的政治历程，延续至武则天时才被打破。陈说提出后，就遭到学术界众多的批判。我在《隋文帝传》（生活·读书·新知三联书店，2025年版）第八章里，全面检讨隋文帝的用人情况及其政策，证明"关陇本位"的组织路线从隋文帝时期已经瓦解，至于隋炀帝时代，更是出现重用南人的政治局面，亦请参阅拙文《论隋朝统治集团内部斗争对隋亡的影响》（《厦门大学学报》1987年2期）。李唐开国，依靠的是以太原留守府官吏及河东士族为基础的政治势力，日本学者布目潮渢《隋唐史研究》（同朋社，1968年初版）已有分析，亦请参阅。

被武则天知道，就以唐临挟私选授，免其官职。

武则天所取得的胜利，正改变着唐朝政治的格局。

十七

显庆二年，确实是武则天可以庆贺的一年。年初，她让高宗到洛阳。这年政坛发生的许多事，大多是在这里处理的。到了十二月十三日，高宗亲自下手诏，改洛阳为东都，洛州官员品阶并如雍州。

自武则天残杀王皇后与萧淑妃之后，她几次在梦里见到冤魂作祟，宫中闹鬼。所以，她相当讨厌皇宫生活。从后来她掌握权柄后基本上都居住在洛阳的情况来看，可以肯定她的确不喜欢长安。因此，高宗设东都的手诏，显然出自武则天的意思。

然而，当时朝中的政治斗争正激烈地进行，武则天为什么要赶在此刻将洛阳升格为东都呢。毫无疑问，她一定有过精明的算计。首先，长安朝廷内旧官僚的势力盘根错节，与之保持一段距离比较有利。其次，许敬宗、李义府等人正为她冲锋陷阵，从洛阳遥控，观察形势，可使自己始终处于最佳位置。最后，设立东都，有利于培养自己的人马，可谓狡兔三窟之计。由此看来，居住东都，并不是宫中闹鬼那么简单的事，更多是出于政治的考虑。

在东都，绕开正式的官府和规则，武则天便有了很大的活动空间。

加速培育自己的政治势力，就是通过大开方便之门进行的。唐太宗时代，官员的编制及铨选，控制得比较严格。[2] 而到了高宗当政，超常提升的人数大为增加，尤其是杂色入官，纷纷跻身官僚队伍之中。唐朝制度，官吏分为流内和流外。所谓杂色入流，就是流外官在流内官序列中叙品入流。显庆年间，主管吏部选事的黄门侍郎刘祥道上奏：

> 今取士多且滥。入流岁千四百，多也；杂色入流，未始铨汰，滥

2 ———
《新唐书》卷45《选举志下》说："武德中，天下兵革新定，士不求禄，官不充员。有司移符州县，课人赴调，远方或赐衣续食，犹辞不行。至则授用，无所黜退。不数年，求者浸多，亦颇加简汰。"

也。故共务者，善人少，恶人多。

内外官，一品至九品万三千四百六十五员。大抵三十而仕，六十而退，取其中数，不三十年，存者略尽。若岁入流五百人，则三十年自相充补。况三十年外，在官犹多，不虑其少。今入流岁千四百，其倍两之，又停选六七千人，复年别新加，其类浸广，殆非经久之制。古者为官择人，不闻取人多而官少也。[1]

1 ————
《新唐书》卷160
《刘祥道传》。

高宗时代的官员数量是太宗时代的十几倍以上，而且还在迅速地扩张。每年新入流员额高达1400人，是正常的官员补充数的近三倍。其中，未经严格甄选淘汰的杂色入流，占有相当的比重。这些现象，显然是政策引导的结果。在更新官吏队伍以建立自己的权力基础这点上，武则天和高宗是一致的。

非正常入流当官者中，有些是高级官僚的子弟以门荫入仕，更有相当一部分属于政治性任用。李义府当上中书令后，不但一家鸡犬升天，而且，"与母、妻及诸子、女婿卖官鬻狱，其门如市。多引腹心，广树朋党，倾动朝野。"[2] 李义府任用的人，当然有卖官鬻爵的情况，但也不能一概而论，其中最值得注意的是他拉帮结派，权倾朝野。所谓广树朋党，实际上是为武则天培植势力，并非他个人的行为。因此，当他与同为中书令的杜正伦冲突而遭贬时，得到武则天的庇护，显庆四年（659）复任宰相，兼吏部尚书，依然掌管人事。

2 ————
《旧唐书》卷82
《李义府传》。

高宗朝选官泛滥，多为政策所致。刘祥道未察其中奥妙，奏请改正，结果不了了之。他当然更不会料到，这才是个开头。

武则天的种种努力，是为了进行更大的战斗，彻底击败对手。

老对手长孙无忌自从在废立皇后之事上遭受挫折后，颇为沉寂。他埋头编撰国史，修订律文，制定新礼，给后世留下珍贵的文化遗产。对于朝中发生的大事，他似乎不闻不问，连贬斥韩瑗与来济两位宰相这样重大的事情，也没见他插嘴。到底是心灰意冷，明哲保身，还是韬光养晦，另有打算，总之，谁也不明白他葫芦里卖的什么药，甚至连欺到他头上的事，他也忍下。显庆三年（658）正月，长孙无忌将他

北

安喜门

龙光门　含嘉仓城

圆壁城
曜仪城
玄武城

宫城

东城

皇城

应天门

长乐门　明德门

右掖门　端门　左掖门

嘉豫门
宣辉门
阊阖门
闾阖门

上东门

道政	进德	修义	丰财	富教	通远
道光	履顺	敦厚	殖业	毓德	兴艺
清化	思恭	北市	立行	德懋	教业
立德	归仪	景行	时邑	毓财	积德
承福	玉鸡	铜驼	上林	温雒	

洛　　河

惠训　道术　道德

						安众	慈惠	询善	嘉猷	延庆
						惠和	通利	富教	睦仁	静仁
雒滨	积善	尚善	旌善	劝善	择善	福善	南市	延福临圜	从善	仁风
教义	观德	修文	修业	恭安	温柔	思顺		永太	绥福	怀仁
明义	宣风	安业	崇业	宣范	道化	修善	嘉善	章善	会节	归仁
承义	淳风	淳化	修行	崇政	敦化	永丰	陶化	尊贤	履信	利仁
淳和	广利	大同	宽政	宜人	正平	敦行	廉俗	正俗	宣教	集贤	履道	永通
通济	西市	从政	宁人	明教	乐和	尚贤	归德	仁和	兴教	嘉庆	崇让	里仁

郭　　城

建春门
永通门

厚载门　定鼎门　长厦门

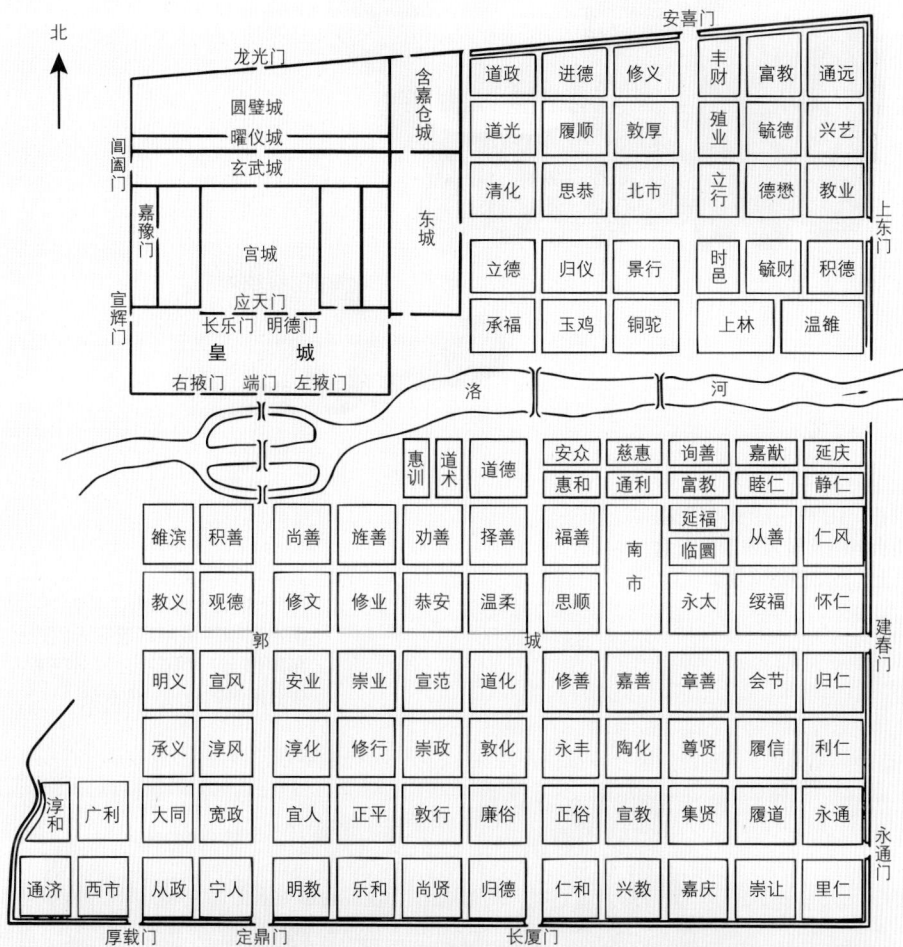

隋唐洛阳城文献复原示意图，引自《隋唐洛阳城：
1959—2001年考古发掘报告》（第一册）

石摩羯首，1977—1980年河南
洛阳隋唐洛阳宫城大内西区天堂
遗址出土，洛阳博物馆藏

线刻飞天残石构件，1990年河
南洛阳隋唐洛阳宫城应天门遗址
东阙出土，中国社会科学院考古
研究所洛阳唐城工作队藏

1 ———
《大唐新语》卷
12。此事记载本
于《唐实录》,
《资治通鉴》取
其大义,但在
《考异》中认为:
"《实录》叙此事
殊卤莽,首尾差
舛,不可知其翔
实。"唐人刘肃所
撰《大唐新语》,
以及《唐历》《统
纪》等书均有记
载,可知此案在
唐朝流传甚远。
两《唐书》"许敬
宗传"都说李奉
节上告乃许敬宗
所指使,从指控
长孙无忌的证据
是从李奉节处搜
得的情况来看,
这应是一件有预
谋的政治诬告案,
故一介平民的李
奉节才能告倒国
勋重臣的长孙
无忌。

主持编修的新礼呈上,高宗下诏,颁行中外。这部新礼的背后,是长孙无忌的委屈忍让。当时,许敬宗和李义府正红,秉承武则天的旨意,对长孙无忌等编修的礼,大加删改,弄得不伦不类,遭到学者的批评。太常博士萧楚材等人认为,为君主预备凶事,是作为臣下所不宜说的。许敬宗和李义府深以为然,遂将《国恤》一篇焚毁,使得凶礼告缺,六礼也变成五礼。这些事情,长孙无忌竟然都忍了下去。

然而,武则天不能饶过他,养虎为患。她让许敬宗寻找长孙无忌的把柄,伺机出击。

显庆四年,许敬宗找到兴大狱的机会。洛阳人李奉节告太子洗马韦季方和监察御史李巢勾结朝贵,共为朋党,高宗让许敬宗和辛茂一同办理此案。许敬宗严加审讯,致使韦季方自杀,未死。在搜查李奉节时,找到他与"赵师"之间的书信。长孙无忌食封赵国,故许敬宗指证道:"赵师即无忌,少发,呼作赵师,阴为隐语,欲谋反耳。"[1]

高宗听取汇报,并不相信,惊问:"岂有此耶!舅为小人所间,小生疑阻则有之,何至于反!"

高宗的判断是正确的。然而,控告长孙无忌谋反,非同小可,一旦发动,只有你死我活。故许敬宗毫不退缩,逼高宗表态道:"臣始未推究,反状已露,陛下犹以为疑,恐非社稷之福。"

高宗经不起许敬宗等人的劝诱逼迫,流泪道:"我家不幸,亲戚间屡有异志,往年高阳公主与房遗爱谋反,今元舅复然,使朕惭见天下之人。兹事若实,如之何?"

高宗已经将信将疑了,许敬宗趁势大作危言:"遗爱乳臭儿,与一女子谋反,势何所成!无忌与先帝谋取天下,天下服其智;为宰相三十年,天下畏其威;若一旦窃发,陛下遣谁当之!今赖宗庙之灵,皇天疾恶,因按小事,乃得大奸,实天下之庆也。臣窃恐无忌知季方自刺,窘急发谋,攘袂一呼,同恶云集,必为宗庙之忧。臣昔见宇文化及父述为炀帝所亲任,结以婚姻,委以朝政,述卒,化及复典禁兵,一夕于江都作乱,先杀不附己者,臣家亦豫其祸,于是大臣苏威、裴矩之徒,皆舞蹈马首,唯恐不及,黎明遂倾隋室。前事不远,愿陛下速决之！"

许敬宗用自己亲身经历的隋末宫廷政变作为前车之鉴，甚至说到一旦消息走漏，长孙无忌起来造反，朝臣无人能制服他，不无恐吓的味道。高宗登基之初，长孙无忌大权独揽，给高宗留下深刻的印象，故许敬宗的话打动了高宗，但他还是需要时间来做决断，所以让许敬宗再加审察。

第二天，许敬宗再次上奏："昨夜季方已承与无忌同反，臣又问季方：'无忌与国至亲，累朝宠任，何恨而反？'季方答云：'韩瑷尝语无忌云："柳奭、褚遂良劝公立梁王为太子，今梁王既废，上亦疑公，故出高履行于外。"自此无忌忧恐，渐为自安之计。后见长孙祥又出，韩瑷得罪，日夜与季方等谋反。'臣参验辞状，咸相符合，请收捕准法。"

李忠从太子被废为梁王，本章开头已有介绍。长孙祥是长孙无忌的侄儿，曾任工部尚书，不久前外放为荆州长史，原因不详。把这些事串在一起，明显是罗织罪证，编造供词。高宗应该不至于不懂，但他泣道："舅若果而，朕决不忍杀之，天下将谓朕何，后世将谓朕何！"[1] 高宗回答的是量刑问题，也就是说，他已经做出政治决断，同意罢黜长孙无忌，底线是不治之死罪，以免留下话柄。

对重要政治人物的处置从来都是神速的。四月二十二日戊辰[2]，高宗没有当面质问长孙无忌，而是直接下诏，削夺长孙无忌的太尉官职及封邑，让他带扬州都督衔，安置于边远的黔州（今四川彭水），依旧准一品供给。为了防止长孙无忌造反，朝廷派出使者，调发沿途地方兵卒武装押送。

长孙无忌垮台了，这样一位当朝执政三十年的重臣，代表着一股政治势力。且不论长孙无忌个人的缺点，他的存在代表着贞观时代君臣之间相互制衡、良性互动的政治格局。他的失势如果只是个人问题，倒也无关宏旨，但这显然是不可能的，高宗和武则天都想通过此事件来扩大权力。因此，这场斗争迅速演变为政治大洗牌，不但造成政坛的大地震，更重要的是打破了政治的平衡，开君权异常膨胀

1 ——
以上对话见《资治通鉴》卷200"高宗显庆四年四月"条。

2 ——
《旧唐书》卷4《高宗纪上》作"戊戌"，查显庆四年四月无戊戌日，故《新唐书》和《资治通鉴》均作"戊辰"，当是。

之门。

　　许敬宗再次扮演冲锋陷阵的角色，他上奏："无忌谋逆，由褚遂良、柳奭、韩瑗构扇而成；奭仍潜通宫掖，谋行鸩毒，于志宁亦党附无忌。"[3] 这些年来，于志宁唯唯诺诺，不敢说话，想小心捧住饭碗。然而，政治斗争岂是缄默就能逃避的。他这个月才被任命为太子太师、同中书门下三品，还没来得及高兴，旋遭贬黜。褚遂良虽死，仍被追削官爵；柳奭和韩瑗除名；于志宁罢官。其家人亦遭牵连，长孙无忌的儿子秘书监驸马都尉长孙冲被除名，流放岭表；褚遂良的儿子褚彦甫和褚彦冲流放爱州，却被杀害于道上。

　　牵连的范围还在进一步扩大。韩瑗妻甥赵持满，其舅驸马都尉长孙诠是长孙无忌的族弟。赵持满勇武善射，侠义爱众，交游颇广，在京城人望甚高。时任凉州（今甘肃武威）刺史，威震边疆。许敬宗怕他称兵作乱，诬告他与长孙无忌谋反，用驿传将他急召回京师，打入牢中，严刑拷问，但他始终不肯认罪，最后只好由狱吏编造供词，处以死刑，暴尸于城西。

　　赵持满的舅舅长孙诠，官任尚衣奉御，当然无法幸免，被处以减死配流巂州（今四川西昌），一到服刑地，就被秉承上意的县令杖杀。

　　长孙无忌的表兄弟高履行，尚唐太宗女东阳公主，父亲为唐朝勋贵高士廉，曾任益州大都督府长史，颇有政声。高履行亦任此职，同样很出色，为人称道。但因为与长孙无忌的关系，被贬为洪州（今江西南昌）都督，再转任永州（今湖南永州）刺史，郁郁而死。

　　长孙无忌的另一位族弟长孙恩也遭贬而流放高州（今广东高州东北）。

　　然而，事情远未了结。七月，朝廷再度下令，让御史分别到高州、象州和振州，将长孙恩、柳奭和韩瑗枷锁入京，命州县将其家属注册于簿。二十七日，高宗命李勣、许敬宗、辛茂将和任雅相、卢承庆再审长孙无忌的案子。辛茂将原为大理卿，任雅相为兵部尚书，卢承庆为度支尚书，都是最近提拔到宰相位子上的，不会是长孙无忌线上的人，而李勣年事已高，只不过想借重他的声名，因此，这个由宰

3 ————
《资治通鉴》卷
200 "高宗显庆四
年四月"条。

相组成的审案班子，明显是由许敬宗把持的，无非是为进一步的迫害戴上公正与权威的装饰。果然，许敬宗派遣中书舍人袁公瑜等人赶往黔州提审长孙无忌，这种莫须有的审讯没有任何意义，袁公瑜深明此理，所以干脆利落把长孙无忌逼死交差。其他分派到各地的使者也都草菅人命，柳奭被使者杀害于象州；韩瑗已经死了，但使者还是要开棺验尸才放心。高宗曾想留长孙无忌一命，但不出三个月，便追加迫害，置对手于死地，这无疑是出自武则天的要求，所以许敬宗及其手下的一帮使者才敢于如此凶狠。常州刺史长孙祥因为和长孙无忌通信而被处以绞刑；长孙恩重新被流放到檀州（今北京密云）；于志宁也从废黜在家改贬为荣州刺史。算起来，长孙氏和柳氏两家因为此案被株连贬降者有十三人，而于氏达九人。

长孙无忌的案子，让朝野见识武则天清除反对势力的手段，明白反对武则天必将招致灭顶之灾。就这样，一个迥异于贞观政治风格的时代出现了，后来让世人心惊肉跳的酷吏政治，也在此案中显露端倪。

十八

高压政治所要压服的，是制约着皇帝集权的士族阶层。实际上，魏晋南北朝分裂形成强大的士族阶层，使重新统一的国家政治发展走到十字路口，是形成以皇帝为代表的国家行政权力与士族阶层相互制衡的分层政治形态，还是大力抑制士族而发展起高度集中的国家政治权力，更表现为专制的皇权。在国家与百姓之间，一个以士族为代表的中间阶层的兴衰，成为政治形态不同走向的关键。国家与士族两者之间的竞争，一直存在。李唐因得到河东等北方士族的拥戴而建立政权，故立国初期，国家权力建立在与士族的平衡上。到了高宗时代，由于高宗要越过常规册立武则天为皇后，打破正常的政治格局，遂引起与朝臣之间激烈的政治冲突。不同寻常的政治目的，要用不同寻常的政治手段去实现。这场冲突使得高宗和武则天产生抑制士族提高皇权的需要与愿望，于是，斗争的性质出现重大转变，从争立武则天为皇后演变为抑制士族，这条新的政治路线越来越清楚地显露出来，尤其是武则天，因其不合规则地登上政治舞台，而怀有更加强烈的集权欲望，故在高宗以后，其政策越发激进。因此，武则天的政治行为，决非统治集团内部某一地域集团针对另一地域集团，如所谓"关陇集团"针对"山东豪杰"的斗争。这样的理解过于牵强且狭隘，看不出武则天政治的本质。接下来发生的事情，可以让我们看得更加清楚。

这年六月，高宗下诏修改《氏族志》为《姓氏录》。此事的来龙去脉，需要有个交代。

唐太宗时代，李氏皇族及其文武大臣固然权位显赫，但在士族社会里，人们还是维持着传统的门第观念，以崔、卢、李、郑、王等老牌士族为高贵。当时的这种风气，可以从以下事例中明白无误地显露出来。河东名门望族出身的薛元超，因为善于写文章而得到唐太宗的赏识，将侄女和静县主嫁于他。与皇室联姻，他却称："吾不才，富贵过分，然平生有三恨：始不以进士擢第，不得娶五姓女，不得修国史。"[1] 五大姓族在士族社会中享有何等崇高的地位，可想而知。这种凌驾于官方之上的价值取向，阻碍中央树立绝对的权威。所以，唐太宗决心重新给士族排序定位，于是命高士廉等人修《氏族志》。高士廉出自渤海蓚县（今河北省景县南），也是闻名天下的大姓，所以他很自然按照士族社会公认的准则组织一批精通族谱的专家，收集天下谱牒，排比校阅，对照史传，考证真伪，认真编修，将崔民干列为第一等。样稿呈上，唐太宗很不高兴高士廉的书卷气，只好把内心的想法吐露出来："我与山东崔、卢家岂有旧嫌也，为其世代衰微，全无官宦人物。贩鬻婚姻，是无礼也；依托富贵，是无耻也；我不解人间何为重之？我今定氏族者，欲崇我唐朝人物冠冕，垂之不朽，何因崔（民）干为一等？"[2]

1 —————
刘悚撰，程毅中点校《隋唐嘉话》卷中，中华书局点校本，1979年版。

2 —————
《唐会要》卷36《氏族》，上海古籍出版社1991年标点版。

唐太宗岂不懂世间为何尊重山东旧姓？正因为懂得透彻，才要釜底抽薪，通过审定士族秩序来改变评判标准，树立"崇我唐朝人物冠冕，垂之不朽"的编纂原则。也就是以今代昔，用官位权势作为基本的价值评判标准，提高朝廷的权威。高士廉等人总算茅塞顿开，调整排序原则，编成《氏族志》一百卷，颁布于天下。

然而，从崔民干被调整为第三等的结果来看，唐太宗最后还是与布满朝廷的士族做了一定的妥协，只是把山东士族的等级降一等收录。[1]因此，《氏族志》是提高朝廷政治权威的产物，也是政治权力与士族妥协的结果。

从唐太宗编修《氏族志》到显庆四年，时光荏苒，又过去了三十多个春秋[2]，世代更替，高岸深谷，朝廷的人事已是面目全非，因此，有必要重新修订《氏族志》来肯定当前的人事，确立当朝的权威。《唐会要·氏族》注称：

> 初，《贞观氏族志》称为详练，至是，许敬宗以其书不叙明皇后武氏本望，李义府又耻其家无名，乃奏改之。

《旧唐书·李义府传》也说："（李）义府耻其家代无名，乃奏改此书。"把修改《氏族志》说成是许敬宗或李义府，甚至是武则天为满足私利的行为。这是把政治过于庸俗化的理解。其实，既然唐太宗确立了"止取今日官爵高下作等级"的编修原则[3]，那么，根据政治的变迁而不时修订《氏族志》，便是自然而然的事了。武则天之后的中宗神龙三年（707），也曾重新修订士族谱志，最后在先天二年（713）三月由建议者柳冲主持完成《姓族系录》。所幸在敦煌发现推定年代为中宗景龙四年（景云元年，710）的《敦煌名族志》残卷[4]，为今日研究《姓族系录》提供了珍贵的基础史料，证明唐朝修订士族谱志确实是一个延绵不断的工作。而且，《姓族系录》同样遵循以当朝官品为标准的精神。因此，显庆四年修《姓氏录》，不宜做满足个人私欲的狭隘诠释。

[1] 《资治通鉴》卷200"高宗显庆四年十月"条记载："初，太宗疾山东士人自矜门地，婚姻多责资财，命修《氏族志》例降一等。"

[2] 据上引《唐会要·氏族》记载，《氏族志》成书于贞观十二年（638）正月。

[3] 《旧唐书》卷65《高士廉传》。

[4] 参阅池田温著，韩昇译《唐朝氏族志研究》，收于《日本学者研究中国史论著选译》第四卷"六朝隋唐"，中华书局1992年版。

但是，上述《唐会要·氏族》引文，并非全无价值，至少告诉我们，《氏族志》未叙明武则天家族本望。从氏族的角度而言，武则天家族当然够不上称作士族，然而，若从唐朝官品的角度来取舍，武士彟官至荆州都督，追封礼部尚书，也是三品以上大员，应该收录于《氏族志》当中。没有收录，可能因为他已经去世。当然，更重要的是他原非士族出身。由此可以进一步证明《氏族志》是政治权力与士族之间妥协的产物，并没能完全贯彻唐太宗提出以当朝官品定等级的原则。

那么，高宗借清除长孙无忌等士族高官之势，重修士族谱志，就是进一步贯彻唐太宗的政治意图。这在当时是必要的，而且时机也选择恰当，算计精明，更加凸显其长远的政治意义。

值得注意的是，提议重修士族谱志的是许敬宗。许敬宗虽然品格不好，但学识颇佳，得唐太宗赏识。多年的官场里磨炼，对政治深谙个中轻重。早年，他在官场还属新秀，曾听李守素和虞世南论南北士族，虞世南虽称博学，但也只能讲论江南士族，至于北方士族，则只能聆听李守素高谈阔论，佩服不已。在一旁的许敬宗更是无从置喙，唯有受教的份儿。此事让他切身体会到士族谱志的重要性。由此看来，是年重修士族谱志的积极倡议者，应该不是素族出身的政治暴发户李义府，而是许敬宗和武则天的主张。

许敬宗的建议马上获得批准，编修班子很快就组织起来，参加者有礼部侍郎孔志约、著作郎杨仁师、太子洗马史玄道和太常丞吕才等十二人，他们迅速制定了判定士族的标准，规定"以皇朝得五品者，书入族谱"[5]，并将此规定立为"格"，力图使之成为国家定制。

5 ——————
《唐会要》卷36
《氏族》。

根据这个标准，一部新的士族谱志编修出来了，皇后家族武氏荣列第一等，其余的都按照所担任唐朝官品的高低来排序，分为九等。高宗为之下诏，改名为《姓氏录》。由于完全是按照当朝官品为取舍标准，所以，士卒因为军功而晋升五品者，也被收录于《姓氏录》里面。这与传统意义上的士族，完全不可同日而语，士族寒庶，鱼龙混杂。入选谱中的士族，非但不觉得光荣，反以为耻。故当时的议论者称之为"勋格"，鄙视嘲讽。然而，这毕竟是提高朝廷权威的重要一步，不管士族如何作想，执政者都将坚持朝这个方向继续走下去。

十月，朝廷又颁布了新的限制士族的政策——禁婚令。

如上所述，唐太宗抑制士族。而在全国的士族中，山东士族尤为世人所推重。在离乱分裂之世，名门大姓为了维持门第血统不坠，十分看重婚姻，他们相互通婚，并有意抬高门槛，索取高额聘财，以拒绝众多出身寒素的求婚者。当然，其中也有趁机要价的，无异于卖婚。唐太宗力图改变这种风气，作为表率，令王妃、主婿都取自勋臣之家。但是，既成的价值观不是政治权力能够轻易改变的，甚至勋功重臣，如魏征、房玄龄和李勣等人，都对士族高门趋之若鹜，争相与婚，故士族旧望不减。即使是高宗朝新贵李义府，也切望攀龙附骥，为其子向高门求婚，遭到拒绝，颜面无光，因而借机以先帝之旨，上书高宗，要求矫正此弊。这正好投合高宗和武则天抑制氏族的需要，所以，很快就颁布了禁令：

> 后魏陇西李宝、太原王琼、荥阳郑温、范阳卢子迁、卢浑、卢辅、清河崔宗伯、崔元孙、前燕博陵崔懿、晋赵郡李楷等子孙，不得自为婚姻。

同时，"仍定天下嫁女受财之数，毋得受陪门财"[1]，试图逼迫士族高门开放婚姻门禁。

1 ——
《资治通鉴》卷
200"高宗显庆四
年十月"条。

这道命令的效力有多大，难以准确评估。诏令中点到的大姓宗家，因为名望太高，为世人所崇尚，故明里暗里与朝廷禁令相对抗：或者偷偷把女儿送到夫家，或者老死不嫁，始终不与寒庶通婚，朝廷也拿他们没有办法。反倒是这些大姓中的远房旁支，衰落而不能入谱者，往往自称"禁婚家"，抬高身价，索取高额彩礼，颇得益处。

但是，不管怎么说，在国家的强大压力下，士族要完全像过去那样清高矜持，会越来越困难。故其中出现屈尊攀夤权贵者，亦是时

2 ————

论者多以为唐太宗征高句丽而未能将其击垮，所以是失败的。但我不同意此见解，就局部成果而言，唐朝夺取玄菟、横山、盖牟、磨米、辽东、白岩、卑沙、麦谷、银山、后黄十城，迁徙辽、盖、岩三州七万人进入唐朝，在新城、建安、驻跸三大战役中斩敌四万余，既给了高句丽沉重的军事打击，又稳固地控制辽西，大大缩短了战线，使得后来军队能够经年作战。更为重要的是，通过这次征伐，太宗转变了轻敌思想，确立了长期骚扰以困敝高句丽的战略。从一举臣服高句丽到实行拼国力、打持久战，是贞观末年最重要的战略转变。实现这一转变，是唐太宗吸取隋炀帝亡国教训而做出的明智的选择，它使唐朝立于不败之地，为唐高宗最后征服高句丽奠定了基础。没有贞观十九年征高句丽的经验，就难以有此战略转变。因此，贞观十九年太宗亲征高句丽一事，应予以积极的评价。请参阅韩昇《东亚世界形成史论》，生活·读书·新知三联书店，2024年新版。

势使然。李义府得意之时，冒充赵郡李氏，与之叙祖论辈。给事中李崇德趋炎附势，竟与李义府认作同谱，其实心里很鄙视他，所以，李义府一度失势被贬到普州，李崇德马上把李义府从谱中剔除。李义府知道后，恨得直咬牙，故重新任相后，让人诬告李崇德，将他逮捕。李崇德自杀于狱中。这件事，反映出士族面对强大的国家政权时的困窘。

十九

显庆四年一连串的出击，武则天大有斩获，更加意气风发，锋芒毕露。

闰十月五日，武则天携高宗离开京师，再一次前往她喜欢的东都洛阳，在此越冬。前方传来的消息，让她高兴。

唐朝和高句丽的战争已经打了很多年了。贞观十九年唐太宗亲征高句丽，虽然颇有建树，收复辽河一带领土，但也认识到高句丽不是一两场战役就能打败的，所以确定了长期作战的方针 [2]，消耗高句丽。此后，唐军于贞观二十一年、二十二年两度攻打高句丽，本拟于贞观二十三年大举讨灭高句丽，但因为唐太宗去世而作罢。高宗登基后，鉴于连年出兵对国计民生造成不良影响，一时中止对高句丽的进攻。

然而，高宗并未消极对待高句丽，而是更加积极地做准备，坚持长期作战的战略。显庆三年，高宗重开对高句丽的战事，派遣营州都督兼东夷都护程名振、右领军中郎将薛仁贵率兵攻占高句丽的赤烽镇。高句丽大将豆方娄率众三万拒战，被程名振所率契丹部打得大败。

翌年，朝廷再派薛仁贵、梁建方、契苾何力等率军出击，与高句丽大将温沙门战于横山，再次获胜。

西线的战事更令人高兴，继显庆三年大破西突厥之后，次年，苏定方率领的唐军镇压了思结俟斤都曼所纠集的疏勒、朱俱波和谒般陀三国叛乱，活捉都曼。

这几仗，是清洗了长孙无忌等重臣之后打的，表明高宗和武则天完全能够统率军队，驾驭全局，使他们深受鼓舞，充满自信。

显庆五年（660）正月，高宗令凯旋的苏定方在洛阳乾阳殿前举行献俘仪式，宣扬国威。在仪式上，高宗特赦了都曼，表现君主的伟大与宽厚。接着，在二十三日，他和武则天动身前往并州。这里是武则天的祖籍地，她父亲武士彟就安葬在这里。武则天将衣锦还乡、荣归故里，她要带着皇上回来，让天子现身于乡下父老的面前，那种做梦都不敢想的狂喜，那种震撼心灵的惊愕，将让百姓与山川永远铭记这段前所未有的辉煌。

二月十日，高宗一行抵达并州，稍事休整准备，十五日大张旗鼓，宴请从官及诸亲、并州官员父老，赐给他们锦帛。高宗郑重宣布："曲赦并州及管内诸州。义旗初职事五品已上身亡殁坟墓在并州者，令所司致祭。佐命功臣子孙及大将军府僚佐已下今见存者，赐阶级有差，量才处分。起义之徒职事一品已下，赐物有差。年八十已上，版授刺史、县令。佐命功臣食别封身已殁者，为后子孙各加两阶。赐酺三日。"[1]

二十三日，高宗和武则天祠旧宅，以武士彟、殷开山、刘政会配食。

高宗给足了武则天面子和特权。

三月五日，武则天设宴招待亲戚故旧、邻里乡亲。她特地把女宾安排在内殿，亲自和她们共享欢乐，给予赏赐。而且，高宗还特意下诏："并州妇人年八十以上，皆版授郡君。"[2]郡君分别有正四品、从四品和正五品，最低的也是正五品，比亲民官县令还要高出不少。这实在让她们获得从未有过的荣耀，尤其是妇人也能光宗耀祖，真叫人匪夷所思，感激涕零。

此行，武则天向世人展示她慷慨大方的一面。对忠诚于自己的人，她从不吝啬；相反，对于反对她的人，也绝不宽恕。立场分明，

1 ————
《旧唐书》卷4
《高宗纪上》。

2 ————
《资治通鉴》卷200 "高宗显庆五年三月" 条。

重赏重罚，这是她驾驭部下的手段，其干练果断的性格，赢得了许多人的钦佩和忠心。

而且，她善于利用一切有利因素，化作支持她的政治力量。南北朝的动荡岁月，锻炼出个人强悍的性格，尤其值得注意的是妇女的独立与活跃。南北朝著名文士颜之推，从南朝到北齐，看到北方的妇女持门户，争讼曲直，乘车交游，或代子求官，或为夫诉屈，大为感慨。其实，这并不是北方特有的现象，当时的南方妇女也颇有个性，在家中的地位甚高。东晋王导权倾朝野，号称"王与马共天下"，但在家里十分害怕曹夫人，不敢纳妾。由此看来，妇女刚强，是整个动乱时代的共同特征，不能光从民族性加以解释。只是来自草原的胡族妇女较少受到汉族男尊女卑礼教的影响，男女地位更加平等，活动范围更大也更自由些。隋唐两代都是民族融合的政权，所以妇女地位颇高，社会对于妇女抛头露面，甚至参加政治活动，习以为常。武则天正是利用这一点，为其公开进行政治活动获取广泛的社会支持。

八日，高宗在并州城西举行阅兵仪式，将此行的活动推向高潮。《唐会要》卷26《讲武》记载了这次活动的盛况：

上御飞龙阁，引群臣临观之。左卫大将军张延师为左军，左右骁武等六卫、左羽林骑士属焉；左武候大将军梁建方为右军，领威武候等六卫、右羽林骑士属焉。一鼓而示众，再鼓而整列，三鼓而交前。左为曲直圆锐之阵，右为方锐直圆之阵，三挑而五变，步退而骑进，五合而各复其位。许敬宗奏曰："延师整而坚，建方敢而锐，皆良将也。"李勣曰："甲胄精新，将士齐力，观之者犹震恐，况当其事乎？"上曰："讲阅者，安不忘危之道也。梁朝衣冠甚盛，文物亦多，侯景以数千人渡江，一朝瓦解。武不可黩，又不可弃，此之谓也。"

高宗在阅兵式上提醒大臣们居安思危，还特地提起梁朝"侯景之

唐彩绘武服陶俑，1972年陕西礼泉郑仁泰墓出土，
中国国家博物馆藏

乱"的教训，可知他心里担忧的是变生肘腋的内乱，联系到长孙无忌案件以来一系列的政治斗争，显然，这次阅兵的目的主要是对内的，高宗和武则天在显示力量，与其抑制士族的政策相辅相成，他们要牢牢掌握军队，加强中央集权。

武则天在这一系列活动中，扮演了十分重要的角色，给此行增加了另一层政治意义，展示了不同于贞观时代的新的政治气象。

二十

在并州，他们还做出了一项重大决策：进攻百济。朝鲜局势从此发生了根本变化。

高句丽、百济和新罗的关系错综复杂，早期是百济和新罗联合进攻高句丽，后来新罗强大起来，进攻百济，逐渐演变成高句丽和百济共同进攻新罗，新罗左支右绌，穷于应付。入唐以来，新罗为了改变劣势，坚决臣服于唐朝，全面引入唐朝的制度文化，积极争取唐朝的支援。唐朝正在为收复分裂时代失去的领土和建立东亚国际关系秩序而同高句丽作战，所以新罗来投，符合唐朝的战略。于是，唐朝开始调停新罗和百济的纷争，一再派遣使者到百济劝和，同时也希望争取到百济。但是，百济仍坚持进攻新罗，所以，唐朝调解的成效非但不显，百济反而认为唐朝的调解于己不利，故日益亲近高句丽，与唐朝对抗的趋势越发明显。唐太宗去世后，永徽二年，百济重新派遣使者入唐朝贡，试图借机打探唐高宗继立后的动向。高宗识破百济的意图，致书其王说："王所兼新罗之城，并宜还其本国；新罗所获百济俘虏，亦遣还王。然后解患释纷，韬戈偃革……王若不从进止，朕已依（新罗使金）法敏所请，任其与王决战；亦令约束高丽，不许远相救恤。高丽若不承命，即令契丹诸蕃渡辽泽入抄掠。王可深思朕言，自求多福，审图良策，无贻后悔。"[1]另据《资治通鉴》记载，高

1 ————
《旧唐书》卷199
上《百济传》。

宗还严厉警告其使者："勿与新罗、高丽相攻，不然，吾将发兵讨汝矣。"[1] 高宗试图加大对百济的压力，争取有利的局面。然而，面对唐朝的压力，百济于翌年再度遣使入朝后，随即断绝了与唐朝的交往，同时加强同高句丽的联盟，并于永徽六年，不顾唐朝的再三警告，与高句丽及靺鞨进攻新罗北界，攻陷三十余城。这样，唐与百济的关系遂告破裂，走向对抗。

1
《资治通鉴》卷199"高宗永徽二年"岁末条。

当然，外交对立不一定非走到兵戎相见不可。高宗和武则天选择军事对抗，显示他们对统率军队更有信心，同时也表明自从长孙无忌等人被贬黜后，军方的发言权增大了。李勣是坚决主张对外用兵的，现在他的威望地位，无人能比，故其所代表的军方意见，自然占了上风。而且，从军事角度来看，利用唐朝强大的海军，出其不意地攻灭百济，可以获得从南线夹击高句丽的有利态势，达到平定高句丽，建立稳定的东亚国际关系秩序的战略目标。唐朝将领刘仁轨在灭百济后说道："今天子欲灭高丽，先诛百济，留兵镇守，制其心腹。"[2] 说明讨伐百济乃是为了征服高句丽而展开的迂回行动。百济灭亡后，高句丽的南线便全部暴露在唐罗联军兵锋之下，其覆灭就已是时间的问题了。显而易见，唐朝的目标始终是高句丽。

2
《新唐书》卷180《刘仁轨传》。

从百济长期与高句丽对立的历史来看，其与高句丽的联盟，是为了对付新罗，而非唐朝；而中国与百济有着悠久的友好关系，亦无意征服之。由于百济不能冷静地审时度势，一再采取唐朝无法容忍的行动，加剧了两国间的对立，把自己和高句丽绑在一起，使其与新罗的局部矛盾上升为全局性的矛盾，遂遭灭顶之灾，这不能不说是一场悲剧。

促使高宗和武则天决定出兵百济的诸多因素中，新罗也起了积极的作用。高句丽、百济和靺鞨三方联合攻击新罗，使得东亚形势危如累卵，唐朝不能坐视新罗灭亡，必须采取行动。此时此刻，新罗王金春秋求救的使者来到，促使唐朝做出决断。十日，唐朝任命从西线凯旋的左武卫大将军苏定方为神丘道行军大总管，统率左骁卫将军刘伯英等将领，水陆十万大举征讨百济。

苏定方率部从成山（今山东荣成东北成山角）越海出征，百济据守熊津口，苏定方奋力突击，破敌登陆，全军水陆俱进，直趋百济都城。百济集中全国兵力反击，双方大战于都城外，百济大败，都城被围，义慈王及太子隆逃入北城，义慈王次子泰自立为王，率余众固守。太子之子文思不服，率左右出降，军心动摇，百姓也跟着出城投降。苏定方立即命令唐军登城，插上唐朝旗帜，泰见大势已去，开门请降，义慈王和太子隆也只好出降，唐军一举攻灭百济。捷报传来，高宗大喜，颁布命令，将百济所辖五部、三十七郡、二百城、七十六万户，分置熊津等五都督府，任命其酋长为都督和刺史。

南方得手，朝鲜半岛的形势完全改观，高句丽只要全力应付来自北方压力的局面过去了，现在要同时对付南北两条战线，高句丽显然力不从心，唐朝的优势是那样的一目了然。

十一月一日，高宗登上洛阳宫则天门楼，举行庆祝仪式，接受百济降俘，宣布释放百济义慈王等俘虏，大赦天下。这是他登基以来发动的最大规模的军事行动，取得如此辉煌的胜利，怎不让他自豪而陶醉。在这般大好形势下，他自然想趁热打铁，结束朝鲜战事。

十二月，唐朝任命左骁卫大将军契苾何力为浿江道行军大总管，左武卫大将军苏定方为辽东道行军大总管，左骁卫将军刘伯英为平壤道行军大总管，蒲州刺史程名振为镂方道总管，南北两条战线，同时向高句丽发起强大的攻势。

翌年（龙朔元年，662）正月，唐朝下令招募河南、河北、淮南等六十七州士卒，增援平壤、镂方前线；增派鸿胪卿萧嗣业为扶余道行军总管，征集回纥诸部兵马前往平壤，高宗准备亲征，彻底平定高句丽。

南面战场，苏定方平定百济后回国，转任北方战线的统帅，留下郎将刘仁愿镇守百济府城，朝廷另派左卫中郎将王文度为熊津都督。王文度到达百济，旋病逝，所阙职务由刘仁轨接替。刘仁轨与新罗连兵，同百济余部反复激战，坚守住百济府城，站稳了脚跟。

北面战场，唐朝在这年四月重新部署兵力，由兵部尚书参知政事

唐攻高丽、百济之战
644~668年

唐攻高丽、百济之战，出自《中国战争史地图集》

的任雅相出任浿江道行军大总管，契苾何力改任辽东道行军总管，苏定方为平壤道行军总管，担任正面主攻任务，会同萧嗣业及胡兵共三十五军，水陆并进，猛攻高句丽。高宗则准备亲自统率大军继进。

从此部署可以看出，高宗倾注全力，迎接最后的决战。他似乎没有看到，胜利背后的陷阱，轻敌孕育着失败，太宗当年担心后嗣者重蹈隋炀帝的覆辙，已经隐约出现在眼前。要给开足马力的战车降速，在刚刚对稳健的大臣进行政治清洗之后，在满朝上下对胜利的一片热望之中，谁有这种胆识？

二十九日，武则天出人意料地上了一道表文，劝谏高宗亲征高句丽。当时，也只有武则天能够劝服高宗。往后的战况证明了武则天的过人之明。看来，她并没有被胜利冲昏头脑，始终是那么清醒，有见地，牢牢把握政治目标，并懂得如何去实现。

唐朝君臣低估了高句丽的顽强。七月，苏定方破高句丽于浿江，屡战屡捷，进围平壤城；契苾何力攻破鸭绿江防线，斩敌三万。然而，此时已是冰天雪地，唐军遇到重大困难。首先是粮草不继，而且，南线的唐朝与新罗联军未能降服百济余部前来会师。唐朝不得不先令契苾何力回师。战事拖延到次年，开春时节，浿江道行军大总管任雅相经不起操劳，死于军中；沃沮道总管庞孝泰与高句丽战于蛇水之上，结果大败，与其子十三人皆战死。各路兵马进攻不力，苏定方包围平壤，久攻不下，又遇上漫天大雪，只好解围而还，历时三年的战事，功亏一篑。

从显庆五年至此，高宗和武则天指挥了他们主政以来规模最大的战争，完全掌握了军队，从而树立了很高的政治权威，这是最大的成就。在整个战争进程中，武则天能够坚持长期作战的既定原则，毫不偏离，克服急躁，避免了失败，显示其领袖的才能。唐军虽然没有打平高句丽，但获得的成果并不小，平壤暴露于唐军兵锋之前，高句丽国力日蹙，此消彼长，局势越来越明显。对于唐朝领导者来说，需要的是耐心和冷静，促使平定高句丽的条件更加成熟。万事俱备，只欠东风，此东风，其实就是领导者自身的成熟，而经此历练，高宗和武则天已经成长起来，足堪大任。

二十一

显庆五年四月，高宗和武则天结束并州之行，返回东都。他们在洛阳宫之外，修建了合璧宫。[1]国事顺心，他俩同心协力，无往不捷，堪称珠联璧合。五月二十二日，他们兴高采烈地住进刚刚落成的合璧

1 ——————
合璧宫原称八关宫，详见《旧唐书·高宗纪上》"显庆五年四月"及同年五月条记载："造八关宫于东都苑内。癸亥，至自并州。五月壬戌，幸八关宫，改称合璧宫。"引文内的"癸亥"，四月无此日，当为"癸巳"之讹，《资治通鉴》做了改正。

宫，一直到六月二十五日，才回洛阳宫。

一个多月的避暑休养，高宗同武则天更是情投意合。温柔乡里，武则天向高宗吐露心思，得到更多的满足。

相对于对外事务，武则天更加关注的是国内政治，尤其是不断巩固和提高自己的权力地位，警惕政敌出现，更不能让敌人获得喘息的机会，死灰复燃。因此，她从没有放松对梁王李忠的监视。这位曾经被王皇后扶为太子以用来对付自己的人，不但激起武则天的仇恨，而且也是她的一块心病，毕竟李忠是高宗的长子，完全有可能东山再起。当初，武则天刚刚当上皇后，还不敢对李忠下重手，只能逼他辞去太子，让他全身而退。现在，武则天与高宗感情正笃，乘势去掉这块心病，应该有胜算。而且，打击李忠，还可以检验高宗对自己的感情。

七月，李忠的侍女阿刘检举李忠，说他在王府里穿妇人衣服，以防备刺客，且常作妖梦，自占吉凶。也就是说，李忠心怀怨恨，行为怪异。根据唐朝的法律，部曲奴婢告发主人，除非是谋反叛逆的重罪，是要被处绞刑的；即使是良人，诬告上司也要受重罚。而侍女阿刘的举报却能成立，不言而喻，大有来头。六日，高宗下诏，废李忠为庶人，徙居黔州，囚禁在其伯父废太子承乾的故宅里。两代太子，一般命运，而且还要把他们拘押于相同的地方！武则天胜利了，不只在于整治了李忠，还在于她确认高宗对自己的宠爱，这样，她可以更加放心地去赌，为自己取得更大的利益。而且，高宗还得为她妥帖善后，在公布儿子诸般罪状的时候，不忘为武则天美言开脱道：

（李忠）擢发论罪，良非所喻，考之大义，应从极罚。皇后情在哀矜，兴言垂涕，再三陈请，特希全宥。[1]

实在是欲盖弥彰，掩耳盗铃。

当然，武则天也不会忘记及时褒赏支持她的人。九月，朝廷赏赐

1 ——
《唐大诏令集》卷39《黜梁王忠庶人诏》。

李勣墓茔一所，给了他生前的权势和死后的荣誉，作为楷模。当然，此事再次显示了高宗和武则天的胜利，依靠的是军队的支持。武则天对此最能心领神会，所以她也最能运用自如，日后其政治的暴力风格，早已悄然成形。

而且，出乎常规的事情，总在不停地发生。十月朝廷改封武则天的母亲代国夫人为荣国夫人，品第一，位在王公母妻之上。[2]

2 ————
《旧唐书》卷4
《高宗纪上》。

武则天母亲杨氏，是一个爱慕权势风头的女人，自恃门第高贵，似乎看不起出身商人的武氏家族，尤其是在丈夫武士彟死后，受到武家子侄的欺侮，留下很深的伤痛，从她死后不肯归葬并州文水，即可见其一斑。女儿飞黄腾达之后，自怨不得志的杨氏神气起来，不但要赢得荣华富贵，而且，和女儿一样，要显示自己的本事，不肯让人觉得她享的是丈夫的福气。所以，武则天立为皇后而尊崇祖先，追封父亲应国公武士彟为司空时，改封应国夫人杨氏为代国夫人，故意使封号不同，一反妇以夫贵的传统，出人意表。

现在，武则天让高宗重新封杨氏为荣国夫人，而且品级地位都列第一，更让人啧啧称奇。根据唐朝的命妇制度："皇帝妃嫔及皇太子良娣以下，为内命妇；公主及王妃已下，为外命妇；王之母妻为妃。"[3]杨氏当然属于外命妇。"凡外命妇之制，皇之姑，封大长公主，皇姊妹，封长公主，皇女，封公主，皆视正一品。一品及国公母妻，为国夫人……各视其夫、子之品。"[4]据此规定，杨氏的品级要根据丈夫来确定。但这些规定对她都无效，她不但封号，而且品级都不依丈夫，完全独立，大大提升，凌驾于王公母妻之上，地位相当于外命妇的第一等，这是唐朝开国以来前所未有的事，可见高宗对武则天宠爱有加。

3 ————
《唐会要》卷26
《命妇朝皇后》。

4 ————
《旧唐书》卷43
《职官二》。

武则天要争得这种例外的优待，并不是要为妇女争得更多的权利，而是利用唐朝妇女地位高的社会环境，为自己争得更大的权势，抬高其母，也是为了显示她自己与众不同，引人重视。

相对于武则天的意气风发，高宗却精神不起来。国事家事的悲喜操劳，高宗在品尝行使权力的满足感的同时，也付出了身体的代价。

高宗自幼体弱，所以和他两位精力旺盛的兄长相比，显得安分守己，这既是他最后得以继承皇位的重要因素，也是太宗一直不敢对他寄予厚望的原因。说实在的，他并不懦弱，登基以来，他顶着满朝的压力，公然迎娶父亲的才人，果断地清除以长孙无忌为代表的权势集团，挥师渡海平定百济，哪一件不是轰轰烈烈，出人意料？短短的几年里，他完全掌握了全局，开辟新的政治局面。这一切，如果不是他的坚强，谁能做到？在此过程中，武则天扮演了辅佐的角色，他们的利益和目标是一致的，武则天既是他的妻子，也是他的战友。认为高宗只是武则天的傀儡，实在是低估了高宗，高估了武则天，忽视政治规则及其复杂性，宛若儿戏小说。

但是，不争气的身体的确时常让他强不起来，而且，随着年龄的增长，受生理因素的影响也越来越多，他不得不把更多的政务交给武则天去处理。

这种情况最初就发生在他俩从并州回到洛阳后不久。十月，剧烈的头晕目眩，使得高宗无法处理政务。君主权力是不能分享的，高宗贴心的人只有武则天，所以，他便将百司奏事公文，交给武则天试着批复。武则天聪明敏锐，文辞亦佳，且平日用心阅读文史典章，故件件批文颇合高宗心意，让高宗深感放心，便把政事交给武则天处理，自己得以稍事休息。就在这不知不觉中，武则天自然而然地从政治的幕后走向前台，她在崛起，从爱妻到战友，再到政治家，她的角色在逐渐变换，而唐朝的政治地图也将随之重新绘制。

第五章

双 圣

敷政术，守清勤。

升显位，励相臣。

——武则天

二十二

显庆六年（661）一开春，就传来喜讯：益州和绵州先后上奏，见到真龙现身。

天显祥瑞，表明圣君在世，武则天心花怒放，她要昭告天下。二月三十日，朝廷宣布改元。这一天，高宗在洛城门设宴，招待群臣及外国使者，一同观看屯营新教之《一戎大定乐》舞。这是一出场面壮观的武乐，一百四十名舞者，身披五彩甲，持槊而舞，象征着天下大定。高宗和武则天踌躇满志的心情，可见一斑。

三月一日，正式启用新的"龙朔"年号，天下同庆。高宗和武则天也高高兴兴地再度住进合璧宫。

这一年，朝廷颁布了几道政令，应该出自武则天的主意。第一道政令，是根据武则天的请求，"禁天下妇人为俳优之戏"。八月，朝廷下令："诸州举孝行尤著及累叶义居可以励风俗者。"提高妇女的社会地位和强调家族伦理，是武则天参政初期特别关注的问题，既可以抬高自己，又迎合高宗，显示自己的施政能力，获得广泛的政治认同。

七月，高宗和武则天回东都。九月十二日，河南县（今洛阳市）有一位姓张的妇女年过一百零三岁，武则天带着高宗亲临其家慰问。

同一天，他们还到李勣家里探望。武则天还特地看望了许圉师。许圉师进士出身，显庆年间提拔为宰相，编修国史，以文名显于当世，其父许绍，和唐高祖李渊同学，隋朝末年，起兵响应李渊，为唐朝勋贵。显然，武则天十分注意塑造自己的形象，获取人心，借着高宗，她不失时机地为自己铺垫权力基础。

标新立异，是武则天施政的一大特点。她早就在琢磨着如何对现有的政治体制进行改动。龙朔二年（662）二月四日，朝廷百官全面改名，焕然一新。门下省称作东台，中书省为西台，尚书省为中台，其长官也相应改称，侍中称作左相，中书令为右相，尚书仆射为匡政，左、右丞为肃机，六部尚书为太常伯，侍郎为少常伯。其余二十四司、御史台、九寺、七监、十六卫，乃至六宫内职也都改名。这些机构的职掌并没有改变。也就是说，武则天只是改变百官的名称而已。不断变换新花样，显然是武则天的爱好，例如更改年号，唐朝建立以来，高祖和太宗都是一个年号冠名其世，而武则天登上政治舞台以来，已经两度改元，到后来，改元越来越频繁，几乎年年改号，甚至一年改元数度。改官称也是如此，令人难以适应。这些看似表面文章，没有多大意义变化，其实隐含着她深刻的心计，也反映出她性格上的特点。

年号包含吉祥的祈愿，是长治久安的象征，因此，轻易不愿改动，尤其在隋末大动乱之后，唐朝更欲显示安定以恢复社会信心。官称也是如此，必须给人以稳固如山的感觉，才能赋予政权以权威。一方面，仔细一想，对年号和官称的改变，能够给人足够的刺激；另一方面，则因为职掌未变而无须付出任何代价，却能取得轰轰烈烈的效果。武则天变换年号官称，给人以除旧布新、勤政有为的感觉，同时让世人改变以往稳重的心态，学会不断接受新事物，适应迅速的变化，明白一切事物都是可以改变的，包括祖宗法度，这样也就容易接受她这样一位女人掌握政治的局面。而且，年号和官称的改变，让她能够不断地显示自己，不停地发号施令，满足强烈的表现欲和权力欲，同时可以获得考察百官的良机，看清他们的政治面貌，是否能在

龙朔二年造像碑及拓片局部,
龙门石窟研究院藏

政治上跟得上，亦步亦趋。

龙朔年，说是真龙显身，其实是武则天在政治上抓权表演的年代。

二十三

三月五日[1]，武则天和高宗启程返回长安，沿途巡幸蒲州、同州，四月一日回到长安。二十二日，下令兴建蓬莱宫。

蓬莱宫就是著名的大明宫，位于长安东北，本来是太极宫后苑东北面射殿之地，在龙首山上，南接都城之北，西接宫城之东北隅，所以也称作"东内"。唐太宗曾经在此营建永安宫，贞观九年正月改名大明宫，供高祖避暑。这里地势高，干燥清爽。北有蓬莱池，南可俯瞰京城，形胜极佳。相比较而言，太极宫地势低，湿气重，高宗从洛阳回来，住不惯，所以决定改建大明宫，取殿后蓬莱池为名。实际上，此次改建的工程浩大，故翌年二月，加征雍、同等十五州口税，三月，又减京官一个月的薪俸，用以修建蓬莱宫。

高宗大兴土木，事出有因，他的身体状况越来越不好。所以，他在适宜避暑的地方，兴建了不少离宫。乾封三年（668）高宗入居九成宫新殿时曾说："朕性不宜热，所司频奏，请造此殿，既作之后，深惧人劳。……所以不令精妙者，意只避炎暑耳。"[2]高宗不是一位喜好奢侈的皇帝，由此看来，他自从显庆五年头晕不能理政以来，随着年龄增大，病情在加重。高宗在他后来的遗诏中透露道："往属先圣初崩，遂以哀毁染疾，久婴风瘵，疢与年侵。"[3]可知他发现患病，已经很久了，大概因为年轻，没有影响工作，而到了中年以后，经不起操劳，病状遂日渐显现。其病为"风瘵"，《唐会要·大明宫》称作"风痹"，"痹"即"瘴"，则"瘵"与"痹"通用，都是生病的意思，而所谓的"风"病，一般认为是唐人常见的血管疾病，属于高血压、

1 ——
《旧唐书》卷4
《高宗纪上》记作
"三月甲申"。此
月无"甲申"
日，故《资治通鉴》
作"三月甲午"，
当从之。

2 ——
《唐会要》卷30
《九成宫》。

3 ——
《唐大诏令集》卷
11《大帝遗诏》。

西安大明宫国家遗址公园航拍图

西安大明宫国家遗址公园丹凤门遗址

西安大明宫出土葡萄狮子纹方砖

中风一类。这也是高宗家族的遗传病，太宗就是死于此病。高血压造成的剧烈头晕目眩，使高宗对繁忙的政务越来越力不从心，也就越来越依赖于武则天。离宫别馆的不断修建，从一个侧面反映了这一点。

患病休养，却也增加了高宗夫妇的接触和感情，孕育了新的生命。六月一日，皇子旭轮诞生了，带来了喜悦和欢庆。七月一日[1]，旭轮满月这一天，高宗下令大赦天下，赐酺三日，隆重庆祝。

然而，武则天执政也带来不少问题，她居于深宫，对朝中的官员不太熟悉，只能依靠几个心腹办事，而这几个人是通过支持她上台而飞黄腾达的政治暴发户，品格低劣，同其他朝官的矛盾颇深。但武则天不能不支持这些人，因此也带来许多矛盾。例如李义府又得宠了，

1 ——
《旧唐书》卷4
《高宗纪上》记作
"七月丁亥朔"。
此月无"丁亥"
日，故《新唐书》
卷3《高宗纪》作
"七月戊子"，是，
当从之。

九月，他重新被任命为司列（原吏部）太常伯，同东西台三品，身居枢衡之位。李义府是个权力欲极强且飞扬跋扈的人，他一上台，就排挤同僚。左相许圉师首先成了牺牲品。

前面介绍过，许圉师是个儒者型的宰相，颇有声望。他儿子许自然在宫中做官，游猎时践踏民田，与田主争执，用箭射人。许圉师知道后大怒，打了儿子一百杖，却没有上报。田主告官，司法部门不予追究。此事被武则天的爪牙袁公瑜知道了，派人变易姓名上告，状子竟然一路畅通，直达高宗。高宗追查时，许圉师显然明白是怎么回事，但他不够冷静，一味替自己辩白，申言受人攻讦，顶撞了高宗。许敬宗趁机指责许圉师，致使他被罢官，后来又被贬为虔州（今江西赣州）刺史。一个宰相如此轻易被扳倒，实在让人难以置信。《旧唐书》卷59所附《许圉师传》说他是"为李义府所挤，左迁虔州刺史"，道出了事情的真相。

武则天的人跋扈，自然引起朝中大臣乃至高宗的反感。十月，西台侍郎上官仪被提升为东西台三品，进入决策圈。此项任命，值得注意。上官仪祖籍关中，但由于父亲上官弘在隋朝任江都宫副监，故自幼长在江都，深受江南文风熏染。隋末动乱，其父被杀，他避祸遁入空门，精通三论，颇涉经史。唐朝建立后，他中进士，为达官贵人所礼遇，名闻于太宗，很受器重。他擅长作五言诗，有天凌晨上朝时路过洛水，一地月光，挽辔吟咏道："脉脉广川流，驱马历长洲。鹊飞山月晓，蝉噪野风秋。"[2]境界清悠，文采绮丽。时人称其诗文作"上官体"，竞相仿效。高宗时，他同样受到重用。作为两朝天子倚重的文臣，上官仪颇为自负，恃才傲物，自然同武则天的人凑不到一块。他被提拔为宰相，可知高宗仍掌握着高层人事大权，绝不是有人所认为的傀儡。

不久，高宗就同武则天的宠臣李义府发生正面冲突。龙朔三年（663），关于李义府典选不公，依仗武则天之势卖官鬻爵的议论终于传入高宗的耳朵里，高宗找个机会，从容地提醒李义府道："闻卿儿子、女婿皆不谨慎，多作罪过，我亦为卿掩覆，未即公言，卿可诫

2 ————
《隋唐嘉话》卷中。

勖，勿令如此。"

高宗只点了李义府亲属的非法问题，想给他留个台阶下来，没想到李义府已经不把高宗放在眼里，恶奴欺主，竟勃然变色，涨红着脸，追问道："谁向陛下道此？"

高宗倒还让着他，说道："但我言如是，何须问我所从得邪！"[1]

李义府却不知收敛，非但没有悔过的表示，反而扭头而去，给高宗难堪。

这件事极大地侵犯了高宗的尊严，是可忍孰不可忍？要法办李义府的理由多得很。此人嚣张至极，毫无顾忌。有位叫杜元纪的风水先生告诉他，说他家里有狱气，要积钱二十万缗来镇之。这下子李义府更有了敛财的理由，大肆受贿，甚至派儿子李津去找长孙无忌的孙子长孙延索贿，收钱七百缗，替他谋了个掌管池沼的官职司津监当当。李义府的母亲死去，居丧期间，每逢朔望之日，朝廷特别给他"哭假"，但他利用这一假期，和杜元纪微服出城东，登古冢，四处望气。他的劣迹，早有人收集在册，说他窥觇灾眚，阴有异图。右金吾仓曹参军杨行颖更是挺身而出，状告李义府。高宗这回和以往判若两人，下令交司刑太常伯刘祥道会同御史，详刑审理。因为李义府关系重大，高宗特地令李勣监案。四月二日[2]，骄横一时的李义府被逮捕入狱。审讯下来，所指控的罪状都有实据。高宗快刀斩乱麻，在五日下诏，将李义府除名，长期流放嶲州；其子李津长流振州；另外几个儿子李洽、李洋和女婿柳元贞也都被除名，长流庭州。[3] 一个气焰熏天的政治暴发户就这样轰然垮台了。

这是一个让朝野举杯相庆的消息，人们奔走相告，用各种方式抒发心头的喜悦。京师内外，流传这样一句话："今日巨唐年，还诛四凶族。""四凶"指的是李义府的儿子及女婿。还有人编写《河间道行军元帅刘祥道破铜山大贼李义府露布》，张贴于通衢道口。李义府占有许多奴婢，他一垮台，奴婢各归其家，故露布借用古语称"混奴婢而乱放，各识家而竞入"，描绘了一幅鸟兽散的零乱凄惨场面。

[1] 《旧唐书》卷82《李义府传》。

[2] 《旧唐书》卷4《高宗纪上》记载："夏四月乙丑，右相李义府下狱。戊子，李义府除名，配流嶲州。"《资治通鉴》承《旧唐书》。龙朔三年四月甲申朔，无"乙丑"日。而"戊子"为五日，故"乙丑"当为"乙酉"之讹，亦即二日。

[3] 《资治通鉴》卷201"高宗龙朔三年四月"条作"庭州"；《旧唐书》卷82《李义府传》作"廷州"，《新唐书》卷223上《奸臣·李义府传》同。

然而，人们始终无法抹去心头的担忧，李义府遭贬已经不是第一次了，每次他都能仗着武则天如此坚强的后台而东山再起，这回该不会例外吧？三年后，高宗封泰山，大赦天下，但特地规定长流人不在赦免之列。李义府见此诏令，才知道自己大势已去，忧愤发病而死，提着一颗心过日子的人们，这才长长地舒了一口气。

当然，人们也不免惊异，武则天到底怎么了？

这一次，武则天的确没能保住她的心腹爱将。她手下的人本来就够跋扈的了，现在高宗因为身体不好，将许多政务交给她处理，于是，这些人就越发嚣张起来，甚至敢于藐视高宗，引起高宗的反感和反弹。一方面，这次李义府案件处理得如此果断，实际上是高宗发出的警告。值此龙颜震怒之际，武则天表现出她精明务实的政治风格，她自知尚不能和高宗对抗，便隐忍下来，弃车保帅，让李义府作牺牲品。另一方面，高宗对此案的快速处理，显然是估计武则天会出来说情，所以才痛下决断。问题是，事情过去了三年之后，高宗仍然不肯宽宥李义府，这说明此事已经引起高宗的警觉，感到武则天处事过于专断。也就是说，高宗同武则天走卒的矛盾，已经造成高宗对武则天的一些不满，因此，武则天在李义府案件中不敢抗争。这对并肩作战的夫妻，在共享权利的时候，出现了隔阂。在敏感的政治权力上，一旦有了隔阂，就容易用不同的眼光去观察分析，不满便在不知不觉中积累增长。

二十四

四月二十三日，高宗住进蓬莱宫新起的正殿含元殿。含元殿后面是宣政殿，宣政殿北面有紫宸门，内有紫宸殿，是内衙的正殿。这座新起的宫殿，让高宗感到身心清爽。二十五日，他决定开始在紫宸殿听政。

八月二十二日，天空出现彗星，按照古人的说法，这是上天在向人间示警。二十七日，高宗下令百官畅所欲言，针砭时弊。同时，他还派遣司元太常伯窦德玄、司刑太常伯刘祥道等九位中央大员担任持节大使，前往各地巡视，令内外五品以上官员推举贤才，大有励精图治的气象。

上天似乎也对高宗的举措颇为赞赏，故而在十月十六日，绛州（今山西新绛）上报：麒麟出现于介山。二十六日，含元殿前面也出现了麟趾。从武则天家乡的山西到皇宫先后出现的神迹，仿佛在向世人昭告什么？武则天和高宗抓住这个机会，宣布明年改元，新的年号称作"麟德"，以应天命。

在改元麟德的这年（664）里，武则天格外活跃。

二月九日，武则天让高宗给儿子殷王旭轮加授单于大都护。接着，在三月十九日，又让高宗追封他们死去的长女为安定公主，谥号为"思"，其卤簿鼓吹及供葬规格，同于亲王之制。武则天的长女是武则天同王皇后斗争的牺牲品，现在追谥她，不知是否想勾起高宗对那段并肩作战岁月的深情回忆。自从显庆末年高宗患病而让武则天处

唐长沙窑麒麟
送子烛台

理政务以来，武则天的权势越来越大，已经引起高宗的不满。《新唐书》卷105《上官仪传》称："初，武后得志，遂牵制帝，专威福，帝不能堪。"这段记载不能完全相信，因为在儒家伦理强化的宋代，《新唐书》作者欧阳修对妇女掌权的武则天颇有偏见，这里不妨再引一段《新唐书》卷76《则天武皇后》的记载为证：

> 后城宇深，痛柔屈不耻，以就大事，帝谓能奉己，故扳公议立之。已得志，即盗威福，施施无惮避，帝亦儒昏，举能钳勒，使不得专，久稍不平。

说高宗儒弱昏庸，夸大其词。说武则天一掌权就专权，作威作福，同样言过其实。联系两段引文，可以一目了然欧阳修对武则天的嫌恶。但是，这两段记载反映出武则天参与朝政，不免同高宗有不同意见乃至矛盾。

值得注意的是，自李义府被贬黜以来，高宗勤勉施政，内外事务，亲自裁决。例如，他亲自部署对吐谷浑和海东的用兵，批阅前线的奏章，甚至能看出百济前线统帅刘仁愿的奏事有文采而条理清楚，不似武将自撰的表文，从而发现代笔者刘仁轨，加以重用，后来成为一代栋梁。麟德元年，他召见突厥部落首领，改立单于都护府，亲自判处贪赃受贿的宗室李孝协死刑，巡视京畿等，忙得不亦乐乎。其背后，隐含着对武则天的不满。

善于察言观色的政治人物，见风便要起浪。宦官王伏胜向高宗告发：皇后召道士行厌胜。自古以来，在宫中行厌胜是重罪，武则天当年就是控告王皇后与其母行厌胜来战胜对手的，所以，她不会不知道其中的厉害。而且，当时武则天也没有要行厌胜的缘由，她的处境也没有坏到如此地步。看来，此告发应是对武则天不满的人借机发难。

正对武则天不满的高宗听到禀报，一时怒火中烧，他召来上官仪商量，准备将武则天废为庶人。上官仪早就对武则天干政看不顺眼，顺势奏称："皇后专恣，海内失望，宜废之以顺人心。"于是，高宗让上官仪起草废后诏令。

　　精明的武则天，早就在高宗的身边布下自己的人，他们飞一般地跑出去通风报信，武则天旋风般地出现在高宗面前，为自己申辩。高宗见到武则天楚楚可怜，早已心软，再听她分辩，更觉得事有蹊跷，不由得感到惭愧，便将责任推到上官仪身上，解释道："上官仪教我。"[1] 把事情敷衍过去。

　　说上官仪唆使高宗废武则天，在现存文献中找不到直接的证据。但是，当时朝臣中基于男性政治社会的传统而不满武则天参政的情绪相当普遍。而且，由于武则天的存在而阻碍上官仪获得更大政治权力，亦可想象。因此，上官仪无疑是武则天的政敌。关键的问题在于高宗的立场。从此事件的突发性质来看，高宗对武则天只是一时之怒，而非有重大的分歧乃至矛盾。何况废立皇后如此重大的事情，也不是暴怒之际便可决定于须臾的儿戏。应该说，上官仪犯了政治大忌，冒失进言，这或许符合他"恃才傲物"的性格。疏不间亲，故上官仪实为咎由自取。

　　而且，追查下去，这件事确实有不少可疑之处。《新唐书·上官仪传》记载："初，忠为陈王时，仪为谘议，与王伏胜同府。"也就是说，上官仪和王伏胜早年曾在废太子李忠府上共事过，那么，此次由王伏胜发难，上官仪继进的废皇后活动，就不能排除是有预谋的行动了。

　　武则天肯定是这么认为的，所以，她让许敬宗出面控告李忠谋大逆，同党有上官仪和王伏胜等人。十二月十三日，诛上官仪，同时被杀的还有其子上官庭芝，而上官庭芝尚在襁褓的女儿被没入宫中，她就是后来影响政局的上官婉儿。十五日，已被废为庶人的李忠也难逃厄运，赐死于流放地。至于那个告密的王伏胜，更是死有余辜。

　　按照武则天处罚政敌的一贯作风，朝廷进行整肃，右相刘祥道因为和上官仪关系好而被罢相，贬为司礼太常伯。与上官仪有过交往的官员也受到不同的处分，左肃机、郑钦泰等人遭到流贬，武则天再次

1 ——————
以上对话见《新唐书》卷105《上官仪传》。

杀鸡儆猴，给那些心怀不满的朝官一个严厉的颜色。

这次斗争，是高宗朝政局的一个重要转折。高宗经此挫折以后，独运朝纲、励精图治的雄心一落千丈，身心俱疲，他不再想同武则天较劲了，他的身体也使他难以同精力旺盛的武则天抗衡。《新唐书·则天武皇后传》对此后的政局概括道：

初，元舅大臣怫旨，不阅岁屠覆，道路目语，及仪见诛，则政归房帏，天子拱手矣。群臣朝、四方奏章，皆曰"二圣"。每视朝，殿中垂帘，帝与后偶坐，生杀赏罚惟所命。当其忍断，虽甚爱，不少隐也。帝晚益病风不支，天下事一付后。后乃更为太平文治事，大集诸儒内禁殿，撰定《列女传》《臣轨》《百僚新诫》《乐书》等，大氐千余篇。因令学士密裁可奏议，分宰相权。

武则天坐朝，与高宗并驾齐驱，遂成常制。朝官再不敢对政治随便发表意见，举朝一致，用一个声音说话。高宗仿佛还没有明白这是怎么回事，翌年春天，他和朝臣们讨论隋朝政治得失时，百官鸦雀无声，庄重肃穆，高宗问道："炀帝拒谏而亡，朕常以为戒，虚心求谏，而竟无谏者，何也？"

李勣回答道："陛下所为尽善，群臣无得而谏。"

专制主义的气候已经形成，最为突出的外在表现就是颂声四起，讴歌欲狂。

二十五

武则天踌躇满志，从后宫争宠，赢得自己的地位，到参与政治，辅佐高宗独掌朝纲，武则天的角色在变，地位在变，思想也在变，她已经成为一个成熟的政治人物，而政治似乎也十分适合于她，如鱼得水。这时候，她已经完全用政治的思维模式在思考，在行动，个人的命运与利益，已经完全融入政治之中，燃烧的热情，旺盛的精力，睿智的头脑，精明的算度，加上严酷的铁腕，她已经稳稳地站立在权力的顶峰。

这是明摆着的事实。她要向天下宣告，更要举国承认，万众拥戴。

于是，她郑重地向高宗请求封禅。

封禅是古代帝王祭祀天地的大典，表示其受命而有天下，尤其在改朝换代及天下太平之时，帝王都想祭祀天神地祇，以告成功。"封"是祭天，"禅"是祭地。封禅的仪式在泰山及其下的梁父（甫）山举行，先在泰山上筑土为坛，报天之功，称为"封"；而后下到梁父山上辟场祭地，报地之德，称为"禅"。封禅的理论依据是高厚之道。古人以为，天以高为尊，地以厚为德，故增泰山之高以报天，厚梁父之阶以报地，帝王因名山而升中于天。通过封禅仪式，有益于天地，使天更高，地更厚，从而向天下昭告皇帝膺天命，王朝得正统，功德无量。

封禅思想起源于上古时代的敬天保民，是国家最为隆重的祭祀仪式。自古成汤封于泰山以来，非自忖功高德厚，帝王不轻易行此大典，所以从周成王以后，只有秦始皇、西汉武帝和东汉光武帝等实际封禅过，像西晋武帝、隋文帝等一统天下的皇帝，都以功德不厚而未行封禅，至于像魏明帝或宋文帝之流，小有所成，便欲封禅者，也只是让臣下悄悄草拟封禅仪注，还不敢公然举行，结果都未成。唐朝建立以后，国泰民安，大臣一再请求封禅，唐太宗被说得心动，同意举行，但魏征力谏不可，太宗不悦，质问道："朕欲封禅，卿极言之，岂功不高耶？德不厚耶？远夷不服耶？嘉瑞不至耶？年谷不登耶？何为不可！"

魏征回答道："陛下功则高矣，而人未怀惠；德虽厚矣，而泽未旁流；诸夏虽安，未足以供其事；远夷慕义，未足以供其求。符瑞虽臻，罻罗犹密；积岁一丰，仓廪尚虚，臣所以窃谓未可。"[1]

从唐太宗君臣对话可知，封禅不但要臻于儒家所谓天下大治的境地方宜举行，而且花费巨大，故终太宗一朝，虽数度欲行封禅，但最后都因为天象异常或水潦灾害而作罢。

到武则天登上政治舞台以后，封禅之声再起。显庆四年六月，也就是武则天成功扳倒长孙无忌不久，许敬宗就讨论起封禅来，"请以高祖、太宗俱配昊天上帝，太穆、文德二皇后俱配皇地祇"[2]。

封禅的呼声，迎合了武则天急于显示自身地位的心理和政治需要，所以得到她暗中的大力支持，一个劲地撺掇高宗封禅。[3]高宗经不起内外相劝，而且，他也很想成为一代圣君，所以就批准了许敬宗等人的请求。麟德元年七月一日，高宗正式下诏，宣布将于后年正月到泰山封禅，并让有关部门制定礼典。同时下令全国各州都督刺史于明年十二月齐集泰山之麓，诸王于十月在东都会合，共同参加祭祀大典；各州依制选举人才。[4]这是唐朝建立以来最为隆重的国事活动，对于武则天的意义尤为重大。

翌年二月，武则天和高宗早早就离开了长安，来到东都洛阳，为来年的封禅做准备。五月，朝廷任命司空、英国公李勣，少师、高阳郡公许敬宗，右相、嘉兴县子陆敦信，左相、巨鹿男窦德玄等四人为检校封禅使。封禅已经成为国家的头等大事。

这时期，唐朝的国力和疆域，臻于鼎盛。周边各族，莫不服从，最棘手的朝鲜，形势也是一片乐观，唐朝平定百济之后，经过艰苦的战斗，敉平了百济余众的反抗，还在白村江击溃前来增援的倭国水军，将其打得一蹶不振，令倭国统治者头脑清醒，看到与唐朝的巨大差距，从而改弦更张，全力以赴学习和移植唐朝制度文化，开辟建立"律令制国家"的新局面。而且，此役断绝百济余众借助外力死灰复燃的希望，巩固了唐朝的阵线，降伏高句丽指日可待。唐朝开始着手从战略高度构建东亚世界，百济唐军统帅刘仁愿让新罗国王和唐朝任命的熊津都督扶余隆在熊津就利山结盟，宣誓百济和新罗互不侵犯，世代友好。唐朝的这一举动，目的在于重建百济，抑制新罗吞并百济的企图。当然，这也表明唐朝对百济并无领土要求，其目标是建立以

2 ————
《资治通鉴》卷200"高宗显庆四年六月"条。

3 ————
《唐会要》卷7《封禅》记载："高宗即位，公卿数请封禅，则天既立为皇后，又密赞之。"

4 ————
《册府元龟》卷35《帝王部·封禅二》。

唐朝为中心的东亚国际关系的和平秩序。完成这些战略部署之后，唐朝将领刘仁轨率新罗、百济、耽罗和倭国使者渡海赶往泰山，参加封禅盛典。[1]

秦汉统一的帝国建立后，作为东亚世界的中心，中国许多重大事务经常有周边诸国的参与，并对东亚世界产生难以估量的影响。就封禅而言，东汉光武帝登封泰山时，"番王十二，咸来助祭"。[2] 唐朝是一个多民族的国家，唐太宗被周边各国推举为"天可汗"，声威远播。高宗封禅，更要突出其世界领袖的形象，所以，他特地召集各国随同前往，史称：

> （麟德）二年十月丁卯，帝发东都赴东岳。从驾文武兵士及仪仗法物相继数百里，列营置幕，弥亘郊原。突厥、于阗、波斯、天竺国、罽宾、乌苌、昆仑、倭国及新罗、百济、高丽等诸蕃酋长，各率其属扈从、穹庐、毡帐及牛羊驼马，填候道路。是时频岁丰稔，斗米至五钱，豆麦不列于市。议者以为，古来帝王封禅，未有若斯之盛者也。[3]

显而易见，这次封禅还是唐朝对其国际关系的一次大检阅，规模空前，具有重大的国际影响。这就更让武则天为之心动。十月，她请求高宗封禅。同时，司礼太常伯刘祥道也上疏请求封禅。在一片请愿声中，高宗重新上路，二十九日，他们一行人带着各国酋长使节浩浩荡荡开往泰山。

途中，礼官和博士终于拟出封禅礼典仪注上奏。这些礼官依据的是传统礼制，规定在皇上祭天之后，由公卿行亚献和终献之礼。这不啻给兴冲冲的武则天泼了一盆冷水，大老远跑到泰山来，就落得在一边旁观，武则天心里痛骂这批死脑筋，眼看大队人马已经到达泰山脚下，全体开始斋戒，武则天不得不亲自出马，给高宗上了一道长长的表文：

1 ——
《三国史记》卷6《新罗本纪》"文武王五年"条。

2 ——
《后汉书》志7《祭祀志上·封禅》。

3 ——
《册府元龟》卷36《帝王部·封禅二》。

伏寻登封之礼，远迈古先，而降禅之仪，窃为未允。其祭地祇之日，以太后昭配，至于行事，皆以公卿。以妾愚诚，恐未周备。何者？乾坤定位，刚柔之义已殊；经义载陈，中外之仪斯别。瑶坛作配，既合于方祇；玉豆荐芳，实归于内职。况推尊先后，亲缮琼筵，岂有外命宰臣，内参禋祭？详于至理，有紊徽章。但礼节之源，虽兴于昔典；而升降之制，尚缺于遥图。且往代封岳，虽云显号，或因时省俗，意在寻仙；或以情觊名，事深为己。岂如化被乎四表，推美于神宗；道冠乎二仪，归功于先德。宁可仍遵旧轨，靡创彝章？妾缪处椒闱，叨居兰掖。祇以职惟中馈，道属于蒸尝；义切奉先，理光于蘋藻。罔极之思，载结于因心；祇肃之怀，实深於明祀。但妾早乖定省，已阙侍于晨昏；今属崇禋，岂敢安于帷帟。是故驰情夕寝，眷嬴里而翘魂；叠虑宵兴，仰梁郊而耸念。伏望展礼之日，总率六宫内外命妇，以亲奉奠，冀申如在之敬，式展虔拜之仪。积此微诚，已淹气

序。既属銮舆将警，莫璧非赊，辄效丹心，庶裨大礼。冀圣朝垂则，永播于芳规；萤烛末光，增辉于日月。[1]

1 ————
《唐会要》卷7
《封禅》。

她大胆提出应该由皇后在皇帝祭天之后，率六宫内外命妇祭奠地祇。这是前所未有的事情，完全不符合传统礼典，却真实地反映了当时唐朝最高政治权力的状况。谁都能看出武则天提出的阴阳刚柔相济的道理是出自个人政治需要的杜撰，但没有人敢站出来反驳，高宗自然同意了武则天的要求。

麟德三年（666）正月二日，随着一轮朝阳升起，高宗率文武百官在山下舞鹤台隆重祭天，亲手用五色土将玉策封于祭坛。尔后，君臣一行缓缓登上泰山，在山顶介丘的万岁台，高宗郑重地登台封玉策。翌日，他们下到社首山祭地。这一天，是封禅史上非常特别的日子。惊世骇俗的一幕，还是由高宗揭开，他仍是那般庄严肃穆，缓缓地登上禅台，行初献之礼。礼毕，让执事官员都退下。这时，前所未见的情景出现了，满面春风的武则天登台而来，行亚献大礼，而紧随其后的是花团锦簇的诸王太妃，她们也在禅台上郑重其事地行终献礼。原来应该行此二礼的公卿大臣，都知趣地肃立于台下，中规中矩地做着典礼规定的动作，认真得近乎木然，同样让人感到难以言状的异样。史官悄悄地记下了他们的感触：

> 高宗乾封初，封禅岱宗。行初献之礼毕，执事者趋下，而宫官执帷。天后率十六宫升坛行礼，帷席皆以锦绣为之，识者咸非焉。[2]

2 ————
《大唐新语》卷13
《郊禅》，中华书局点校本，1984年版。

非议归非议，但他们心里明白，这次封禅是武则天的政治大表演和大宣言，自从上官仪事件之后，高宗已经失去了与武则天争强斗胜的意欲，甘拜下风，今后是武则天当家的时代。

然而，武则天并不满足，她还要拉着高宗遍封五岳，借助高宗给自己树立权威，让其政治宣示传遍神州。而暮气日深的高宗，乐于听从武则天的安排，屡屡下诏，准备从中岳嵩山开始新的封禅进程，只

3 ————
《唐会要》卷7
《封禅》记载：
"高宗既封泰山之
后，又欲遍封五
岳。"这到底是谁
的主意呢？同书
记载："时天后自
封岱之后，劝上
封中岳。"屡次欲
封中岳而未果事，
同书亦颇有记载。

4 ————
《旧唐书》卷5
《高宗纪下》。

是他那不争气的身体，一再扫了武则天的兴致，害得她只能在高宗死后，自个儿实现封中岳的愿望，这当然是后话。[3]

为了纪念这次蕴意深远的封禅，元月五日，高宗和武则天顾不上休息，接受百官和各国使节的朝贺，宣布改元，称乾封元年。同时宣布，随行百官，加官晋爵："诸行从文武官及朝觐华戎岳牧、致仕老人朝朔望者，三品已上赐爵二等，四品已下、七品以上加阶，八品已下加一阶，勋一转。诸老人百岁已上版授下州刺史，妇人郡君；九十、八十节级。齐州给复一年半，管岳县二年。所历之处，无出今年租赋。乾封元年正月五日已前，大赦天下，赐酺七日。"第二天，他们再次大宴群臣，上演《九部乐》，颁赐物品，君臣同乐。九日，则由皇太子弘招待众臣。一连畅饮数日，意犹未尽，十日，高宗"以前恩薄，普晋爵及阶勋等。男子赐古爵"。同时下令在兖州建立紫云、仙鹤、万岁三所道观和封峦、非烟、重轮三所寺院，在天下诸州各立观、寺一所。[4]

如此普遍性的厚赏，在唐朝开国以来的历史上格外瞩目。毫无疑问，武则天通过庆祝活动，广泛施恩，以换取众臣的追随。在打击政敌方面，武则天果断而残忍，绝不宽贷；而在赏赐忠臣方面，她同样及时而丰厚，绝不吝啬，其鲜明而大度的作风，深为臣下敬畏。当然，不依据考课制度的普遍加阶，完全是出于收买官僚的政治需要，这种将短期功利性政治凌驾于制度之上的行为，所造成的思想道德和制度方面的恶劣影响，难以估量。武则天政治的机会主义特点，早就逐渐显露出来。

经过几番隆重庆祝，封禅大典总算功德圆满，十九日，高宗君臣浩浩荡荡启程回京。在路上，他们还做了几件重要的事。二十七日，高宗在曲阜孔庙以少牢祭孔子，追赠太师，增修祠宇，并褒扬孔氏后裔，免其赋役。唐朝建立后，就努力重建符合政治需要的意识形态，唐太宗命颜师古考定五经，颁于天下，令人学习；还让孔颖达综合前代各家解说，撰写统一注释的《五经正义》，作为科举考试的教科书。这些都是为了在东汉末年以来儒学统治地位崩溃后，重新用儒家学说

来规范和统一思想的重要举措。由此看来，高宗祭奠孔子，并非封禅途中临时起意的偶然事件，而是前往山东时就已经计划好的，作为封禅活动的一个重要组成部分。

洛阳市栾川老君山老君庙

值得注意的是，高宗、武则天一行人还举行了另外一项同样具有重要意义的文化活动。二月二十二日，他们来到亳州。在这里，高宗专程参谒老君庙，祭奠老子，追封"太上玄元皇帝"，创造祠堂，设令、丞各一人管理老君庙，改谷阳县为真源县，免除县内宗姓租税一年。唐朝皇帝姓李，自称出自陇西李氏，进而远溯老子为先祖，自我抬高身份，宣扬其统治中国的正统观念。

尊儒与崇道并举，封禅天神地祇的同时优容佛教，让儒、释、道并存，相互影响，相互吸收，共同为我所用，这便是唐朝文化政策的基调。其思想文化的统一，并不是通过对统治者不喜欢、不认同的思想文化进行严厉镇压来实现的。国家虽然致力于建立新的意识形态，但并不制造狭隘的、唯一的思想尺度钳制文化的发展，而是积极树立

146   武则天传

国家在文化方面的主导作用，大力兴学，倡导学术，改变分裂时代学在私门的局面，确立国家在文化上的中心地位，倡导儒家学说，构成国家的意识形态；同时对其他思想文化采取兼容并蓄、吸收融合的态度，促进文化多元发展、光彩四射的盛大局面。这种恢宏的胸怀和气度，是唐朝文化达到中国历史上无比繁荣盛大的根本原因。

文化繁荣所产生的巨大魅力，是国家统一和昌盛的强有力保障。历史上强大的世界性帝国，其向心力所在，并不是强大的武力和征服，而是经济、制度、文化发达所产生的荣誉与归属感，令人向往。我们只要看看唐代大量外族人前来，自愿成为唐人，以及周边诸国以"华夏"自居，就可以深刻理解强国的威力所在。

唐朝实行开放的文化政策，有着特殊的时代背景和民族条件。汉末国家意识形态崩溃引发魏晋思想解放，形成思想自由的局面。五胡入主中原以来的近三百年间，中国从民族斗争走向多民族融和，必然要求新文化有广泛的包容性。当然，这两方面的因素，并不一定必然规定文化多元发展的格局，秦朝统一中国的时候，也曾经面临相似的情况，但是秦始皇用铁和血推行严酷的文化专制，结果并未造成思想统一的局面，反而在社会各阶层人民的心中燃起反抗的火苗，在不同区域、不同社会阶层、不同文化背景的全国性反抗中，埋葬了秦王朝。在统一的和平社会，文化专制的结果必定是悲剧性的，也和统治者的期盼适得其反。秦朝的文化专制以国家灭亡、明清两代的"文字狱"以民族沉沦为代价。在这一点上，唐朝的统治者是有远见的，以唐太宗为首的统治集团，其文化素质之高，在中国历朝开国创业集团中，实不多见。

唐太宗坚持民族融和、文化兼容并蓄的国策，得到很好的继承，高宗固不待言，武则天也不例外。武则天虽然在政治上大大加强集权，甚至为此不惜发动恐怖政治，但她在文化上并没有实行专制政策，这是需要注意的。

四月八日，高宗和武则天一行回京，先到太庙拜谒，然后才进城。五月二十五日，朝廷下令铸造"乾封"泉宝钱，以为纪念，历时近两年的东封泰山活动，这才算落下帷幕。自从汉代以来的首次封禅，唐朝向天下宣告一个超越前代的强大帝国磅礴于世。而从国内政治的角度来看，最大的受益者无疑是武则天，她让高宗带着她巡行国内，为她树立政治权威，使得权力的过渡显得那么自然，也使得日后她登基变得那么顺畅，犹如水到渠成。

二十六

武则天在朝廷的政治权威是树立起来了，但是，在家族内部，她们母女还没有得到所期望的尊崇。

武则天的母亲杨氏是武士彟中年续弦的妻子。武士彟死后，她携三女回武士彟家乡，受到武士彟前妻的两个儿子武元庆和武元爽的欺负。而且，掌持武氏家门的侄儿武惟良和武怀运也参加进来，让她们遭人白眼，饱受委屈。

在家族内部，重娶历来是个头痛的事。在南方还好，丧妻之后，往往以妾为妻，家族相对要平安些。而在北方，妻妾名分不啻天壤之别，故须重娶，前、后妻子女在家族里的地位，以及家产的继承等问题，随之产生，往往闹得不可开交，"辞讼盈公门，谤辱彰道路，子诬母为妾，弟黜兄为佣，播扬先人之辞迹，暴露祖考之长短，以求直己者，往往而有。"[1] 杨氏当然是明媒正娶的，但武士彟在武氏家族里并非长子，所以武士彟死后，杨氏在家族里就没有什么地位，再加上武士彟前妻子女长期生活在老家，武家人都向着他们，杨氏自然不会受到尊重，处境凄凉。

好在武则天青云直上，尊贵无比，给杨氏争了口气，让她在家族里风光起来。她出身贵族名门，享受荣华富贵，根本就瞧不起武家这种乡村家族，一旦翻过身来，她总希望家族以她为尊。武则天虽然早已离家入宫，但她尊贵后，当然也希望家族听她的，好利用

1 ——————
《颜氏家训集解》卷第1《后娶第四》。

家族构建可靠的政治班底。母女立场虽有不同，但都想要武氏家族顺从。

以武则天之尊，要提拔武家的人，并不费力。她确实也想施恩拉拢，所以，武氏兄弟都得到超常的提升。武惟良从始州（今四川剑阁）长史越级提升为司尉少卿，武怀运从瀛州（今河北河间）长史升任淄州（今山东淄博）刺史，武元庆由右卫郎将升为宗正少卿，武元爽则从安州（今湖北安陆）户曹提拔为少府少监。从地方州辅佐调到中央部门担任副职，如司尉就是原来的卫尉，掌管京城卫戍和国家兵器武库；宗正掌管皇族属籍；少府掌管官府手工作坊，都是要职。由此可知，武则天是想起用家族兄弟组成政治势力的。因为是自家人，所以她需要他们忠心耿耿，绝对服从，让她可以充分信赖。试探兄弟忠心的任务，由杨氏来担任。

杨氏安排酒席，把子侄们召来，说道："颇忆畴昔之事乎？今日之荣贵复何如？"

提往事，说今朝，一打一拉，用意还是想收服他们。不料，武氏兄弟硬是不买账，冷冷地回答道："惟良等幸以功臣子弟，早登宦籍，揣分量才，不求贵达，岂意以皇后之故，曲荷朝恩，夙夜忧惧，不为荣也。"[2] 气得杨氏七窍生烟，诉于武则天。

不领情，便是异己，尤其是自家人，危害尤甚。而且，收服不了他们，武则天何以统率娘家？

武则天绝不会因为亲情而心慈手软，何况这几个人从前就没把自己当骨肉对待过。她郑重向高宗上疏，申明不能任人唯亲的大义，请求把武惟良几个派到边远地区任职，以示自谦和公正。高宗自然照准。于是武惟良重新回到始州去当刺史，武元庆为龙州（今四川平武东南）刺史，武元爽为濠州（今安徽凤阳东北临淮关）刺史。武元庆一路颠沛到龙州，傲气全消，想起心狠手辣的胞妹，越想越怕，在忧惧中死去。武元爽不久就被告发，流放到振州，那是当年宰相韩瑗的流放地，天涯海角，几乎没有重回中原的希望，所以他也在绝望中死去。至于武惟良和武怀运，武则天还有好戏等着他们。

2 ——
《资治通鉴》卷201"高宗乾封元年八月"条。

武则天姊妹共三人，妹妹嫁郭孝慎，早死。姐姐嫁给越王府功曹贺兰越石，早寡，因武则天而被封为韩国夫人，有一女儿，国色天香。当年武则天同王皇后及萧淑妃殊死争斗时，专宠后宫，连年生儿育女。生育期间，为了防止王皇后和萧淑妃乘虚而入，重新拥有高宗，便把寡居的姐姐召入宫中，侍候高宗。因为有这段关系，以至于武则天的二儿子李贤听信宫人的传言，以为自己是韩国夫人所生，而与武则天失和，此是后话。这段记载透露了韩国夫人同高宗发生关系的时间，从而让我们对当年后宫争夺之激烈和武则天的手段有所了解。

韩国夫人死后，其女被封为魏国夫人，出入禁中，青春焕发出来的光彩，让高宗喜欢得不得了，如胶似漆，很想立她为嫔妃，但慑于武则天之威，不敢启齿。武则天看在眼里，怒在心中，只是她和高宗

陕西咸阳唐顺陵，武则天之母杨氏葬于此

顺陵石走狮

互有忌惮，不便发作，暗中却一直思量如何整治。泰山封禅，各地长官齐聚泰山朝觐，武则天见到了武惟良兄弟，顿时发现一箭双雕的机会就在眼前。待回京城后，她把武惟良进献的食品，送给魏国夫人品尝，偷偷在里面下毒。魏国夫人食后暴死。武则天成功地嫁祸于武惟良兄弟头上，将武惟良和武怀运处死，改其姓为蝮氏。武怀运的哥哥武怀亮早死，逃过此劫，但其妻善氏对杨氏最为无礼，故此次也遭连坐，没入掖庭驱使，然后找事情惩罚她，用棘条束成鞭子，打得肉绽见骨，折磨到死。

武家的男儿死得差不多，总得有人来继承香火。武则天就让韩国夫人的儿子贺兰敏之奉祀武士彟，袭爵周公，改姓武氏，任弘文馆学士、左散骑常侍，为清要美职。但贺兰敏之并无才学，只是长得美貌，其人好色轻薄，是十足的纨绔子弟。他自恃与皇上有特殊关系，胆大妄为。杨氏虽是他的外祖母，但年轻守寡，又长期受族人欺负，自感空负青春时光，欲望没有得到满足，很不甘愿。晚年得志，颇想获得补偿，见外孙俊秀，竟然欲火中烧，与之苟合，全无廉耻。贺兰敏之有了这层关系，更觉得谁都拿不住他，越发目中无人。他多少听到其母亲和姊妹神秘死亡的一些内幕消息，对武则天暗存怨恨。魏国夫人被毒死，高宗悲痛万分，在宫中设祭，恸哭不已。贺兰敏之入悼，高宗对他："向吾出视朝犹无恙，退朝已不救，何仓猝如此！"贺兰敏之光是哭，并不回答。武则天听说后，恨恨地说："此儿疑我。"开始厌恶起他来。

咸亨元年（670）九月十四日，杨氏享尽荣华富贵，老死于长安。[1]武则天十分悲痛，敕文武九品以上官员，及外命妇都到杨氏府宅哭悼，追赠"鲁国夫人"，谥"忠烈"。这几乎享受皇后的规格了，武则天还觉得不满意。翌月十二日，她让朝廷追封其父武士彟为太尉、太子太师、太原郡王，这样就可以名正言顺地按照王妃的规格安葬杨氏。十四日，杨氏隆重下葬，京官文武九品以上及外命妇，一起送葬至便桥。杨氏的陵寝称为"顺陵"，今日尚存，离西安机场不远，规模宏大，远远超过一般王陵，充分反映出武则天权势之大，足资了解当日政局之一斑。

杨氏去世，贺兰敏之失去靠山。但他狂妄自大，丝毫没有觉察形势变化，依然放肆，胡作非为。杨氏治丧期间，武则天把宫中的大瑞锦交付他造佛像为杨氏追福，他竟然贪污，自己享用。武则天和高宗听说司尉少卿杨思俭的女儿容貌出众，亲自选为太子妃，媒聘已定，待吉日成婚。贺兰敏之前去办事，见色起意，逼而淫之。甚至连自己的表妹、武则天的女儿也不放过。杨氏丧期，他穿吉服，在家奏乐跳舞，太平公主年幼好玩，到他家去，竟被他侮辱。《旧唐书·外戚传》的上述记载，到底有多大程度的可信性，不是没有疑问的。因为贺兰敏之的诸般劣迹，似乎被遮掩过去，直到翌年六月才暴露出来，武则天当然不能饶了他，下令褫夺他的"武"姓，回复"贺兰"原姓，除名，流放雷州（今广东雷州）。贺兰敏之才走到韶州（今广东韶关），就被人用马缰绳绞死，朝士与他交游者，流配岭南，牵连不少。

经过这番整顿，同辈兄弟差不多都收拾妥帖，再没有人敢不顺从，武则天的权威在家族里也牢牢树立起来。当然，堪任官职委以重

1 ——
杨氏死期及年龄，记载有讹误。《旧唐书》卷183《外戚·武承嗣传》记载："咸亨二年，荣国夫人卒。"《新唐书》卷76《后妃·则天武皇后传》记载："杨氏徙郑、卫二国，咸亨元年卒。……时天下旱，后伪表求避位，不许。"两书记载不同。查《旧唐书》卷5《高宗纪下》记载："（咸亨元年八月）丙寅，以久旱，避正殿，尚食减膳。九月甲申，卫国夫人杨氏薨。"《新唐书》卷3《高宗纪》虽无杨氏薨的记载，但在咸亨元年八月明记："丙寅，以旱避正殿，减膳。……（闰九月）癸卯，皇后以旱请避位。"均有旱灾记载，且本纪系年比较正确，故杨氏卒年，当依《旧唐书·高宗纪》记载，为咸亨元年九月。杨氏年龄，正史无载，而见于武三思撰写的《大周无上孝明高皇后碑铭》（收于《全唐文》卷239），称享年九十二岁。此碑为承旨吹嘘杨氏之作，可信度不高。我以为九十二当为"七十二"之讹，详见本书第一章之"三"。

任者，也差不多没了，武则天想起用家人为其张目，尚需假以时日，等待晚辈成长。

<h1 style="text-align:center">二十七</h1>

泰山封禅，是高宗政治生涯中最辉煌的盛典，唐朝国势也被这股热潮激发得蒸蒸日上，群情激动，向往伟大，而最大受益者武则天，更是踌躇满志。这种政治气氛，在不少事情上都显露出来。

从泰山回来后，朝廷开铸"乾封泉宝"，钱径一寸，重二铢六分，与旧钱"开元通宝"并行流通，规定新钱一文，当旧钱十文。"乾封泉宝"只比"开元通宝"稍大略重，币值却是后者的十倍，因此是一种虚价钱。货币从实价向虚价钱演变，由国家作信用保证，是货币发展史上的重大转变。然而，"乾封泉宝"看不出有此意义。当时社会交换经济也没有发达到有此需求。

唐朝初年铸造的"开元通宝"非常成功，成为中国货币史上的里程碑。它开铸于武德四年七月十日，钱径八分，重二铢四絫，十文刚好重一两，变革二十四铢为一两的旧制，确立一两十钱的货币十进位制，大小轻重，最为适中；"开元通宝"四字，由书法家欧阳询撰写，带八分及篆、隶三体，集历代钱币书法之大成；文字按照上下右左顺序排列，如果按顺时针方向环读则为"开通元宝"，意思也通，民间就是这么读的。当然，最重要的变革在于它一改西汉以来以重量为名的"五铢"钱系统，发展出"通宝"钱制度，也就是让金属铸币完全脱离了量名钱体系，而发展成为更高一级的铸币形式。其行用十分成功，大受欢迎，大小轻重成为以后历代"制钱"的样板，相沿近千年。

唐朝前期，政府通过均田制等国有土地制度积极干预社会经济生活，但是，随着政治安定带来经济繁荣，商品经济日益活跃，作为交换媒介的货币供应不足，出现私铸与恶钱流通的现象，权豪奸商把恶钱运入京师等地，造成货币流通混乱，让朝廷头痛不已。高宗和武则天完全击垮长孙无忌而独揽大权的显庆五年九月，曾经下令整顿货币流通，用一文好钱赎取五文恶钱，但比价过高，收效甚微，故一个月后旋降比价，以好钱一文换恶钱两文。乾封元年，武则天借封禅之机，发行"乾封泉宝"新币，虚价流通，以一当十，准备于翌年废除旧钱。根据先前的货币措施，武则天此举无疑是想用最低的成本制止恶币流通，而欲废旧钱，则明显出于政治考虑，提高币值以夸耀盛世。

"乾封泉宝"为迎合封禅而匆忙上市，无论在货币政策上，还是在具体操作方面，都颇有疏漏。例如钱币上的文字竟然按照民间讹传成俗的环读法顺时针方向排列，由此可见主管钱币的官员文化素养不高。依靠这种官员，按照政治的需要抛出急功近利的政策，不但达不到预期的目的，反而造成社会的骚动不安。"乾封泉宝"发行后，由于作价过高，使用起来也很不方便，故商人纷纷收藏旧钱，造成谷帛踊贵、商贾不通，朝廷不得不考虑严重的后果。故第二年正月二十九日，亦即新钱行用才半年多，便下诏废除道："比以伪滥斯起，所以采乾封之号，改铸新钱，静而思之，将为未可。高祖拨乱反正，爰创轨模；太宗立极承天，无所改作。今废旧造新，恐乖先旨。其'开元通宝'宜依旧施行，为万世法。乾封新铸钱令所司贮纳，更不须铸。

乾封泉宝

开元通宝

1 ————
《唐会要》卷89
《泉货》。

仍令天下置铸之处，并铸'开元通宝'钱。"[1]就这样，"乾封泉宝"销声匿迹，昙花一现。

"乾封泉宝"在中国货币史上或许无足轻重，但它从一个侧面反映出武则天政治的基本风格：

第一，喜好标新立异，思迈前主，雄心勃勃，好大喜功。

第二，秉持权力至上的行政思想。制定政策措施，主要基于政治的考虑，通过行政手段强制执行。

这两点的结合，正是专制体制的行政特点，其政策往往是急功近利的短期行为，而以社会民众和国家长远利益为代价。

武则天过人之处，还在于第三点，即机会主义的行政风格和现实主义的利益计算。

虽然武则天并没有治理国家的全盘规划和目标，但有许多收一时之效的新奇思路，既然没有宏伟蓝图，也就没有太多必须坚守的东西，根据实行后的现实情况，灵活调整，甚至自我否定。政治统帅，加上精明的机会主义现实利益计算和变幻不定的手法，让人对武则天看得眼花缭乱，难于预测，甚至佩服不已，在为她冒险政策捏一把汗时，不料她早已倏忽转向，峰回路转，绝处逢生，留下追随者的啧啧惊叹，崇拜若神，武则天的政治手腕确实臻于炉火纯青的境地。比起执拗到撞了南墙也不回头的专制主义者，武则天因为没有如何治国的定见而显现出机会主义的灵活性。

铸造新钱的挫折只是小小的涟漪，没有妨碍高潮的涌起，尤其是太宗以来打了多年的辽东之战，正现出光明的晨曦。

乾封元年夏，高句丽权臣泉盖苏文死去，长子男生代为莫离支，初掌国政，出巡各城。有人借机挑拨其兄弟关系，激成内讧，弟弟男建在平壤自立为莫离支，讨伐男生。男生势蹙，派儿子献诚向唐朝投降，请求支援。高宗和武则天当机立断，立即任命右骁卫大将军契苾何力为辽东道安抚大使，献诚为右武卫将军，充当向导，会同行军总管庞同善和高侃，率大军驰往高句丽。九月，庞同善大破高句丽兵，与男生部会合。唐朝诏封男生为特进、辽东大都督，兼平壤道安抚大使，玄菟郡公。

高句丽内部分裂，当然是唐朝长期政治、军事压力的结果，唐朝必须紧紧抓住这难得的机会，迅速扩大战果，给高句丽最后一击，断不能让其缓过气来。十二月，朝廷又做出了重大决定，将历年保持军事压力的有限战争升级为灭高句丽的全面战争，改任老帅李勣为辽东道行军大总管，主持战事。

翌年九月，李勣在前线召集诸将开会，面授方略道："新城，高丽西边要害，不先得之，余城未易取也。"[1] 遂集中兵力攻克新城（今辽宁抚顺）。战事发展果如李勣所料，高句丽出动大军前来救援，双方激战，薛仁贵奋力冲锋，将冲破唐军防线的高句丽援军打得大败，斩首五万余级，顺势攻占南苏、木底和苍岩三城，打通与男生部的通路。这一胜利具有重要的战略意义，唐朝在辽河东岸建立起稳固的前进基地，把战线推进到鸭绿江畔，使唐朝的后勤补给线大大缩短，可以全年作战。

[1] 《资治通鉴》卷201"高宗乾封二年九月"条。

总章元年（668）正月，朝廷派遣右相刘仁轨为辽东道副大总管，协助李勣。刘仁轨是武则天倚重的辅臣，原任青州刺史，因为督海运翻船而被罢官，罚在军中效力，屡建功勋。其上司刘仁愿是一介武夫，但给朝廷的奏章写得很有见地，文采飞扬，高宗大感不解，当面询问刘仁愿，才知道都出自刘仁轨手笔，于是连提他六阶官品，委以重任。武则天也因此知道刘仁轨，留心观察，颇为赞赏。封泰山时，命刘仁轨携新罗、百济、耽罗和倭国使者前往侍祠，不久即委任他为右相。此后，他一直是武则天信任的大臣，长期主持国政。值得注意的是乾封二年（667）九月，高宗因为生病，命太子李弘监国。也就是说，李勣到达前线发起攻势以来，唐朝日常事务是由武则天主持的，派遣刘仁轨到朝鲜前线，也证明了这一点。刘仁轨对朝鲜形势了如指掌，可以成为李勣的得力助手，也有利于武则天直接掌控前线军情。

二月的东北，冰天雪地，但唐军由于建立起新城前进基地，所以能够发起冬季攻势。薛仁贵仅以三千将士，一举攻克扶余城，破敌万余，扶余川中四十余城望风投降，鸭绿江以西基本平定。高句丽出动五万大军反攻，和李勣主力大战于薛贺江畔，惨遭失败，伤亡三万多人。李勣顺势进占大行城（今辽宁丹东），各路唐军连成一片，饮马鸭绿江边。

九月，唐朝军队突破高句丽的鸭绿江防线，高句丽已经军心涣散，一路败退，唐军追奔二百余里，前锋直逼平壤城下，沿途各城纷纷投降，望风披靡。李勣率大军跟进，包围平壤，相持月余，高句丽王藏终于屈服，派男产率首领九十八人，打着白旗出降。男建犹自拒战，但其军将僧人信诚却暗通唐军，约为内应。五天后，唐军攻城，信诚开门接应，男建自杀未死，成了俘虏。

从唐太宗贞观十八年亲征高句丽算起，整整打了二十四年的战争，总算取得了最终胜利，前线的统帅，还是太宗的爱将李勣，但他已经年逾古稀，晚霞满天，感慨万千。毕竟时代已经变了，英雄盖世的太宗未竟的事业，竟是由武则天来完成。通过这一战役，武则天对军队的控制，变得不容置疑。

战后的处理，显现出她的气度和老练：高句丽王藏获得赦免，被任命为司平太常伯；男产为司宰少卿；信诚为银青光禄大夫；男生为右卫大将军。负隅顽抗的男建被流放黔中，百济扶余丰流放岭南。在平壤设置安东都护府，以右威卫大将军薛仁贵为安东都护镇守，拔擢一批高句丽官员分别担任都督、刺史和县令，管理当地事务。

从这些处置可以看出，唐朝平定高句丽和百济的主要目的，并不是想要把朝鲜并入唐朝，而是想通过以当地人治理当地的羁縻体制，建立起以唐朝为中心的世界体系，创造有利的国际环境，这是颇为宏大的战略构想。

为了庆贺这来之不易的胜利，朝廷举行了隆重的仪式，先将俘获的高句丽王藏献于昭陵，告慰唐太宗在天之灵。接着，步骑列阵，奏凯歌，迎接李勣率领的前线将士浩浩荡荡进入京师，献于太庙。十二月七日，在东内苑雄伟的含元殿前，高宗接受献俘。他很久没有如此开心了，国家也陶醉在盛世的气氛里。

二十八

高宗的身体似乎是越来越差了。乾封二年九月，他就因为久病，命太子李弘监国。

繁剧的朝廷事务已经由武则天承担，高宗实际处理的政务并不多。但他身为元首，还是殷切希望做些事业，成为一代圣君，垂范于后世。

他想到了明堂。古代政治权力的合法性和正当性，相当部分来源于上天和祖宗，代天行政，继承家法，就是这种政治的体现。尤其是一个稳固而强大的国家，必须有展现这种政治的庄严场所。据说从黄帝治天下时起，就已经设立明堂，称为合宫，祭祀上帝。以后一直沿袭下来，虞舜称总章，殷称阳馆，周称明堂。国家大事，在问天告祖后宣布，故明堂是布政之宫。周公曾经在明堂召见诸侯，周天子南向而立，故明堂体现天子至尊的权威。一个王朝建立之后，通过修建明堂来显示政权的合法与权威，所谓功成作乐，制定礼制，明堂属于礼制的一个组成部分，高宗想通过它来宣告天下臻于大治。

其实，唐太宗早就想建立明堂，贞观五年曾经让大臣们讨论，但是由于明堂形制如何，众说纷纭，所以这场讨论终贞观之世未有结果，明堂也无从建筑。更深层的原因还在于贞观初年百废待兴，太宗节俭图治，无意大兴土木；而到贞观后期，因为废立太子及接踵而至的辽东之役，便无暇顾及修建明堂了。

高宗继立，就想完成太宗未竟事业，于永徽二年七月二日下诏称："虽质文殊制，奢俭异时，然其立天中，作人极，布政施教，其归一揆。朕嗣膺下武，丕承上烈，思所以答眷上灵，聿遵孝享，而法宫旷礼，明堂寝构。今国家四表无虞，人和岁稔，作范垂训，今也其时。"[1] 于是诸儒纷纷响应，各进其说，太常博士柳宣依郑玄议，以为明堂之制当有五室；内直丞孔志约则根据《大戴礼》及卢植、蔡邕

[1] 《旧唐书》卷22《礼仪志二》。

等人的学说，认为应有九室；其他儒生也进呈明堂图。高宗倾向于九室之议，让主管部门设计明堂的形制大小。可是，各人的意见依然分歧，争论愈烈，高宗只好妥协，设计两种模型放在观德殿展览，和大臣一起讨论，听取各种意见，到后来，高宗自己也动摇不定，似乎五室更加方便，只好再议。

贞观以来的辩论并非没有成果，当时的朝臣没有人见过明堂，而按照文献记载又歧异纷呈，以至争论不休，故魏征曾经提出"随时立法，因事制宜。自我而作，何必师古"的解决原则；阎立德也建议："两议不同，俱有典故，九室似暗，五室似明。取舍之宜，断在圣意。"[2] 都认为不必拘泥古制，完全可以自创新意。然而，高宗还是做不了决定，表现出优柔寡断的性格。

2 ————
《唐会要》卷11《明堂制度》。

时隔多年，高宗又重提修建明堂之事，再次让朝臣论议，并专门下了道诏书，其中说道："而上玄垂祐，宗社降休，岁稔时和，人殷俗阜。车书混一，文轨大同。检玉泥金，升中告禅，百蛮执贽，万国来庭，朝野欢娱，华夷胥悦。但为郊禋严配，未安太室，布政施行，犹阙合宫。"不但政通人和，百姓乂安，更兼万邦来朝，登封告成，盛世景象，溢于言表。由此看来，高宗很想在自己有生之年，建立明堂，为自己树立丰碑，奠定一代圣君地位。这种想法，对于统治者而言也是十分自然的，太宗如此，高宗如此，后来的武则天也如此。在这道诏书里，高宗还采纳了臣下的建议，确立"创此宏模，自我作古"的原则[3]，企图以此平息明堂制度的争论。后来，武则天贯彻了这条原则，建成明堂。从唐太宗到武则天，修建明堂的想法是一致的，武则天曾经上书高宗，明确予以支持[4]，显然，修建明堂是太宗以来的既定方针，并非武则天的创造，只不过武则天赋予它新的政治意义。

3 ————
《旧唐书》卷22《礼仪志二》。

4 ————
武则天在《令礼官详定享明堂礼仪诏》（载《全唐文》卷96）中说："朕于乾封之际，已奉表上尘，虽简宸心，未遑营构。"

高宗的迫切心情，在许多地方都表露无遗。翌年三月，他下了一道长长的诏书，公布明堂建筑样式和尺寸，从堂构到础柱门楣，都做了详细的工程描述，似乎已经定案，马上就要进入施工阶段。高宗甚至把年号都改成"总章"，大赦天下。如前所述，"总章"就是明堂，看来高宗下定决心，要在这一年开工。为此，他调整了京畿的行政区划，从长安、万年分出乾封和明堂两县，直属京城。呼应着朝鲜战场的节节胜利，国运昌盛，毕其功于明堂的声势如潮水涌起，可谓万事俱备，只欠东风。

然而，就在这个时刻，高宗动摇了。当然，对于他公布的明堂形制，下面议论纷纷，还是有不同意见，让他犹豫。更重要的是这年对高句丽的总攻，肯定让国家财政吃紧，高宗下不了决心在这个时候大兴土木。征高句丽和封禅对国家财政的影响甚大，可以从两件事情上透露一点真实情况。乾封二年四月，宰相张文瓘针对当时外征高句丽，内修蓬莱、上阳、合璧等宫殿，饲养万匹厩马的情况，当面向高宗提出批评，高宗马上接受，减少厩马数千匹。另一件事发生在稍后的总章二年（699）八月，高宗原定十月巡视凉州地区，大臣们私下议论，以为陇右一带贫困，不宜游幸。高宗知道后，很不高兴，召大臣质问，详刑大夫来公敏面奏："巡守虽帝王常事，然高丽新平，余寇尚多，西边经略，亦未息兵。陇右户口凋弊，銮舆所至，供亿百端，诚为未易。外间实有窃议，但明制已行，故群臣不敢陈论耳。"高宗听后称善，为之罢西巡。

真实的经济情况要更加严峻，许多地区水旱灾害交侵，损失惨重，例如：总章二年括州（今浙江丽水东南）大风雨，海水泛溢，漂没民宅；冀州（今河北冀州）大水，冲毁庐舍；剑南十九州大旱，近三十七万户受灾。第二年，灾情更加严重，全国四十多个州受旱灾及霜虫灾害，首都所在地关中尤甚，朝廷甚至下令让百姓到各州觅食，允许雍州、同州、华州贫民家中十五岁以下子女不能存活者，听任收养驱使。这个时候动工修建明堂，会使情况更加恶化。

一个帝国要在内外表现出强大的面貌，需要巨大的财力支撑，最终都要落在老百姓头上。如何在两者之间保持平衡，是统治者万万不能掉以轻心的，性格过强不能体恤民情者，往往固执于实现宏图而让国家百姓付出惨重代价。生活在英雄治下的平头百姓，经常是不幸福的。高宗性格柔和，只要没有人强有力地支持着他，他是愿意做出妥协的。作为政治家，他能够兼听包容，也优柔寡断。这一次，他又退让了，明堂成了他内心永远的期盼。

经济原因的解释并不完满。[1]因为从总章元年（668）到高宗去世的弘道元年（683），还有15年之久，其间灾害的年份并不多。高宗放弃修建明堂的背后，恐怕是武则天在总章以后态度的转变，当然，这只是推测。可以肯定的是高宗在政治上越来越成为一种象征。

总章二年十二月，一代名将李勣逝世，终年七十六岁。这位隋末民变时起于草莽的英雄，经历了亡隋兴唐的社会巨变，从追随翟让创建瓦岗军，到辅佐李密，归顺唐太宗，乃至匡扶高宗，多少政治风雷激荡，波谲云诡，他都九死一生地冲了过来，立下赫赫功勋。凡用他的领袖，与他共事的同僚，受他指挥的部属，无不对他信赖有加。他推贤任能，谦让自抑，多谋善断，从善如流，有功则归于部下，金帛分给将士，故三军愿意为他赴汤蹈火。像他这般功高盖世的元勋，历经数朝而始终居于权力中枢，得保善终者，着实不易。据他自己说，年轻时候，他可是一个逢人便杀的"亡赖贼"，性格凶悍，可在唐朝为将，军功日高，却为人越发和蔼。从朝鲜前线载誉归来，李勣正处于人生巅峰，他见到当年官员考核送上来的渭南尉刘延祐，弱冠之年，就考上号称"三十老明经，五十少进士"的进士科，而且政绩在畿县中排名第一，爱才之心油然而生，语重心长地告诫道："足下春秋甫尔，遽擅大名，宜稍自贬抑，无为独出人右也。"[2]很难让人感到这是一位威猛军人说的话。显然，数十年的官场历练，让他刻骨铭心地感到政治的险恶，远甚于战场的厮杀，不得不时时小心，如履薄冰。

李勣因为支持武则天而备受重用，但他似乎已经隐隐感到了危险，武则天的精明强悍，让他印象深刻，伴君如伴虎。他活着，武则天得给他面子，一旦他不在了，他那些勇敢却不谙政治的子侄蠢蠢而动，会给他苦心经营的家族带来灭顶之灾！已经卧病在床的李勣想到

1 ——————
《资治通鉴》卷201"高宗总章二年三月"条称："诏下之后，众议犹未决，又会饥馑，竟不果立。"

2 ——————
《资治通鉴》卷201"高宗总章元年十二月"条。

陕西礼泉昭陵
博物馆李勣神
道碑

这里，不寒而栗。他唤来当司尉少卿的弟弟，告诉他自己今天感觉很
好，把族人召集来喝酒作乐。于是子孙聚集一堂，把盏相庆，酒至阑
时，李勣当着家人，对弟弟郑重交代说："吾自度必不起，故欲与汝
曹为别耳。汝曹勿悲泣，听我约束。我见房（玄龄）、杜（如晦）平
生勤苦，仅能立门户，遭不肖子荡覆无余。吾有此子孙，今悉付汝。
葬毕，汝即迁入我堂，抚养孤幼，谨察视之。其有志气不伦，交游非类者，皆先挝杀，然后以闻。"[1]他让弟弟主持家族，用家法严格约束子孙，勿有差池。看来老英雄走得并不轻松，莫非他预感到自己身后的世界，将有血雨腥风？

高宗多病尊养，李勣乘鹤西归，又是一个时代的交替，不确定的因素陡然增多，平静的水面下暗流汹涌。

二十九

总章三年（670）三月，修建明堂一事已经束之高阁，而且因为遭逢旱灾，朝廷决定改用新年号祈福，称咸亨元年，大赦天下。

年初，右相刘仁轨和太子少师许敬宗先后退休，这两位都是武则天信赖的人，看来她觉得政情平稳，可以有秩序地进行新老人事交替。

可是，局势突然变得严峻起来。首先是吐蕃在四月攻陷西域十八州，并和于阗袭击龟兹拨换城，迫使唐朝罢龟兹、于阗、焉耆、疏勒四镇。唐朝派右威卫大将军薛仁贵为逻娑道行军大总管，以左卫员外大将军阿史那道真、左卫将军郭待封为副，领兵五万，前往讨伐。

这拨人马才派了出去，东边又出现险情，高句丽酋长剑牟岑造反，立安胜为主。[2]朝廷连忙派遣左监门大将军高侃为东州道行军总管，李谨行为燕山道行军总管，驰往镇压。

七月，薛仁贵大军进至大非川（青海湖西布哈河），准备进攻乌海（今青海兴海西南苦海）。乌海路远道险，长途奔袭要迅速勇猛，出敌不意，因此只能轻装出击，但必须防止被敌人切断后路。勇冠三军的薛仁贵仔细筹划后，交代副帅郭待封道："乌海险远，军行甚难，辎重自随，难以趋利；宜留二万人，为两栅于大非岭上，辎重悉置栅内，吾属帅轻锐，倍道兼行，掩其未备，破之必矣。"[3]

但是，郭待封在朝鲜作战时与薛仁贵平起平坐，现在成为薛仁

1 ——————
《资治通鉴》卷201"高宗总章二年十一月"条。

2 ——————
《新唐书》卷220《高丽传》称："大长钳牟岑率众反，立藏外孙安舜为王。"《资治通鉴》卷201"高宗咸亨元年四月"条记载："高丽酋长剑牟岑反，立高藏外孙安舜为主。"两书人名记载不一致，显然都以高句丽语音为据。朝鲜正史《三国史记》卷22《高句丽本纪》记载："剑牟岑欲兴复国家，叛唐，立王外孙安舜为主。"但同书卷6《新罗本纪》记载："高句丽水临城人牟岑大兄收合残民……向新罗行，至西海史冶岛，见高句丽大臣渊净土之子安胜，迎致汉城中，奉以为君。"安胜（舜）的身份颇有疑点，高句丽平后，唐朝将其王室带回长安，《新罗本纪》的记载似较可靠，故依之。

3 ——————
《资治通鉴》卷201"高宗咸亨元年八月"条。

贵的副手，心中老大不服气，所以经常和薛仁贵抬杠。这次他又有意违令，待薛仁贵轻锐出击后，他让辎重随军徐进。薛仁贵在河口发现吐蕃军队，发起攻击，斩获甚众，占据乌海，等候郭待封。而郭待封部行动迟缓，途中遭遇二十余万吐蕃军，被打得大败，辎重尽弃，狼狈而逃。薛仁贵顿失根据，险象环生。吐蕃四十多万大军随即发起猛攻，唐军一路溃败，死伤殆尽，薛仁贵、郭待封和阿史那道真逃脱，和吐蕃宰相钦陵订立和约而还。朝廷下令大司宪赴军中，将薛仁贵三人枷锁送往京师。然而，最后的处置只是把这三人免死除名，改派左相姜恪为凉州道行军大总管，防御吐蕃。

这一仗的后果相当严重，吐谷浑无力抵挡吐蕃，唐朝只好把他们迁徙至鄯州（今青海乐都）一带。但鄯州地狭，且近吐蕃，吐谷浑不安其居，故唐朝又将他们进一步内迁到灵州（今宁夏灵武县），以其部落置安乐州，委任吐谷浑可汗为刺史。这样，唐朝丧失了西部原吐谷浑的大片领地，通向西域的丝绸之路也受到吐蕃的威胁，唐朝的国威颇受损伤。

更加深刻的问题还在于这一仗暴露出李勣等老一代重臣凋零之后，一时还没有人具有那么高的威望和资历来统领大局。实际上，这又是一个新老交替、互相竞争的时期，存在许多不确定的因素，新的政治秩序尚未完全形成，所以具有一定危险性。

在东面，高侃进击高句丽叛军，安胜杀剑牟岑，率众奔新罗。高句丽反抗唐朝的背后，有新罗的支持。自平高句丽之后，唐朝与新罗的矛盾逐渐浮出水面，唐朝想控制朝鲜半岛北部，确立东方安全，而新罗则想借唐朝之力统一朝鲜半岛，双方有着不同的目标，因此在战后处置上一直发生冲突。然而，唐朝控制朝鲜北部的目的在于确保东方安全和建立以唐为中心的国际关系秩序，而新罗其实无意对抗唐朝，因此，双方具有妥协的余地，进而建立起稳定的关系，关键在于双方如何在较量中把握转机。

新罗在达到统一朝鲜半岛的目的之前，不会轻易让步。因此，在高句丽叛乱被唐朝镇压时，从幕后转到台前。七月，新罗出兵攻略百济故地，占领八十余城。而且，新罗还册立安胜为高句丽王。新罗力图主导朝鲜半岛，对东北亚颇具影响。对此倭国高度警惕，并且更改国名为"日本"，意图提高地位和声望，与之抗衡。

唐朝也意识到朝鲜问题的严重性，所以起用刚遭贬黜的薛仁贵出任鸡林道总管，加强力量。咸亨二年（671）七月，高侃破高句丽余众于安市城，率部进至平壤，深沟高垒，经略南方。新罗派兵袭击唐军运输线，迟滞唐军攻势。

咸亨三年（672）春天，李谨行部也进至平壤，与高侃会合，击退新罗进攻，向南挺进，攻克韩始、马邑二城，包围白水城，与新罗大战，杀获甚众。新罗遭此打击，不敢轻易出击，转而据城坚守，节节抵抗。同时，新罗王向唐朝上表乞罪，备厚礼进贡。

新罗原来在朝鲜半岛三国中发展最迟，在同高句丽和百济的对抗中，依靠唐朝的大力支持而强大，并在国内积极采行唐朝的制度文化，国内有着强大的亲唐基础。现在虽然因为国家利益而同唐朝关系恶化，但大臣中间存在着不同的政治主张。因此，当战事不利时，亲唐派抬头，要求与唐朝和好。咸亨四年（673），新罗内部出现了一系列变化，先是起用强首，位居第八等之沙飡，因为第六等以上为高级贵族世袭占有，故沙飡级别不低。强首出身民间，自幼熟读儒家经典，曾因解读唐太宗诏书并撰写谢唐朝皇帝表文而被新罗国王赏识，现在又被重用，新罗文武王在擢用强首时介绍说："强首能以文辞致意于中国及丽、济二邦，我先王请兵于唐以平丽、济者，虽曰武功，而亦有文辞之助焉，则强首之功，岂可忽也。"[1] 显然，新罗准备加强与唐朝的沟通，缓和两国关系。

起用强首不是孤立的事件。同年七月，发生了阿飡大吐谋叛，企图降附唐朝的事件。[2] 事件虽然很快就被镇压，但影响深刻。阿飡属第六等，如上所述，为高级贵族所拥有，故此事反映出新罗高层不同政治主张的交锋。事件之后，新罗不能不一度对唐强硬，以巩固政权，故于各地筑城；派遣水军赴西海；在北部地区与唐军作战；授予百济降人官职，摆出同唐朝对抗的姿态。

1 ————
《东国通鉴》卷
9"文武王十三年"
条，韩国景仁文
化社，1989年版。

2 ————
《三国史记》卷
7"文武王十三
年"条。

唐朝方面也出现有意义的变化。咸亨三年底，已经退休的刘仁轨复出，重任宰相。在老臣当中，刘仁轨深得武则天信赖，并且在朝鲜主持军政时声誉甚佳，其复出是武则天加强朝政的重要部署。在朝鲜问题上，武则天显然也认为光凭军事手段不能解决问题，必须派遣一位具有政治眼光的重臣主持大局，她选中了刘仁轨。上元元年（674）正月，刘仁轨以宰相的身份出任鸡林道大总管，奉命前往朝鲜，主持讨伐新罗。同时，朝廷下诏，褫夺新罗王金法敏官爵，任命其弟金仁问为新罗王。金仁问人在长安，任唐右骁卫员外大将军。唐朝让他随刘仁轨一起出发，回国即位。

从这一阶段双方的交手来看，新罗采取的是尊崇唐朝在东亚世界的领袖地位，维持册封关系，同时积极蚕食唐朝在朝鲜半岛的占领地，争取最终统一。对于唐朝而言，虽然无意长期占领朝鲜，损耗国力，但对于新罗的政治意图还看不清楚，因此，必须保持一定的军事力量，获得新罗忠于唐朝的保证。所以，双方表面上闹得轰轰烈烈，台面下却都在试探对方，力图找到都能接受的妥协点。唐朝重新立金仁问为新罗王，其实也是一种警告手段，让金法敏明白，唐朝手中拥有替代他的好牌。也就是说，武则天是想政治解决朝鲜问题，而不是要扩大战火，把太宗以来好不容易取得的成果付诸东流。[1]

武则天的战略意图，从她对朝鲜战场的部署可以得到印证。刘仁轨到朝鲜，其副手分别为卫尉卿李弼和右领军大将军李谨行。可是，李弼根本就没有动身，这年秋天，他在一次宴席上突然暴死于京城。所以，到朝鲜的只有刘仁轨，而其副手李谨行早就在朝鲜作战，说明唐朝并没有向朝鲜战场大举增兵。而靠现有的兵力根本不足于平新罗，由此可知，刘仁轨的任务不是用军事手段解决新罗，而是政治上收服朝鲜。用军事实力达成政治解决，武则天处理朝鲜问题，既有全局性的战略眼光，又有具体的务实手法，虚虚实实，精明巧妙。

刘仁轨当然明白武则天的战略意图。所以，他到达前线后，便积极筹划发起强大攻势。上元二年（675）二月，刘仁轨完成军事部署，向新罗猛烈进攻。唐军大破新罗于七重城，而靺鞨军队则由海路从南

1 —————
陈寅恪先生《唐代政治史述论稿》下篇认为，唐朝放弃朝鲜是由于西部吐蕃的压力，东西不能兼顾所致。此乃误解，对此，笔者曾经在《论新罗的独立》（载《欧亚学刊》第一辑，中华书局1999年）一文中做过详细的论证。此论文收录于韩昇《海东集》，上海人民出版社，2009年，请参阅。

面夹攻，颇有斩获。然而，这场轰轰烈烈的攻势，本来就是以武逼降的作战，多有虚张声势的成分；不巧又遇到国内政治问题的制约，所以，初战告捷后，刘仁轨不得不抽身回京，朝鲜前线交给李谨行指挥，统帅部基本恢复原状。李谨行坚决贯彻刘仁轨的战略意图，继续对新罗展开攻势，进屯买肖城，三战三捷，打得新罗难辨虚实。宰相刘仁轨亲临前线指挥作战，对新罗是很大的压力，不能不担忧唐朝是否会动真格，所以，新罗做出妥协，派遣使者入唐谢罪，进贡方物。唐朝要让新罗臣服顺从的目的算是初步达成，故顺势下台，宣布赦免新罗国王，恢复官爵，召回金仁问，改封为临海郡公。

东方的朝鲜问题，唐朝总算可以体面地告一段落，而国内问题渐渐浮出水面。

三十

封禅以来的这七八年，是唐朝国内政局比较平稳的时期。安定的局面，建立在武则天与高宗、大臣之间政治势力的平衡上，武则天占了上风。但是，朝臣对于皇后执掌权柄，内心并不顺服，总要找机会表现。

许敬宗是武则天的宠臣，品格低下。而人们对于趋炎附势而发红发紫的权势者，总是讨厌的。许敬宗风光十几年后，也终于有死去的一天，朝臣对他的不满借机表露出来。咸亨三年八月，太常寺讨论给刚死的许敬宗谥号时，太常博士袁思古说："敬宗弃长子于荒徼，嫁少女于夷貊。按《谥法》，'名与实爽曰缪。'请谥为缪。"许敬宗曾经上奏把儿子流放岭南，又将女儿嫁给岭南酋长冯盎之子，大收彩礼，所以袁思古建议给他恶谥为"缪"。许敬宗的孙子、太子舍人许彦伯当然不肯接受，告袁思古发泄私怨，请求改谥。太常寺只好再议，太常博士王福畤以为："谥者得失一朝，荣辱千载。若嫌隙有实，当据法推绳；如其不然，义不可夺。"而且，王福畤还举例论证道："昔晋司空何曾既忠且孝，徒以日食万钱，秦秀谥之为'缪'。许敬宗忠孝不逮于曾，而饮食男女之累过之，谥之曰'缪'，无负许氏矣。"主管部门的太常寺坚持原来拟定的谥号，但武则天要为许敬宗撑腰，便将此事拿到朝廷，召集五品以上高官商议，礼部尚书阳思敬提出一个折中方案，建议："按《谥法》，既过能改曰恭。请谥曰恭。""恭"也不是什么好谥号，但大臣们认为许敬宗是有过的，武则天也只好妥协，许敬宗最终落了个恶名。[1]

批评许敬宗的背后，透露出大臣们对武则天的不满，这还可以从其他方面表现出来。

高宗身体不好，时常不能亲理政务，武则天借机执政。然而，从国家制度来说，既然有储君，则应当由太子处理朝政，才名正言顺。对此，高宗也很明白，尽可能让太子亲政，悉心培养。显庆元年李弘立为太子，四年加元服后，高宗就开始让他监国，学习处理国家政务。泰山封禅回来以后，高宗更"以久疾，命太子弘监国"[2]。咸亨二年、三年，高宗连连让太子监国；翌年，高宗又"以疟疾，令太子于延福殿受诸司启事"[3]。从当时的政治现实而言，国家政务经常是由武则天处理的，特别在上官仪事件之后，武则天更是大权在握，所以，太子监国徒有其表。但是，忠于唐室制度的大臣，却可以以此抗争，要求维护皇统，制约武则天擅权。

其实，这几年的政治势力较量，虽然不显，却也暗流汹涌，斗得旗鼓相当。从一些事情上可以看出端倪。例如，咸亨元年十二月，"诸司及百官各复旧名"[4]。如前所述，龙朔二年官府改名，出自武则天的主意，标新立异，与传统不符，现在又都改回来，恐怕是百官的要求，因为将来武则天还要重改官名。另一件重要的事情，是上元元年（674）九月下诏正式为长孙无忌恢复官爵名誉，由其曾孙长孙翼袭爵赵公，长孙无忌尸骨得以迎归，陪葬在太宗昭陵，强加在长孙无忌身上的诬告不实之词，被推倒了。所谓长孙无忌谋反，是武则天为上台夺权而制造的冤案，百官看在眼里，不服在心中。这个案子不平

[1] 以上对话均见《资治通鉴》卷202"高宗咸亨三年八月"条。

[2] 《资治通鉴》卷201"高宗乾封二年九月"条。

[3] 《资治通鉴》卷202"高宗咸亨四年八月"条。

[4] 《旧唐书》卷5《高宗纪下》。

反，对李唐皇室以及忠于现行体制的大臣们终究是不利的。所以，高宗嫔妃徐充容之弟、西台舍人徐齐聃在咸亨元年许敬宗退休后，就婉转地向高宗提出这个问题，谏道："齐献公即陛下外祖，虽子孙有犯，岂应上延祖祢！今周忠孝公庙甚修，而齐献公庙毁废，不审陛下何以垂示海内，彰孝理之风！"[5] 这里说的齐献公是太宗文德皇后的父亲，同样也是长孙无忌的父亲。而周忠孝公则是武则天的父亲武士彟。外祖父和岳父的宗庙天壤之别，如何提倡忠孝伦理？此谏言的背后，是重新评价长孙无忌的问题。高宗接受了徐齐聃的意见，踏出了第一步，此后才有上述为长孙无忌恢复名誉的事。所以，这件事即便是武则天为笼络人心而做出的让步，也表明忠于李唐体制的势力强大。

5 ————
《资治通鉴》卷201"高宗咸亨元年三月"条。

要恢复长孙无忌名誉，就牵涉到历史记述问题。武则天干政以来，利用历史来为政治斗争服务，她让许敬宗掌握文化部门，制造舆论，而许敬宗也充分利用职权之便，公然篡改历史。这些行为，引起人们的不满，甚至高宗都觉得太过分了。许敬宗一死，重新审定国史的问题就提上日程，高宗顺势让宰相讨论刊正史书，《新唐书·郝处俊传》透露了一些内情："初，显庆中，令狐德棻、刘胤之撰国史，其后许敬宗复加绪次。帝恨敬宗所纪失实，更命宰相刊正。"显然，修史并不是简单的学术问题，武则天深谙此道，当然不会听之任之。按照唐朝惯例，史书总是由宰相监修的，所以，她让刚从退休复出的刘仁轨总领此事。刘仁轨是武则天放心的人，这就保证重新审定历史不会走过头，对武则天造成伤害。修史背后，是两股政治势力的较量和妥协。

当然，武则天也有斩获。上元元年八月，武则天借着追尊李唐列祖及其皇后，将皇帝改称为"天皇"，而将皇后改称为"天后"，达到在体制上与皇帝并尊，名正言顺地执掌朝政的目的。这当然是一个重大的突破。

为了应付错综复杂的政治局面，武则天再一次痛感培育亲信的重要，她在娘家亲属里仔细挑选，终于看中了武元爽的儿子武承嗣。武元爽一贬再贬，全家人跟着他吃尽了苦头，早就洗心革面，巴望着武则天能看在血亲的份儿上，大发慈悲，让他们脱离苦海。武元爽死后，武则天觉得时机成熟，把侄儿武承嗣从岭南召回，让他袭爵周公，在自个儿身边当差，任殿中省尚衣奉御，就近考察。作为晚辈的武承嗣当然对武则天感恩戴德，悉心奉承。于是，武则天很快就提拔他为宗正卿，跻身高官之列，掌管皇亲国戚的名籍，分别嫡庶，以及宗室礼法，在武则天夺取最高权力的斗争中，这是一个十分重要的位置。

十二月，武则天上表，建议："国家圣绪，出自玄元皇帝，请令王公以下皆习《老子》，每岁明经，准《孝经》《论语》策试。"李唐皇室自称出自老子，故武则天提议百官学习《老子》，明显是在讨高宗欢喜。同时，武则天也不忘夹带个人的东西："又请'自今父在，为母服齐衰三年。又，京官八品以上，宜量加俸禄。'"[1]改变为母服丧制度的建议，详见《旧唐书·礼仪志七》：

> 上元元年，天后上表曰："至如父在为母服止一期，虽心丧三年，服由尊降。窃谓子之于母，慈爱特深，非母不生，非母不育。推燥居湿，咽苦吐甘，生养劳瘁，恩斯极矣！所以禽兽之情，犹知其母，三年在怀，理宜崇报。若父在为母服止一期，尊父之敬虽周，报母之慈有阙。且齐斩之制，足为差减，更令周以一期，恐伤人子之志。今请父在为母终三年之服。"高宗下诏，依议行焉。

强调忠孝，提高母亲在家庭礼法中的地位，其实都是为她掌权而制造的舆论。唐朝人早就看出武则天的用意，玄宗朝儒士卢履冰曾一针见血地指出："昔武后阴储篡谋，豫自光崇，升蠹蓥，抗斩衰，俄而乘陵唐家，以启衅阶。"[2]

武则天的建议，是作为一个完整的政治革新计划提出来的，亦即著名的"建言十二事"：

> 一、劝农桑，薄赋徭；二、给复三辅地；三、息兵，以道德化天下；四、南北中尚禁浮巧；五、省功费力役；六、广言路；七、杜谗

1 ————
《资治通鉴》卷202 "高宗上元元年十二月"条。

2 ————
《新唐书》卷200《儒学下·卢履冰传》。

口；八、王公以降皆习《老子》；九、父在为母服齐衰三年；十、上元前勋官已给告身者无追核；十一、京官八品以上益廪入；十二、百官任事久，材高位下者得进阶申滞。[3]

这一年里，武则天积极推行多项新制度，例如在八月，朝廷宣布改元后，就对官服制度做出新的规定：

> 戊戌，敕文武官三品已上服紫，金玉带；四品深绯，五品浅绯，并金带；六品深绿，七品浅绿，并银带；八品深青，九品浅青，鍮石带；庶人服黄，铜铁带。一品已下文官，并带手巾、算袋、刀子、砺石，武官欲带亦听之。[4]

3 ——
《新唐书》卷76
《后妃上·则天武
皇后传》。

4 ——
《旧唐书》卷5
《高宗纪下》。

5 ——
《旧唐书》卷5
《高宗纪下》。

三彩釉陶文官俑，1957年西安鲜于廉墓出土，中国国家博物馆藏

和太宗贞观时代的官服相比，并没有太大的变化，贞观制度三品以下，每两品一种服色，如四、五品服绯，六、七品服绿，八、九品服青，而武则天则在同一种颜色中更细分出深浅，使得官品在服色上表现得更加清晰，这也意味着等级更加森严。大凡武则天的改革，基本以加强集权和等级制度为目标。值得注意的是，八月里，她刚刚宣布皇帝为"天皇"，皇后为"天后"，随即改元，改变官服，这样，在九月五日的朝会上，"百僚具新服，上宴之于麟德殿"[5]。从八月二十一日戊戌到九月五日辛亥，短短十余日，百官便穿上新服，若非早有准备，显然是来不及赶制新服的。而这些改变，都要给人留下深刻的印

象：气象一新。

新在哪里呢？这就是武则天在年底提出"建言十二事"的背景。年初，武则天才派遣宰相刘仁轨到朝鲜讨伐新罗，因此，所谓"息兵，以道德化天下"是无从谈起，在剔除"劝农桑，薄赋徭"之类一般性的原则宣说，恐怕具有实质意义的改革建议在于：捧读背诵《老子》以讨好高宗，加薪晋阶以笼络百官，为母服重丧以自崇。

这一切并非漫无目的的粉饰太平，而是武则天有预谋的权力交接，她要正式接掌国家大权。

上元二年（675）三月，武则天采取了一个非同寻常的行动，在洛阳邙山之阳祀先蚕。皇后先蚕仪式，虽然礼典有载，但是，它和皇帝籍田配套，是农业社会国家劝农课桑的礼仪。按照礼制规定，先蚕仪式由皇后率领内外命妇举行。可是，今年的先蚕仪式却办得非常特别。武则天让百官及朝集使都出席陪位，将它办得隆重而充满政治意涵，她俨然像皇帝一般，检阅百官。公开的僭越，预示着什么？百官能不猜测？

果然，底牌紧接着亮了出来，高宗要求退隐，准备下诏让武则天摄国政。《旧唐书·高宗纪下》赫然记载，上元二年三月，

丁巳，天后亲蚕于邙山之阳。时帝风疹不能听朝，政事皆决于天后。自诛上官仪后，上每视朝，天后垂帘于御座后，政事大小皆预闻之，内外称为"二圣"。帝欲下诏令天后摄国政，中书侍郎郝处俊谏止之。

详细经过，唐人刘肃在《大唐新语》卷2记载，高宗召集宰相们商议逊位，中书令郝处俊坚决反对，说道：

《礼经》云："天子理阳道，后理阴德。"然则帝之与后，犹日之与月，阴之与阳，各有所主，不相夺也。若失其序，上则谪见于天，下则祸成于人。昔魏文帝著令，崩后尚不许皇后临朝，奈何遂欲自禅

位于天后。况天下者，高祖、太宗之天下，非陛下之天下。正合谨守宗庙，传之子孙，不可持国与人，有私于后。惟陛下详审。

郝处俊的话，铿锵有力，但这些道理，高宗何尝不知。显然，高宗并不情愿自动退位。按照上引《旧唐书》的记载，高宗上朝，武则天总是垂帘于后，一道听政。而这一次如此重要的决策，高宗却是单独和宰臣商量的，可知他在做最后的努力，看看宰臣的态度。让人欣慰的是，中书侍郎李义琰也表示反对，进谏道："处俊所引经典，其言至忠，惟圣虑无疑，则苍生幸甚。"

高宗获得了坚定的政治支持，他做出决断，不禅让。

从以上整个过程来看，上元二年高宗要逊位，是武则天的一次逼宫。但是，在高宗和宰臣合力抵抗下，逼宫失败了。然而，高宗的抵抗是软弱的，并不能改变武则天实际主政的局面。这个失败告诉武则天，拥护李唐体制的大臣占多数，最多只能容忍她在体制内以皇后的身份干政，而不支持她越过这条界线。这一点，对于后来武则天的政治大清洗，一定起了重要的影响。

大臣对于武则天夺权的企图，明里暗里进行抵抗。就拿前面提到的为母亲守孝一事来说，这是武则天的重要提议，高宗对其"建言十二事"，都予以采纳，甚至下诏褒奖。但是，实际执行的情况如何呢？玄宗开元年间，朝廷重新审查武则天政令时，卢履冰就指出："上元中，父在为母三年，后虽请，未用也，逮垂拱始行之。"[1] 武则天的新措施显然遭到抵制，要到她自己当皇帝以后才得以贯彻。

[1] 《新唐书》卷200《卢履冰传》。

三十一

促使武则天决心逼宫，最主要的原因在于忠于李唐的势力正在重新集结，通过回归贞观政治和维护体制内的正常政治运作，特别是支持太子监国以造成正常的接班态势，显现皇后听政的不正常、不合法性，近则制约武则天权力扩张，远则堵住皇后称制临朝的路。武则天的反击则是通过政治革新，使自己垂帘听政制度化、合法化，进而接掌最高权柄，彻底平息这场政治斗争。因此，太子监国已经演变成为政治斗争的一个新的主战场。

逼宫失败后，武则天没有时间伤感，就必须马上采取措施，防止对手借机反攻，使自己陷入被动境地。她从两个方面主动出击，杜绝后患。

第一方面，是借故向高宗使气，给以颜色。这次逼宫，应是武则天私底下向高宗施加压力，逼迫高宗逊位，不料高宗在最后关头找大臣商议，武则天功亏一篑。但她和高宗之间说过的话，发生的事情，都不宜公开，故武则天也只能找别的茬，借题发挥，进行报复。就在三月逼宫不成后，四月，武则天找了个罪名，把高宗喜爱的堂姊妹、常乐公主的女儿、儿媳妇幽废，逼死于宫中。《资治通鉴》"高宗上元二年四月"条记载：

初，左千牛将军长安赵瓌尚高祖女常乐公主，生女为周王显妃。公主颇为上所厚，天后恶之。辛巳，妃坐废，幽闭于内侍省，食料给生者，防人候其突烟，而已数日烟不出，开视，死腐矣。瓌自定州刺史贬栝州刺史，令公主随之官，仍绝其朝谒。

《旧唐书·中宗和思皇后赵氏传》也记载：

既而妃母公主得罪，妃亦坐废，幽死于内侍省。

常乐公主是唐高祖的女儿，也就是高宗的姑母；常乐公主的女儿，则是高宗的姊妹，嫁给高宗的儿子周王李显，也就是后来的中宗，这是一门亲上加亲的族内婚。常乐公主与高宗感情甚佳，不会在这时突然与武则天闹翻。如果是早为武则天所嫌恶，则突然于此时痛下杀手，必有原因，否则实在太突兀。况且迁怒的对象是自家儿媳妇，非同一般，其中必有重大隐情。

常乐公主是高宗亲近的姑母，高宗内受武则天逼迫，能够商量的必为骨肉至亲，常乐公主乃最佳人选。在禅位大事上，高宗当会告诉常乐公主，要改变李家天下，势必遭到强烈反对，可无疑问。如此，则武则天与常乐公主之不睦转变为重大的政治斗争，死活相拼。武则天才会废其女以绝其朝谒，内清君侧，使高宗更加孤立，皇室成员不敢轻举妄动。

第二方面，打击太子，以塞众望。

乾封以来，太子监国越来越频繁。而且，太子本人不甘于充当摆设，积极学习处理政务，提出建议。例如，唐朝为了对朝鲜作战而征兵，敕令征辽军士，若有逃亡者，必须在规定时限内自首，否则本人斩首，家属籍没。这项政策是武则天参与制定的，然而，早在总章元年，太子就对此提出批评意见："如此之比，其数至多：或遇病不及队伍，怖惧而逃；或因樵采为贼所掠；或渡海漂没；或深入贼庭，为所伤杀。军法严重，同队恐并获罪，即举以为逃，军旅之中，不暇勘当，直据队司通状关移所属，妻子没官，情实可哀。《书》曰：'与其杀不辜，宁失不经。'伏愿逃亡之家，免其配没。"[1]从太子的建言来看，他的政治理念与武则天大相径庭。这样，他越是积极参与国政，就越容易同武则天产生矛盾，而他得到朝臣的支持，就被武则天视为威胁。所以，太子与武则天的矛盾，绝非简单的母子失和。

武则天越来越难以容忍太子了，其蛛丝马迹还是可以发现的。从咸亨四年开始，不利于太子的事情浮出水面，在官场流传。咸亨三年底发生了两件事情，东宫负责太子膳食的典膳丞邢文伟，减少太子膳食供应，并上书谏太子，批评他罕接宫臣。结果，太子回书，检讨自己身体多病及入侍皇上，少有闲暇，表示接受批评。第二件事，是太子与宫臣宴饮，命属下摔跤，左奉裕率王及善谏道："掷倒自有伶官，臣若奉令，恐非所以羽翼殿下也。"太子随即做了检讨，接受批评。

[1] 《资治通鉴》卷201"高宗总章元年十二月"条。

这两件事表面看起来都是小事，但有两点是必须予以高度重视的。第一，这两件事都迅速传入高宗耳朵，并做出处理：褒奖邢文伟，"擢为右史"；"赐及善缣百匹，寻迁左千牛卫将军"。[1]褒奖此二人，也就表明太子是有缺点的，并反映出高宗对这两件事颇为重视。能够引起高宗注意并做出反应，莫非是武则天的安排？第二，古代对于尊贵政治领袖的诋毁，总是从"失德"入手的，从应该成为表率的个人品格到领导政治的道德才干，由微而渐，抹黑丑化，最后再找个事件或借口，给以致命一击，这几乎就是政治斗争的一种模式，唐朝毫不例外，唐太宗时代的废承乾太子事件，[2]武则天斗王皇后等，都是现成的例子。太子不见宫臣和玩耍失礼，组合起来，就不是无关紧要的事了。

太子的品行如何呢？相距不太远的唐肃宗时人柳芳，在其《唐历》中记载道："弘仁孝英果，深为上所钟爱。自升为太子，敬礼大臣鸿儒之士，未尝居有过之地。"李泌也对肃宗说："高宗有八子，……长曰孝敬皇帝，为太子监国，仁明孝悌。"[3]唐人眼里的太子李弘，彬彬有礼，品格高尚。那么，关于李弘品格有缺失的内容能够流传并记载下来，就应该从政治方面去考虑了。

由此看来，武则天和太子李弘的矛盾，从咸亨三年起已经逐渐表面化。高宗若禅位武则天，太子首当其冲，成为受害者。反对武则天的大臣，必定因太子而凝聚。故太子已经成为斗争的焦点，不论其本人态度如何。武则天逼宫失败，大臣借太子反击，这是武则天不能不深怀忧虑的事。恰在此时，太子又对武则天的残忍提出批评。这一次，武则天给了太子严厉的脸色，《资治通鉴》"高宗上元二年四月"条记载：

太子弘仁孝谦谨，上甚爱之；礼接士大夫，中外属心。天后方逞其志，太子奏请，数迕旨，由是失爱于天后。义阳、宣城二公主，萧淑妃之女也，坐母得罪，幽于掖庭，年踰三十不嫁。太子见之惊恻，遽奏请出降，上许之。天后怒，即日以公主配当上翊卫权毅、王遂

1 ————
以上二事，均见《资治通鉴》卷202"高宗咸亨三年十二月"条，第6370页。

2 ————
详见韩昇《贞观永徽之际的政局》，载《中华文史论丛》第65辑，上海古籍出版社，2001年。

3 ————
《资治通鉴》卷202"高宗上元二年四月"条《考异》所引《唐历》。

古。己亥，太子薨于合璧宫，时人以为天后酖之也。

李弘爱睦兄弟是有名的。麟德元年，废太子李忠被诬陷赐死，翌年，他上表请求收葬李忠。有此前例，现在提出礼嫁姊妹，并无不妥。问题是政治形势变了，武则天感到威胁，所以采取严厉的措施，把公主下嫁卫士，以警告太子，母子关系，濒临破裂。武则天的威严，做儿子的无不恐惧，这可以从其四个儿子身上得到充分的证实。太子受此惊吓，旋告身死。年纪轻轻的突然死亡，必然引起许多猜测，《通鉴考异》引述众家之言道：

> 考异曰："《新书本纪》云，己亥，天后杀皇太子。"《新传》云："后将逞志，弘奏请数忤旨，从幸合璧宫，遇酖薨。"《唐历》云："弘仁孝英果，深为上所钟爱。自升为太子，敬礼大臣鸿儒之士，未尝居有过之地。以请嫁二公主，失爱于天后，不以寿终。"《实录》、《旧传》皆不言弘遇酖。按李泌对肃宗云："高宗有八子，睿宗最幼。天后所生四子，自为行第，故睿宗第四。长曰孝敬皇帝，为太子监国，仁明孝悌。天后方图临朝，乃酖杀杀孝敬，立雍王贤为太子。"《新书》盖据此及《唐历》也。按弘之死，其事难明，今但云时人以为天后鸩之也，疑以传疑。

同为肃宗时人的柳芳和李泌，说法不一。柳芳著史，记述稳重，只言"不以寿终"，未说遇鸩。而李泌为官数朝，"长于鬼道"，"不为时君所重"，"好大言"，"终以言论纵横，上悟圣主，以跻相位"[4]，他指控武则天毒死太子，并未提出根据，论者存疑。然而，李泌是对肃宗说的，事涉皇家秘辛，自然不敢信口雌黄，肃宗亦未驳斥，似非空穴来风。至于宋朝欧阳修，对武则天充满偏见，故多采不利于武则天之说，有失公正。玄宗天宝以前的《实录》，"安史之乱"前已编成，并保存下来，《旧唐书》据此编纂，二书都没有记载武则天毒死太子，故司马光编纂《资治通鉴》时，不采鸩毒之说，仅附载传言存疑，秉

4 ——
《旧唐书》卷130
《李泌传》。

持史家持重态度。

其实，从太子自身健康状况来看，其暴死并非全然没有原因。他监国时，就因为"多疾病，庶政皆决于至德等"[1]。根据高宗追悼太子的制文，太子"沉瘵婴身"。"瘵"，多指痨病，亦即结核病，得此病而早逝，并不奇怪。一个体弱多病的儿子，自幼慑于母后威严，突然遭遇重大政治斗争，受到打击，甚至可能地位不保，忧惧发病，倏然而死，也是可能的。

总之，太子暴死，必与上元逼宫有关，即使武则天没有亲手加害，也有不可推卸的责任。其背后是否还有更加复杂的内幕？

李弘死后，高宗悲痛万分，"追谥太子弘为孝敬皇帝"[2]。高宗活着，却追谥儿子为皇帝，有逾礼制。故清朝学者赵翼批评道：

> 唐高宗之太子弘薨，而赠孝敬皇帝，则以父而追帝其子，不经之甚矣。[3]

然而，这难道只是"不经"而已？高宗丧子心痛，亲自为太子撰《睿德纪》，书于石上，树立在陵侧。哀悼李弘的诏文，《唐大诏令集》就收录两则，一是《皇太子谥孝敬皇帝制》，一是《册谥孝敬皇帝文》，亦见于《旧唐书·孝敬皇帝弘传》，兹摘录于下：

> 制曰："皇太子弘……仁孝闻于四海。自琰圭在手，沉瘵婴身，顾惟耀掌之珍，特切钟心之念，庶其痊复，以禅鸿名。及膝理微和，将逊于位，而弘天资仁厚，孝心纯确，既承朕命，掩欻不言，因兹感结，旧疾增甚。……朕之不憗，遽永诀于千古。天性之重，追怀哽咽，宜申往命，加以尊名。夫谥者，行之迹也；号者，事之表也。慈惠爱亲曰'孝'，死不忘君曰'敬'，谥为孝敬皇帝。"

《册谥孝敬皇帝文》也说：

1
《旧唐书》卷86《孝敬皇帝弘传》。

2
《旧唐书》卷5《高宗纪下》。

3
赵翼著，王树民校证《廿二史劄记校证》卷19"唐追赠太子之滥"，中华书局，2001年订补本。

4 ——————
宋敏求编《唐大诏令集》卷26。

5 ——————
徐松撰，张穆校补《唐两京城坊考》卷5"神都苑"条记载："苑内最西者合璧宫"，注释："显庆五年，命田仁汪、徐感造八关凉宫，改名合璧宫，当中殿曰连璧殿。又有斋圣殿，北据山阜，甚为宏壮，孝敬皇帝薨此宫之绮云殿。"

6 ——————
宋敏求编《唐大诏令集》卷26。

抚军监国，大阐良图，百揆万机，伫令居摄。庶几乾坤交泰，主鬯之业方新；日月重光，继昭之明斯远。顷炎氛戒节，属尔沈疴，实冀微瘳，释余重负。粤因瘵降，告以斯怀。尔忠恩特深，孝情天至，闻言哽咽，感绝移时。因此弥留，奄然长逝。[4]

根据《旧唐书·孝敬皇帝弘传》记载："上元二年，太子从幸合璧宫。"亦即高宗在东都洛阳神都苑（亦称上林苑）西端合璧宫召见太子李弘[5]，当面告知将禅位于他。但是，太子不敢应承，只是泪流满面。双方似乎都动感情。太子出来后，《孝敬皇帝哀册文》明记："上元二年夏四月己亥，皇太子弘薨于合璧宫之绮云殿。"[6]言犹在耳，人已暴卒。两件关系到社稷前途的重大事情，都在瞬间毫无间隔地发生于戒备森严的大内合璧宫，疑云重重。

为了探明事情的过程及其内情，兹据《旧唐书·高宗下》及《资治通鉴》的记载，将上元元年底以来高宗、武则天的行事稍加列示：

上元元年

十一月丙午（一日），幸东都。戊辰（二十三日），至东都。

十二月壬寅（二十七日），武则天上"建言十二事"。

上元二年

三月丁巳（十三日），武则天率百官及朝集使，亲蚕于邙山之阳。高宗欲禅位于武则天，因宰臣郝处俊、李义琰反对而止。

四月辛巳（七日），废周王李显妃，幽禁而死。王妃父亲赵瓖贬官栝州刺史，母亲常乐公主随同前往，绝朝谒。己亥（二十五日），太子李弘死亡。

根据此行事，可以看出，武则天在长安完成天皇、天后及官服制度改革，留下最为关键的权力接班问题，携高宗前往东都。东都是武则天苦心经营的地方，可以避开长安强大的拥护李唐势力。在东都这个对她有利的地方，提出政治改革的方案，逼迫高宗禅位。显然，武则天早有预谋，有备而来。

必须引起注意的是，按照前些年的惯例，高宗和武则天到东都，就让太子在长安监国，留守照应。但是这次的情况有所不同，未见太子监国，而从后来发生的事情分析，太子也来到东都，这是不同寻常的。武则天的做法越来越露骨，高宗不可能不明白。把太子带在身边，亦是一种防备。高宗显然已经在思考他自己的方案，那就是禅位给太子。因此，当武则天明确逼宫时，他实际上进行了抵抗，通过走漏消息，同宰臣商议，获得支持，挫败武则天的企图。同时，与太子密谋，提前交班，让武则天失去主政的借口。然而，太子乃至高宗都过于软弱，故商议未决。而武则天在宫内耳目遍布，得到消息，并做出反应。就像当年高宗和上官仪密谋废武则天，这厢才在商议，那边武则天已经闻报赶到，处死上官仪。

这件事显然比太子请求礼嫁义阳、宣城二公主要严重得多，太子因为此事已经得到武则天的警告，再有禅位之事，后果不寒而栗。因此，太子不论是被谋害，还是忧惧发病而死，应该是由合璧宫的事情引起的，而非前述礼嫁义阳、宣城二公主的事。正史中关于太子之死，陷入武则天是否下毒的推测中争议不休，却忽略了这个至关重要的环节。

在此意义上，太子之死，高宗也有责任。所以，他特别悲伤，因为曾经亲口提议禅位给太子，故追谥他为孝敬皇帝，以告慰太子在天之灵。安葬李弘的仪式办得特别隆重，"葬于缑氏县景山之恭陵。制度一准天子之礼，百官从权制三十六日降服"[1]。而且，在七月，高宗还下令在洛州设置缑氏县，专门管理李弘的寝陵。表面看起来，确如赵翼批评的"不经之甚"，然而，其内里掩盖着宫廷斗争的残酷内幕。

太子李弘的死虽然留下种种猜疑，却让武则天去除一大威胁与心病，武则天的地位重新稳固。六月，雍王李贤被立为新的太子，上元年间的斗争可以告一段落。翌年，逼宫未遂的武则天宣布更改年号，据说是凤凰降临陈州宛丘，武则天大喜，她得到很好的台阶下来，即

[1]《旧唐书》卷86《孝敬皇帝弘传》。

古代阴阳五行家认为，六十年是一个甲子，三个甲子共一百八十年为一周，其中，第一个甲子为"上元甲子"，第二个甲子为"中元甲子"，第三个甲子为"下元甲子"。那么，"上元"就是一周之始，万象更新的意思。《汉书·律历志》在"日月如合璧，五星如连珠"后引孟康注解称："谓太初上元甲子夜半朔旦冬至时，七曜皆会聚斗、牵牛分度，夜尽如合璧连珠也。"那日月合璧、五星连珠的壮丽天象，让统治者无限向往，开辟新纪元的豪情在胸中澎湃。

刻把意味万象更新的"上元"[2]改为"仪凤"。

三十二

新的年号称作"仪凤"，应该还是武则天自己选定的。它和"上元"年号一样，不但意味着祥瑞，还具有政治的象征意义。在象征新纪元的"上元"年间，武则天虽然没能实现政治接班，但她并没有失败，朝中还是她说话算数，这一点，武则天通过新的年号清楚地昭告天下。其实，龙和凤都是古人创造的吉祥物，并没有严格的性别意义，汉朝就屡屡使用凤作为年号，昭帝的"元凤"，宣帝的"五凤"即为其例。以后的王朝也经常以凤为年号，比如篡夺西汉王朝的王

双凤衔枝纹铜镜，1970年户县余下出土，陕西历史博物馆藏

莽，年号称"天凤"；三国孙吴甚至在短短的五十年间使用了三个凤的年号，分别为"神凤"、"五凤"和"凤凰"。汉族以外的民族，同样喜欢凤凰，五胡十六国时代，匈奴刘渊建立的汉也使用"永凤"年号，赫连勃勃建立的夏则用"凤翔"年号。由此可知，在不同的时代，不同的民族，乃至不同的文化信仰背景，都把凤凰作为吉祥象征。可是，凤凰到了武则天手中，就被强调为与龙对峙具有明显性别特点的吉祥物，象征着母仪天下。因此，"仪凤"年号具有政治宣示的意义，让世人明白，武则天仍然执掌朝政。

武则天使得凤凰具有高度政治敏感，以至在武则天之后，它也永远地从年号中消失。

仪凤元年（676），武则天的注意力仍然在国内政治。她劝高宗继续进行封禅，这次封的是中岳嵩山。泰山封禅，邙山亲蚕，让武则天频频以执政者的身份在百官中亮相，政治上大有收获。因此，她还想拉着高宗大出风头，获取更多的政治资本。高宗同意武则天所请，下诏筹备，并于二月携武则天前往汝州（今河南汝州），三月来到东都。

为了掌握政权，武则天做了大量工作，不但自己勄劳勤政，而且，她非常注意延揽人才，出谋划策，协理机务，尤其在上元年间准备接班的时期，她组织了一个私人顾问班子，随侍身边。

唐朝首都长安的布局，皇城坐落在全城北部中央，居高临下，太极宫承天门到皇城南面大门朱雀门，是一条宽阔的承天门街，两侧是政府各省寺衙门，出了朱雀门，便是直通长安城南大门明德门的朱雀门街，是长安的中心大道，也是通往政治中枢的仕宦正途，堂堂正正地摆在世人眼前，只要不循此正规渠道升迁者，总是招人非议。武则天任用的这批人，不是从皇城南门上班，而是通过宫城北门直接进入皇宫为武则天服务，显然他们走的不是官员正常的道路，所以，人们嘲讽地称他们为"北门学士"。

北门学士有哪些人呢？《旧唐书》卷87《刘祎之传》说：

上元中，迁左史、弘文馆直学士，与著作郎元万顷、左史范履

1 ———

此段引文中的人名,与《旧唐书》卷190《文苑中》所记不一致,根据后者记载,苗楚客应是苗神客,而韩楚宾应为胡楚宾。刘祎之的官职,根据洛阳出土《刘祎之墓志》记载:"又转起居舍人",则任职于中书省,当作"右史",与《新唐书》卷117《刘祎之传》所载"俄迁右史,弘文馆直学士"相符。刘祎之墓志及考证,见毛阳光《洛阳新出土唐〈刘祎之墓志〉及其史料价值》,《史学史研究》2012年第3期。

2 ———

以上数人传记,见《旧唐书》卷190中《文苑中》。

冰、苗楚客,右史周思茂、韩楚宾等,皆召入禁中,共撰《列女传》《臣轨》《百僚新诫》《乐书》凡千余卷。时又密令参决,以分宰相之权,时人谓之"北门学士"。祎之兄懿之,时为给事中,兄弟并居两省,论者美之。[1]

此外,《旧唐书》卷43《职官二》"翰林院"条注释也记载:

乾封中,刘懿之、刘祎之兄弟,周思茂、元万顷、范履冰皆以文词召入待诏,常于北门候进止,时号"北门学士"。

综合两条记载,可知"北门学士"有刘懿之、刘祎之、周思茂、元万顷、范履冰、苗神客、胡楚宾等。

刘祎之的本官为中书省右史(起居舍人),从六品上;同时任弘文馆直学士,据《旧唐书·职官志》"弘文馆"记载:"六品已下,为直学士。"可知刘祎之官品为从六品上。他的兄弟刘懿之,时任门下省给事中,正五品上。周思茂任太子舍人,正六品上。元万顷时任著作郎,从五品上。范履冰为王府户曹,正七品上。苗神客官至著作郎,从五品上。胡楚宾曾任中书省右史(起居舍人),从六品上。[2] 显然,他们是一批中级官员,以文词见长,亦即他们属于有从政经验的文士。

唐朝非常重视文学,皇帝礼遇文士,唐太宗的"十八学士"且不去远述,高宗对文士也是优待有加,就拿眼前的事例来说,胡楚宾是来自南方的宣州(今安徽宣州)人,擅文辞,尤其在喝得半醉时,落笔酣畅,有如神助。所以,高宗每次请他作文,都用金银杯斟酒赐饮,喝完便将酒杯赏给他。胡楚宾属于"北门学士"之一,可知这批文人,也是高宗熟悉并任用的人。《旧唐书·元万顷传》说"时天后讽高宗广召文词之士入禁中修撰",符合实际情况。武则天只是在唐朝任用文士掌文书的基础上,选用若干人协助自己。然而,由于这些身份不高的文人能够经常进入皇宫,难免招来众多官员的嫉妒,故称之为"北门学士"，带有嘲讽之义。"北门学士"不像后来的"翰林院"为皇帝的常设顾问机构，它既无官品规定，也不是职衔，故不宜称之为"加衔"。而且，认为"北门学士设于上元年间"，也值得推敲。[1]

如上所述，皇帝在官员中自行选择一些人充当文学侍从的做法，其来已久。乾封以前，"贺兰敏之奏引（张昌龄）于北门修撰，寻又罢去"[2]，可知到此时为止让文士于北门修撰或者待诏，仍属于皇帝临时征召性质。既然不是常设正式机构，也就无从确定何时开始"设立"。更何况此种情况一直都存在，乾封以前，高宗和武则天无疑已经任用一批文士在北门听差，只是到了上元年间，武则天进一步强化文学侍从班子，甚至让他们参与处理机要，这同她在上元年间企图接班相配合，所以显得特别醒目，招致反感，才有"北门学士"的称呼出现。

所谓"北门学士"，平时做些文学修撰工作，以备顾问。他们为武则天编撰了《列女传》《臣轨》《百僚新诫》和《乐书》等书千卷，编造武则天思想，宣扬其政治主张。从书目来看，是一些用儒家伦理来规范臣下的说教。《臣轨》一书尚存，是从各种典籍采撷拼凑的训诫语录。然而，其篇章结构颇显真义，尤其是武则天撰写的短序，表明她编造此书的目的。武则天说道："想周朝之十乱，爰著十章；思殷室之两臣，分为两卷。所以发挥德行，镕范身心，为事上之轨模，做臣下之绳准。"[3]依历史事件人物为著作体例，这倒是武则天的独创。她要消弭十乱的是《同体章》《至忠章》《守道章》《公正章》《匡谏章》《诚信章》《慎密章》《廉洁章》《良将章》和《利人章》，遵循此十章，以殷朝忠臣为表率，便可成为一个合格的臣下，实用政治意义，跃然纸上。最为醒目的，是全书以《同体章》为首篇，武则天在公开呼吁百官大臣追随她，可知在上元年间她要夺权之际，深感百官并不都随她起舞，颇有力不从心之叹，其心情处境，隐约可见。

因此，她要从人事上着手，规范众臣的思想，统一到忠诚于她的轨道上。至于如何做到君臣同体，她说道：

> 若乃遐想绵载，眇鉴前修，莫不元首居尊，股肱宣力。资栋梁而

1 —— 见刘健明《论北门学士》，收于《中国唐史学会论文集》，三秦出版社，1989年。

2 —— 《旧唐书》卷190上《张昌龄传》。

3 —— 《臣轨》一书，失传已久，清朝编修《四库全书》时，从私家藏书中发现，据称："余家旧藏抄本《臣轨》一部，往往杂以武后制字，是盖当时原本尔。但诸书所载制字，间与此异，未详其孰是……天潩识。"《臣轨》现收入商务印书馆《丛书集成初编》中。

成大厦，凭舟楫而济巨川。唱和相依，同功共体。然则君亲既立，忠孝形焉。奉国奉家，率由之道宁二；事君事父，资敬之途斯一。臣主之义，其至矣乎！休戚是均，可不深鉴！[4]

4 ——————
武则天《臣轨·序》，商务印书馆《丛书集成初编》本。

武则天的君臣同体，是君权至上的百官效忠，不但要像儿子服侍父亲一般，甚至要更进一步，"父子虽至亲，犹未若君臣之同体也"，强调彻底的服从。至于君臣的分工，则为："臣以君为心，君以臣为体。心安则体安，君泰则臣泰"[5]，臣下要根据君主的思想而行动，自己不能有思想，而应该成为执行命令的驯服工具。所以，紧接在《同体章》之后，就是《至忠章》，颇为连贯。

5 ——————
《臣轨·同体章》。

武则天的做法，颇有效法唐太宗的味道。唐太宗曾经修撰《帝范》，那是在他晚年经历了废立太子的痛苦抉择之后，为新立为太子的高宗修撰的书，用自己几十年戎马生涯和治国经验，教导太子要如何当个明君，富国安邦。唐太宗目睹隋朝专制统治的灭亡，所以，他对于君、臣、国家三者之间的关系，有着开明的见解：

夫人者国之先，国者君之本。人主之体，如山岳焉，高峻而不动；如日月焉，贞明而普照。兆庶之所瞻仰，天下之所归往。宽大其志，足以兼包；平正其心，足以制断。非威德无以致远，非慈厚无以怀人，抚九族以仁，接大臣以礼，奉先思孝，处位思恭，倾己勤劳，以行德义，此乃君之体也。[6]

6 ——————
《帝范》卷1《君体第一》，收于《四库全书·子部》。

民为国先，国为君本，这是贞观君臣基于"水可载舟，亦可覆舟"的历史经验而得出的认识，因此，作为国君，不能独断专行，而应该集思广益，从善如流，

夫六合旷道，大宝重任，旷道不可偏制，故与人共理之；重任不可独居，故与人共守之。是以封建亲戚，以为藩卫，安危同力，盛衰一心，远近相持，亲疏两用，并兼路塞，逆节不生。[7]

7 ——————
《帝范》卷2《建亲第二》。

唐太宗要与贤良共治天下，而武则天只要臣下绝对服从，两相比较，武则天的专制政治理论，昭然若揭。武则天的统治理念，与高宗所受到的教育，截然不同。《臣轨》是一部专制主义的著作，反映的是武则天的政治思想，那些"北门学士"只不过是为她捉刀而已。

任用这些级别低，在自己面前只能唯唯诺诺的文学之士，是武则天进行政治斗争的高招。首先，这些人可以成为她的耳目，了解朝中动态，沟通内外，补己之短。其次，面对满腹经纶的朝中大臣，这些人的学养可以使她不至于露拙，起码对于批阅奏章，掌握典故，起草诏书，修饰文辞，大有裨益。有时候，武则天甚至让他们暗中参与出主意，便于亲自操纵朝廷日常行政，也就是前引《旧唐书·刘祎之传》所说的"以分宰相之权"。但是，需要指出，分宰相之权者，并非"北门学士"，而是武则天本人。"北门学士"只是她的工具，除了刘祎之和范履冰在许多年之后勉强升至宰相外，其他几个人，未见飞黄腾达。最蒙亲遇的范履冰，在宫内侍从二十多年，而周思茂也只官至麟台少监、崇文馆学士。悲惨的是他们大多数在武则天当朝时代遭人密告，先后有刘祎之、元万顷、范履冰、周思茂死于非命，可见这些人在武则天心目中的地位微贱，不会用他们来夺宰相之权。"北门学士"中能够免遭大厄者，竟然托庇于早死的缘故。这只是一个缩影，连御用文人都难得善终，可知在极端专制的时代，早死是正派之人获救的福星。

三十三

与此同时，也有人在编修史书，那就是太子李贤。

李贤是高宗的第六子，武则天的第二个儿子，"容止端雅，深为高宗所嗟赏"[1]。小时候受到很好的教育，熟读儒家经典，高宗曾经对

1 ——————
《旧唐书》卷86
《章怀太子贤传》。

李勣夸奖他，说他读书过目不忘，读《论语》至"贤贤易色"时，总要反复诵读，心有所悟。"贤贤易色"是说要以好色之心喜欢贤才，显然他是领悟了这句话的含义，并引以为训。这同前述唐太宗《帝范》的治国思想是相通的。上元二年六月，他突然被封为太子，随即让他监国，开始了政治的历练。为了学习治理国家，李贤召集了一批学者，帮助他注《后汉书》。

汉代是中国统一帝制王朝最强盛的先例，后代常以之为榜样，从中学习历史经验，希望能够超越它。但是，东汉与西汉颇不一样，尤其是中后期，外戚干政，宦官跋扈，政治错综复杂。李贤特地挑出《后汉书》来做注，总结经验教训。

武则天组织"北门学士"编书，是为了灌输忠君驯服的专制思想；李贤召集文士协助他注《后汉书》是想以史为鉴，吸取治国经验，两者旨趣颇不相同。

李贤的治国理念和武则天不一致。武则天以威权临下，李贤则主张宽容待人，高宗曾经在仪凤元年特地下诏表扬李贤治国有方：

> 皇太子贤自顷监国，留心政要。抚字之道，既尽于哀矜；刑网所施，务存于审察。加以听览余暇，专精坟典。往圣遗编，咸窥壶奥；先王策府，备讨菁华。好善载彰，作贞斯在，家国之寄，深副所怀。可赐物五百段。[2]

2 ————
《旧唐书》卷86
《章怀太子贤传》。

从高宗的诏书也可以看出李贤的政治思想，同武则天相当不同。政治主张和施政风格不一致，心里就会产生隔阂乃至矛盾。起码武则天是不会欣赏李贤的思想。

更何况武则天已经踏上欲图大权独揽的一条路，她将视任何妨碍自己掌权的人为威胁，最高政治权力不容分享。李贤当上太子后，武则天随即让人专门给他编了两本书《少阳政范》和《孝子传》。这两部书已经失传，从书名来看，一是向李贤灌输武则天的政治理念，教育他如何执政；二是要他当孝子，无非就是要懂得服从武则天，当个傀儡太子。因此，这是一个明确的政治信号。而且，武则天还不时写信责备太子，母子关系因权力而日渐疏远。

李贤要是没有当太子，他们母子关系还是不错的，可是一旦在政治场上狭路相逢，李贤即刻感到母亲变得如此森严，让他感到巨大的压力、压抑而苦闷。母子关系日渐紧张，哪怕有蛛丝马迹显露，本来就是是非之地的宫中，便开始流传各种流言蜚语。最可怕的流言，是称李贤并非武则天亲生的儿子，而是其姊韩国夫人所生。李贤在母子失和中，百思不得其解，听到这种传言，把自己不如意的事联系起来，越想越觉得确是这么回事，疑神疑鬼，对武则天有所防备。

武则天那边察言观色、挑拨是非的人更不会少，尤其可恶的是那些装神弄鬼的术士，以占卦算命干禄，却因为披着神圣的外衣，具有更大的蛊惑力。李唐王朝自称老子后裔，所以道教颇受尊崇。本来术士在历代历朝都有市场，遇到崇道的时代，更是如鱼得水，甚嚣尘上。有个叫明崇俨的术士，洛州偃师人，士族出身，父亲曾当过县令，手下有个小吏据说能役使鬼神，明崇俨从小跟他学习。到高宗封禅之际，他毕生所学终于派上用场，混上一个小官职，给高官治病，有些效果，名声传了开去，身体一直不好的高宗听说，召他谈话，竟然十分投机，赏他当冀王府文学，无非就是要把他留在身边，以应不时之需。明崇俨面圣获赏，真个小人得志，每每假借神道向高宗进言时政，颇受接纳。武则天当然不会放过能让高宗信任的人，也把明崇俨召来，替自己行厌胜法术。明崇俨受宠若惊，格外卖力侍奉，讨得圣欢。当他看到武则天对太子不开心时，马上发现这又是一个机会，神神秘秘地对武则天说起太子不德，还借相貌说事，称："太子不堪承继，英王貌类太宗。"[1]英王就是太子的弟弟李显，明崇俨的话露骨地挑唆武则天废立太子。当然，他一定是对武则天的心思有所揣摩，才敢说出如此放肆的话。根据《旧唐书·高宗纪下》记载，仪凤二年（677）八月，李显改名李哲，封英王。据此可知，明崇俨说这话的时间应在此之后。也就是大约在仪凤二年时起，武则天已经对太子颇为不满，甚至对明崇俨这种人表露过，并得到响应。

1 ————
《资治通鉴》卷202 "高宗永隆元年（680）八月"条。

明崇俨是个政治投机分子，并非真有高超的预知未来本事，所以，他还是没能算准自己的下场。他在武则天面前搬弄的是非，也悄悄地传入太子的耳朵。到了关乎生死的紧要关头，太子当然不甘坐以待毙。毕竟高宗还是希望传位给儿子，努力在培养他。

仪凤四年（679，是年六月改元调露元年）五月，太子受命监国。这个月，京师发生强盗杀人案，武则天倚为心腹的明崇俨被杀，盗贼未捕获。京城大事纷繁，死了个术士出身的普通官吏，大家并不在意。可是，武则天心里明白，事情绝不简单，她怀疑是太子干的，暗地里决心查个水落石出。

太子年轻，精力旺盛，与户奴赵道生等人狎昵，送给他们不少金帛。储君有娈童，毕竟有伤大雅，所以，司议郎曾经上书劝谏，但太子不纳。武则天知道，就拿这件事开刀。永隆元年（680），她指使人到官府告发此事，得以立案，诏薛元超、裴炎和御史大夫高智周审理。薛元超和裴炎是现任宰相，高智周虽然刚卸下宰相职务，但还担任最高监察职务，可见办理此案规格之高，表明武则天要排除一切阻力，办出结果。太子生活问题的案件，如此大张旗鼓，醉翁之意不在酒。

武则天在后面严加督办，谁都不敢怠慢。东宫遭到搜查，从马坊里搜出皂甲数百领，构成太子想组织武装造反的证据。于是，东宫人员多被逮捕审问。与太子有染的赵道生招供，称太子指使他去杀害明崇俨，这下子人证物证俱在，武则天逼高宗废太子。

高宗对于此案有自己的看法，他一直很疼爱太子，很想为他开脱，但是，武则天心意已决，不容高宗踌躇，她逼高宗表态，说道："为人子怀逆谋，天地所不容；大义灭亲，何可赦也！"[2] 高宗早就领教过武则天的厉害，他已经没有同武则天抗争的意志了。所以，他最终还是同意武则天的提议。

八月二十日，朝廷正式下诏，废太子李贤为庶人，将他幽居于京都，涉案者都处以死刑，私藏的甲胄在天津桥南公开焚毁示众。短短五年之间，两度废太子，自唐朝开国以来，前所未见。

高宗恐怕不会相信太子要造反，但他所能做的十分有限，除了宰

2 ——————
《资治通鉴》卷
202"高宗永隆元
年八月"条。

相张大安等少数几人受牵连贬官外，其余东宫属官都被赦免，限制了案件的扩大化。

翌日，高宗立英王李显为太子，改元永隆元年，大赦天下。高宗只能祈祷不要再发生这种事情，让大唐江山永葆安定隆盛。

然而，这恐怕只能是他的希望而已。原东宫属员中，有一位名叫高政的太子典膳丞，出自唐朝名门高氏家族。祖父高士廉是唐朝开国元勋，其妹为长孙无忌的母亲，他还亲自将外甥女嫁给唐太宗，故武德、贞观年代，高家位望隆重。其子高履行，为太宗驸马都尉，高宗永徽元年，曾任户部尚书，颇有政声。后来因为长孙无忌案受到牵连，被贬为永州刺史，死于任上。他的弟弟高真行，也就是高政的父亲，时任右卫将军，李贤被废后，高宗把高政送回高家管教。高政才进家门，父亲高真行就拔出佩刀直刺其喉，伯父高审行则补刺其腹，堂兄高琁斩断其首，活活将他杀死后，弃尸道中。高宗听说后，很不高兴，把高真行贬官为睦州刺史，高审行为渝州（今重庆市）刺史。如此残忍的事件背后，是武则天一再发起政治清洗而造成的政治恐怖，士族官僚已经噤若寒蝉，更何况曾经受过迫害的家族，犹如惊弓之鸟，惶恐度日，才会做出这等没有人性的事情来，专制主义的气候，由此可见一斑。

三十四

高宗是个疼爱孩子的父亲，接连两个儿子被废，他深感心痛，衷心希望这种悲剧不要再重演了。对于新立的太子，高宗尽量让他有机会学习处理政务，培养锻炼。永隆二年（681）二月，高宗让太子亲行释奠礼；七月，高宗又以服药饵为由，令太子监国。

高宗的这些做法，当然逃不过武则天的眼睛。连废太子造成的政治震荡及其负面影响，武则天很清楚，所以，她也主动采取一些行动，显示自己的大量。二月，她上表请求宽赦（杞）王上金和鄱阳王素节的罪愆，分别任命上金为沔州（今湖北武汉汉阳）刺史，素节为岳州（今湖南岳阳）刺史，但不让他们参加朝集回京。

李上金是高宗后宫杨氏所生，排行第三，因为不是武则天所出，故遭嫌恶，被编造罪名贬谪。李素节为萧淑妃所生，更为武则天所不容，萧淑妃被废后，他也被贬为申州（今河南信阳）刺史，乾封初年，特别下敕称他有疾病，无须入朝，其实他根本没有病。李素节机敏好学，处逆境犹自强，著《忠孝论》，文已失传，从篇目推测，恐怕有讨高宗和武则天欢心的意图。所以，时任王府仓曹参军的张柬之偷偷将它进呈皇上，大概是想感动圣意。岂知正犯武则天的忌，诬告他贪污受贿，降封为鄱阳郡王，于袁州（今江西宜春）安置。仪凤二年，进一步处他禁锢终身。他们二人无端遭贬黜，当然是武则天所为，现在突然又被解放，不过是武则天来显示自己的宽宏大量罢了。

高宗担心废太子的事情重演，他尽力巩固和抬升太子的地位，让当朝宰相担当太子师傅，辅导太子；还十分留意加强太子的声望，借重名士是他费心想出的另一个办法。调露年间，高宗拟封嵩山，亲临视察，特地访问了隐居于此的名士田游岩，对谈之后，高宗心情欢畅，说道："朕今得卿，何异汉获四皓乎？"随侍左右的宰相薛元超说："汉高祖欲废嫡立庶，黄、绮方来，岂如陛下崇重隐沦，亲问岩穴。"[1] 薛元超的话，透露了高宗的心情。汉朝刘邦一度想废太子，谋臣张良帮太子想办法，请出四位刘邦一直都请不动的老者扶持太子，刘邦见此光景，叹息太子已成气候，不可改易，太子得以转危为安。高宗显然是希望自己的太子也有这样四位高人相助，不可动摇，所以，他才屈尊亲访山岩，请田游岩出山，专车送入长安，委任为崇文馆学士，让田游岩与宰相刘仁轨谈话，以取得刘仁轨的认可。但这已经太迟了，田游岩还没来得及辅佐太子，李贤就被废了。

李显新立为太子，高宗又想起田游岩来，他任命田游岩为太子洗马，终于派上用场。然而，历史难再重复，田游岩并非耸动天下的名士，他在京师非但不能改变政治天平的轻重，反而见到政情险恶，不

1 ——————
《旧唐书》卷192
《田游岩传》。

敢置喙，对太子无所匡辅，招致号称良臣的蒋俨反感，写信责备他道："足下受调护之寄，是可言之秋，唯唯而无一谈，悠悠以卒年岁。向使不餐周粟，仆何敢言，禄及亲矣，将何酬塞？"[1] 责备是严厉的，田游岩竟无言以对。但是，客观地说，像田游岩这样一介文士，面对森严的政治权力，又能有什么作为呢？

1 ————
《旧唐书》卷185
上《蒋俨传》。

高宗还在不倦地努力着，殚精竭虑，他抓住所有机会，想要杜绝觊觎最高权力的野心，给太子多设几道防线。开耀二年（682），太子生下儿子李重照，高宗大喜，他想到如果把太子的接班人也都确定下来，太子的地位应该会更加稳固。为此，他下令当年改元为永淳元年。二月，当皇孙满月时，高宗出人意料地将他立为皇太孙，甚至打算为皇太孙开府设置僚属。高宗征询吏部郎中王方庆的意见，王方庆回答："按周礼，有嫡子无嫡孙，汉、魏已来，皇太子在，不立太孙，但封王耳。晋立愍怀太子子或为太孙，齐立文惠太子子昭业为太孙，便居东宫，而皇太子在立太孙，未有前例。"

没有先例，但路总是人走出来的，所以，高宗进一步问王方庆道："自我作古，可乎？"

王方庆的回答也很干脆："可。"

虽然如此，高宗想来想去，最后还是把皇太孙开府置僚属的事作罢了。

其实，无论是找隐居名士，还是立皇太孙，这些做法能有什么效力呢？我们只能看到高宗的一片苦心和软弱，他既然不能抑制武则天的权势，那么，上述努力几近徒劳。

明眼人洞若观火。有位名叫李嗣真的小官，博学多艺，擅长阴阳推算之术，曾经听过废太子李贤谱曲的《宝庆曲》，指出这支曲子音律不协，杀声重而音调哀苦，故推测太子将有灾祸。果然，数月之后，李贤就遭废黜。闻者禀报高宗，高宗大奇，拔擢他为太常丞，主持《五礼仪注》。他私下对人说道：

祸犹未已。上风柔缓日侵，不亲庶务，事无巨细，决于中宫，持

2 ————
《宋本册府元龟》
卷857《知音二》，
中华书局。李
嗣真事迹，见于
《旧唐书》卷191
《李嗣真传》，但
不如《册府元龟》
详细。明版《册
府元龟》有讹误，
故此据宋版。

权与人，收之不易。宗室虽众，皆在散位，居中制外，其势不敌。吾恐诸王藩翰皆为中宫所踩践矣。且自隋已来，乐府堂堂之曲，若中宫借擅复归子孙则为受命矣。近日闾巷又有"侧堂堂挠堂堂"之谣，侧者不正之辞，挠者不安之称，吾见患难之作，不复久矣。[2]

武则天掌权，气势已成，高宗健在都不能收回权力，要想通过将来太子接班改变这种状况，谈何容易。而且，宗室卑弱，前景堪虞。

高宗大权旁落，百官必会画线站队，互相攻讦，影响政治运作。而最高统治者要笼络人心，争取党羽，便会乱用赏罚，造成政治不公正。实际上，已经出现了一些不好的苗头。

这几年朝中最具声望的宰相是刘仁轨，挟朝鲜战场的军功和成熟的政治手腕，出将入相，位居揆首，深得武则天倚重，国家有大事，每每委以重任。仪凤二年五月，吐蕃入侵，年底，朝廷下令大举招募兵士出征，任命刘仁轨出镇洮河军。刘仁轨在前线，上奏军务，常被中书令李敬玄压下，刘仁轨很是愤怒，他知道李敬玄一介文官，不谙军事，就想出一个整治李敬玄的办法，上奏："西边镇守，非敬玄不可。"李敬玄知道自己不堪此任，坚决推辞，高宗很不高兴，说道："仁轨须朕，朕亦自往，卿安得辞！"李敬玄没有办法，只得硬着头皮接替刘仁轨任洮河道大总管兼安抚大使。仪凤三年（678）九月，李敬玄统率的十八万唐军，与吐蕃大将论钦陵大战于青海，工部尚书、右卫大将军刘审礼率前军出击，被吐蕃包围，李敬玄畏惧，不敢救援，导致刘审礼部覆灭。李敬玄仓皇后撤，遭吐蕃追击，幸亏右领军员外将黑齿常之夜里率敢死队袭击敌营，击溃敌军一部，李敬玄才得以脱险退回鄯州（今青海乐都）。畏敌致败，李敬玄却未受处罚，但他实在不敢再统军打仗，称病请求回朝，获得准许。回到京师后，他竟然跑到中书省去处理政务，不啻临阵逃脱，高宗这才将他贬为衡州（今湖南衡阳）刺史。

这件事，从头到尾都很荒谬。拿国家利益进行人事斗争，加上用人不当，赏罚不明，哪一个环节都错误累累。

再看另一个事例。王方翼是高宗王皇后的堂兄，其祖母是唐高祖的妹妹同安大长公主，和李唐皇室还有血亲关系。王方翼当过县令，颇有惠政，逐级提升，后随裴行俭西征，任安西都护。永淳元年（682），阿史那车薄反叛，包围弓月城。王方翼率部救援，击破敌军。随后，三姓咽面同车薄合兵，以十万大军进攻王方翼，王方翼英勇抵抗，敌矢贯穿其臂，王方翼拔刀截断箭杆，指挥若定，左右竟没发现他受伤。其属下胡兵见大势危急，密谋执王方翼投敌，被王方翼发觉，便佯召他们前来开会，赐以军资，将他们分别引出帐外斩杀，军中鸣金鼓以掩其声，诛七十余人[1]，消弭叛乱于将发之际。旋令裨将出袭，大破敌军，擒其酋长三百人，遂平西突厥。这样有勇有谋的将军，在周边形势日趋紧张的当时，正是国家奇缺之才。朝廷召王方翼入朝参议边事，高宗亲自询问当日战况，看着王方翼身上的创伤叹息，"竟以废后近属，不得用而归"[2]。

吐蕃入侵，唐军屡败，出人意料，也发人深思。太学生魏元忠上书直言：

> 理国之要，在文与武。今言文者则以辞华为首而不及经纶，言武者则以骑射为先而不及方略，是皆何益于理乱哉！……故选将当以智略为本，勇力为末。今朝廷用人，类取将门子弟及死事之家，彼皆庸人，岂足当阃外之任！李左车、陈汤、吕蒙、孟观，皆出贫贱而立殊功，未闻其家代为将也。
>
> 夫赏罚者，军国之切务，苟有功不赏，有罪不诛，虽尧、舜不能以致理。议者皆云："近日征伐，虚有赏格而无事实。"盖由小才之吏，不知大体，徒惜勋庸，恐虚仓库。不知士不用命，所损几何！黔首虽微，不可欺罔。岂得悬不信之令，设虚赏之科，而望其立功乎！自苏定方征辽东，李勣破平壤，赏绝不行，勋仍淹滞，不闻斩一台郎，戮一令史，以谢勋人。大非川之败，薛仁贵、郭待封等不即重诛，向使早诛仁贵等，则自余诸将岂敢失利于后哉！臣恐吐蕃之平，非旦夕可冀也。[3]

1　《旧唐书》卷185上《王方翼传》记载："遂诛七千余人"，讹。《资治通鉴》卷203作"诛七十余人"，是，当从之。

2　《资治通鉴》卷203"高宗永淳元年（682）四月"条。

3　《资治通鉴》卷202"高宗仪凤三年（678）九月"条。

魏元忠说的，核心是人事问题，选官不切实际，文官依辞藻，武官视体力，虽然都徒有其表，却有利于官僚部门操作，实际上不得其要。这应该是制度化管理下形成官僚主义的通病。至于官场中因人画线，虽然在现实政治中难以避免，但是，据此施政，且不说失之狭隘，更会导致赏罚不公、涣散人心。贞观时代，唐太宗致力建立兼收并蓄、任人唯贤的政风，此时正在逐渐蜕变。秋风起于青萍之末，魏元忠为此大声疾呼，他或许不一定清楚，其批评的恰是武则天所提倡者，例如以骑射勇力选拔武官，就是武则天深为赞赏的做法，她甚至在长安二年（702）正月下令设立武举，考试科目为射长垛、骑射、马枪、步射、才貌、言语和举重，正是魏元忠批评的"言武者则以骑射为先而不及方略，是皆何益于理乱哉！"。从成规模正规作战的角度审视以个人军事技能作为选拔武将标准的"武举"，就是无知且致败的笑话。然而，其背后隐藏着武则天通过建立个人恩义以掌控军队的深刻用心，魏元忠的批评和武则天的深意不在一个频道上。至于朝廷机构的小吏评定乃至决定各级做事的将士高官，任人唯亲，赏罚不当，不正是显现最高权威令内外懂得驯服的重要手段吗？

魏元忠针砭时弊，言辞虽然激烈，却出于一片公心。年轻人的政治热情，获得高宗的赞赏，他获得召见，随后让他在中书省值班，可以随百官入朝。从魏元忠的升迁可以判断，其任用也得到了武则天的首肯。高宗是明白人，却无可奈何；武则天则于高宗在世期间必须有所克制，显示公正与雅量，而且，她也需要一批有能力的年轻才俊为之冲锋陷阵，魏元忠热情的背后透露出来的政治天真，却是容易被利用和塑造的。

永淳元年四月，朝廷一次就任命黄门侍郎郭待举、兵部侍郎岑长倩、中书侍郎郭正一和吏部侍郎魏玄同为宰相。这几位年资尚浅，和老臣同班理事，格外醒目，所以，高宗安抚老臣，对参知政事崔知温说道："待举等历任尚浅，且令预闻政事，未可即与卿等同名称。"[4]为此，特别称这几位新进为"同中书门下同承受进止平章事"。以后，

4 ————
《旧唐书》卷5
《高宗纪下》。

凡外司四品以下官担任宰相职务者，成为"平章事"。这个做法，实际上把提拔资历较浅的官员制度化。

魏元忠批评时政却获得任用，对于忠诚勤政的官员无疑是一个鼓励。高宗这段时间大多居住在东京洛阳，他一直打算封嵩山，调露元年曾经下诏宣布当年封嵩山，却因为突厥叛乱而作罢。是年五月，高宗又做出遍封五岳的决定，监察御史里行李善感谏道：

> 陛下封泰山，告太平，致群瑞，与三皇、五帝比隆矣。数年以来，菽粟不稔，饿殍相望，四夷交侵，兵车岁驾；陛下宜恭默思道以禳灾谴，乃更广营宫室，劳役不休，天下莫不失望。臣忝备国家耳目，窃以此为忧！[1]

李善感的批评相当严厉。书奏，大家不禁为他捏一把汗。然而，高宗虽然坚持封禅，却也能予以优容。自从褚遂良、韩瑗因为犯颜进谏而被贬死之后，内外官员无不以言为讳，那种直言进谏的开明政治风气已经多年不见了，现在看到高宗没有因言责罚，大家松了一口气，奔走相告，称作"凤鸣朝阳"，仿佛贞观政风扑面而来，大地回春。

其实，这又是误解。武则天政治的基本特点，是高度集权专制，尤其在政治斗争方面，绝不会心慈手软。她要求百官在政治上绝对忠诚，唯命是从，只要涉及政治权力问题，堪称铁血。对于政府行政，她追求高效率，雷厉风行。但是，在治理国家的具体政策上，她并没有坚定不移的主张，因而显现柔软的一面，可以择善而从，给臣下发挥的空间。在私人生活等方面，她有相当的包容性。而且，作为女人，她善于以情动人，驾驭有术。在这些方面，展现出她的个人魅力。个人魅力掩饰政治残忍，使得许多官员尽管受到迫害，却依旧忠诚，对她敬佩有加。看不清这一点，今后还有更多的苦头。

1 ——
《资治通鉴》卷203"高宗永淳元年五月"条。

三十五

高宗的身体已经一年不如一年。所以，越到晚年，他似乎越渴望享受生活。

调露元年，司农卿韦弘机在洛阳修建宿羽、高山和上阳三座宫殿。上阳宫临洛水而筑，高大壮丽，沿河有长廊曲折，雕梁画栋。高宗现在就喜欢这种华美而安闲的处所，乘高临深，有登眺之美。

这些年，休养的宫殿可没少盖，有违朝廷倡导的勤俭朴素。所以，侍御史狄仁杰弹劾韦弘机诱导皇上奢侈，硬是逼高宗将韦弘机罢官。其实，修筑富丽堂皇的宫殿，是根据高宗的旨意办的。所以，韦弘机才罢免，高宗旋在渑池修筑紫桂宫。为了修饰宫苑，高宗还令宦官到南方，沿着长江，寻找奇花异竹，装船运回京城栽种。宦官趁机骚扰地方，怨声四起。荆州长史苏良嗣挺身而出，将违法乱纪的宦官拘禁，上书切谏："致远方异物，烦扰道路，恐非圣人爱人之意。又，小人窃弄威福，亏损皇明。"高宗阅后，对武则天说道："吾约束不严，果为良嗣所怪。"[2]亲自给苏良嗣回信，予以表扬，同时命令把竹子丢弃在江中。看来，高宗生活享受的事情，武则天是知道甚至参与的。

武则天在生活上虽然算不上奢侈，但也懂得享受，有些时候，还是相当讲究排场。她十分宠爱女儿太平公主。太平公主不但长得像武则天，体态丰硕，方额广颐，而且工于心计，多权术，有勇略，和武则天如出一辙。所以，武则天非常倚重她，母女俩常在深宫禁苑里一道密谋算计。政治家常常是孤独的，能有人说心里话，实在难得。武则天对太平公主的爱，超过一般的母女感情，在生活里，她离不开太平公主。早些时候，吐蕃请求和亲，指名要娶太平公主，武则天坚决不同意，但迫于吐蕃势力方炽，不想直接拒绝，伤了面子，好不容易想出一个办法，专门为太平公主建立一座太平观，让她出家当观

2 ————
《资治通鉴》卷
203"高宗永淳元
年五月"条。

主，这才婉转地回绝了吐蕃的要求。当然，武则天和高宗也积极为太平公主寻找合适的驸马。

他们终于找到中意的人选，便是薛绍。其父乃光禄卿薛曜，母亲为唐太宗的女儿城阳公主，血统高贵，士族门阀。开耀元年（681）七月，太平公主隆重出嫁，迎送的队伍，从兴安门往南一直排列到宣阳坊，火炬通明，把道路两侧的槐树都给烤死了不少，足见规模之宏大和时间之长久，新人选择万年县公廨作为婚第，太平公主嫌县门过窄，打算将它拆除，幸好高宗制止，告诉太平公主这道门是隋朝著名的工程技术官员工部尚书宇文恺所造，这才获得保全。太平公主出嫁仪式之盛大，实为唐朝开国以来所罕见。摆排场，显威风，颇合武则天的趣味，在这些地方，武则天从不吝啬。所以，这类事情以后还将经常出现。

关乎权力名位的事情，武则天格外在意，容不得丝毫马虎。她选中了薛家，当然要对其家族成员逐个进行调查，结果发现薛绍的哥哥薛顗，娶萧氏为妻；弟弟薛绪，与成氏结亲，此二氏似乎都不是什么名门大姓。武则天决定让薛家休了这两个媳妇，鄙夷地说道："我女岂可使与田舍女为妯娌邪！"后进门的媳妇要驱赶嫂嫂，实在是霸道。不过，皇室公主，能把什么人放在眼里呢？加上身为父母的皇帝、皇后非但不加管教约束，反而助长其骄横。尚公主之家，恐怕是荣耀其表，愁苦其里。薛家幸好有人帮忙，告诉武则天："萧氏，瑀之侄孙，国家旧姻。"[1]萧瑀是唐朝开国功臣，官至宰相，其子萧锐尚唐太宗女儿襄城公主。武则天这才放过萧氏。

1 ——
《资治通鉴》卷202 "高宗开耀元年七月"条。

武则天自己虽然是唐朝功臣后裔，但是，从士族门第衡量，勉强可谓寒门出身。正因为如此，武则天反而对门第格外看重，尤其强调礼法。从她当政以来对于文化意识形态的诸多诏令和发言来看，她并不是一个文化革新者。除了大力鼓吹君主集权思想外，她十分强调儒家传统礼法，在这方面，她比高宗更加严格。因此，她不是唐朝意识形态的破坏者，而是更加忠实的捍卫者。不同之处在于她深刻了解出自社会下层的寒人一个劲想要高攀暴发的心理，所以能够充分加以利用，收为爪牙，用眼前的利益驾驭他们疯狂为自己卖命，成为她排除士族权贵、夺取最高权力，走向专制的工具。这些被她随用随弃的寒人大量涌现，造成武则天任用寒人取代士族的假象，为许多流于表面的论者所称道。其实，武则天真正影响唐朝政治社会基础的方面，倒是在于她使得国家权力极限膨胀，用血腥恐怖的手段，大大压缩了具有相对独立性和个性的士族为代表的官僚阶层制衡独裁权力的空间。她所勾画的社会，是驯服于朝廷专制权力的士族社会。她从心底里看不起出身贫贱的寒族，只要士族官僚匍匐脚下、自己的权力稳固，她便同他们融为一体，构成新的特权阶层，反手排斥觊觎上层权力的寒族。少年以来遭受士族白眼所带来的自卑与逆反，以及出自没落权贵的自夸，被土豪亲戚欺负的痛苦，渴望出人头地跻身一流士族的拼搏，构成了武则天复杂的心理。然而在本质上她是士族特权政治的坚定维护者，而不是社会寒门要求改变政治格局的代表人物。寒门只是她用来敲开最高政治殿堂门户的砖头。只是她和所有的专制独裁者一样，并不明白一点，任何人都没有能力按照自己的构想主观地改造整个社会，其努力所得到的结果，一定是任何人都始料未及的。

风光嫁女的背面，是不听话的儿子遭到责罚。同年十一月，废太子李贤被发往巴州安置。幽居的生活相当悲惨，李贤的情况由于史料欠缺，无从得知。但是，从其子生活状况可以推知一斑。李贤有三个儿子，分别是李光顺、李守礼和李守义。李守礼本名光仁，在武则天垂拱初年改名为"守礼"，从名字行辈可知，他们三兄弟本来都以"光"取名，到垂拱年间，武则天将他们改为训诫式的"守礼""守义"。李光顺应该也被改名，但是，他在天授年间被杀，所以更改的名字没有记录下来。李守义在改名不久后死去，正值青年。李守礼的情况有助于了解他们的生活状态，他表面上也被封王，其实被拘禁于宫中，十余年不许走出庭院。武则天死后，李守礼和皇室兄弟游玩，能够准确预报天气阴晴，大家以为他有神通，上奏玄宗，李守礼只好从实禀报："臣无术也。则天时以章怀迁谪，臣幽闭宫中十余年，每岁被敕杖数顿，见瘢痕甚厚。欲雨，臣脊上即沉闷，欲晴，即轻健，臣以此知之，非有术也。"[1] 年轻的孙子每年都要遭到杖责，则李贤的日子也可想而知。

1 ——————
《旧唐书》卷86
《邠王守传》。

看来，高宗在家庭里面也没有太大的发言权。说实在的，他没有精力去管了。高宗是位勤政的皇帝，这几年有所懈怠，有时也追求一些安逸生活，除了武则天已经主持朝政之外，还有自己的身体每况愈下的缘故。现在，他念念不忘的是封禅的事，虽然已经多次下诏要封嵩山等五岳，却因为外患等原因不能实现。永淳元年，他再次做出努力，七月，先让人在嵩山南麓修建奉天宫，为封禅预做准备。

如果说上次封禅的背后，有武则天的影响，那么，高宗晚年急切的封禅心情，似乎更多出自他内心的愿望。这些年来，家庭屡生变故，自己身体越来越差，周边形势日益紧迫，这些事情都让高宗烦心，他有太多的话想通过庄严的封禅仪式向上天祈祷，向祖先和神灵诉说。不似上次功成告天的踌躇满志，恐怕其内心祈求的是上天降福保佑。当然，很多的想法都深藏于内心深处，旁人无从得知，只能从他的执着中略加猜测。

永淳二年（683）正月，新年刚过，春寒料峭，高宗拖着病体，来到嵩山奉天宫，亲自巡视，派遣使者祭嵩山、少室、箕山和具茨山，遍祀西王母、启母、巢父、许由等祠。虽然没有举行封禅仪式，却也忙到四月才回到东都。

从当时的形势来看，并不适宜举行封禅。从开春起，突厥就频频犯边，绥州步落稽部也起来作乱，边境烽烟不断。但是，高宗恐怕已经感到自己的身体比这些军情还要紧急了，他回到东都，便于七月诏告天下，决定十月正式封嵩山。

这是生命与时间的赛跑，尽管高宗争分夺秒，尽力而为。但是，时间还是不能成全他缺乏充分理由的封禅哀愿。诏令颁布后，高宗才稍松口气，就病倒了，而且病得很重，差点没能回过气来，朝廷只好马上下令将封禅延迟到明年正月。这个决定应该是武则天做出的，现在治病救人要紧。

可是，高宗缓过气来，仍然坚持封禅。八月，他以封禅为由，召留在长安监国的太子前来东都，一同前往嵩山，让刘仁轨在首都主持朝政。

十月，太子赶到东都，随即侍伴高宗启程，来到嵩山奉天宫。高宗一年内第二次看到了巍峨的嵩山高耸云端，终于能够实现夙愿，他感到无比的兴奋，拖着深重的身躯，就想往上攀登。然而，再次病倒了，嵩山终于是可望而不可即。

十一月三日，朝廷再次下诏，宣布停止明年正月的嵩山封禅。高宗病势沉重，头痛欲裂，看不见东西了，武则天紧急召来侍医秦鸣鹤诊治。病到这种地步，秦鸣鹤也只好大胆建议采用特别医疗手段，刺头出血，行险施治。武则天勃然大怒，斥责道："此可斩也，乃欲于天子头刺血！"秦鸣鹤吓得磕头求饶，高宗疼痛难忍，说道："但刺之，未必不佳。"高宗自愿放血，武则天也就让秦鸣鹤试试。秦鸣鹤在高宗头上百会、脑户两个穴位刺出血来，高宗顿时觉得轻快许多，说道："吾目似明矣。"武则天也跟着高兴，以手加额，庆幸道："天赐也！"亲自搬来百匹彩绸赏给秦鸣鹤。[2]

2 ————
《资治通鉴》卷203"高宗弘道元年十一月"条。

武则天虽然有专擅朝政的野心，但是，她和高宗还是相当恩爱的，从她看到高宗仿佛有治而兴高采烈的感情流露，可以看出她对高宗的真情。只是到了宋朝，男尊女卑的伦理强化之后，对武则天偏见日甚，将她的行为都看作别有用心。所以，欧阳修《新唐书·则天顺圣皇后传》在记述武则天反对医生在高宗头上刺血时，写作："后内幸帝殆，得自专，怒曰……"司马光《资治通鉴》也称："（天后）不欲上疾愈。"[3]武则天早已主导朝政，真要谋害高宗，也等不到此时。所以，这种推测过于牵强，只是宋人心态的表现。

3 ————
《资治通鉴》卷203"高宗弘道元年十二月"条。

可是，头部放血只能减轻症状，并无回天之力。高宗很快又病势沉重，诏令太子监国，任命裴炎、刘齐贤、郭正一等于东宫平章事。让宰相在东宫处理政务，实际上已经在交班了。二十四日，高宗在嵩山脚下坚持了近一个月后，不得不断了封禅之念，大队人马沉重地回到东都。

十二月四日，高宗拖着病体，宣布明年改元弘道，大赦天下。他还想再一次接见百官和百姓，接受他们的欢呼，也借此向他们告别。

高宗凝聚起气力，要登上则天门楼，可是，才聚起的一口真气逆转，高宗已经不可能登上门楼了。他下令让百姓来到殿前听宣。礼毕，高宗问侍臣："民庶喜否？"侍臣告诉他："百姓蒙赦，无不感悦。"高宗深感欣慰，留恋地说："苍生虽喜，我命危笃。天地神祇若延吾一两月之命，得还长安，死亦无恨。"[1] 毕竟长安才是帝国的首都，天子居所，高宗想望叶落归根，而这一点愿望，还是没能实现。

当天晚上，高宗在洛阳真观殿逝世，走完了五十六年的人生历程。

高宗是仁厚的，他相当突然地膺承大任，面对两位兄长被废黜后深刻而复杂的政治局势，继承史称千古一帝唐太宗的伟业，以宽厚和勤政实现政权的平稳过渡。在他统治期间，国家政治基本沿着太宗开创的航道前进。然而，就政治家而言，他的性格显得软弱，所以，当他遇到性格坚韧、处事果断的武则天，他们一拍即合，生活上是夫妻，政治上是战友，他们联手打垮了以长孙无忌为代表的元老势力，由他们两个年轻人承当起领导国家的重任。他们在政治理念上基本一致，但也存在矛盾，随着武则天实力的不断增强，高宗逐渐淡出权力中心。回首这段历史，高宗几乎是一个过渡人物，是他培育武则天崛起，让武则天得以顺利获得最高权力。这是唐太宗始料未及的，恐怕高宗也不清楚自己扮演了什么历史角色。因为当他去世的时候，实际上已经无人能够取代武则天的政治存在了。

对于高宗的评价，学界一直分歧甚大。有人认为他懦弱愚庸，以致将他的功绩全盘抹杀，认为他只是武则天的傀儡。这显然不符合历史事实。也有人认为他还是掌握实权的皇帝，颇有作为。我认为高宗统治时代权力中心发生了转移，可以分成三个阶段，第一个阶段在泰山封禅之前，是高宗主政时期；第二个阶段则是他和武则天的"双圣"时代；上元之后进入第三个阶段，武则天取得了主导政治的优势，高宗权力逐渐旁落，但还不至于成为无用的傀儡。高宗朝权力中心转移的特殊性，在于它发生在感情颇好的夫妇之间，在于高宗和武则天的共同利益远大于分歧。所以，他们之间的权力转移，很难说清楚，属于政治特例。对于高宗的评价确实不容易，因为在他前面，唐

1 ————
《旧唐书》卷5
《高宗纪下》。

太宗太伟大了，巨大的光环，让他相形见绌；在他之后，武则天个性鲜明，强悍残酷，前后两人都给时代打上深深的个人烙印，挤在两强之间波澜不惊的高宗，难免受到平庸的评价。

高宗驾崩当晚，宰相裴炎入内，受遗诏辅政。群臣上高宗谥号"天皇大帝"，庙号高宗。翌年，武则天仿效太宗以山为陵的先例，将高宗隆重安葬于乾陵。

第 六 章

称 制

一抔之土未干，

六尺之孤何托？

……

请看今日之域中，

竟是谁家之天下！

——骆宾王

三十六

高宗临终，留下遗诏："七日而殡，皇太子即位于柩前。园陵制

1 ————
《旧唐书》卷5
《高宗纪下》。

度，务从节俭。军国大事有不决者，取天后处分。"[1]

当时，朝廷大权掌握在武则天手中，高宗把皇位传给太子，从政治现实考虑，要使得政权顺利过渡，首先必须得到武则天的配合，因此，让武则天参与国家重大事务的决策，势所必然。至于太子能不能接过政权，就要靠他自己了。但那是将来的事，当前最紧要的是让太子能够登基，才有可能谈到将来的发展。上元年间，出现高宗要传位给武则天的一幕，人们还记忆犹新。高宗承认政治现实的遗诏，表明他对于皇位继承早有考虑。

高宗和武则天经常在洛阳，因而出现了长安和洛阳两京并存的局面，从政权运作来看，这是不好的，尤其出现紧急情况的时候，危险性就更大了。当然，武则天既然决定在洛阳执政，心中一定早有准备。高宗刚去世，机敏的武则天立即全神贯注处理政权交接的要务，防止出现不测事态。她召裴炎入内受遗诏辅政，这是非常重要的布置，通过裴炎，可以使她实时掌控朝廷。

当时的宰相班子，刘仁轨留守长安，职责重大。洛阳有裴炎、刘齐贤和郭正一，裴炎最得武则天信赖。

裴炎和武则天都是今日山西人，裴氏为河东望族。裴炎以明经及第，从低级官吏逐级提升，调露二年成为宰相。永隆元年，武则天委任他和另一位宰相薛元超，以及御史大夫高智周审理太子李贤专案，结果查出李贤图谋造反的罪证，让武则天成功地第二次废掉太子，自然大受赏识。高宗去世的紧要关头，武则天授予他很大的权力。按照唐朝的制度，宰相集体在门下省议事，称作政事堂。长孙无忌、房玄龄和魏征等开国元勋，都依照制度在门下省议政。到此时裴炎任中书令，就把政事堂迁于中书省，由此可见他当时权势之大。

裴炎当然不会让武则天失望。

十二月七日，也就是高宗死后第三天，按照高宗遗诏应该立即于枢前即位的李显，想要发号施令，裴炎上奏："太子未即位，未应宣敕，有要速处分，望宣天后令于中书、门下施行。"[1] 裴炎的上奏，确立了天后的至高地位，这是非常重要的。

1 ——————
《资治通鉴》卷
203 "高宗弘道元
年十二月" 条。

按照高宗即位的先例，遵照唐太宗要太子于枢前即位的遗诏，高宗在太宗死后立即即位，主持太宗丧事，而后于次月在长安举行正式的即位仪式。李显按照高宗的遗诏，也应当依此旧例先即位，主持高宗丧事。《旧唐书》卷87《裴炎传》记载：

> 十二月丁巳，高宗崩，太子即位，未听政，宰臣奏议，天后降令于门下施行。

说明李显已经即位，所以，他才会想要发号施令。但是，他没有想到，裴炎出面反对，提出他尚未正式即位，因此不能宣敕，从而把主持大局的最高权力交给了武则天。裴炎的上奏，等于规定了武则天和李显的权力关系，这肯定是李显不愿意接受的，所以，才会发生后来的激烈冲突。《新唐书·裴炎传》删去《旧唐书》的上述记载，使事件的真相变得模糊不清。

因为有权力继承上的暗中较劲，所以，要等到裴炎上奏，武则天的权力地位重新明确之后，朝廷重要事务才得以顺利展开。

2
《资治通鉴》卷
203"高宗弘道元
年十二月"条。

3
《旧唐书》卷6
《则天皇后纪》。

十一日，李显终于正式即位，宣布"尊天后为皇太后，政事咸取决焉"[2]。武则天如愿以偿，"是日自临朝称制"[3]，成为实际的最高统治者。

然而，此举显然破坏了唐朝的皇帝制度，所以，武则天敏感地觉得李唐皇室有可能起来反对。她首先盯上泽州（今山西晋城）刺史韩王元嘉等人。李元嘉是高祖第十一子，最受宠爱，自幼好学，以聚书为乐，在宗室里甚受尊重。高宗末年，他出任泽州刺史，地近洛阳，武则天深恐其变生肘腋，故于十七日加授韩王元嘉为太尉、霍王元轨为司徒、舒王元名为司空，同时加授滕王元应为开府仪同三司、鲁王灵夔为太子太师、越王贞为太子太傅、纪王慎为太子太保。一时朝廷三公和太子师傅皆用皇室，前所未闻。其实，这些都是有名无实的虚位，外示尊崇，实际并没有实权，武则天的政治手腕十分老到，皇室精英早就被长孙无忌清除，剩下一群庸才，岂是武则天的对手。

稳住皇室，武则天称制就轻易被接受了。二十一日，朝廷任命刘仁轨为左仆射，裴炎为中书令，刘齐贤为侍中，中央三省都在武则天的控制之下。二十九日，朝廷派遣左威卫将军王果、左监门将军令狐智通、右金吾将军杨玄俭、右千牛将军郭齐宗分别前往并州、益州、荆州和扬州四大都督府，将驻扎在各地的武装力量牢牢地控制在朝廷手里。从中央到地方，军政大权都顺利地为武则天所掌握。

最高权力的接班进行得有条不紊，波澜不惊。翌年正月，朝廷宣布改元嗣圣，大赦天下。

一个月过去，最高权力交接的不安和疑虑迅速消退，尘埃落定，百官不难发现，一切并没有多少变化，朝廷还是武则天掌权，只是最高权力象征的皇帝，由老的换成小的，如果从权力结构上看，小的还不如老的，在这个意义上，权力交接并没有发生。

但是，对于中宗李显来说，从试图接班那天起，就不能不品尝到深深的挫折感，年轻人对事业的抱负，对未来的理想和对权力的欲望，都受到沉重的压抑。于是，他试图反抗，表明他才是名正言顺的皇帝。

嗣圣元年（684）正月初一，欢庆元旦的日子，中宗宣布立太子妃韦氏为皇后，将岳父韦玄贞从普州参军提升为豫州刺史，连升好几级。因为是外戚而升官，倒也罢了。然而，中宗意犹未尽，他还想进一步将岳父提到中枢位子上，出任侍中，成为掌握朝政的宰相；还要让乳母的儿子当五品高官。

中宗的心情其实可以理解。第一，他没有什么政治历练。第二，他苦于没有心腹手下，所以想用自己的人执掌朝政。第三，他急于取得大权。第四，前些日子问政受挫，心中有怨，故而感情用事。

然而，不管有什么理由，让一个边缘地区的低级官吏一跃主持国家大政，实在太过分了，视政治如同儿戏，身为宰相的裴炎当然要反对，固争不可。又是这个一再阻碍自己的裴炎作梗，中宗勃然大怒，喝道："我让国与玄贞岂不得，何为惜侍中耶？"[1]

1 ——————
《旧唐书》卷87
《裴炎传》。

出格的行为，加上出格的气话，暴露中宗不是一个好皇帝的料。裴炎深感忧惧，赶忙将情况汇报给武则天。

武则天正欲专权，见不争气的儿子羽毛还没长出来就想夺权，刚愎自用，才上台就和宰相闹翻了，留下把柄，正好可以借题发挥，免得将来碍手碍脚，甚至酿成重大政治斗争。所以，她当机立断，与其日后尾大不掉，不如将苗头拒杀在萌芽状态。于是，她留下裴炎密谋起来，动手布置。

二月六日，武则天召集百官于乾元殿，大家都感到这一天的戒备异样地森严，裴炎和中书侍郎刘祎之，以及羽林将军程务挺、张虔勗率领禁军进入宫中，把乾元殿紧紧地包围起来，盔甲鲜明，寒光闪闪，显然马上就有大事发生。果然，裴炎宣太后令，废中宗为庐陵王，令左右将他扶下殿去。

中宗似乎还没明白怎么回事，问道："我有何罪？"

武则天森森答道："汝欲将天下与韦玄贞，何得无罪。"[2]

百官目送中宗可怜的背影渐渐远去，被带往别所幽禁起来。

2 ——————
《旧唐书》卷87
《裴炎传》。

武则天处理大事的果断泼辣，一定让百官铭刻在心，深受震慑。

这是武则天亲手废黜的第三个儿子，她亲生的儿子只剩下最小的李旦了。翌日，武则天做出新的决定，让李旦继承皇位，即睿宗。但是，睿宗居于别殿，政事都由武则天亲自处理。武则天已经懒得再玩表面由皇帝听政的把戏，以免形成两个权力中心，日后引起重大的政治斗争。从此，唐朝进入了前所未有的太后临朝称制时代。

三十七

3 ——
《资治通鉴考异》载："《则天实录》，贤死在二月丘神勣往巴州下。《旧·本纪》在三月。《唐历》遣神勣、举哀、追封皆有日。今从之。"故《资治通鉴》根据《唐历》，取三月说，但也交代有二月说。这种混乱的情况亦见于墓志碑铭，《大唐故雍王墓志铭并序》（收录于周绍良主编《唐代墓志汇编》上）记载："文明元年二月廿日薨于巴州之别馆，春秋卅有一。"而《大唐故章怀太子并妃清河韦氏墓志铭》（收录于周绍良主编《唐代墓志汇编》上）记载："以文明元年二月廿七日终于巴州之公馆，春秋卅有一。"从时间上推论，李贤应死于二月，至三月，其死讯传回京城。

武则天给这个时代起了个颇为文雅的年号——"文明"，自同年二月起改元。中宗没有按照武则天定下的"嗣圣"调子，继续高宗晚年由武则天主持政治的局面，那么，她只好亲自开创文德辉煌时代。

但是，这个"文明"的年代从一开始就处于政治高压之下。

废黜中宗后，武则天随即进行相关人事的变动，她的政治风格向来是雷厉风行，斩草除根，不留后患。在政治上，她是无情的。当年高宗为确保中宗继位而立的皇太孙李重照，被废为庶人，表明中宗这一支房不可能东山再起，入继皇统。同时，将韦玄贞流放到边远的钦州（今广西钦州东北）。思虑严密的武则天想起了已经废黜的太子李贤，为了防止他借机生变，专门派遣左金吾将军丘神勣到巴州监管李贤。丘神勣到了李贤流放的地方，马上将他关入别室，逼他自杀。李贤死得不清不楚，连确切的死期都不得其详，以致史书和墓志记载各异。[3] 李贤死后，武则天为他举哀于显福门，追封为雍王，同时将丘神勣贬为叠州刺史，承担责任。丘神勣充当替罪羊只是一时掩人耳目的手法，所以不久后又被召回京城，官复原职。

二月十二日是个周而复始的甲子日，武则天特地挑选这一天，举

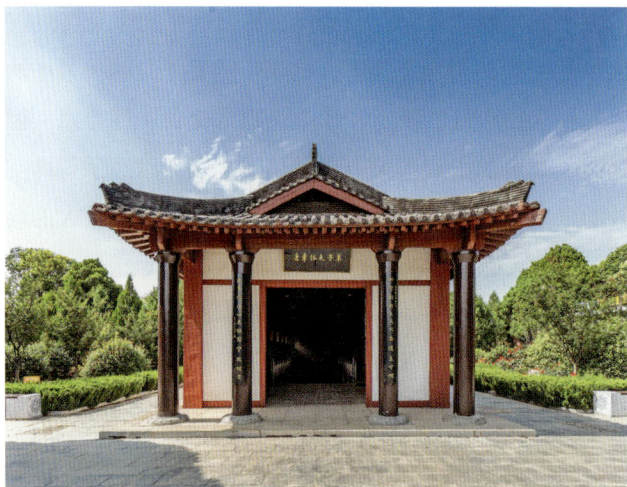

唐景云二年（711），睿宗李旦追封李贤为皇太子，谥号"章怀"，图为乾陵章怀太子墓

章怀太子墓壁画《狩猎出行图》局部，陕西历史博物馆藏

章怀太子墓壁画《女侍图》局部，陕西历史博物馆藏

行了一场颇为奇特的仪式，由皇帝率领王公大臣向她上尊号。十五日，武则天临轩，派遣礼部尚书武承嗣册嗣皇帝。这两个相互衔接的仪式不啻向天下宣告，皇太后才是政治的中心，皇帝只是个傀儡。仪式的意义，就在于给了武则天执掌最高权力的法理，自此以后，她便公开在紫宸殿垂帘听政了。

宫内政治斗争渐渐平定下来，武则天有空办理高宗的后事。五月，她从洛阳将高宗的灵驾迎回长安，八月，高宗被安葬于乾陵。这是高宗生前选定的风水宝地，以千米梁山为陵，北峰高耸，开山造墓；南面有双峰并立，东西相向而低于北峰，犹如门户楼阙，拱卫守望。从乾陵南望，千里高原，气势宏大。武则天和高宗数十年夫妻，半辈子战友，可以说没有高宗便没有武则天，是高宗的性格成就了武则天。他们之间虽然也有歧见甚至政争，但总的来说，共同利益大于分歧，算是风雨同舟。武则天尽心安葬高宗，为他建造不朽的山陵，以纪念他们共创的事业。回首往事，大唐江山从太宗手里继承下来发展到今天，已经度过了创业时代的动荡不安，制度扎根社会，政权更加稳固，经济日渐繁荣，可以说高宗不辱使命，承担起自己肩负的责任。继往开来，武则天自信满怀，相信自己一定会做得更好。

所以，乾陵事毕，她便在次月六日再度宣布改元，新年号为"光宅"。"光宅"语出《尚书·尧典》，称颂帝尧"聪明文思，光宅天下"。显然，武则天通过新年号发出了豪迈的政治宣言：要使天下大治，堪比圣尧！

所以，她又进行了一连串革新：

旗帜一律改成金色，光灿灿，闪闪夺目。

改东都为神都，洛阳宫改称太初宫。进一步凸现洛阳的政治地位。

改尚书省为文昌台，左、右仆射为左、右相；六部为天、地、四时六官。门下省为鸾台，中书省为凤阁，侍中为纳言，中书令为内史。御史台为左肃政台，增置右肃政台。左肃政台负责监察中央百官，右肃政台负责监察各州官员。

追尊李唐皇室宗教性先祖老子的母亲为"先天太后"，造像立于老君庙供奉。

而且，为了庆祝改元，还下令褒奖功臣后裔，京官九品以上及诸州长官推荐人才，大赦天下。[1]

1 ——— 详见《改元光宅诏》，收于宋敏求编《唐大诏令集》卷3，商务印书馆，1959年版。

把六部改成天地春夏秋冬六官，显然是依《周礼》行事，而改称东都为神都，也是与此改革相呼应。至于为老子母亲造像加尊号，更是武则天上元元年下令为母服丧的发展，进一步在宗教上树立母后的权威，为自己掌握政权服务。武则天是个佛教信仰者，但是，在神化女性伟人的时候，佛教力不从心，于是，她毫不犹豫利用起道教来。早在上元元年，她已经提出学习《老子》并列入策试科目的革新建议，到现在追尊"先天太后"，其实是一个自然发展的过程。由此可以看出，武则天并不是虔诚专一的宗教信徒，而是在利用宗教为其政治目的服务的高手。

武则天的这些举措，早已超出了"垂帘听政"的限度。毕竟"垂帘听政"还是在辅助新君，而武则天给人以越俎代庖的疑虑。她废中宗的时候，令其信赖的宰相刘仁轨镇守长安，致书称："昔汉以关中事委萧何，今托公亦犹是矣。"刘仁轨很快上疏称自己年事已高，不堪重任，同时引用西汉吕后把持政权招致祸乱的事例，劝诫武则天。武则天特地派遣秘书监武承嗣赍玺书前往慰谕，书称：

> 今日以皇帝谅暗不言，眇身且代亲政。远劳劝诫，复表辞衰疾，怪望既多，徊徨失据。又云"吕后见嗤于后代，禄、产贻祸于汉朝"，引喻良深，愧慰交集。公忠贞之操，终始不渝；劲直之风，古今罕比。初闻此语，能不罔然；静而思之，是为龟镜。且端揆之任，仪刑百辟，况公先朝旧德，遐迩具瞻。愿以匡救为怀，无以暮年致请。[2]

2 ——— 《旧唐书》卷84《刘仁轨传》。

显然，大臣对武则天的忠诚，是在忠诚于李唐皇室的前提之下的。刘仁轨与武则天关系甚深，相知日久，刘仁轨的这道劝诫，其实也是在提醒武则天正视现实情况。这样我们才好理解为什么武则天对刘仁轨的上书不以为忤，反予褒奖的道理。看来，朝中大臣对武则天的所作所为感到担心者，不在少数。

武则天对此不敢掉以轻心，她反复思量，颇为用心地给刘仁轨回了上面这封信，把自己亲执权柄说成是因为皇帝居丧的缘故，同时表彰刘仁轨忠诚直谏，以此自白于天下。

然而，武则天的一系列动作，显然不像是暂时代理朝政，例如，她擢升亲侄子武承嗣为宰相；免去曾经提醒高宗削减武则天权势的尚书左丞冯元常职务，出为陇州刺史。更能表露其政治意图的是立武氏七庙，与皇帝相埒，这当然是十分严重的僭越行为，以至武则天信任的宰相裴炎也觉得太出格了，劝谏道：

> 皇太后天下之母，圣德临朝，当存至公，不宜追王祖祢，以示自私。且独不见吕氏之败乎？臣恐后之视今，亦犹今之视昔。

但是，武则天的心意已决，这件事绝不是思虑不周，而是明显的政治信号，因此，她不能接受裴炎的劝谏，反驳道："吕氏之王，权在生人；今者追尊，事归前代。存殁殊迹，岂可同日而言？"

裴炎也不让步，坚持道："蔓草难图，渐不可长。殷鉴未远，当绝其源。"[1]

刘仁轨功高望重，武则天对他倚仗颇多，不能不持低姿态。而裴炎是武则天时代逐级提升上来的官员，而且，和武则天属同乡，得到不少眷顾，故武则天把他视同干吏。裴炎如此不知进退，不知身份，聒噪什么吕后之鉴，真让武则天失望和生气。通过这件事，她更加深刻地感受到唐朝群臣归根结底忠诚于李唐的政治立场，这种力量之强大，乃至在重要关头，连自己一手提拔的人都如此坚定地维护李唐，实在是出乎意料。

武则天沉下脸来，君臣不欢而散。

然而，政治上的反对派不是声色俱厉就能镇住的。

1 ——
以上对话见《旧唐书》卷87《裴炎传》。

九月，政治高压下的反叛爆发了，风暴来得如此迅速。

武则天任用武家人充任高官要职，朝野百官人心惶惶，对社稷和个人前途忧心忡忡。人心不安，正是发生叛乱的机会。京城几个元勋公子和中下级官吏，犯事遭贬。其中，最重要的有李勣的两个孙子李敬业和李敬猷，以及杜正伦的侄子詹事司直杜求仁。李敬业犯事被贬为柳州（今广西柳州）司马，其弟李敬猷也被牵连，兄弟来到扬州，遇到被贬为括苍县（今浙江丽水东南）令的唐之奇、黟县（今安徽黟县）丞杜求仁，以及文学史上著名的"初唐四杰"之一骆宾王、曾任御史的魏思温，各人皆怀怨恨，聚在一起，指斥朝政，遂由李敬业挑头，魏思温谋划，准备袭取扬州起事。

于是，李敬业让其党羽监察御史薛仲璋请求出使江都。然后，让雍州人韦超向薛仲璋告发扬州长史陈敬之谋反。薛仲璋有了借口，把陈敬之抓起来投入监狱，掌握了扬州的大权。过几天，李敬业乘驿传来到扬州，冒充是前来上任的扬州司马，称："高州首领冯子猷叛逆，奉密诏募兵进讨。"[2] 这样，李敬业就名正言顺地主持扬州军政大局。他传令打开府库，让士曹参军李宗臣解放囚徒，征召丁役和工匠，得数百人，先行武装起来。还派人到监牢杀陈敬之，录事参军孙处行觉得事有蹊跷，拒不从命，李敬业干脆把他也杀了，州府僚佐见状，再没人敢抗命。

李敬业完全控制了扬州，便公开竖起匡复中宗的旗号，招兵买马，宣布恢复年号为嗣圣元年，开设三府，分别是匡复府，英公府和扬州大都督府。他自称匡复府上将，领扬州大都督；任命唐之奇和杜求仁为左、右长史，李宗臣和薛仲璋为左、右司马，魏思温为军师，骆宾王为记室。因为打的是匡复中宗的旗号，所以颇有号召力，旬日之间，聚集起胜兵十余万。由此看来，唐朝特别是唐太宗致力推行轻徭薄赋的文治教化政策，获得了深厚的社会基础，这对于武则天来说，是不能不高度重视的制约力量。

骆宾王本是婺州义乌（今浙江义乌）出身的文人，辞章斐然，堪称一绝，只是文人无行，放浪好赌，高宗末年当上长安主簿，却因为

2 ————
《旧唐书》卷67《李勣附李敬业传》。

贪赃而受到处罚，降职为临海（今浙江临海）丞。他怏怏不得志，弃官而去。适逢李敬业密谋起事，给了他这种轻薄文人表演的机会，他大笔一挥，为李敬业写下一篇脍炙人口的战斗檄文：

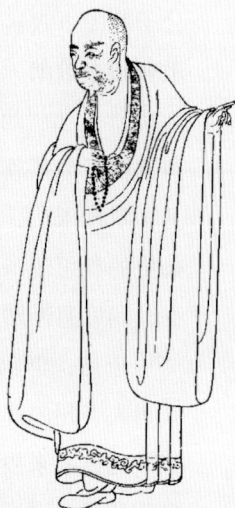

伪临朝武氏者，人非温顺，地实寒微。昔充太宗下陈，尝以更衣入侍，洎乎晚节，秽乱春宫，密隐先帝之私，阴图后庭之嬖。入门见嫉，蛾眉不肯让人；掩袖工谗，狐媚偏能惑主。践元后于翚翟，陷吾君于聚麀。加以虺蜴为心，豺狼成性，近狎邪僻，残害忠良，杀姊屠兄，弑君鸩母。人神之所同嫉，天地之所不容。犹复包藏祸心，窥窃神器。君之爱子，幽之于别宫；贼之宗盟，委之以重任。呜呼，霍子孟之不作，朱虚侯之已亡。燕啄皇孙，知汉祚之将尽；龙漦帝后，识夏廷之遽衰。

骆宾王像，出自《晚笑堂画传》

敬业，皇唐旧臣，公侯冢胤，奉先君之成业，荷本朝之旧恩。宋微子之兴悲，良有以也；袁君山之流涕，岂徒然哉！是用气愤风云，志安社稷，因天下之失望，顺宇内之推心，爰举义旗，誓清妖孽。南连百越，北尽三河，铁骑成群，玉轴相接。海陵红粟，仓储之积靡穷；江浦黄旗，匡复之功何远。班声动而北风起，剑气冲而南斗平。喑呜则山岳崩颓，叱咤则风云变色。以此制敌，何敌不摧？以此图功，何功不克？

公等或家传汉爵，或地协周亲，或膺重寄于爪牙，或受顾命于宣室。言犹在耳，忠岂忘心？一抔之土未干，六尺之孤何托？倘能转祸为福，送往事居，共立勤王之师，无废旧君之命，凡诸爵赏，同裂山河。请看今日之域中，竟是谁家之天下！

骆宾王的檄文，一气呵成，义正词严，充满煽情的言辞，骂得淋漓尽致，酣畅痛快。连武则天看了以后，也连连叫好，甚至说："宰相之过也。人有如此才，而使之流落不偶乎！"[1]但是，这篇檄文除了用宫闱传闻对武则天进行人身攻击之外，并没有击中要害的政治批判和提出有号召力的政治目标。这是非常致命的缺陷，李敬业也深知其中利害，所以派人找了个貌似李贤的人来冒充，欺骗部众称："贤不死，亡在此城中，令吾属举兵。"这才算是安稳了人心，李敬业也因此得以发号施令。

然而，对于起兵后的行动，诸人各有盘算。魏思温建议打出匡复李唐的大旗，直捣洛阳，让天下皆知起兵意在勤王，则可获得四面响应。从李敬业以乌合之众反抗中央的角度来看，这步孤注一掷的险棋恐怕是唯一的机会。但是，其他人不同意，薛仲璋就认为金陵有王气，且有长江天险自固，所以应该先经营江南，再举兵北上。这条建议说得似乎有道理，但却暴露了企图割据称雄的野心，必定大失民心。所以，魏思温力争，但李敬业最终还是听从薛仲璋的意见，命令唐之奇守江都，自率主力渡江攻润州（今江苏镇江）。

江苏省南通市
狼山骆宾王墓

1 ————
《资治通鉴》卷
203 "则天后光宅
元 年（684） 九
月" 条。

李敬业徒有名将之后的虚名，实际上是个政治低能的野心家。和强大的中央对比，区区十万乌合之众，根本就不成对手。唯一的机会在于匡扶李唐的政治号召和时间上的突然性，但李敬业不进军东都，却南下攻城略地，第一步棋已经基本决定了失败的命运。故魏思温痛心疾首，对杜求仁说道："兵势合则强，分则弱，敬业不并力渡淮，收山东之众以取洛阳，败在眼中矣！"[1]

李敬业的对手是才智过人的政治家，武则天虽然没有把李敬业放在眼里，但她郑重对待镇压叛乱。十月六日，朝廷任命左玉铃卫大将军李孝逸为扬州道大总管，发兵三十万，浩浩荡荡，镇压叛乱。任用李孝逸，是武则天的一步好棋。李孝逸是高祖的堂侄子，用李唐皇室宗亲来镇压打着匡扶李唐旗号的李敬业，不啻向世人戳穿李敬业只是个野心家，武则天棋高一筹。

李孝逸开赴江南的时候，李敬业正忙于围攻润州。润州守将李思文，是李敬业的叔父，他知道李敬业造反的阴谋，连忙派人从僻路赶往中央报信。李敬业发兵包围润州，李思文拼力抵抗，拒守多日，力屈而陷。李敬业将李思文改姓为"武"，以示羞辱。李思文的抵抗，于公于私，都对李敬业造成很大的打击。于私而言，表明李敬业起兵属于个人行为，得不到家族的支持，因而也难以获得士族社会的响应。于公而言，润州一战，阻滞了李敬业势力的扩张，为唐军赢得宝贵的时间。

李孝逸率领的唐军赶到了临淮（今江苏泗洪东南）。十九日，朝廷下令追削李敬业祖考官爵，发冢斫棺，恢复原来的徐姓。李勣临终，隐然担忧家族成员不知深浅卷入政治旋涡，特地交代其弟以家法约束子孙。然而，他再有本事也阻挡不住身后祸事的发生，隐忧终于变成了现实，他创下的家族荣誉一朝扫地，连自己都无法安寝。

徐敬业获悉李孝逸已经逼近，连忙掉头北上，屯据高邮（今江苏高邮），令徐敬猷进至淮阴，韦超和尉迟昭屯盱眙都梁山，构筑防线。李孝逸偏将雷仁智首先与徐敬业部爆发战斗，吃了败仗的李孝逸不由得担心起来，按兵不进，殿中侍御史魏元忠力劝他主动进攻，以

1 ————
以上引文见《资治通鉴》卷203"则天后光宅元年（684）九月"条。

免朝廷失望，另派高明。李孝逸壮胆再战，击斩尉迟昭于都梁山，士气大振，进逼韦超。魏元忠献计，避强击弱，先取徐敬猷。李孝逸从之，猛攻韦超于都梁山，韦超不敌，连夜遁去。李孝逸转攻徐敬猷，大捷，徐敬猷逃逸。十一月，唐军击溃徐敬业两翼，两军主力隔下阿溪对垒。十三日，唐后军总管苏孝祥趁夜率五千兵卒乘小船度溪袭击徐敬业，兵败身亡，所部左豹韬卫果毅成三朗被俘。徐敬业部将唐之奇想激励士气，假称虏获李孝逸，斩首示众。成三朗至死不屈，在刑场大呼："我果毅成三朗，非李将军也。官军今大至矣，尔曹破在朝夕。"[2] 揭穿徐敬业诡计，慷慨赴死。

2 ————
《资治通鉴》卷203"则天后光宅元年（684）十一月"条。

唐军相继而来，却数战不利。李孝逸遂生畏惧，想退军缓攻。魏元忠等人固请决战，并献火攻之计。其实，徐敬业部连日作战，已经十分疲劳。故此时李孝逸发起攻击，因风纵火，徐敬业再也抵挡不住，全军溃散。徐敬业数人轻骑逃回江都，携妻子奔润州，企图换船逃往朝鲜，十八日，在海陵县（今江苏泰州）被其部将王那相所杀，同死的还有徐敬猷和骆宾王。余党唐之奇、魏思文等人都没能逃脱，被捕问斩，传首洛阳。一场看似轰轰烈烈的叛乱，不到两个月就被彻底镇压下去，不但没有动摇武则天的根基，反而给她清除异己、进一步集中权力提供了机会。

徐敬业的叛乱是部分唐朝元勋后代对武则天篡政的武装反抗。这伙人平时享受特权，脱离民众，野心勃勃，自以为是，所以没有太大的社会号召力。但是，精明老练的武则天并没有等闲视之，她深深感到自己在皇帝健在且能够正常履行职责的情况下，以太后的身份主政，名不正，言不顺，阻力颇大。她丝毫不敢掉以轻心，随便相信朝中大臣。为了确保自己的权位，她必须以特殊手段，弄清楚大臣们的政治立场和真实想法，彻底铲除异己分子。政治的无情和凶险，造就了她的机警和多疑。武则天充分利用徐敬业叛乱的机会，机敏地在朝中展开整肃异己的行动，首先被开刀的就是曾被武则天倚重的宰相裴炎。

自从废中宗，立睿宗为傀儡以来，武则天与裴炎的矛盾日益突出。武则天清除李唐皇室以实现自己堂而皇之独揽权柄的打算，和裴炎要辅佐李氏明君继往开来的目的大相径庭。双方在废中宗问题上虽然曾经一致，其实骨子里根本不同。武则天要废掉企图亲政的皇帝，而裴炎则是要废掉难膺大任的昏君，这种根本性分歧，马上在睿宗执政问题上暴露无遗。

徐敬业像

徐敬业乱起，警讯传到都城，却被主持朝政的裴炎按下，没有马上商议平叛事宜。裴炎有自己的打算，他很清楚，徐敬业这帮纨绔子弟成不了多大气候，但是，可以利用这件事作为外在压力，让武则天明白人心所向而还政于睿宗。所以，他有意拖延议事。果然，武则天见朝廷没有动静，便召裴炎等一班大臣前来商议。这时，裴炎才不紧不慢地向武则天说道："皇帝年长，不亲政事，故竖子得以为辞。若太后返政，则不讨自平矣。"

然而，裴炎犯了大错。首先，在国家安危时刻，是不能拿叛敌作为讨价还价筹码的。此时此刻，如果武则天让步，不但她的政治权威一落千丈，而且将来国家权威也会一再受到挑战。其次，裴炎高估了自己，高估了武则天对他的信任，低估了自身的问题，特别是在徐敬业的造反成员中，有他的外甥薛仲璋。裴炎自以为忠诚于唐朝，故不把外甥参加叛乱当一回事，可是，他的政敌并不这么想。监察御史崔詧指控裴炎道："炎受顾托，大权在己，若无异图，何故请太后归政？"武则天顺势命左肃政大夫骞味道和侍御史鱼承晔负责审查此事，将裴炎逮捕下狱。

裴炎下狱，朝中震动，议论纷纷。凤阁舍人李景谌证言裴炎必反，但罕有响应者。相反，文武大臣几乎众口一词，为裴炎申辩，特别是宰相刘齐贤和凤阁侍郎胡元范力证裴炎清白，胡元范当面对武则天说道："炎社稷元臣，有功于国，悉心奉上，天下所知，臣敢明其不反。"

武则天回答道："炎反有端，顾卿不知耳。"

武则天拿不出证据，故胡元范等人坚持道："若裴炎为反，则臣等亦反也。"

武则天本来就是要借裴炎来发现并清除异己，故不容分辩，说道："朕知裴炎反，知卿等不反。"硬是把反对意见压了下去。右卫大将军程务挺向武则天上密表，替裴炎申辩。像这样的密表，恐怕不在少数。但武则天皆不接纳。

有人劝裴炎对审问的使者逊词服软，但遭到裴炎的拒绝，说道："宰相下狱，安有全理。"[1] 裴炎非常清楚武则天强力制造这起冤案的目的。不久之前，他刚刚和武则天闹得很不愉快。武承嗣和武三思乘废立皇帝之势，力劝武则天清除皇室，特别是年长的韩王元嘉和鲁王灵夔，位尊望隆，早就被视为眼中钉，必欲置之死地而后快。武则天召来刘祎之、韦思谦和裴炎密商，刘、韦两人不敢出声，只有裴炎固执地反对，结果不欢而散。从劝谏武则天为祖宗建立七庙，到反对无辜杀戮皇室亲王，再到要求武则天还政于睿宗，武则天和裴炎都十分清楚对方的立场。在这种情况下，武则天逮捕裴炎，说明她心意已决，将坚定地建立自己的政权。因此，她和李唐皇室的斗争势不可免，裴炎成为首先开刀的障碍者。历经官场风浪的裴炎，岂有不明白的道理。因此，他为自己选择了一个保持尊严和晚节的结局，拒不认罪，辞气不屈。

既然是要找到并清除异己，武则天当然不会把事情仅限于裴炎，她按照百官的态度，首先挑出一批敢于出头抗争的官员，给予无情的打击。刘齐贤和胡元范随即被捕入狱，分别流放于吉州（今江西吉安）和琼州（今海南琼山东南琼州镇）。胡元范死于当地；刘齐贤更惨，五年后他遭到酷吏的进一步迫害，再度入狱，自缢身死，家遭籍没。程务挺身为单于道安抚大使，手握重兵，防备突厥，更被视为大

1 ————
以上对话均见《资治通鉴》卷203"则天后光宅元年（684）十月"条。

患，故朝廷派遣左鹰扬将军裴绍业赶到军中，就地处斩，籍没其家。程务挺是著名将领，威震边疆，曾为武则天废中宗立下功劳，他恐怕不会想到竟遭此横祸。他一死，突厥宴乐相庆，同时也出于对程务挺的敬畏而为之立祠，每次出师征战，都要向他祈祷。高宗时代，程务挺曾经和夏州都督王方翼并肩作战，平定边疆叛乱，结下深厚友谊。王方翼是王皇后的堂兄，文治武功，著称于世。王皇后被废，武则天总想把他除掉，一直找不到借口。这下子因为程务挺案，将他连坐，征调回朝，银铛入狱，流放崖州（今海南琼山东南），死于途中。受到牵连的还有另一位宰相郭待举，被贬为岳州刺史。

作为本案的案主，裴炎当然难免一死。十月十八日，裴炎在东都洛阳的都亭被处斩，家族也被籍没。吏卒抄家时，才发现这位主持朝政的堂堂宰相，家里竟然没有任何积蓄。

此案审理过程中，少数几个全力支持武则天的官员获得了升迁，主审官骞味道和指证裴炎谋反的李景谌都被快速擢升为宰相。以政治立场画线奖惩官员，是武则天壮大自己，打破强大的李唐官员深沟高垒，逐步建立专制统治的主要政治手段。裴炎案是高宗去世后武则天全面夺权的第一步，通过这个案子，她已经清楚表明了要公开、正式掌握最高权力的态度，并让百官选择站队。虽然在高宗时代武则天已经长期主导政治，但是，要李唐政权的官员转而全面拥护武氏政权，也就是变相的改朝换代，毕竟还是相当困难的。因此，随着武则天毅然踏上夺权之路，斗争就将变得更加激烈，而斗争的手段也将变得更加残忍和血腥。

而武则天高明之处，就在于不到最后时刻，她不会过早暴露真实的政治企图，还会尽量利用一切可以利用的有利因素为自己的政治目的做掩饰，既要让百官懂得今后必须跟定她，又能占据合法性的道德高位。所以，许多卑劣的事情，只能在大义的幕后进行，这就是武则天正式称帝之前政治的基本特点。这个特点也决定了这时期的政治清洗，基本上都是冤案。

因为是冤案，所以必须做粉饰，况且案子涉及两位宰相、两位大将军和多位高级官员，对社会的震动可想而知。于是，关于裴炎谋反的故事从小道传了出来，其中典型的一则，被当时有名的文人张鹫记录在《朝野佥载》卷5，流传至今：

> 裴炎为中书令，时徐敬业欲反，令骆宾王画计，取裴炎同起事。宾王足踏壁，静思食顷，乃为谣曰："一片火，两片火，绯衣小儿当殿坐。"教炎庄上小儿诵之，并都下童子皆唱。炎乃访学者令解之。召宾王至，数啖以宝物锦绮，皆不言。又赂以音乐、女妓、骏马，亦不语。乃将古忠臣烈士图共观之，见司马宣王，宾王欻然起曰："此英雄丈夫也。"即说自古大臣执政，多移社稷，炎大喜。宾王曰："但不知谣谶如何耳。"炎以谣言"片火绯衣"之事白，宾王即下，北面而拜曰："此真人矣。"遂与敬业等合谋。扬州兵起，炎从内应，书与敬业等合谋。唯有"青鹅"，人有告者，朝廷莫之能解，则天曰："此'青'字者十二月，'鹅'字者我自与也。"遂诛炎，敬业等寻败。[1]

1
张鹫撰，赵守俨点校《朝野佥载》卷5，中华书局，1979年版。

2
早期将这段故事作为史料根据的代表性作品，有前引郭沫若《武则天》。此后，王涤武《武则天时代》（厦门大学出版社，1991年版）和赵文润、王双怀《武则天评传》（三秦出版社，1993年），均引以为据。

这段传说活灵活现，引人入胜，成为后世小说创作的素材与模型。然而，从政治现实稍做推敲，就可以看出它完全是市井故事。首先，徐敬业等人都是遭贬谪之人，天南海北，暗相聚会，草率起事，岂能在扬州从容安排，长时间等待骆宾王往返东都散布谣言，诱引宰相。其次，骆宾王身份低微，能否见到裴炎已是疑问，更难想象裴炎会屈尊奉迎骆宾王，甚至与之密谋造反。再次，徐敬业等人也不敢贸然把造反阴谋告诉当朝宰相，显而易见，诱引裴炎造反的可能性极低，而泄露阴谋遭到镇压的可能性极高。至于"裴"字和"青鹅"的拆字谜，更属于坊间说书之类。这段有趣却幼稚的故事，司马光在《资治通鉴考异》里已经做了辩驳，称之为"此皆当时构陷炎者所言耳，非其实也"。然而，到了近代，特别是近半个世纪对历史文献学的贬抑，使得这个已经基本解决的问题重新提了出来，有些学者甚至据此撰史[2]，所以有必要再做辨析。

其实，如果裴炎真有谋反的行为，武则天一定会据此给他定罪，不至于同胡元范辩论时强词夺理，以势压人。从这一点也能看出，对裴炎的栽赃应在他被处斩之后。《旧唐书·裴炎传》不录这些传言，可是，《新唐书·裴炎传》已经在一定程度上采信了强加于裴炎头上的罪名，故增加了"炎谋乘太后出游龙门，以兵执之，还政天子"一段记载，这也是不可信的，文职起家的裴炎根本就不掌兵，即便担任宰相也不掌禁军，凭什么进行兵变呢？

其实，朝廷出了如此大案，举国震动，各地更是谣言四起，这里就举一个同样见于《朝野佥载》卷5的例子于下：

> 垂拱年，则天监国，罗织事起。湖州佐史江琛取刺史裴光判书，割字合成文理，诈为徐敬业反书以告。差使推光，款书是光书，疑语非光语。前后三使推，不能决。敕令差能推事人勘当取实，佥曰："张楚金可"，乃使之。楚金忧闷，仰卧西窗，日高，向看之，字似补作。平看则不觉，向日则见之。令唤州官集，索一瓮水，令琛投书于水中，字一一解散，琛叩头伏罪。敕令决一百，然后斩之。赏楚金绢百匹。

裴光的事迹不详，恐怕与裴炎为本家，故遭人诬陷，可见当时这件案子以及针对裴氏的谣言颇为流行，影响甚广。然而，无论是武则天还是这些传言，都举不出切实的证据来。最有力的结论，要算后来睿宗为裴炎平反时所下的制书，其中说道：

> 故中书令裴炎，含弘禀粹，履信居贞，望重国华，才称人秀。唯几成务，绩宣于代工；偶居无猜，义深于奉上。文明之际，王室多虞，保乂朕躬，实著诚节。而危疑起衅，仓卒罹灾，岁月屡迁，丘封莫树。永言先正，感悼良多。宜追贲于九原，俾增荣于万古。可赠益州大都督。[1]

1 ——
《旧唐书》卷87《裴炎传》。

如果真有谋反行为，不论他再有功劳，也不可能获此哀荣。

裴炎的家人在死亡的面前，表现得相当坚强。他的侄子裴仙先，时年十七岁，任太仆寺丞，上封事请见武则天面奏，武则天召见了他，问他还有什么话，他慷慨陈词：

臣为陛下画计耳，安敢诉冤！陛下为李氏妇，先帝弃天下，遂揽朝政，变易嗣子，疏斥李氏，封崇诸武。臣伯父忠于社稷，反诬以罪，戮及子孙。陛下所为如是，臣实惜之！陛下早宜复子明辟，高枕深居，则宗族可全；不然，天下一变，不可复救矣！[2]

裴炎家族所坚持的，是拥戴李唐的政治立场。裴炎和武则天斗争的性质，在于维护还是篡夺李唐政权。

专制高压之下，必定是人心扭曲，小人得志，阿谀奉承、诬陷密告成风。东都发生这么大的事，武则天当然要迅速通告留守长安的刘仁轨，以争取支持。她派遣郎将姜嗣宗赶到长安，姜嗣宗向刘仁轨自吹邀功，称自己早就发现裴炎有异心，一副小人的嘴脸。刘仁轨深深感到担忧，这种小人，遇到眼下的政治气候，真不知道会如何兴风作浪。刘仁轨平静地交代姜嗣宗带封信回去上呈武则天。武则天打开来一看，上面写道："嗣宗知裴炎反不言。"[3] 武则天不由得大怒，命卫士把姜嗣宗拉出殿堂，绞死于都亭。刘仁轨无力扭转潮流，但他悄悄地铲除奸佞，也算是尽了一份责任。两个多月之后，这位老臣也走完了他的人生旅程。

显然，唐朝百官对于武则天凌驾于皇帝之上主持国政，大多数是内心不服的。这一点，武则天也明白，所以，严厉镇压裴炎，也包含着震慑百官的意图。故案子结束之后，武则天大会百官，故作怒容，训道：

"朕于天下无负，群臣皆知之乎？"
群臣曰："唯。"
太后曰："朕事先帝二十余年，忧天下至矣！公卿富贵，皆朕与

2 ————
《资治通鉴》卷203 "则天后光宅元 年（684）十月"条。

3 ————
《资治通鉴》卷203 "则天后光宅元 年（684）十月"条。

之；天下安乐，朕长养之。及先帝弃群臣，以天下托顾于朕，不爱身而爱百姓。今为戎首，皆出于将相群臣，何负朕之深也！且卿辈有受遗老臣，倔强难制过裴炎者乎？有将门贵种，能纠合亡命过徐敬业者乎？有握兵宿将，攻战必胜过程务挺者乎？此三人者，人望也，不利于朕，朕能戮之。卿等有能过此三者，当即为之；不然，须革心事朕，无为天下笑。"

群臣顿首，不敢仰视，曰："唯太后所使。"[1]

专制政治从来就不曾温良恭俭让过，恐怖和高压一直是逼迫臣下顺从的有力手段，古今中外，屡试不爽。专制君主目空一切，视群下犹如草芥，一个重要的思想根源就在于自认为天下苍生由我养育，百官利益更出于我的恩赐，也就是把权力的行使同权力的来源混为一谈。武则天的这种思想，通过她的训话表露无遗："公卿富贵，皆朕与之；天下安乐，朕长养之。"其言之真实性，毋庸置疑[2]，这里可以举出另一事例来证明。元朝富大用撰《古今事文类聚新集》卷20记载：

唐武后朝曾宣谕："卿等是我门客。"（《李卫公诗话》）[3]

把百官视同自家门客，思想同出一源。既然是门客家奴，武则天驯马的三件法宝：铁鞭、铁挝和匕首，就派上了用场。

通过裴炎的案子，武则天以高压手段钳住百官之口，让他们暂时不敢再提还政于皇帝的事，巩固了临朝称制的局面，并着手准备迈向建立武氏政权的艰险路途。

1 ———
《资治通鉴考异》所引《唐统纪》，见《资治通鉴》卷203 "则天后光宅元年（684）十二月"条注。《新唐书》卷76《则天武皇后传》也记载了此事，文字有所改动。

2 ———
司马光《资治通鉴考异》对此记载有所怀疑，称："恐武后亦不至轻浅如此。"据此否定这段对话的真实性，根据非常薄弱。司马光身居宋朝高层，不至于没有听见王公高官间的粗言恶语，不采此条恐怕出于劝励百官从良从善的良苦用心，以为资治通鉴。

3 ———
明朝陈耀《天中记》卷30亦引录此段，但在文后称：《李卫公诗话》误。"

第七章

恐 怖

王德将衰，政在奸臣。

鹰犬搏击，纵之者人。

遭其毒螫，可为悲辛。

作法为害，延滥不仁。

——刘昫《旧唐书·酷吏传赞》

三十八

　　转眼又到了新年，武则天为庆祝平定徐敬业叛乱，下令大赦，改元为垂拱元年（685）。"垂拱"见于《尚书·武成篇》，周武王伐商成功，对诸侯百官宣言："惇信明义，崇德报功，垂拱而天下治。"唐代学者孔颖达给这句话作了注疏，称："谓所任得人，人皆称职，手无所营，下垂其拱。"武则天似乎心满意得，准备让百官各尽其责，自己安享太平了。

　　这一年，也确实是难得平静的一年，只发生了几件不太引人注目的事。

　　三月，武则天命人把被废黜的庐陵王从均州（今湖北丹江口西北）再遣送到房州（今湖北房县）安置。看来武则天对他并不太放心。

　　这个月还颁布了《垂拱格》。唐朝的法律，由律、令、格、式组成。唐朝十分注重制度建设，尤其是法律制度，制定了完备的法律条文。律规定政治与社会生活的主要方面；还有随时发布的令，规定当前的国家大政；更有格和式，规定政府机关的办事细则，使整个国家行政法制化、规范化。自唐朝开国以来，历代皇帝发布了许多政令，因此，需要不断地整理，废除旧的法规，加入新的规定，编纂成册，成为官府行政的依据。太宗以来，先后编纂了《贞观格》《永徽留司格》《散颁格》和《永徽留司格后本》。最后一部《永徽留司格后本》是刘仁轨主持编纂的，完成于高宗仪凤二年，至此已经十年，所以有必要重新修订。

武则天临朝，很想有一番作为，史称她"初欲大收人望"[1]，故命内史裴居道、夏官尚书岑长倩、凤阁侍郎韦方质，会同删定官袁志弘等十余人，删改格与式，对以往的诏敕进行系统地整理，加进计帐和勾帐式，新旧合编，成二十卷。又把武德以来直到垂拱以前常用的诏敕编成《新格》二卷，武则天亲自作序，足见重视。此外再编《垂拱留司格》六卷，供各官府使用。由于具体负责编修的韦方质精于法理，手下亦一时之选，故此次编修的《垂拱格》和《垂拱式》，堪称详密，在唐朝法制史上，占有重要的位置。

武则天重视修订格式，以规范朝廷官府行政，这当然是值得肯定的。唐太宗一直致力于法制建设，形成唐朝重法度的优良传统，武则天对此予以继承。

然而，在政治方面，武则天更加强调君主拥有凌驾于法律之上的绝对权力，她对法制的态度，骨子里是把法治作为人治的辅助，实行君主高度集权政治。因此，法制化行政是对臣下官府而言的，至于君主，她更重视驾驭臣下的权术。以权术驭下，在武则天表现得相当突出。

武则天对于官僚并不信任。四月，因主审裴炎而蹿升为宰相的骞味道，还没坐暖席位，就被罢官，贬为青州（今山东青州）刺史。事情其实很简单，当时有些人被贬官，跑到宰相那里去问个究竟。骞味道对来人解释道："此太后处分。"另一位宰相刘祎之则回答："缘坐改官，由臣下奏请。"两位宰相，一位推卸责任，一位出面承担，这话传到武则天耳朵里，她马上做出决定，将骞味道贬官，而给刘祎之提级，并对侍臣说："君臣同体，岂德归恶于君，引善自取乎！"[2]

两位宰相，一升一贬，无非要百官懂得替君主担当责任。然而，一位自己提拔且视为心腹的人如此滑头，必然使得武则天对于大臣们

1 ————
《旧唐书》卷50
《刑法志》。

2 ————
《资治通鉴》卷203"则天后垂拱元年（685）四月"条。

更加不敢轻信。尤其是像她这样身为女人的君主，无法随意同大臣们宴饮交流，只能从深宫远处观察，通过奏章处事来感觉，就不能不多长几个心眼。这种弱点，只能用广树耳目来弥补。

武则天很重视收集情报，当年在宫中的历次政治斗争，她都得益于此，这也促使她更加倚重特务，不仅在宫中朝廷，还安插到社会各处。废中宗后不久，有时几个飞骑将士在城中坊里饮酒，几杯酒落肚，一怀怨愤涌起，其中一个人发起牢骚："向知别无勋赏，不若奉庐陵。"[3]这几个人浑然不知大祸已从口出，依然划拳喝酒，不一会儿，官兵包围了这间酒家，把他们全都抓了起来，言者处斩，其余以知情不告罪论绞，而告密者赏五品高官。从此以后，社会上也刮起了告密之风。

对于民间直接到中央告状，武则天是鼓励的，因为这有助于下情上达，更重要的是可以对官僚起到威慑作用，有利于君主集权。裴炎案件之后，武则天日益加强这方面的措施。垂拱元年二月，武则天下制："朝堂所置登闻鼓及肺石，不须防守，有挝鼓立石者，令御史受状以闻。"[4]登闻鼓设在西朝堂，肺石设在东朝堂，有专人看守，现在开放给民间击鼓上诉。

武则天懂得调动下层潜在的力量，开上告之路的同时，她还在五月下诏："内外文武九品已上及百姓，咸令自举。"[5]这个政策到底有多大作用，很值得怀疑。靠自举而踏上仕途以至受到提拔重用的事例，颇费找寻。武则天的精明在于这道诏令给了下层巨大的希望，把他们的欲望燃起，给在官场力量并不深厚的武则天增添了不尽的生力军。

垂拱元年，除了边疆有些骚乱之外，算是相当平静的一年。然而，在平静的后面，可以看到武则天正在逐步积极调动下层的力量，这恐怕是在为她的政治目标悄然进行准备。

翌年正月，武则天下诏，宣布还政于睿宗。

这本来是十分正常的事，皇帝早已是成年人了，没有太后临朝称制的理由。然而，平常的事情经过前两年的政治事件以后，却变得很

3 ——
《资治通鉴》卷
203"则天后光宅
元 年（684）二
月"条。

4 ——
《资治通鉴》卷
203"则天后垂拱
元 年（685）二
月"条。

5 ——
《旧唐书》卷6
《则天皇后纪》。

不平常，让人不敢相信。首先不敢接受的就是睿宗皇帝，他依然处境艰难，小心翼翼地扮演傀儡的角色，丝毫不敢越雷池半步。在这种情况下宣布让他秉政，他哪里敢相信，连忙上表坚决辞让。于是，武则天收回成命，继续临朝称制，并宣布大赦天下。

这场表演，一来使得武则天的临朝称制再次获得合法性，二来试探了睿宗和大臣们的心意。显然，武则天对于唐朝大臣很不放心，《资治通鉴》卷203"则天后垂拱二年三月"条说：

> 太后自徐敬业之反，疑天下人多图己，又自以久专国事，且内行不正，知宗室大臣怨望，心不服，欲大诛杀以威之。

徐敬业在某种程度代表了世家子弟，裴炎则代表了当朝大臣，这些人，或其祖辈，或其本人，都曾受到武则天的青睐，因此，他们反对武则天，确实让武则天感到失望，更加多疑。而且，这些事件让她深切感到官场反对势力的强大。性格刚强坚韧的武则天，毅然决定用铁腕来对付反对者。她所依靠的就是下层政治野心人物，通过煽动下层群众打破现有政治秩序的欲望，为他们打开犹如泡影的蹿升捷径，让这些人不择手段地为自己卖命，从而彻底改变力量的对比，用人数上的绝对优势，达到专制的目的。这种利用某种宗教式的狂热感情和迅速攫取利益的幻象，鼓动多数人对于权力和财富不均的仇恨，形成巨大的非理性力量，导向针对少数享有政治、经济与文化特权的人物或者集团的残酷打击，历来是政治野心家实现独裁的法宝，屡试不爽。且不论这种政治煽动是多么荒谬、疯狂、血腥和没有理性，社会为之付出的代价何等沉重、深刻、广泛而长期，乃至狂热的下层群众最终被出卖而沦为炮灰，只要心灵被嫉妒和仇恨所充斥，眼光被不择手段迅速致富的诱惑所完全吸引，他们就会冲破所有人伦道德底线前仆后继地损人利己，造成群体性共恶而最终损害自己，导致全社会的沉沦。这种恶的蒙昧没有深刻的反思批判而成为民众的共识，会像幽灵一般反复出现，祸害惨烈。历史的循环源于历史反思的缺失。

《资治通鉴》接着描述了当时政治恐怖的情景：

> 乃盛开告密之门，有告密者，臣下不得问，皆给驿马，供五品食，使诣行在。虽农夫樵人，皆得召见，廪于客馆，所言或称旨，则不次除官，无实者不问。于是四方告密者蜂起，人皆重足屏息。

给告密者丰厚的奖赏，招摇过市，而且不用承担任何诬告的责任，简直是无本万利的生意，即刻引得效仿者蜂拥而至。与之配套，朝廷豢养了一批没有善恶是非，没有良知准则，甚至没有人性，卖身求荣的酷吏，来执行此项特殊的政治任务。

然而，官方重奖固然诱人，因为记录在案的程序让检举多少得有点事端影子，而且会留下告密者的名字，这些都令不少人止住脚步。因此，需要做进一步的动员，让告密没有门槛。三月，一个反复小人给武则天进献了专供告密之用的"铜匦"。此人名叫鱼保家，乃侍御史鱼承晔之子，是个唯恐天下不乱的小人。徐敬业造反时，他教徐敬业制造刀车和弩机。徐敬业失败，他侥幸逃脱，却不汲取教训，反而时刻窥测风云，以求一逞。当他看到武则天渴求密告，便处心积虑设计出铜匦，四面开口，内部分为四个完全隔开箱体，东面称为"延恩"，用于投献赞美赋颂和请求仕进的书状；南面称为"招谏"，用于投递谏言，指出朝政得失；西面称为"申冤"，接纳受冤者的上诉；北面称为"通玄"，收受天象灾变情报和军机密计。投入铜匦内的文书，非专用器具无法取出，保密性甚好。朝廷为此特命正谏、补阙和拾遗官员一人专管，听任众人投表进状。铜匦成了武则天直接接受告密的工具。由于匿名告密无须承担丝毫责任、不留痕迹，仿佛打开了地狱的大门，让告密像幽灵一般四处游荡，像空气一样充斥空间，各种罗织诬陷、公报私仇犹如井喷，铺天盖地。无差别的构陷，使人人自危，个个战栗，从而达到了最大的恐怖效果，威慑并裹胁整个社会。

无人能够幸免，既让反对派钳口屏息，也让得势者不敢放肆，所有人的身家性命全都系于一纸密告。神奇的是所有的告密都精准地打在当权者盯上的人物身上，百发百中，举报者堪称眼睛雪亮。揭开冰山一角的是当时人留下的记载：原来除了告密者之外，亦有人不满此等手段，投书于铜匦，嘲讽斥责。于是朝廷改变任意投书的做法，改为先由朝廷专使审阅，符合需要的才可以投入铜匦，[1]从而让普遍性告密与精准性打击完美结合，朝廷驾驭自如。

1 ————
《隋唐嘉话》卷下。

发明铜匦的鱼保家似乎投机成功了，盼着平步青云，却等来了阎罗王的小鬼。有人以其人之道还治其人之身，投密状于铜匦，揭发鱼保家曾经为徐敬业制造兵器，杀伤官军甚多。对于独裁者而言，走狗从来都不值钱，鱼保家已经物尽其用了，所以武则天不吝打发他上西天。鱼保家始于作恶，终于自戕，用铜匦给自己立下邪恶的墓碑。

随着告密风起，酷吏的队伍也迅速扩大，最初担任鹰爪角色的当数左金吾将军丘神勣。如前所述，他在废中宗时被派往巴州监视废太子李贤，结果竟然把李贤逼死，并承担责任，因而获得武则天信赖。丘神勣的残暴有其家庭原因，其父丘行恭是唐太宗麾下一员猛将，贞观末官至右骁卫大将军，在镇压夏州（今陕西靖边北白城子）都督刘兰反叛时，剜取刘兰心肝而食，遭到太宗的训斥。在这种残暴的武夫家庭成长，丘神勣以杀人为勇猛，其残暴之事且待后叙。然而，丘神勣毕竟是有一定家世的人，和出自市井无赖相比，还是大为逊色。所以，在杀人竞赛的恐怖时代，他很快被后来者取代了。

早期被武则天看中的有索元礼。他出身胡人，徐敬业作乱时，武则天担心人心动摇，很想立威以挟制天下。索元礼通过特殊关系，探听到武则天的心意，便上书请求密告。武则天召见了他，一番密谈，大为投机，遂提拔他为游击将军，在洛州牧院负责制狱审判。索元礼果然不负圣眷，制造出专门的刑具，用铁笼套住被告的头，用转轮施枷来拷问，直至将受审者的脑袋夹裂而死。每审一人，必令牵扯出数十人，乃至数百人，才肯罢休。一时冤狱大兴，被他治死者多达数千人，都城战栗，如遇虎狼。而武则天多次公开召见他，多予赏赐，为其撑腰。

有了索元礼的榜样，不逞之徒群起效法。武则天重用的酷吏到底有多少，实在难以细数。她退位之后，中宗曾公布惩处一批酷吏名单，有刘光业、王德寿、王处贞、屈贞筠、鲍思恭、刘景阳、丘神勣、来子珣、万国俊、周兴、来俊臣、鱼承晔、王景昭、索元礼、傅游艺、王弘义、张知默、裴籍、焦仁宣、侯思止、郭霸、李仁敬、皇甫文备、陈嘉言、唐奉一、李秦授、曹仁哲等二十七人。[2] 这已经够吓人了，但还只是够资格上皇帝诏书的首恶分子，基本集中在都城，如果算上那些为虎作伥的爪牙以及各地的鹰犬，真不知道有多少！从垂拱二年（686）立铜匦到神功元年（697）处死来俊臣，这批大大小小的酷吏，给唐朝大地笼罩了血雨腥风的恐怖黑幕，长达十二年之久！

这些人的罪恶罄竹难书。最称穷凶极恶者，首推来俊臣。他来自雍州万年县（今陕西西安），父亲是个赌徒，赌赢同乡人蔡本结，遂据有其怀孕的妻子，生下来俊臣。来俊臣从小不务正业，为害乡里。曾经在和州（今安徽和县）奸盗被捕，受审时胡乱诬告他人，被刺史东平王李续识破，痛打一百杖。后来，李续被害，来俊臣乘机翻案，上书告密，被武则天召见，他谎称以前曾揭发李唐诸王图谋叛乱，却被李续按下，还惨遭杖刑，自吹如何坚贞不屈，感动了武则天，视之为忠臣，擢授官职，升任侍御史，主持制狱，成为武则天恐怖政治的代表。

来俊臣之所以成为酷吏的典型，是因为他不但手段残忍，诡计多端，而且把诬陷、拷问直至做成冤狱的全过程理论化，把实践经验总结提炼，与其同党朱南山、万国俊等人编写出《告密罗织经》一卷，教导狱吏如何编排事由，组织案情，冤屈定案，对当时的恐怖政治起到很大的推进作用。他把社会上的无赖组织起来，构成数百人的庞大告密队伍，每次制造冤案，必令这批无赖捕风捉影罗织罪证，然后从不同地方分别告发，众口一词，千里响应，由不得你不相信。一旦案

2 ————
见《旧唐书》卷186上《来俊臣传》。

子成立，被告入狱，便进入了鬼蜮世界。来俊臣审讯犯人，不论案情轻重，必严刑拷打，以醋灌鼻，置瓮中烧炙，无毒不有。他和索元礼等一伙酷吏发明制造了一整套刑具，"凡有十号：一曰定百脉，二曰喘不得，三曰突地吼，四曰著即承，五曰失魂胆，六曰实同反，七曰反是实，八曰死猪愁，九曰求即死，十曰求破家"[1]。并且有一套拷打的方法："以椽关手足而转之，谓之'凤皇晒翅'；或以物绊其腰，引枷向前，谓之'驴驹拔橛'；或使跪捧枷，累甓其上，谓之'仙人献果'；或使立高木之上，引枷尾向后，谓之'玉女登梯'。"[2] 讯囚之前，先罗列刑具，让他们看得胆战心惊，让他们招什么就招什么，自诬诬人，无狱不成。遇到有赦令，来俊臣总是让狱卒先把重犯杀死，然后再宣布，不让这些深受迫害的人有机会重见天日。武则天想办的案子，交给这伙酷吏，总能查得大合圣意，有如神明。所以，武则天对他们信任有加，放手让他们在政坛上冲锋陷阵，杀出一条通往帝座的血路。

然而，这伙酷吏充其量不过是些走狗，走狗何处不有？最为关键的乃是要建立起实施恐怖政治的制度，这就非武则天不成了。如前所述，武则天制定奖励告密的规定，不仅让告密者享受五品官规格的待遇，而且还有平步青云的机会。除此之外，武则天更将告密设为专案，越过正常的司法部门，由直属于她的专门机构来处理，构成超越于法律之上的另一套制度，使得告密获得制度的保障，而这才是恐怖政治得以长期肆虐的关键所在。

这套专制制度成形，始于设立直通武则天的告密举措。前引《资治通鉴》"则天后垂拱二年三月"条记载："告密者，臣下不得问，皆给驿马，供五品食，使诣行在。虽农夫樵人，皆得召见。"不但有专人受理告密，而且武则天时常亲自过问。全国各地的告密者，受到优厚的款待，送往都城，费用由国家承担。告密成为国家最高级别的要务。

设立审理告密的专门官员，由武则天指定，成为"制使"。前面介绍的酷吏，大多因为担任制使才得售其奸。当然，担任制使的人不

[1] 《旧唐书》卷186上《来俊臣传》。

[2] 《资治通鉴》卷203 "则天后垂拱二年（686）三月"条。

238　　武则天传

3 ————
《旧唐书》《新唐书》《唐会要》《资治通鉴》等史书均记载刘祎之案发生及其死期为垂拱三年五月（有误记为四月者），言之凿凿。但是，刘祎之的儿子刘扬名所撰《刘祎之墓志》明确记载刘祎之"以垂拱二年八月十二日薨于河南崇业里之私第，春秋五十七"，年月日均与史书记载不同，似应从之。详见前引毛阳光《洛阳新出土唐〈刘祎之墓志〉及其史料价值》，《史学史研究》2012年第3期。

4 ————
《旧唐书》卷87《刘祎之传》。

限于这伙酷吏，视案犯和案情的具体情况，由武则天斟酌委任她认为合适的人，直接从她那里获得授权，并秉承其敕行事。垂拱二年（686）的刘祎之案，就是一个典型的例子。[3]

刘祎之出自武则天御用的文人班子"北门学士"，自然是武则天的心腹，因而被提升为执掌机要的宰相。刘祎之固然忠诚于武则天，但他同时也是一位饱受儒家君臣伦理教育熏陶的著名文人，当政治现实与儒家原则冲突的时候，他内心难免痛苦，这就是士人官员同职业政客根本的区别，士人终究难以彻底背叛自幼接受的理想与道德教育。所以，刘祎之在支持武则天时候，有时也会忍不住流露内心的想法，他对凤阁舍人贾大隐说道："太后既能废昏立明，何用临朝称制？不如返政，以安天下之心。"

这话传入武则天耳朵，不禁大怒道："祎之我所引用，乃有背我之心，岂复顾我恩也！"[4]

武则天决意整肃刘祎之。垂拱二年夏，有人诬告刘祎之接受归诚州都督孙万荣的金子，且与许敬宗之妾私通。武则天马上立案，委派专人审理。《旧唐书·刘祎之传》记载了审理的过程：

> 则天特令肃州刺史王本立推鞫其事。本立宣敕示祎之，祎之曰："不经凤阁鸾台，何名为敕？"则天大怒，以为拒捍制使，乃赐死于家，时年五十七。

通过此案，可以看出当时审理专案的基本情况。负责审理专案的人，由武则天特派，不限于司法监察部门官员，称为制使，只根据武则天的敕旨办案，此类敕没有按照正常程序经中书、门下两省发出，故刘祎之对敕的正当性提出质疑。然而，专案获得最高授权，因此，刘祎之的质疑被视作对抗圣上特使，由武则天批准，马上赐死。整个办案的过程不经过正常的司法程序，这就是恐怖政治的基本特点。

第三，告密案件有专门的审理机构。《旧唐书》卷186上《来俊臣传》记载：

则天于是于丽景门别置推事院，俊臣推勘必获，专令俊臣等按鞫，亦号为新开门。但入新开门者，百不全一。弘义戏谓丽景门为"例竟门"，言入此门者，例皆竟也。

洛阳皇城西面丽景门的推事院设于天授二年（691），在此之前，亦有专门机关，如垂拱年间索元礼在"洛州牧院推案制狱"[1]。

第四，设置专案的监狱。这种特别监狱，直接听命于武则天，在武则天临朝称制时期，承制办案，故称"制狱"。武则天称帝之后，其命令称作"诏"，故此特别监狱也就称为"诏狱"。"制狱"首先由索元礼在垂拱年间建立，审讯拷问案犯，均在此进行，堪称人间地狱。[2]

显而易见，整个告密案件是由专门的独立系统来处理的，它凌驾于监察司法部门之上，享有特权。虽然有些案子也与司法部门一起办理，但主导权始终握在制使手中，司法官员只能充当配角。然而，由于酷吏们名义上多充任监察司法部门官员，所以，一般人不一定能够清楚了解其与正常监察司法部门的关系。郝象贤案件可窥见其中之一斑。

武则天上元年间曾逼高宗退位，到最后关头，高宗听了郝处俊的谏阻而没有禅让皇位于武则天，故武则天对郝处俊怀恨在心。只是郝处俊死得早，武则天来不及报复，遂迁怒于其孙太子通事舍人郝象贤。垂拱四年（688），有奴诬告郝象贤谋反，武则天命令有名的酷吏周兴审理，判处郝象贤族诛重罪。郝象贤家人到朝堂，向监察御史任玄殖诉冤，任玄殖上奏武则天，辩白郝象贤没有谋反，结果被罢官，郝象贤依然被处斩。而且，郝象贤临刑前大骂武则天，揭发她的许多隐私。有鉴于此，后面处斩犯人都先用木丸塞住犯人之口，然后行刑，开了钳口杀人的恶例。

在这件案子里，郝象贤被捕之后，家属按照正常途径到御史台诉冤，监察御史任玄殖也根据正常职权和程序受理。然而，实际上专案并不按正常途径经过监察司法部门，故监察御史也无法直接介入，只

1 ————
《旧唐书》卷186
上《索元礼传》。

2 ————
《旧唐书》卷186
上《索元礼传》。

能向武则天上奏。任玄殖的上奏有违圣意，恐怕还被视为管了不该管的事，所以立刻被撤职。由此可见监察司法部门在恐怖政治时代职权大受侵夺的尴尬境地。

专案专办，非但不容旁人置喙，而且，专案系统以外的人，不论地位多高，企图介入，反而会让事情变得不可挽救。其道理就在于武则天正是要通过这套专案系统，树立绝对的权威，威吓群下。宰相刘祎之的案子就是一例。

刘祎之下狱，睿宗亲自上疏为他申理，刘家亲友深相庆幸，以为有救。只有刘祎之看得透，说道："吾必死矣。太后临朝独断，威福任己，皇帝上表，徒使速吾祸也。"[3]

3 ——
《旧唐书》卷87
《刘祎之传》。

武则天就是要下面明白，只有她才能决定一切，此外别无他路。尤其是皇帝出面，她就更不能有丝毫让步，这样才能让拥护皇帝的众臣失去政治企盼和依靠，转而追随自己。大量制造冤案，用最残忍的手段惩罚案犯，才能造成空前的恐怖效果，百官钳口，道路以目，从而建立起高度专制的独裁统治，连心底里都不敢有丝毫的异念。

三十九

武则天全力实行的恐怖政治，并非漫无边际的政治迫害，而是有目的、分阶段的政治大清洗。

第一个阶段，充分利用徐敬业造反作为政治清洗的合法理由，有意扩大化，把火引向朝廷异己分子，制造了裴炎案，建立起专案制度、特别监狱"制狱"，以及其专属办案系统，随意给人扣上谋反的罪名，危言耸听，置之死地，掀起恐怖政治的浪潮。

第二阶段，恐怖政治一旦成形，便可以尽情操纵，导向皇室，演变为建立武氏政权的斗争。在此过程中，政治迫害迅速扩大化，从中央扩大到地方，从上层扩大到下层，官场人人自危，正常的监察司法制度受到很大的破坏。

第三阶段，在武氏政权建立之后，继续进行政治清洗，大批改换官员队伍，保持威吓态势，让他们惶惶不安，不敢独立思考与判断，无论黑白颠倒都唯命是从，承风顺旨唯恐不及，以此巩固政权。

第一阶段以徐敬业叛乱为契机，是恐怖政治兴起的时期，可以索元礼作为标志性人物。

唐朝处于士族政治的时代，要在讲究文化修养的政治环境里彻底实行毫无品格、卖友求荣的告密和极端残忍的铁血恐怖政治，武则天显然无法依靠饱浸儒学教育的士族官员，必须利用生活于社会下层中不择手段往上爬的痞子无赖。同这个群体对接，生活在深宫里的武则天需要特殊的机缘。

见不得人的目的需要依靠没有底线的手段，而且，经常会有来自旁门左道的机会，这种现象自古以来屡见不鲜，难怪古人观察人与事的时候，总要问来路、看手段，这两者不正，被精心粉饰的目的可想而知。武则天找到政治打手的发端竟然如此荒诞，让人羞于启齿。

事情起自高宗之死，武则天虽然唯我独尊、享受权力的荣耀，但美中不足是无法获得性欲的满足，寂寞难耐。无限膨胀的权力自然有蝇营狗苟之徒趋炎附势，千金公主适时出现了。

千金公主是唐高祖李渊的女儿，嫁给唐朝开国功臣温大雅的侄子温挺。千金公主善于投机取巧，见到武则天大权独揽，就知道一定会不利于皇室，便刻意去奉迎她，甚至上疏坚决要求以武则天为母亲，因而得到武则天的恩宠，赐她武姓，改称延安大长公主，给她随时进入宫内的特权，常在武则天身边侍候。千金公主虽然在武则天大诛皇室时幸免于难，但是，以姑母身份认侄媳妇为母亲，实在太过无耻，所以《新唐书》干脆把她从皇室里除籍不载。

千金公主在宫内处处留心，寻机拍马。她以女人的直觉，嗅出武则天内心的欲望，不由大喜。因为她的侍儿有个情郎，叫冯小宝，人高马大，一身横肉，在洛阳市场上招摇卖药，和千金公主侍儿勾搭上。千金公主发现后，便把冯小宝夺过来自个儿享用，颇称心意。现在看到武则天空房难耐，总算找到孝敬的大好机会，便悄悄地在武则天耳边称赞冯小宝有特殊专长，可供身边侍候。武则天马上会意，也是大喜，连忙召入宫中试用，果然了得，舍不得放他出去。但是，光天化日之下，在净是女眷的宫中留宿一条粗汉，说不过去，也遮掩不了，于是武则天对外声称冯小宝擅长建筑设计，让他在宫内主持营造，这个理由总可以成立吧。没想到专司进谏的言官补阙王求礼不依不饶，专门上表说道："太宗时，有罗黑黑善弹琵琶，太宗阉为给使，使教宫人。陛下若以怀义有巧性，欲宫中驱使者，臣请阉之，庶不乱宫闱。"[1]显然朝中大臣看出武则天的真实用心，抬出制度请求阉割冯小宝。高宗去世才三四年，武则天的私生活已经在朝臣中传言纷纷，尽管她已经年近六旬，但这只是开端而已。王求礼上表公然讨论这个问题，着实让人难堪，武则天只好装聋作哑，不予回答。

1 ————
《资治通鉴》卷203 "垂拱二年六月"条。

称制临朝的圣上同街头卖膏药的野汉子相处宫内，不仅传为笑话，而且有辱国家。于是武则天费心想出一条计策，让冯小宝剃度为僧，改名怀义，证明她俩之间的清白。可是，冯小宝的出身实在让人羞于启齿，所以还必须抬高他的身份，挣得官场的体面。贵胄身份源自家族血统，不是封官就能够做到的，怎么办呢？武则天再生一计，令他改姓薛，附籍于女婿薛绍族谱中，摇身变为士族，光鲜出炉。

然而，要拳卖膏药的毕竟还是要拳卖膏药的，"薛怀义"虽然混在大德高僧中出入禁中，但他哪里耐得住缁衣缓步的清淡，一朝富贵早已气血奔涌，炫耀欲狂。他骑着高头大马，后面跟随一群宦官，昂首挺胸，目中无人。连武氏贵戚见到他都要匍匐礼拜，甚至为他执辔前导，更何况内外百官，趋避退让，口称"薛师"。

薛怀义胆敢如此张狂，是因为武则天公开为他撑腰。这位粗汉子身边的喽啰也是流氓打手，公然在京城为非作歹，监察两京朝廷的殿中侍御史周矩职责所在，要执拿薛怀义审问，武则天予以制止。周矩再三坚持，武则天不得已答应让薛怀义到御史台来。薛怀义是来了，但他直接放马到官厅阶前，大大咧咧走上来，坦开肚子坐在官椅上，完全不把监察机关放在眼里。周矩大怒，命令手下捉人。薛怀义马上跃起上马，急驱而去。周矩赶着向武则天告状，武则天听后说薛怀义有病，不要再查了，他手下的人听任周矩处理。周矩还有什么办法呢？为了自己宠幸的汉子而不顾朝廷颜面，大概是唐朝开国以来未曾遇见过的事情。周矩身上还有太宗时代的官场遗风，真把薛怀义手下的流氓给判刑流放到边远地区。但是，他也为了坚持原则而付出个人的性命，后来遭到薛怀义的诬告，下狱而死。[1]

有武则天这么硬的靠山，监察机关算什么，薛怀义连宰相都不放在眼中。按照唐朝官场规矩，下级见到上级要行礼，薛怀义在朝堂上公然藐视宰相苏良嗣，苏良嗣虽然胆子小，却也咽不下这口气，命令左右把薛怀义拖曳出来，当众掌脸数十下，打得全没嘴脸。薛怀义跑到武则天那里哭诉，武则天一时也难以为他出气，只好劝慰道："阿师当向北门出入，南衙宰相往来，勿犯他。"[2] 当然，苏良嗣在酷吏横行的年代还是被诬告吓死了，追削官爵，抄没家产。这么正派守法的宰相都落得如此下场，谁还敢公正为官？只是大家嘴上不敢说，心里明白个人私欲压倒公权力，政权必定垮台。所以，武则天死后，连昏庸的唐中宗都懂得为苏良嗣平反；到唐德宗评定开国以来的良臣辅弼时，给苏良嗣定为上等。

薛怀义是这个时期政治的风向标，恰如贞观六年唐太宗对魏征所言："为官择人，不可造次。用一君子，则君子皆至；用一小人，则小人竞进矣。"[3] 任用什么样的人，就会造成什么样的官场风气。在所有的腐败中，祸害最为惨烈的首推人事腐败，其后才造成权力寻租的经济腐败、生活腐败……上上下下的官员从武则天的人事黜陟明白无误地辨识出反转了的风向，内心有所坚持的官员或许还感到儒家理想原则与现实冲突的痛苦，没有底线的人则庆幸腾空暴起的机会来临，对他们而言，如何进身只是一个技巧，就看个人的修为。

薛怀义的喽啰张岌成天跟随在身后，为他擎黄幞，上马时则匍匐在鞍前，作为踏脚。如此细致伺候，大受赏识，让官员们看到升官捷径。负责监察的侍御史郭霸亲尝来俊臣的粪便，武则天近臣宋之问则给张易之端尿壶，都获得宠信。这就鼓励官员竞相做出为人不齿的

1 ————
见刘肃撰，许德楠、李鼎霞点校《大唐新语》卷2，中华书局，1984年版。

2 ————
《隋唐嘉话》卷下。

3 ————
《资治通鉴》卷194"太宗贞观六年十二月"条。唐太宗此言本于《贞观政要》卷3所载："用得正人，为善者皆劝；误用恶人，不善者竞进。"司马光改写后，更具有一般性用人原则的镜鉴。

事情来证明自己忠贞无比，此类事例不堪罗列。这类拍马谄媚虽然低俗，却十分直接，做得低贱，回报快速，只是不容易爬得太高。能够攀缘至高位的除了这些手段之外，还需要有点貌似文化的东西。例如宗楚客眼力就要超凡出众得多，一见到薛怀义便惊赞不已，看出是天降圣人，乃"释迦重出，观音再生"。[4]因此，宗楚客官位扶摇直上，一直当到宰相。

4 ——
张鷟撰，赵守俨点校《朝野佥载》卷5，中华书局，1979年版。

武则天宠着薛怀义，让他在洛阳古城西面监修白马寺，建成后自任寺主，纠集一群无赖少年，剃度为僧，供他驱使犯法，横行霸道。还在建春门内敬爱寺另造殿宇，改名佛授记寺，呼啸丛林。都城上下，看在眼里，恨在心头。右台御史冯思勖实在按捺不住，多次依法弹劾薛怀义，非但没有效果，反招薛怀义怨恨。有一次，薛怀义在路上遇到冯思勖，马上就让手下把他打得奄奄一息。光天化日殴打监察官员，就算权臣也不敢如此张狂，而薛怀义安然无事，国法威严何在！到底是权大于法，可以无法，却不能无君。

然而，薛怀义毕竟只是粗野的恶棍，总不能老把政坛当作拳击场。所以，需要有点文墨的人帮衬，粉饰门面好做得更大，故流氓发迹后必定网罗几个文痞，薛怀义自然不会例外，况且他还需要讨武则天欢心。另一方面，武则天要收拾官员也需要一批深文周纳的刀笔吏。正巧两者都来自社会下层，只有地痞和文痞之别，其他方面还是共同之处居多，自然臭味相投。在薛怀义的团伙中，有上一节介绍的酷吏索元礼。索元礼出身胡人，借着徐敬业起兵反抗的事件看清楚武则天难以掌控唐朝官僚队伍的弱点，找到了自己在政治上突起的机会，一门心思迎合武则天，投其所好，刮起诬告整肃官吏之风。他敏锐地发现武则天和薛怀义的特殊关系，立即认薛怀义为干儿子，一箭双雕：在薛怀义初入官场为人鄙夷的时刻送上难得的支持，同时也向武则天献媚邀宠，更加重要的是通过薛怀义探知武则天最隐秘的私心，所以每次都能想武则天所想，急武则天所急，上书皆称旨，极受青睐，剑锋所指，所向披靡，让诬陷告密所造成的恐怖像空气一样弥漫，无所不在，把武则天的绝对权威快速树立起来，成为第一阶段酷

吏政治的代表。找到薛怀义，武则天打通了联结酷吏孵化地的管道，河南洛阳白马寺实属意外的收获。不走邪路哪得妖魔。

一个薛怀义，一个索元礼，一根专制主义的藤上长的两个瓜，一个打开武则天的淫欲闸口，一个推开恐怖政治的地狱之门。

索元礼充分利用徐敬业叛乱为突破口，大肆牵连诬陷，刮起漫天凄风苦雨。武则天尊重的正直文士陈子昂，时任麟台正字，痛心疾首，给武则天上《谏用刑书》，陈诉当时冤狱惨状道：

陛下大开诏狱，重设严刑，冀以惩创，观于天下。逆党亲属，及其交游，有迹涉嫌疑，辞相逮引，莫不穷捕考讯，枝叶蟠孥，大或流血，小御魑魅。至有奸人荧惑，乘险相诬，纠告疑似，冀图爵赏，叫（一作刑——原注）于阙下者，日有数矣。于时朝廷惶惶，莫能自固，海内倾听，以相惊恐。……

今陛下不务元默，以救疲人，而反任威刑，以失其望，欲以察察为政，肃理寰区，臣愚暗昧，窃有大惑。……顷年以来，伏见诸方告密囚累百千辈，大抵所告皆以扬州为名，及其穷究，百无一实。陛下仁恕，又屈法容之，傍讦他事，亦为推劾，遂使奸恶之党，决意相雠，睚眦之嫌，即称有密，一人被讼，百人满狱，使者推捕，冠盖如云。或谓陛下爱一人而害百人，天下喁喁，莫知宁所。[1]

1 ——
《全唐文》卷213，
中华书局1983年
影印版。

2 ——
《旧唐书》卷186
上《索元礼传》。

从徐敬业叛乱案的牵连，扩大到广泛的诬告，"推一人，广令引数十百人，衣冠震惧，甚于狼虎"。对此武则天屡屡召见索元礼给予奖赏鼓励，"张其权势，凡为杀戮者数千人"！[2]

徐敬业案件，引发了恐怖政治的潮流，武则天及其身边诸武迅速把大清洗导向李唐皇室，目标明确地开展篡夺李唐政权的斗争，遂掀起恐怖政治的第二个阶段。

武则天很清楚，只要是李唐政权，那么，不论她以什么名义长期执掌最高权力都名不正、言不顺，必定招致众多大臣的反对，造成权力危机。因此，她一接到徐敬业反叛的消息，马上就想到借机清除皇室诸王，苦于遭到裴炎的坚决反对而无法即刻实行，只好先借索元礼造成广泛株连的恐怖局面，再顺势操纵。

至于武氏诸臣则比武则天更急于夺取政权。他们心里清楚，只有彻底变天，建立起武氏王朝，权力才有保障，野心才能实现。因此，他们视李氏皇室为心腹大患，日夜在武则天耳边鼓捣，推动武则天取代李氏，铲除皇室。

显然，无论是武则天的临朝称制，还是诸武急于篡权，都有一个共同的特点，就是他们的权力都不具有合法性。政治既是实力的较量，也是法统的争夺，合法性始终是政治权力的深厚源泉与根基。合法性缺失，政权就难以得到全社会的普遍认可，自恃羽翼丰满的权臣就敢于觊觎最高权力。视国家公器为权力游戏的奖品，将源源不断催生出践踏规则与法制的野心家，纵有暴力强压，亦如坐在火山口上。从废中宗到建立武氏政权，乃至终武则天之世，其政权始终处于缺失合法性的怒涛暗流之中，从而规定了其政治和执政手段的基本特征，便是僭主政治形态。

这种政治形态，在本质上不具备合法性。正因为如此，它不具有政治与道德的权威，只能依靠国家暴力来维持统治，所以，告密、诬陷、严刑、拷问、株连、滥捕、特殊监狱等恐怖手段，成为压服臣下和百姓的日常统治方式。

首先，这种权力不受任何制约，凌驾于正常的法律和国家制度之上，极具统治者个人化色彩。最高统治者竭尽全力集中绝对的政治权力，其地位不容丝毫的疑问乃至挑战，并以这种绝对的权力向全社会发号施令，视官员如奴仆，把国家机器变为统治者个人的执行机关。这种绝对权力基本体现在社会的政治生活方面，对于国家公共职能、社会经济和民生等方面，并没有多少关心，但这丝毫不妨碍对于社会的全面监控和管制，无孔不入。

其次，这种权力因为缺乏合法性，所以它更需要严厉控制思想文化领域，一方面残酷镇压异端思想，另一方面则尽力神化统治者，甚至采用荒诞迷信的手法，并强迫人们违背良知而说谎，颠倒黑白，混淆是非，屈意奉承，歌功颂德，剥夺人的尊严，蹂躏、扭曲并折磨人的心灵。由于它造成人的堕落和道德沦丧的严重后果，因此，即使僭主政治崩溃以后，整个社会仍需要为良知与道德的恢复与重建，付出长期而巨大的代价。武则天以后，中宗、睿宗时代的政治混乱和道德沦落，乃至玄宗为社会重建而进行的长期努力，无不证明了这一点。

当武则天决意长期窃夺皇帝权力的时候，其后的政治进程，几乎就是明摆着的。实际上，古今中外的僭主政治，手段虽然有所不同，但政治轨迹如出一辙。

武则天对于皇室诸王始终保持着高度警惕。在皇室成员中，李孝逸曾经被利用来对付反叛者，当徐敬业被镇压下去之后，他本人立刻成为攻击的目标。垂拱二年二月，他被贬为施州（今湖北施恩）刺史。然而，由于他曾经手握重兵，所以，武承嗣对他很不放心，翌年，再次指使人诬告，说他曾自解名字道："名中有兔，兔，月中物，当有天分。"[1]谋反罪状旋告成立，他被判处死刑。这时，武则天出面

[1] 《资治通鉴》卷204"则天后垂拱三年（687）十月"条。

保他，减死除名，流放儋州（今海南儋州西北），最终还是难逃一死，其旧部也被诛杀。

李孝逸遭贬斥是一个信号，对皇室的政治迫害随即展开。垂拱四年夏天，太宗的女儿东阳大长公主被削去封邑，两个儿子都被强徙于巫州（今湖南洪江西南黔城镇）。迫害东阳大长公主的原因其实很简单，就因为她嫁给太宗朝著名宰相高士廉的儿子高履行，而高履行与长孙无忌是表兄弟，早在长孙无忌遭贬斥时，就已经受处罚贬为永州刺史，死于任上。但武则天并没有饶过东阳大长公主，所以现在再次给予打击，并累及她的两个儿子。

接着，武则天准备清除皇室中年长而有才行名誉者，主要有绛州刺史韩王元嘉、青州刺史霍王元轨、邢州（今河北邢台）刺史鲁王灵夔、豫州刺史越王贞，以及李元嘉的儿子通州（今四川达川）刺史黄国公譔、李元轨的儿子金州（今陕西安康）刺史江都王绪、虢王凤的儿子申州刺史东莞郡公融、李灵夔的儿子范阳王蔼和李贞的儿子博州（今山东聊城东北）刺史琅邪王冲等。

这些人是皇室的佼佼者，韩王元嘉是唐高祖第十一子，自幼深得高祖宠爱，他自己也很争气，好学博闻，有万卷藏书，喜爱碑文古迹，持家以礼，甚得清誉。其子李譔也以文才著名，所交游者皆当代名士，与越王贞之子李冲并为皇室后起之秀。

霍王元轨是高祖第十四子，好学多才，获得魏征高度评价，以至唐太宗亲自挑选魏征的女儿为王妃。他担任过好几个重要州的刺史，皆有政声。在定州刺史任上，适遇突厥入侵，军情紧急，他沉着镇定，大开城门，偃旗息鼓，唱了一出真正的空城计，果然让突厥怀疑有埋伏，仓皇退走。霍王元轨确实是一位文武双全的人才，甚得太宗和高宗的敬重，时常向他咨询国事，他也屡次上疏直陈时政得失，多有匡益。其子李绪，也以才艺著称。

鲁王灵夔是高祖第十九子，好学多才，精于音律，写得一手好字。

越王贞是唐太宗第八子，通文史，善骑射，有行政能力。

唐高祖的儿子，窦皇后所生四子，李玄霸早死，其余三人在争夺皇位继承的"玄武门之变"中，仅存太宗一人。其余兄弟，到武则天称制时，或老或死，健在者已不多了。太宗诸子，同样因为皇位继承之争，以及后来长孙无忌的迫害，年长有才干者早已死去。到武则天称制时，有才干者，仅剩越王贞和纪王慎。高宗诸子，非武则天所生者，早就处于严密监控之下。显然，皇室人才凋零，能够同武则天做斗争的最大本钱，就是身为皇室的号召力。

对此，精明的武则天早就计算到了。所以，当她废中宗而称制的时候，担心舆论于己不利，就把皇室中最有声望与才干的几位亲王捧上高位，以收众望。《旧唐书》卷64《韩王元嘉传》记载：

> 天后临朝摄政，欲顺物情，乃进授元嘉为太尉，定州刺史、霍王元轨为司徒，青州刺史、舒王元名为司空，隆州刺史、鲁王灵夔为太子太师，苏州刺史、越王贞为太子太傅，安州都督、纪王慎为太子太保，并外示尊崇，实无所综理。

武则天早就把他们给利用了。论才干，这些人都不是武则天的对手，更何况实力地位悬殊。到了垂拱末年，武则天称制已稳，便着手清除这些障碍，以打通称帝之途。

面对武则天的咄咄逼人，皇室大致分成两类，一类是逆来顺受，小心翼翼听从武则天，甚至奉迎讨好，求得平安。唐太宗第三子吴王恪的儿子李仁（后来改名千里），颇有象征意义。吴王恪被长孙无忌诬陷而死，这反而有利于其子孙，因为长孙无忌也是武则天的仇敌。但是，就算如此，他们的日子也不见得好过。《旧唐书》卷76《吴王恪附成王千里传》描述当时皇室的处境时说："时皇室诸王有德望者，必见诛戮，惟千里褊躁无才，复数进献符瑞事，故则天朝竟免祸。"另一类则不与武则天合作，其消极者，如唐高祖侄孙李思训，"高宗时累转江都令。属则天革命，宗室多见构陷，思训遂弃官潜匿"[1]。而积极者则起而反抗，遂爆发了越王贞父子于博州和豫州起兵的事件。

1

《旧唐书》卷60《长平王叔良附李思训传》。

武则天称制，抑制宗室，越王贞父子与韩王元嘉、鲁王灵夔、霍王元轨及元嘉子黄国公譔、灵夔子范阳王蔼、元轨子江都王绪等人惶惶不安，秘密联络，商议内外呼应，匡复皇室。韩王元嘉遣使与越王贞父子通气，说道："四面同来，事无不济。"[2] 范阳王蔼也派人对越王贞父子说："若四方诸王一时并起，事无不济。"[3] 显然，诸王都认为突袭洛阳是可行的，剩下的就是选择时机了。

垂拱四年七月，黄国公譔用暗语给越王贞写信称："内人病渐重，恐须早疗；若至今冬，恐成痼疾，宜早下手，仍速相报。"建议尽早动手。正巧年初开工的明堂将成，武则天命诸州都督、刺史及宗室、外戚齐集洛阳，准备举行大享之礼。宗室诸王内心有鬼，逡巡猜疑，东莞郡公融偷偷派人到其亲近的成均助教高子贡那里询问道："可入朝以否？"高子贡回报："来必取死。"于是，东莞郡公融称病不来。而韩王元嘉则传出话道："大享之际，神皇必遣人告诸王密，因大行诛戮，皇家子弟无遗种矣。"黄国公譔乘机伪造皇帝玺书传递给琅邪王冲，宣称："朕被幽絷，王等宜各救拔我也。"

琅邪王冲在博州接到伪造的玺书后，自己又伪造了一通玺书称："神皇欲倾李家之社稷，移国祚于武氏。"[4] 有玺书在手，就获得了正义，琅邪王冲命令长史萧德琮等招募士卒，同时派人分头赶往韩王、鲁王、霍王、越王和纪王处，让他们迅速起兵响应，会师洛阳。

这几个宗室王爷平时说话煞有介事，事到临头却慌张失措，有的根本没有准备，临时得报，计无所出；有的则临阵逃避，龟缩不动。只有越王贞因为是琅邪王冲的父亲，起兵响应，派兵攻陷上蔡（今河南新蔡）。

琅邪王冲募得五千兵卒，打算渡河取济州（今山东荏平西南），先进攻武水县。武水县令郭务悌向魏州求救。消息传到京城，武则天丝毫没有轻敌，马上派遣左金吾将军丘神勣为清平道行军大总管，发兵征讨。

琅邪王冲围攻武水，放火烧城门，不料风势逆转，未能得手。其部将董玄叔对人说："琅邪王与国家交战，此乃反也。"[5] 琅邪王冲听

2
《旧唐书》卷64
《韩王元嘉传》。

3
《资治通鉴》卷
204 "则天后垂拱
四年七月"条。

4
以上见《旧唐书》
卷76《琅邪王冲
传》。

5
《资治通鉴》卷
204 "则天后垂拱
四年七月"条。

到后，把他杀了，结果造成部下畏惧而溃散的结果，只有数十个家僮跟随左右，琅邪王冲不得不退回博州，却被博州守门人杀死。琅邪王冲从起兵到失败，总共才七天，可见宗室亲王的反抗并没有获得社会的同情和支持。然而，武则天派出的酷吏丘神勣为了邀功请赏，竟然在到达博州被当地官员迎入城中后，进行大规模的屠杀，残害千余家，哀鸿遍野。

越王贞方面，朝廷也派遣左豹韬大将军麹崇裕为中军大总管，岑长情为后军大总管，统率十万大军前往镇压，同时还任命张光辅为诸军节度。越王贞很快就接到琅邪王冲兵败的消息，惶恐万状，竟想要自戴枷锁入京谢罪，如此软弱，怎能成事。就在越王贞将要投降的时候，看到新蔡县令傅延庆招募来的两千兵勇，又抖擞起精神来，谎称："琅邪已破魏、相数州，有兵二十万，朝夕至矣。"[1] 先稳住军心。然后，越王贞把下属各县的五千兵卒分成五营，由汝南县丞裴守德等人带领，大封部下五百多人为九品以上官。然而，这些人不少是受胁迫的，根本没有斗志，只有裴守德与越王贞同心，故越王贞特地把女儿嫁给他，封为大将军。其实，越王贞始终是心虚的，他请来道士与和尚诵经祈愿，求神保佑，兵卒皆带辟兵符壮胆。将怯兵懦，何以临敌？果然，麹崇裕率领的唐军逼近豫州，越王贞派遣裴守德出城拒战，兵锋始交，即告溃败。越王贞大惧，与其子李规及裴守德等自杀。从起兵至此，前后不过二十日，一场反抗，犹如泡沫一般，转瞬破灭。看来，李唐皇室确已是人才凋零。

越王贞的武装反抗，反而给了武则天清洗李唐诸王的大好机会，因此，平叛后的处理十分严厉。张光辅唾手拿下汝南，放纵将士征敛无度，清查叛党，株连甚广，豫州一地，士庶坐死罪者六七百人，籍没入官者五千余口，来自中央的宪官一个劲地催促刺史狄仁杰执行死刑。说来这批罪犯实在万幸，遇到了难得的好官狄仁杰，竟能不顾个人安危，飞驿密奏武则天，称这些大多是为人所误，请求给予宽宥。武则天是个聪明人，她懂得政治斗争不能随便牵连百姓。说实在的，官僚之间钩心斗角，你死我活，和老百姓究竟没有太多利害关系，所

1 ——————
《资治通鉴》卷204 "则天后垂拱四年七月"条。

以，哪怕斗得天昏地暗，也不见得就会马上伤害到社会。但是，一旦失去理智，扩大到老百姓，任意株连，肆虐淫威，便会人神共愤，成为浩劫。懂得这个道理，武则天乐得顺水推舟，宽待罪犯不死，改为流放丰州。显然，武则天是个政治斗争的高手。

然而，对于政治人物，武则天就没有如此雅量了。她决心借机大开杀戒，尽可能清除皇室隐患。她让监察御史苏珦负责审理此案，苏珦经过审查，发现对皇室诸王的控告，大多属于缺乏证据的株连，便按下不办。于是，有人向武则天告密，说苏珦同诸王有勾结。武则天将苏珦叫来诘问，苏珦据理力争，武则天拿他没有办法，就将他改任他职，换周兴来审理此案。

周兴曾经在郝象贤冤案中崭露头角，以心狠手辣获得武则天的赏识，现在更被委以摧残皇室的重任，迅速蹿升，成为武则天第二阶段恐怖政治的代表人物。

周兴接办案子，便大开株连之门。参与反抗的宗室首先被捕，韩王元嘉、鲁王灵夔、黄国公譔和常乐公主被捉到东都，胁迫自杀。武则天下令将他们从宗室里除籍，改姓为"虺"。

东莞郡公融参与谋反，越王贞急报他起兵响应时，他仓促无措，僚佐逼他拿下越王贞派来的使者，向朝廷报告，故乱平之后，他暂时得到升迁，但旋被揭发，戮于市，家族籍没。给他通风报信的成均助教高子贡也被诛杀。

薛家三兄弟薛顗、薛绪和薛绍，都与琅邪王冲通谋。薛顗听到琅邪王冲起兵的消息后，私下打造兵器，招募兵勇，企图响应。不料琅邪王冲很快失败了，薛顗马上除掉录事参军高纂，想杀人灭口，结果还是难逃死劫，他和弟弟薛绪被处死刑，而薛绍因为是武则天爱女太平公主夫婿的缘故，免受诛戮，改为杖刑一百，饿死在狱中。

到了年末，身为司徒的霍王元轨也被牵连，遭到流放，用槛车押往黔州（治所即今四川彭水），才走到陈仓（今陕西宝鸡），就死去了。他的儿子江都王绪，被控告与裴承先勾结，一同被杀。裴承先是唐朝开国元勋裴寂的孙子。

那些不肯附和越王贞的宗室成员，也遭到诬陷，例如太宗第十子纪王慎，越王贞曾约他一同起事，被他拒绝。然而，他也未能逃出周兴的魔爪，被捕下狱，本来判死刑的，临刑前夕被减刑，改姓为"虺"氏，用槛车押送岭南流放，半路死去。他的六个儿子，都被杀害，家属流配岭南。

实际上，受到迫害的皇室成员，远不止于此，粗粗罗列，也是一串长长的名单，除个别人外，基本上都在垂拱末年以降遭到周兴等酷吏的迫害。

高祖侄子　李孝逸（流配，死）

高祖侄孙　　　　　　　李文暕（被诛）

　　　　　　　　　　　李思训（弃官潜匿）

　　　　　　　　　　　李荣（为酷吏所杀）

高祖子孙　韩王元嘉（11子，自杀）——黄国公譔（自杀），李谌（遇害）

　　　　　霍王元轨（14子，流配，死）——李绪（坐诛）

　　　　　（郑惠王元懿，13子）——李璥（坐诛）

　　　　　（虢王凤，15子）——东莞郡公融（坐诛）

　　　　　（道孝王元庆，16子）——李谭（坐诛，同时被杀的还有李谧、李蓁、李璹）

　　　　　舒王元名（18子，流死）——李亶、李昭（坐诛，与李昭同时被杀的还有诸宗室李直、李歊、李然、李勋、李策、李越、李黯、李玄、李英、李志业、李知言、李玄贞）

　　　　　鲁王灵夔（19子，自缢）——李蔼（遭陷害）

　　　　　（江安王元祥，20子）——七子，多被诛。

　　　　　（密王元晓，21子）——李颖（《通鉴》作颍）

　　　　　（滕王元婴，22子）——李脩琦等兄弟六人（遭陷害）

太宗子孙　（恒山王承乾，长子）——李厥（坐诛）

（魏王泰，4子）——李欣（贬官，死）

（蜀王愔，6子）——李璠（流配，死）

（蒋王恽，7子）——李炜（坐诛）

越王贞（8子，自杀）——李冲、李蒨、李温、李规（死）

纪王慎（10子，流配，死）——李绩、李叡、李秀、
李献、李钦（遇害）

——李琮（遇害）

——李行远、李行芳（遇害）

曹王明（14子，贬流，自杀）——李俊、李杰（遇害）

高宗子孙　燕王忠（长子，赐死）

泽王上金（3子，自缢）——李义珍、李义玫、李义璋、
李义环、李义瑾、李义璇等七人（流配，死），庶子
李义珣流窜隐匿民间为佣保

许王素节（4子，遇害）——李璟、李瑛、李琬、李玑、
李玚等九兄弟（坐诛），李琳、李瓘、李璆、李钦古
（年幼禁锢）

（章怀太子贤,6子）——李光顺（坐诛）、李守义（坐
诛）、李守礼（幽禁）

　　这是一份不完整的名单，还没有算上公主驸马及其子女受迫害的
情况，即便如此，也足以了解当年对皇室迫害之惨烈。

　　对皇室的大规模迫害，因越王贞起兵反抗而获得充分的借口，此
后便大力推进，持续多年，愈演愈烈。垂拱四年重手镇压皇室反抗
者，到翌年进一步扩大，对皇室的清查迫害进入高潮，大大超出了清
查越王贞案的范围。四月，"杀辰州别驾汝南王炜、连州别驾鄱阳公
諲等宗室十二人，徙其家于嶲州"[1]。七月，杀纪王慎及其儿子。纪王
慎是拒绝参与反叛的，对其家族的迫害，表明这场清洗已经转变为针
对皇室的迫害，另有政治目的。九月杀废太子恒山郡王承乾的儿子李
厥一案，也证明了这一点。到了十月，又再捕杀嗣郑王璥等六人，以

1　　
《资治通鉴》卷
204"则天后永昌
元年七月"条。

及嗣滕王脩琦等六人。

对皇室的残杀，手段非常残忍，"诸王、妃、主自垂拱后被害者皆藁掩之"[1]。没有被杀者，日子也是生不如死。前述武则天的亲孙子、章怀太子贤的儿子李守礼，每年遭受数次杖刑，脊背伤残到天气变化就发作，非人的折磨，可想而知。

打击的对象，从皇室诸王有德望者扩大到"壮者诛死，幼皆没为官奴，或匿人间庸保"[2]。在载初元年（690）十一月，周兴更奏请除唐亲属籍，从制度上将李唐宗室亲属从皇籍上剔除，让这些人再无翻身出头之日。

七月，诛豫章王李亶，流放其父舒王元名于和州。随后，清洗的对象转而指向高宗的子孙。武承嗣让周兴出面罗织罪状，告发泽王上金和许王素节谋反。

高宗有八个儿子，非武则天所生的有四个，长子燕王忠，后宫刘氏所生，最早被人利用于政治斗争，立为太子，废黜后遭诬告，赐死于麟德元年。

次子原王孝，后宫郑氏所生，没有留下什么事迹，只知道他在永徽元年被封为许王，三年封并州都督，显庆三年任遂州刺史，都是虚授。麟德元年，也就是李忠被赐死的当年，他也年轻早逝。

三子泽王上金，后宫杨氏所生，以皇子例封亲王，但因为不是武则天所出，屡遭贬黜，外放任官，不许回朝。永昌元年（689）改任随州刺史。没想到才过个年，就受周兴诬陷，遭灭顶之灾。

四子许王素节，乃武则天痛恨的萧淑妃所生，自幼聪明伶俐，孜孜好学。萧淑妃被害之后，他也被禁锢，于外地安置。后来，武则天为了显示自己的宽宏大量，重新封他为许王，当舒州（今安徽潜山）刺史。高宗死后，他便大难临头了。载初元年，他和泽王上金一道被诬陷，从外地押回东都，还没进城，就在城南龙门驿被缢死。上金看得惊恐万分，自缢身亡。他们的子女或诛或流配禁锢，左右亲近都被杀死。

其实，对于自己的子孙，武则天也未曾手软。在那个烈日胜火

1 ——————
《新唐书》卷80
《义阳王琮传》。

2 ——————
《新唐书》卷80
《曹王明传》。

的八月，如狼似虎的酷吏狱卒鞭杀了故太子贤的两个儿子，也就是她的亲孙子。同时，还杀害了李颖、李昭及宗室十二人。"自是宗室诸王相继诛死者，殆将尽矣。其子孙年幼者咸配流岭外，诛其亲党数百余家。"[3]

3 ——————
《旧唐书》卷6
《则天皇后纪》。

显而易见，这是针对李唐皇室的有预谋的大屠杀。灭李氏，并不是因为他们都想谋反，而是武则天已经下决心改朝换代，建立武氏政权。

四十

通过第一阶段的恐怖政治，武则天成功地让最高统治阶层对她实际篡夺皇权噤若寒蝉，第二阶段的上半场则将打击的重点转移到皇族，基本清除了其中有声望、有能力的亲王公主及其家属。

这两次清洗之所以能够大获成功，并且没有招致多少反对，关键在于武则天的手法巧妙，节奏把握得当。她利用徐敬业武装反叛事件，以及裴炎案件，整肃统治集团高层中反对她称制临朝的官员，控制打击面小而集中，不改变李唐政权的招牌，稳住整个官僚阶层，仿佛斗争的性质是捍卫中央朝廷及其最高领导人。得手之后转入第二阶段的上半场，把打击的对象扩大到皇族，利用越王贞和琅邪王冲父子的武装反抗，趁势株连皇族成员，把重要人物清除殆尽，再无反抗能力。这些王公贵族高高在上，脱离民众，本来在社会上没有什么号召力，加上平日享受特权，作威作福，招致一般民众乃至官吏的嫌恶，所以当他们灾难临头的时候，许多人甚至有幸灾乐祸的快感，这正是武则天充分利用的社会心理，所以不费吹灰之力而大获成功。渐次转移目标，逐步扩大打击对象，把真实的政治目标隐藏在普遍存在的对于虚幻公平的追求背后，煽动偏激的情绪，逐个击破，这是成功的不二法宝。

显然，理性与良知的缺失，是野心家攫取权力的机会。对优于自身的他人，无论是精神方面的智力、学识，还是社会上的名声、地位，乃至物质上的财富、权力，人们的内心普遍存在着嫉妒与不平，从而产生攻击的冲动，有些人付诸行动，有些人稍能克制而幸灾乐祸，这种普遍的心理构成了野心家得以操纵并推动其蹿升的力量。实际上，绝对公平的人间关系在历史上从未存在。要让社会稳定最重要的是建立越来越公平的规则与法律，以及支撑它的道德与价值观，用法律、制度的公正去追求现实社会最大限度的公平。因此，对于规则和法律的理性尊重与捍卫，构成社会稳定的基础。当规则和法律在个别人身上遭到破坏的时候，不论是好是坏，大家都应该站出来捍卫规则与法律，而不是袖手旁观。否则，对于规则和法律的践踏就会蔓延开来，最后落到每一个人的头上。为什么独裁者的手法都是从个别到一般的逐步扩大化，每每成功，道理就在于此。民众的理性程度，体现了一个社会的成熟度。劳动者合法的成就与成果理应受到尊重，而不是相反。孔子以来儒家教诲民众"见贤思齐"以提升自我的品德能力，构成社会良知的民众基础，而普遍的良知体现了一个社会的文明程度。理性与良知被摧残，幸灾乐祸乃至损人利己将使得灾难遍布于社会。从历史所呈现的状况来看，从中渔利的统治者只能一时得逞。但是，当社会丧失底线以后，他们也最终被吞噬。丛林的法则，暴虐的社会，无人能够幸免于难。用普遍告密与酷吏制造恐怖那一刻起，武则天的结局也已经被自己设定了。

当然，武则天没能看得那么远，她被眼前的效果鼓舞，进一步扩大打击面。暴政的机器一旦开动，便循着自身的逻辑运行，启动它的人也被这股巨大的力量卷入旋涡，不能自已，无法自拔。这不是理论的演绎，而是呈现在人们面前的真实历史过程。官僚们看到皇族纷纷落难而以为这场清洗应该落幕的时候，岂能料到这仅仅是第二阶段恐怖政治的上半场，接踵而至的是进一步扩大化的下半场。

下半场的打击对象便是在上半场旁观的官僚阶层。因为随着整肃的深入，武则天的政治目的也逐渐显露出来：并非长期临朝称制，而是要登基称帝，改朝换代。这就让唐朝百官陷入十分尴尬的境地，局势非常微妙。

如果是起自基层的异姓革命，或者是发自中央的权臣篡权，必然会招来唐朝百官的激烈反抗，爆发大规模的内战。可是，现在的篡权者是唐朝的皇后，由皇帝亲自册立并昭告天下的皇后，她不能说不是李唐皇室的人。然而，正是她一步步地篡夺李唐政权，越来越清晰地打出武氏旗帜来，让百官不知如何是好。他们已经长期习惯于武则天听政的局面，早就把武则天当作朝廷的领袖，听命服从。但是，他们始终把武则天当作李唐政权的代表，把武则天夺宫以来的宫内斗争视为皇室内部的"家内事"，而没有看作一个政权推翻另一个政权的"革命"，更何况李氏和武氏亲缘关系纠缠不清，权力重叠，武氏取代李氏并没有造成政治上全面的权力重构和利益再分配，没有从总体上触动官僚阶层的根本利益。因此，不管武则天怎么闹，他们都愿意当作有限度的权力扩张而予以容忍，因为他们始终没有把武则天当真作为李唐政权的对立面，充其量也只是一时的异数而已。

另一方面，唐朝社会开放的风气，人们早已习惯妇女抛头露面，甚至颐指气使。翻开唐朝遗留下来的文献，关于妇女强悍的记载比比皆是。高官贵族，家中往往有"妒妇"，忍耐河东狮吼，已经不是什么秘密。中国古代妇女史并不是贯穿始终的性别压迫史，却是一部走向苦难的历史。从文献记载渐趋详细的周朝开始，妇女的家庭乃至社会地位并不低，哪怕在政治上，东、西汉女性真正掌权的时间并不短。五胡十六国以来，北方游牧民族入主中原，男女平等的风气更盛，北齐"举朝既是无妾，天下殆皆一妻"[1]，足见一斑。唐承北朝风气，更加开放，妇女地位颇高，内外出头揽权，习以为常，人们并不反对妇女发号施令。唐朝百官对于武则天执政，大多能够接受。这是武则天在唐朝顺利攀上权力高峰的重要社会背景。到了开放风气逐渐收敛，排异求纯的宋朝以降，阉割掉早期儒家平等思想的宋明儒学，不断以抽象空洞的道德说教笼罩现实生活，调子越唱越高，百姓生活的自由空间越来越小，思想禁锢，道德虚伪，人伦堕落的大幕逐渐降下，妇女被套上三从四德的枷锁，从精神压迫到身体摧残，愈演愈烈，从此

1 ——
《北齐书》卷28
《元孝友传》，中华书局，1972年。参阅赵翼著，王树民校证《廿二史劄记校证》卷15《北齐百官无妾》，中华书局，1984年。

三彩釉陶女俑，1959年西安中
堡村墓出土，陕西历史博物馆藏

彩绘骑马女俑，1972年咸阳礼
泉郑仁泰墓出土，陕西历史博物
馆藏

走向苦难的深渊。这时候来看唐朝妇女的社会活跃，仿佛觉得是不可思议的异象。始于宋，成于明清的专制主义理论的理学，在本质上迥异于唐以前的儒学，这是儒学史上的一大蜕变，不可混为一谈。

唐朝百官服从武则天的前提，是她以皇后或者皇太后的身份代表李唐执政，这是武则天掌权的合法性所在。接受这一点，无关乎男女性别。实际上，即使到了强调并贯彻男尊女卑的宋代以后，皇后、皇太后执掌权柄的事例也一再出现，从朝廷到社会都没有异议。清朝最后掌握实权的慈禧太后，并没有因为是女性而招致反对。所以说中国古代反对妇女执掌政治权力的说法并不成立，把武则天掌权说成是妇女翻身更是无稽之谈。

官吏与知识阶层，乃至唐代社会所不接受的是武则天称帝。自从秦朝进入皇权政治体制以后，一个王朝的最高统治者为一姓，诸如汉朝姓刘，唐朝姓李……这已经成为社会共识而天经地义，构成帝制国家的血统合法性。武则天如果称帝，这个政权将不再姓李，而改姓武，在血统上就是改朝换代，除非进行一场"易姓革命"，否则要从李唐的母体生出武周的胎儿，只能被视为篡夺政权，绝无合法性可言。亦即对于帝制王朝而言，最高统治者改姓便意味着改朝换代。借重与皇帝的亲缘关系而掌握朝廷大权，最后不是停留于权臣的位置，而是心生异志，趁势改换朝廷，这种情况在中国帝制时代一共发生两次，前者为西汉末年的王莽，因外戚当政而建立新朝；后者为武则天，因皇后临朝称制而建立周朝。利用异体生出来的怪胎皆无好结果，二者都仅仅存在十四年就被推翻，王莽被百姓切食其肉，武则天幸运于其子复位而免遭屠戮。十四年几乎成为魔咒，不管他们生前如何竭尽暴力维持统治都难逃厄运。所以，反对武则天称帝，是反对改朝换代的篡夺政权，并不是反对妇女掌权。把政治篡夺与性别斗争相混淆，是根本误解。

当武则天迈向改朝换代的时候，她已经打碎了其领袖地位的合法性。因此，当她大规模屠杀李唐皇族的时候，已经没有回头路了，必须通过更大规模的屠杀来改变官吏队伍的成分，让他们胆战心惊而不得不驯服，成为新政权的工具。于是，恐怖政治第二阶段的下半场拉开了大幕。那些官吏把徐敬业起兵看作部分权贵子弟的反叛，把越王冲父子起兵看作皇室的内讧，以为云开雾散将见玉宇澄清，那就大错特错了。他们见到的是"黑云压城城欲摧"。

当然，在正式改朝换代之前，武则天会充分利用李氏与武氏的特殊关系，以及她合法执政与非法篡夺的身份模糊性，虚虚实实、借用此前的案件进行株连，扩大政治清洗，把打击对象从溃败凋零的皇族转向朝廷到地方的官吏，扫除一切敢于质疑乃至反对她的势力，最终造成改朝换代的政治态势，不可逆转。

武则天青少年时代的种种磨难，练就出一双犀利的眼睛，看透世人普遍的心理：当不公正的灾难落在别人头上的时候，大家围观甚至相庆，觉得他人落难都是应该的，自己仿佛出了一口恶气；老实一点的人则明哲保身，只求置身事外。这就给了武则天充分的操弄空间，第一阶段恐怖政治打着维护李唐政权的旗帜，势不可挡。第二阶段上半场转向清洗皇族，百官大多麻木不仁，但求武则天适可而止。官吏阶层的心情虽然矛盾，却在感情乃至政治忠诚上偏向于李唐，这一点武则天不会看错，也绝不敢掉以轻心，所以必须下重手彻底摧毁。在此过程中，把任何事情政治化，提升到谋反的高度进行镇压，广泛制造冤案，用捕风捉影的逮捕和屠杀来制造无处不在的恐怖气氛，是制服官吏阶层乃至整个社会的重要手段。

武则天对于官吏阶层心理的把握十分准确。百官虽然对她迫害皇族似乎袖手旁观，却也不时流露出不满，迫使她不得不放缓改朝换代的步伐。垂拱二年，雍州报喜，称新丰县（今陕西临潼新丰镇）东南有山破地而起，从最初的六七尺一直隆起至三百尺高。平地起高山，如此壮观，乃风水上伟人诞生的吉兆。武则天闻讯，喜不自禁，下令将新丰县改名为庆山县。这件事到底是地方官吏拍马所为，还是上层有预谋的动作，现在都说不清了。无论何者所为，明眼人都看得出武则天的企图，所以各地纷纷庆贺。然而，荆州江陵出身的俞文俊上书朝廷，劝谏道："臣闻天气不和而寒暑并，人气不和而疣赘生，地气

1 ————
《旧唐书》卷187
上《俞文俊传》。

不和而堆阜出。今陛下以女主处阳位，反易刚柔，故地气隔塞而山变为灾。陛下谓之庆山，臣以为非庆也。臣愚以为宜侧身修德，以答天谴。不然，恐殃祸至矣！"[1] 在四起的颂声中，俞文俊却说不是吉兆而是灾异，犹如身体冒出肿瘤一般，原因在于武则天占据皇帝的位置而遭到天谴。难道这只是俞文俊的个人意见吗？恐怕未必，他道出了官员们普遍装傻的真情。宫内养个薛怀义，朝官上表要求进行阉割；现在大地起山，却被斥为天谴。精明的武则天怎能看不出大部分官员内心所想？可谓貌顺而心不恭。此事不宜讨论，武则天直接把俞文俊流放到岭外，过些年派遣六道使分赴各地办案时，还记得将他整死。本来可以借机推进的称帝进程，闹了个灰头土脸的不愉快，只好搁置。还得再等两年后的垂拱四年四月，由武承嗣亲自上阵，在石头上凿刻"圣母临人，永昌帝业"，投入洛水之中，再让人无意间打捞上来，驰报朝廷，由武则天命名为"宝图"，敬告上天，命令全国各地大员汇聚洛阳隆重举行仪式，共尊武则天为"圣母神皇"，刻制玺印。三个月后，再把"宝图"改称"天授宝图"；改洛水为"永昌洛水"，封洛水神为"显圣侯"，禁止渔钓；将石头出水处命名为"圣图泉"，设置永昌县；改嵩山为"神岳"，封其山神为"天中王"，官拜太师、使持节、神岳大都督，禁止放牧。轰轰烈烈忙了一百多天，把山神水神都封官成为部下，统辖他们的皇帝也就呼之欲出了。到年底，武则天隆重举行接受"天授宝图"的仪式，内外文武百官、周边部族首领分列四方，祭坛上罗列奇珍异兽金银珠宝，彩旗飘扬，声乐奏响，武则天率先登场，后面跟随着皇帝和皇太子，场面之浩大，是唐朝建国以来从未有过的。通过"天授宝图"的仪式，向天下宣告武则天才是真正具有天命的领袖，她同皇帝的关系不啻主人与跟班。[2] 前后联系起来，这些天降祥瑞都是政治操作。

2 ————
《资治通鉴》卷
204"则天后垂拱
四年"。

　　为什么武则天不直接登基称帝呢？因为迈出易姓换代的一步，不知道前方有多少地雷和陷阱。垂拱四年正月，她曾经有过一次试探。武则天在神都洛阳建立唐高祖、太宗和高宗三庙，同时建立祭祀武氏祖先的崇先庙。让武氏与李氏分庭抗礼，这意思够明白了。武则天进一步要求相关部门讨论崇先庙应开立几室，显然是要分出武氏与李氏的上下尊卑，用意在于从宗庙礼制上预先完成改朝换代。果然有会心者如司礼博士周悰提议武氏设七室，并将李氏从七室减为五室，道出武则天内心所欲。但是，立刻遭到其上司春官侍郎，亦即礼部副长官贾大隐的反对。他上表称：

> 礼，天子七庙，诸侯五庙，百王不易之义。今周悰别引浮议，广述异闻，直崇临朝权仪，不依国家常度。皇太后亲承顾托，光显大猷，其崇先庙室应如诸侯之数，国家宗庙不应辄有变移。[1]

1 ———— 《资治通鉴》卷 204 "则天后垂拱 四年正月" 条。

贾大隐所据乃千年礼制规矩，破坏这一规矩就是公然篡政改朝。没有触动这条底线，百官表面曲意迎合，一旦触动底线便有人挺身而出进行抵抗，迫使武则天不得不退回去。她的权势一时还不能撼动李唐根基，所以不敢鲁莽行事。社会不存在改朝换代的革命要求，因此，武氏取代李氏就不存在正义与合法性。武则天只能进一步强化权力与镇压来实现政治企图，这就是她在基本击垮李唐皇族以后更大规模推行恐怖政治的原因。

从垂拱四年越王贞武装反抗开始，武则天在全国范围内掀起镇压与整肃浪潮，确保易姓换代成功，其持续时间的长短由反抗力量的强弱所决定，大约经历两年完成恐怖政治第二阶段的下半场，亦即从垂拱四年（688）到天授元年（690）。

为了顺利推行政治大清洗，首先必须极大地提高朝廷强力部门的权威，成为凌驾于朝廷各部门乃至宰相之上的武则天直属机构。要达到这个目标，必须让所有的官员对其战栗俯首，不敢有二。不管什么人，只要落入武则天委派的制使手中，只能听天由命了。

垂拱四年底，宰相骞味道遭人罗织告密，成为这一年清除皇族诸王以外最大的案件。骞味道长年任职于御史台，因为奉旨办理裴炎的案子、置之死地而升任宰相，执掌最高决策部门内史省（中书省）。武则天称制临朝，朝廷官员颇多不满，局势尚未明显。骞味道虽为鹰犬，却耍滑头。武则天贬黜官员，有人找到骞味道讨说法，骞味道便称"此太后处分"[2]，把责任推得一干二净。有人把这情况汇报给武则天，于是骞味道被贬为青州刺史。后来武则天要打击皇族，骞味道又被调回御史台，任左肃政大夫，跻身宰相之列。在武则天重用的打手中，骞味道谈不上凶残，甚至有些患得患失，还自视能干，看不起僚属，例如负责监察朝廷及两京官吏的殿中侍御史周矩，骞味道作为上司待之无礼，常常批评他不能办事。整人者结仇甚广，同样会遭告密。武则天对于百官之间的关系知之甚详，接到告密后，感到骞味道不得力，该换人了，所以把案子交给周矩来办。周矩马上拘押骞味道，语带嘲讽地对他说：您总说我办不了事，现在且看我怎么办您。周矩干净利索，不几日结案，骞味道连同儿子一起被处斩。

骞味道算不算报应且不论，诛杀宰相足以震慑满朝文武。骞味道肯定罪不至死，其中不少冤屈，但此案传达的信息非常清楚，用得不顺手的官员，哪怕位居一人之下、百官之上，同样杀无赦。案情如果不冤，就不足以令人恐惧。而且，更具有警示意义的是骞味道属于武则天阵营的人，不够死心塌地也难逃一死，其他后台没有骞味道硬的人更不在话下。骞味道案件从多个角度来看，都具有标志性意义，整肃的刀锋已经转向官吏阶层了，上不封顶。镇压越王贞和琅邪王冲时的大屠杀，则表明下无限制。不仅要震慑官吏阶层，同时也要震慑百姓，才能令全社会屏息惶恐，唯命是从。如果对于垂拱四年发生的这几件事麻木不仁，当作偶然事件，一直等到恐怖政治遍及社会各个角落时才感觉到，那就实在太晚了。

琅邪王冲起兵时，武则天丝毫没有轻视，立即派遣曾经害死章怀太子李贤的酷吏丘神勣率大军前往镇压。琅邪王冲拼凑了区区五千兵马，一击即溃。斩杀琅邪王冲的博州官吏出来迎接丘神勣，没想到丘神勣竟然将他们全都杀了，多达千余家人。

响应琅邪王冲的越王贞亦举兵于豫州，旋告溃败。唐朝十万大军总指挥是宰相张光辅，向收复的豫州刺史狄仁杰索要巨资，狄仁杰严正拒绝，怒斥张光辅纵兵屠杀道："城中闻官军至，踰城出降者四面成蹊，明公纵将士暴掠，杀已降以为功，流血丹野。"[1] 上述的大屠杀，武则天岂能不知？丘神勣因此提升为左金吾卫大将军，而狄仁杰亦因此被贬为复州（今湖北天门）刺史。一升一贬，朝廷的立场十分清楚，因为株连无辜可以推升社会的恐怖气氛。

恐怖气氛弥漫高涨后，通过株连或者冤狱进行大清洗就势如破竹。徐敬业造反的旧案像幽灵一般再现于世。永昌元年，徐敬业的弟弟徐敬真从当年被流放的绣州（今广西桂平）偷跑出来，打算逃奔突厥。路过洛阳时，洛州司马弓嗣业和洛阳令张嗣明暗中资助他继续潜逃，一直到定州才被捕获。此事引起很大的震动，武则天赖以为根据地的东都洛阳的行政长官与其政敌关系如此之深，以至于胆敢罔顾法令乃至高压，接济政治逃犯。更令人惊惧的是弓嗣业和张嗣明两人是受到信任酷吏，曾经制造了长达六尺、宽四尺、厚五寸的大号枷锁[2]，唐尺只比今尺小一点点，戴上这付枷锁让人无法动弹，极其难受，无不顺服，故被视为忠诚能干。他们竟然暗通敌人，武则天还敢真心相信什么官吏呢？别看全体官员表面顺从，甚至歌功颂德，但是，真有什么风吹草动，不知道会有多少官员背叛她。往深处想，后背直出冷汗，对于百官的真实面目更加多疑。所以，这个案子必须严查到底，将潜藏于官场的异己分子彻底肃清。武则天看到的是官员心口不一的表象，唱颂时声嘶力竭，实则心怀异思，乃至谋叛。她采用残酷的手段力图彻底加以清洗，将酷吏政治运用得淋漓尽致，却不知是否明白治标之术过度运用会招致适得其反的效果？长时间的专制高压迫使两面派成为官场存活术而普遍化、常态化，除非政治生态改变，否则无法去除。

弓嗣业和张嗣明都被戴上他们发明的大号枷锁接受刑讯，官民见状，无不拍手称快，冷眼看他们的现世报应。七月，弓嗣业被缢死，徐敬真和张嗣明想免死，拼命拖人下水，指证许多官员和士人心怀异图，企图谋逆。张嗣明供称宰相张光辅率大军镇压越王贞的时候，"私论图谶、天文，阴怀两端"[3]。私议天文图谶可是天大的罪状，意味着自称上膺天命，谋篡大位，应被马上处以极刑。八月四日[4]，张光辅、徐敬真和张嗣明都被诛杀，家属全部籍没为官奴。张光辅是颇

1 ——
《资治通鉴》卷204"则天后垂拱四年九月"条。

2 ——
《太平广记》卷121"弓嗣业"条所引《朝野佥载》逸文，人民文学出版社，1959年。

3 ——
《资治通鉴》卷204"则天后永昌元年七月"条。

4 ——
《旧唐书》卷6《则天皇后纪》记载为八月辛巳，亦即八月一日；《新唐书》卷4《则天皇后纪》则记载为八月甲申（四日），两者相去数日。《新唐书》记载涉案人员多而详，本书据以叙述。

受武则天信任的官吏，刚刚残酷屠杀豫州军民而立功，位居朝廷中枢，还没得意几时便遭受灭顶之灾，看来武则天对于手下干将的政治忠诚度并不信任。

合法性与法定规则被破坏之后，必定引起信任危机，官员的伪装与统治者的猜忌多疑互动，形成恶性循环，压力不断增大，则信任越发降低，人人自危，无一幸免，最终必将导致严重的政治危机。武则天从废中宗临朝称制、徐敬业起兵之时起，恐怖政治终其一生，官员口是心非伴随一朝，反复筛选出来的"忠臣"却发动政变将她推翻，其中的道理何其深刻。

张嗣明这样一个中级官员[5]，能够牵连到宰辅张光辅，恐怕因为他们是一条线上的人。故清洗按照人事条线进行，同日诛杀的还有陕州参军弓嗣古。二十一日杀陕州刺史郭正一，临刑免死流放[6]；二十七日杀相州刺史弓志元、蒲州刺史弓彭祖、尚方监王令基。值得注意的是《新唐书·则天皇后纪》将"张嗣明"记载为"弓嗣明"。从姓氏源流而论，弓姓相传源自黄帝之子挥，因制造弧矢而受封于张，其后遂为弓氏和张氏，史上多见弓姓改为张姓者。弓姓在唐朝任官者颇多。张嗣明与弓嗣业名字排行相同，应该出自一族而改姓。追查同族而诛杀陕州参军弓嗣古。此三人为同辈。再牵连到相州刺史弓志元、蒲州刺史弓彭祖，应属同族。从案犯口供引出陕州刺史郭正一、尚方监王令基。最受同情的是遭到株连的彭州（今四川彭州）长史刘易从，为人忠厚，善待百姓，处死之日，远近吏民赶来送别，竞相脱下衣裳放置地上，为他祈求冥福，在阴间衣食无忧。后来官府收集衣物出售，高达十余万。至此，见诸记载的涉案弓姓亲属任官者五人，连带诛杀宰相一人、朝廷九卿之一的尚方监一人、地方大员刺史三人（含遇赦一人）、长史一人。

此案还将进一步扩大，根据徐敬真的口供，秋官（刑部）尚书张楚金、凤阁（中书省）侍郎元万顷、洛阳令魏元忠被控勾结徐敬业，判处死刑，拉到刑场上，行将处斩时，才由武则天派遣下官飞马传旨，刀下留人，改为流放岭南。这出刑场放人的戏将人吓得魂飞胆

5 ————
根据《唐六典》卷30记载，洛阳令为正五品上。

6 ————
司马光《资治通鉴考异》根据《旧唐书》各人本传以及《唐实录》《御史台记》，考证郭正一以及被牵连的张楚金、元万顷、魏元忠四人未死，流放岭南，当从之。

裂，又收到恩重如山而感激涕零的特殊效果。先以莫须有的罪名置之死地，再用个人私情赦免起用，惊悚至极倍觉恩情，无妄之灾方知忠顺，这是法家御人之术的秘诀，也是必须大量制造冤案的道理。徐敬真一人逃亡，竟演变成为处斩多名朝廷高官及封疆大吏的重大案件。

武则天任用酷吏审案，每个案子必定广泛株连，"推一人，广令引数十百人，衣冠震惧，甚于狼虎"。[1]酷吏们善于揣摩上意，株连邀赏，公报私仇，那些武则天不喜欢的官员在劫难逃。趁着朝廷大案而人心惶惶之机，宰相魏玄同被拎出来了。魏玄同是科举进士出身，擅长诗文，同上官仪俱为才学兼优官员而成为好友。上官仪因为给高宗起草废黜武则天的诏书而被杀，魏玄同当然遭到处罚，流放岭外。后来遇赦回京任职，才识过人，累迁至吏部侍郎，主持铨选，指出当时百姓未富，盗贼未减，争讼未息，礼义未彰，原因在于吏不称职，官非其才，因此建议选用身正德优、学厚识长的人任官，不要仅凭书判考试选拔。这同武则天的用人方针相抵牾，上奏后再无下文。人以群分，魏玄同和文华出众的宰相裴炎成为官场好友，裴炎下狱而死，魏玄同不改情谊，受人赞誉为"耐久朋"。高宗在世的时候，酷吏周兴已经入仕任县令，曾经被召见，高宗想提拔他，但有人上奏反对。周兴不知内幕，一再到朝堂前等候喜讯，大家都装聋作哑，让他傻等，还是宰相魏玄同怜悯他，叫他回去。哪知道周兴把好意当作羞辱，怀恨在心，借着徐敬真案件，向武则天密告，称魏玄同说："太后老矣，不若奉嗣君为耐久。"用移花接木的手段诬告，正好击中武则天的心病。其时睿宗这个儿皇帝宛如拘禁，等待发落，联想到魏玄同与上官仪、裴炎的关系，不用审即可定罪。武则天下旨，魏玄同赐死于家。监督执行的御史房济向魏玄同指点一条求生之路，劝他请求告密，获得召见时自辩清白。魏玄同长叹道："人杀鬼杀，亦复何殊，岂能作告密人邪！"[2]宁死不作告密小人，魏玄同从容就义，捍卫了做人的尊严和底线。

魏玄同挺直腰杆死了，可杀人的节奏并未放缓，大批朝廷官员纷纷落马，"又杀夏官侍郎崔詧于隐处，自余内外大臣坐死及流贬者甚

1 ————
《旧唐书》卷186上《索元礼传》。

2 ————
《资治通鉴》卷204"则天后永昌元年九月"条；《旧唐书》卷87《魏玄同传》。

3 ————
《资治通鉴》卷
204"则天后永昌
元年九月"条。

4 ————
唐高宗平百济与
高句丽后，新罗
独立。高丽时代
金富轼编撰的
新罗、百济、高
句丽三国时代史
书《三国史记》
（1145年）已经不
清楚百济与高句
丽的职官，故撮
集中国唐前正史
记载列于《职官
志下》。据《北
史》卷94《百济
耽牟罗国传》记
载：百济"官有
十六品：左平
五人，一品；达
率三十人，二
品……"。《隋
书》卷81《百济
传》略去官品。
据此可知黑齿常
之以第二品官出
任郡将，职位颇
高。《旧唐书》卷
109《黑齿常之传》
称他"犹中国之
刺史也"。更准
确地说，应相当
于"上州"军政
首长。

众"[3]。而且传来了相当惊人的消息：右武卫大将军、燕公黑齿常之谋反，已经被捕入狱了。同期拿下的还有右鹰扬卫将军赵怀节，以及凉州都督李光谊，陕州刺史刘延景等人。

黑齿常之原为百济国达率郡将。达率为百济第二品高官[4]，故黑齿常之相当于唐朝上州军政首长。苏定方渡海灭百济，黑齿常之率部投降。后来看到苏定方纵兵劫掠，遂与左右十多人逃回所部，集合亡逸据任存山而守，部众多达三万余人，打败苏定方前往镇压的部队，收复二百多座城池，声势颇壮。龙朔三年，高宗遣使招降，黑齿常之归顺了唐朝，任左领军员外将军，驻守西陲，屡破吐蕃，其骁勇与谋略深得高宗赏识，升任左武卫将军，检校左羽林军。羽林军为禁军，虽然不归黑齿常之统领，但授予此职则表明对他的亲近与信任。高宗去世，武则天擢升黑齿常之为左武卫大将军，跻身最高军职，依然检校左羽林军衔，信任不改。垂拱二年，突厥入侵，黑齿常之击退之，因功封燕国公；翌年再破突厥于朔州，追奔四十余里。武则天另外派遣的右监门卫中郎将爨宝璧见黑齿常之大胜，以为突厥好对付，一心想争功，率一万三千精兵孤军深入二千余里，结果大败，全军覆没。黑齿常之转战突厥后，武则天任命文昌右相韦待价为安息道行军大总管征伐突厥，大败而归，伤亡惨重。显然黑齿常之是镇守边疆的优秀统帅，入唐二十多年来战功卓著，忠诚可鉴，突然说他伙同右鹰扬卫将军赵怀节谋反，实在令人难以相信。很快又传出黑齿常之在监狱中自缢身亡，世间为之惋惜不已。这事也就不了了之。

如果说六年前诛杀程务挺还属于孤立的个案，那么，黑齿常之谋反案便是一个明确的信号，对于官吏的清洗进一步扩大到军队，从上到下，全面铺开。

永昌元年光是一个夏天就连续爆发三个冲击最高军政官员的大案，杀了两位宰相，一位大将军。如此高密度、高强度的株连冤案，足以让满朝文武人人自危。

同时，对于李唐皇族的迫害并没有因为整肃重点的转移而有所减轻。四月以来，他们被一批批地拉出来问斩流放。首先被诛的是蒋王恽、道王元庆、徐王元礼、曹王明等诸子孙；处死的名单里还有汝南郡王玮、鄱阳郡公谭、广汉郡公谧、汶山郡公蓁、零陵郡王俊、广都郡公璹，他们的家属统统被流放到巂州。天官（吏部）侍郎邓玄挺是鄱阳郡公谭的岳父，女婿谋划迎接中宗复位，和他商量，他以为不回答、不参与就没事，结果一样被处死。

接下来的七月，为人谨慎的纪王慎也遭到逮捕。李慎是太宗第十子，贞观十七年出任襄州刺史，治绩甚佳，当地百姓给他立善政碑；以后转任多州刺史，属于皇族中的佼佼者。李慎博闻好学，专精文史，越王贞起事前曾经联络过他，遭到拒绝。即便如此，他也难逃迫害。当时没有株连到他只是考虑打击面不能太过宽泛而已，现在要为武则天称帝清道，他身为李唐皇族便在劫难逃，下狱当死，临刑前改为流放，以显示武则天的宽大。李慎年过六旬，被关进槛车，长途押送岭南，在颠簸折磨中死于道上，儿子们相继被诛[1]，家属全都被流放岭南。

九月，唐太宗废太子承乾的儿子恒山郡王厥被揪出来处死。十月，李唐宗室之鄂州刺史、嗣郑王璬等六人被处死；第二天，又流放嗣滕王脩等六人于岭南。杀到李唐宗室中既无政治实力，也基本没有社会影响的人，或者是出于对自身以及掌控政局的不自信，或者是出于仇恨。不管出于何种动因，到这份儿上似乎应该进入尾声了。永昌元年十一月，武则天宣布大赦天下，改元为载初元年。

然而，载初元年从一开始就充斥着错乱和肃杀之气。因为是十一月改元，所以载初元年的月份特别怪异，十一月为正月，十二月为腊月，夏正月为一月，时间和季节全都乱套了。腊月，根据酷吏周兴的上奏，除却李唐宗室属籍，这意味着不仅要从肉体上消灭李唐宗室成员，还要从制度上将他们从享受特权的统治阶层中彻底铲除，连根拔掉。在看似逐渐平稳的时候，更大的风暴正以雷霆万钧之势，让全社会为之战栗。

腊月里原宰相刘齐贤被整死在狱中。刘齐贤以刚正秉持原则著称，一家人敢于直言进谏、坚持正义而成为官场的标杆。祖父刘林甫是唐高祖李渊创唐初期的功臣，处事干练，参与制定律令制度，后来

1 ——
《旧唐书》卷76称纪王慎五个儿子于垂拱年间遇害。《资治通鉴考异》根据《唐实录》考证为八男相继被诛。

被委以选官重任，颇为出色。父亲刘祥道历任机要、监察要职，长期主持吏部，发现铨选制度存在的弊病，建议高宗进行改革，主张选拔有学识见地的贤能，广开人才之路，不要光凭考试录用，滥而不精。任上颇有声誉，荣升宰相。到刘齐贤已经是第三代了，以侍御史出任晋州司马。有一次高宗打猎，左右告诉高宗晋州出好鹞，可以令刘齐贤捉来进贡。高宗说道："刘齐贤岂是觅鹞人耶！卿何以此待之？"[2]显然，在皇帝心目中，刘齐贤刚正不阿，不会做出格邀宠的事情。他这种性格遇到唐太宗和高宗这种以国家为念的君主，可以施展抱负，当到宰相。到武则天当政制造前述裴炎冤案的时候，刘齐贤刚正不阿的脾气出来了，力辩裴炎是功臣，绝不会造反，甚至说道："若裴炎为反，则臣等亦反也。"[3]在恐怖高压的年代敢用自己的性命担保裴炎，在官场极为罕见。左武卫大将军程务挺还只是秘密上表，私下证明裴炎不反就被立即处死，刘齐贤当然没有好果子吃，很快被逮捕入狱，虽然没有处斩，却也不断遭到贬黜，从宰相沦为吉州（今江西吉安）长史，最终还是再度被捕入狱，冤死狱中。刘齐贤一家人"自祖、父三代皆为两省侍郎及典选，又叔父吏部郎中应道、从父弟礼部侍郎令植等八人，前后为吏部郎中员外，有唐已来，无有其比云"[4]。他的死传达的信息非常明确：刘齐贤坚持的是原则与道义，武则天需要的是忠顺与听命，当两者发生冲突的时候，何去何从，刘齐贤就是例子，百官自己想清楚，好自为之吧。

一月份，又一位宰相落马。地官（户部）尚书、同凤阁鸾台三品韦方质生病，武承嗣和武三思两位当朝权臣前往探视，算得上特殊的礼遇。这些年来，武则天家的亲属纷纷占据政治要津，位高权重，下官逢迎唯恐不及。然而韦方质不吃这一套，踞坐床上，左右力劝，他就是不肯起身卑躬行礼，说道："吉凶命也。大丈夫岂能折节曲事近戚以求苟免也！"[5]果然马上被周兴等人诬告，流放儋州，不久死去，而其家属都被籍没。此案主角韦方质出自关中世家大姓，官宦家族颇以门户地望自负，看不起寒门武氏小人得志，既无学养，又不懂家教规矩，只知道依仗权力在政坛上横行，所以故意给他们一点颜色看

2 ————
《旧唐书》卷106
《刘祥道附齐贤传》。

3 ————
《资治通鉴》卷203 "则天后光宅元年"。

4 ————
《旧唐书》卷106
《刘祥道附齐贤传》。

5 ————
《旧唐书》卷75
《韦云起附方质传》。

看。韦方质案反映出中古政治社会的深刻问题，那就是门第之见及其社会歧视。这种观念与现象被大众接受而深入人心，造成文化与统治阶层内部的结构性矛盾。寒门出身的掌权者一方面致力于跻身高门之列，渴望受到尊敬，另一方面是他们回过头来看不起新进的寒门。门第高低的歧视非政治权力所能消除，影响持久，故武氏篡夺李唐不仅遇到强大的政治抵抗，还难以逾越世族门第的壁垒。所谓武则天政治崛起代表着寒门取代世族之说，是得不到数据支持的臆测。魏晋以来，门第壁垒越发森严，虽然有无数次政治权力对于世族高门的抑制乃至打击，都无法克服这一难题，最多只能收到一时之效，很快又卷土重来，依然如故。就唐朝而言，门第间的歧视几乎贯穿始终。门第高下、社会阶层及其形成的观念，不是政治暴力能够轻易消除的，只有随着社会形态的演变而转变。韦方质看不惯武氏的跋扈，这种态度在世族阶层颇具普遍性。

二月，曾经为武则天办案处死宰相刘祎之而升任宰相的王本立，也为周兴所告，不久便被处死。

四月，宰相范履冰因为举荐的官员被判犯逆罪，被捕下狱而死。

短短四个月内连续处死了四位宰相，史无前例，足令百官惊悚。然而，武则天似乎觉得力度仍然不够，她提拔了更加凶残的人强化御史机构，侯思止当上了侍御史。

侯思止是雍州醴泉乡村无赖，贫穷不能自立，在游击将军高元礼家帮闲。贫穷不可卑，无耻却可恨，痞子遇到时机就会兴风作浪。武则天屠戮李唐皇族和百官的运动，成为不务正业者难得一遇的机会，那些无耻之徒把任何事情上纲上线就能飞黄腾达。有人格者视为劫难的时候正是痞子流氓的盛大节日，这是一个时代好坏的风向标。恒州一位小官犯事，被刺史裴贞杖罚。这本是一件小事，但炒作一下就成为惊天大案。侯思止和这位小官串通一气，通过高元礼向朝廷告密，变成了裴贞伙同舒王元名图谋造反的案件。违法乱纪的小官成为捍卫国家的受害人，而侯思止则成为献身举报的英雄。可歌可泣的故事正符合武则天的需要，李唐诸王和世族裴氏都是要打击的对象，交给周

1 ——
《朝野金载》卷1.
《资治通鉴》卷
203"则天后光宅
元年二月"条记
载:"有飞骑十余
人饮于坊曲,一
人言:'向知别无
勋赏,不若奉庐
陵。'一人起,出
诣北门告之。座
未散,皆捕得,
系羽林狱。言者
斩,余以知反不
告皆绞。"这两条
记载恐为一事。
羽林军飞骑为武
则天侍卫,不至
于公然妄言要支
持被武则天废黜
的儿皇帝,故
《朝野金载》所记
似更可靠。这两
条记载都反映出
当日告密之风甚
炽,无论是酒后
牢骚,或者心虚
联想皆可构成死
罪。因联想而杀
人,反而让流言
传播更广,张鷟
在武则天倒台后,
用历史事实反推,
说道:"自后庐陵
徒均州,则子母
相去离也;连台
拗倒者,则天被
废,诸武迁放之
兆。"说的活灵活
现,令人信以为
准确预告的谶言。
所以,唐人笔记
收录武则天时代
的歌谣谶言颇多,
适成反讽。

兴来办理,统统灭族。论功行赏,侯思止摇身一变,成为游击将军,连其主人高元礼都瞬间向他低头哈腰,称之为大哥,同席而坐。侯思止一个字都不识,高元礼却啧啧称赞,反问自古以来的断案神兽獬豸难道识字吗?文盲才神明。武则天听后觉得极有道理,加封侯思止为左台侍御史,手握监察百官的生杀大权。武则天真的那么愚昧吗?绝非如此。她比这帮酷吏和糊弄者聪明不知多少倍,只是装作被蒙蔽,早早为将来向走狗推卸责任和开刀埋好伏笔。眼下她需要的就是侯思止这种凶残无耻且不通文墨的打手,没有思想只会作恶,那就只能完全听命于她,什么邪门绝情的事都做得出来,是最得力的政治清道夫。

同期被提拔重用的王弘义身上亦可看出共同的特点。他是冀州衡水人,乡村无赖,曾经向邻舍乞讨瓜吃,邻人不给,他便跑到县衙门谎称瓜田里有白兔,县官派人搜捕,把好好一片瓜田全给踩烂了,着实让他出了一口怨气。尝到公报私仇的甜头,王弘义来劲了。他到赵州一带游荡,看到闾里老人聚集吃斋,便诬告说乡民聚众谋反,杀了二百多人,血洗村庄。这回算是立了大功,被武则天越级提拔为游击将军,很快升任殿中侍御史,投入堆积如山的案件中。有人告密称胜州(治所在今内蒙古准格尔旗十二连城一带)都督王安仁谋反,武则天交给王弘义办理。审问时王安仁诉冤不服,王弘义直接从枷板上把他的脑袋劈下来,再把他儿子也抓了进来,如法炮制,然后将首级装入匣子送回去。王弘义外出公干,路过汾州(今山西隰县),汾州司马毛公陪他吃饭,饭菜下肚,王弘义突然喝令毛公站到阶下,当场将其斩杀,将头颅穿刺于长枪尖上,一路示众,进入洛阳城,沿途百姓看得瑟瑟发抖。

武则天在洛阳城南丽景门内设置专案的"制狱",捉进来者非死不出,王弘义用"丽景门"的谐音称之为"例竟门",京城百官无不望而生畏,人人自危,相逢无语,道路以目。每日天明,宛若死期降临,上朝前与家人诀别,不知尚能回来否,竟至夜晚不知白天的黑。

那种弥漫于空气中的恐怖,源自无处不在的告密和无从申辩的冤狱,无人能够逃脱。羽林军可谓享有特权的武装,有十多位宿卫官兵在清化坊饮酒作乐,猜拳行酒令:"子母相去离,连台拗倒。"[1] 这是二十年前就在民间流行的酒令，所谓"子母"是指盏和盘，嘲笑毛手毛脚的人取盘时连带把盏拗倒了。到了永昌年改元为载初的今年，这道酒令容易引起人们的联想：武则天废黜、流放、软禁自己的亲儿子。这些官兵是粗人，哪里会想那么多，依然划拳欢乐，突然一群官兵冲了进来，把他们捉走，将他们全部斩首弃市。此案中的告密者被授予五品官，相当于司局级别，不可谓不高。以后告密者就按照这个级别领赏[1]，重赏下的踊跃，更是把告密推向罗织构陷。联想都能构成死罪，无异于臭名昭著的"腹诽罪"。连捕风捉影都可以当街杀人，流动的空气全变成鬼煞阴风，谁不汗毛倒竖，惊恐度日，而这正是武则天要最后出手完成改朝换代所需要的氛围，世上再无人胆敢非议。

恐怖到让人刻骨铭心，还需要进一步加码，并持续更长的时间。所以，这一波的血雨腥风还将更加凄厉。

五月，带血的铡刀重新开启，平定徐敬业后被诬告而流放儋州的李孝逸被杀。[2]

六月，戊申，杀汴州刺史柳明肃。

七月，辛巳，流舒王元名于和州。壬午，杀豫章郡王亶。丁亥，杀泽王上金、许王素节。癸卯，杀太常丞苏践言。许王素节从舒州押解回京的路上，见乡民哭丧，长叹能够病死何其万幸，真可谓悲苦至极。[3]

八月，辛亥，杀许王素节之子璟、曾江县令白令言。甲寅，杀裴居道。壬戌，杀将军阿史那惠、右司郎中乔知之。癸亥，杀尚书右丞张行廉、太州刺史杜儒童。甲子，杀流人张楚金。戊辰，杀流人元万顷、苗神客。辛未，杀南安郡王颖、鄅国公昭及诸宗室李直、李敞、李然、李勋、李策、李越、李黯、李玄、李英、李志业、李知言、李玄贞。[4]这个月份里，故太子李贤的两个儿子，也就是武则天的亲孙子，被鞭打致死。[5]

在这份遇害者名单中，赫然出现武则天垂拱年间颇受重用的裴居道，他曾先后担任过刑部、中书省、门下省长官，甚至在垂拱四年

1
《朝野金载》卷2记载："罗告准例酬五品。"《资治通鉴》卷203"则天后光宅元年二月"条也明记："告者除五品官。"

2
《新唐书》卷4《则天皇后纪》记载：天授元年五月"己亥，杀梁郡公孝逸"。李孝逸究竟死于何时，唐代已经难得其详了。司马光《通鉴考异》在垂拱三年十一月李孝逸被流放儋州记载后面，指出《新唐书·则天皇后本纪》与《梁郡公孝逸传》记载不合，而且，《唐历》和《统纪》《实录》的记载各不相同。故司马光采用了《旧唐书·李孝逸传》和《实录》的记载，把李孝逸的死期系于垂拱三年十一月。司马光的结论是从各书记载不一致乃至误读推出来的，无法成为结论。《新唐书·李孝逸传》记载："流儋州，薨。"《旧唐书·李孝逸传》记载："减死配徙儋州，寻卒。"都没有具体的死期，但也确定不死在流配儋州之时，而在此后。从垂拱三年十一月到天授元年五月，只有两年出头。因此，推翻《新唐书·则天皇后纪》记载是不成立的；从武则天称帝前密集大屠杀的背景考虑，此时间记载反倒更具可信性。

留守西京。名单中还有武则天御用文人出身而升任要职的元万顷、苗神客，连同上一年被杀的宰相范履冰，即所谓的"北门学士"。由此可知，武则天对于身边的人从未信任，或者从不敢相信。而且，还可以看出其内心深处对于百官的真实态度，即宛若一次性抹布，用完便可丢弃。从李唐宗室到文武百官，再到左右亲信，武则天清洗的范围按计划逐步扩大；诛杀的对象从政敌到亲生儿孙；整肃的频率也从逐月加快到每隔几天便有高官处死，这张罗网渐渐笼罩下来，无人可以逃脱。血腥的高潮何时到顶？没完没了的诛杀目的何在？以德政惠民为号召建立的唐朝，为什么出现古代历史上冤案最多的恐怖时期？蹑足屏息的社会没人敢随便言动，人们度日如年，都在祈祷早一刻揭开锅底。

四十一

3

《资治通鉴》卷204"则天后天授元年七月"条记载："素节发舒州，闻遭丧哭者，叹曰：'病死何可得，乃更哭邪！'丁亥，至龙门，缢杀之。"

4

以上屠杀名单见《新唐书》卷4《则天皇后纪》。

5

见《资治通鉴》卷204"则天后天授元年八月"条，司马光接着说："唐之宗室于是殆尽矣，其幼弱存者亦流岭南，又诛其亲党数百家。"

让事态豁然明朗的是一位名叫傅游艺的侍御史，身为武则天重用的监察部门长官，他在九月三日率领关中百姓九百多人，浩浩荡荡来到皇宫门外，递呈表状，强烈要求改国号为"周"，赐皇帝姓"武"氏。变更国本，何其重大，即便有万民请愿，武则天也不能随便答应。她拒绝了，同时擢升傅游艺为给事中，入居权力中枢。这个动作立即让全国沸腾起来。满朝文武百官、帝室宗亲、远近百姓、四夷酋长，甚至惊动脱离尘世的道士、和尚等方外之人，竟至六万多人，纷纷上表，令朝廷目不暇接，一致请求武则天从民所愿，恩准傅游艺所请。汹涌请愿的高潮如期而至，皇帝李旦上表请求母后赐他姓"武"。李旦的感情打动了天地，朝官报来喜讯：凤凰亲自降临，从明堂飞入上阳宫，停在左肃正台的梧桐树上，久久才飞向东南；更有数万只朱雀汇聚于朝堂，宛如雀巢。天意都已经显现得如此清楚，武则天实在推无可推，经过几天慎重思考，在七日答应了官民所请，举国奔走相

山西临汾大云寺

告。从傅游艺上表请愿改朝换代，到武则天恩准，短短四天内发生了那么多惊天动地的事情。

这件事情已经水到渠成了。两个月前，东魏国寺僧人法明等十名和尚从浩瀚的佛经中有了惊天动地的发现，将其撰写成长达四卷的《大云经》，无比激动地上呈朝廷。千言万语提炼为一句话，那就是发现武则天乃弥勒佛，下凡人间，取代唐朝，成为阎浮提主，即人间乐土之王。武则天本人都没有发现自己乃天堂之佛，能不欣喜万分吗？所以，她下令将《大云经》颁布天下，并且令各州兴建大云寺，度千

1 ————
《旧唐书》卷6
《则天皇后纪》记
载："有沙门十人
伪撰《大云经》，
表上之，盛言神
皇受命之事。制
颁于天下，令诸
州各置大云寺，
总度僧千人。"
《资治通鉴》卷
204"则天后天授
元年"记载："东
魏国寺僧法明等
撰《大云经》四
卷，表上之，言
太后乃弥勒佛下
生，当代唐为阎
浮提主，制颁于
天下。"

2 ————
王国维《唐写本
大云经疏跋》，收
入《王国维全集》
第8卷，浙江教
育出版社，2010
年版。陈寅恪
《武曌与佛教》，
收入陈寅恪文集
之三《金明馆丛
稿二编》，上海古
籍出版社，1980
年版。

人出家为僧。[1]

按照从《旧唐书》到《资治通鉴》，亦即五代至宋朝史家的说法，《大云经》根本就是伪造的，法明等人只是出头献书而已，背后真正的主使是薛怀义这位武则天的面首兼伪僧人，故无所不伪。因此，后世学者颇多判定此为武则天命人伪造的佛经。20世纪敦煌藏经洞发现经卷中，有《大云无想经》卷9，是《大云经》的残卷。王国维将此残卷与后凉昙无谶翻译的《大方等无想经》比对，发现卷中所引"经曰"或者"经记"相同，据此判定敦煌残卷为《大云经疏》，认为《旧唐书》的伪经说不成立。陈寅恪支持王国维之说，还认为宋僧志磐《佛祖统纪》所载武则天于载初元年敕沙门法朗等九人重译《大云经》说，也不成立。[2]

《大云经》又称《大方等无想经》《大方等大云经》《大云无相经》《大云密藏经》《大方等无想大云经》《无想经》等，是不是释迦牟尼弘法所记或者佛经结集时所定经典，存有疑问。作为佛教教义思想的阐发，并不占有重要地位，在汉地普遍翻译的佛经中，这部经似乎始终未有全译本。在汉译佛经史上可以见到竺佛念和昙无谶两种译本，南梁僧祐《出三藏记集》卷2载《方等大云经》，作北凉昙无谶译，有四卷和六卷两说。《隋代法经录》卷1、彦琮《众经目录》卷1皆作前秦竺佛念译。《历代三宝纪》卷8载竺佛念译出《大方等无相经》五卷；同书卷9则载昙无谶译出《方等大云经》六卷。《开元释教录》卷11称昙无谶所译为第二译本，初译本为缺本。无论是竺佛念还是昙无谶，也不论四卷或者六卷本，都不是全译本。敦煌藏经洞所出《大云无想经》卷9，专说陀罗尼门，不见于现传六卷文本之中，即可为证。而且，此卷亦不宜断为所谓的《大云经疏》。至于此经的核心内容，如经文中《大云初分增长健度第三十七之一》所说：

如是经典凡有三名：一名大云，二名大般涅槃，三名无想。大云密藏菩萨所问故名大云；如来常住无有毕竟入涅槃者，一切众生悉有佛性，故得名为大般涅槃；受持读诵如是经典，断一切想，故名无想。[1]

　　阐述的是涅槃思想及其修行法门。然而，从传世《大云经》来看，除了大篇幅逐一介绍聆听释迦牟尼弘法的各位菩萨比丘僧外，就是讲述了三十九健度，即僧团内的仪式做法和日常生活的规定，尚未展开系统的佛理阐述。这就能够明白为什么汉地将此经作为佛教法门来接受，僧祐《出三藏记集》卷4记录："《人弘法经》，一卷，抄《大云经》。"[2]它被视为实用性的弘法经文，所以衍生出一系列法术经文来，诸如《大云经祈雨坛法》《大云经请雨经》《大云密藏菩萨请雨经》等。在南北朝隋唐，以及传入日本之后，常见用《大云经》请雨的记载。从时间上看，《大云经》出现在五胡十六国南北朝时期，远远早于武则天时期，所以断言《大云经》乃武则天命令薛怀义一众僧人伪造之说，难以成立。倒是成书于1094年日本永超编纂的《东域传灯目录》卷上，收录《大云经神皇授记义疏》一卷，十分可疑，或许它就是《旧唐书》《资治通鉴》等正史指证的武则天授意制造的伪经。

　　实际上，《大云经》的问题可能更加复杂。从现存各种语言和版本流传的佛经来看，没有证据证明《大云经》是释迦牟尼弘法时留下的记载，或者佛经最初结集时所定的经典，更有可能是昙无谶携带佛经在北凉为国王沮渠蒙逊翻译佛经时，根据《大涅槃经》所作的撮取，因托大云密藏菩萨向佛陀请教之缘由而冠名《大云》，这点可以从昙无谶一生最重要的业绩得到佐证。对当时中国南北都产生巨大影响的涅槃思想，主张人人皆有佛性、一阐提皆得成佛，打开了一切众生通过学习、修行而最终成佛的大门。而阐述此思想的《大涅槃经》，正是昙无谶在北凉所译。[3]这部十分重要的佛教经典，第一次有完整的译本，确立了佛教涅槃思想基础，纠正了以前片段翻译所造成的误译、误读和误解，例如东晋释道生曾经剖析法显与佛陀跋陀罗所译《大般涅槃经》片段经本，认为经文将一阐提这类特定人群排除出

1 ——
昙无谶译《大方等无想经》，收于《大正新修大藏经》第12卷《宝积部下涅槃部》。

2 ——
释僧祐撰，苏晋仁、萧炼子点校《出三藏记集》卷4，中华书局，1995年版。

3 ——
《出三藏记集》卷2载："《大般涅槃经》，三十六卷。伪河西王沮渠蒙逊玄始十年十月二十三日译出。"

成佛对象是不合理的，因此公开倡扬一阐提皆得成佛，被僧众驱逐出门。等到昙无谶的全译本传来，确证道生所论符合涅槃经，遂得到承认而在庐山升座讲法，阐扬涅槃佛性论，影响既深且广。值得注意的是昙无谶在北凉翻译《大般涅槃经》（玄始十年十月，421年）之前，翻译了《方等大云经》（玄始六年九月，417年）。昙无谶没有马上翻译《大般涅槃经》的原因是仅有文本不全，以及语言未精[4]，直到数年后解决这两个问题后才进行翻译。作为宏大翻译事业之前的预备，他翻译了《大云经》。同年翻译的还有《金光明经》（四卷）和《优婆塞戒》（七卷），皆为简短经文。从内容来看，《大云经》是一部未完成的经典，仅仅开了篇，尚未展开便已戛然而止。应该不是释迦牟尼未完成讲论，而是昙无谶撮取编纂未竟，即转入正式的《大般涅槃经》鸿篇翻译事业中。既然有经典原貌译出，便无须再做撮取工作。

综上所论，《大云经》非武则天授意的伪造之作，此经不伪，也不全，价值不高，故佛教各宗各派未曾将其当作根本经典。若无证据证明其出处，则很可能是昙无谶撮取涅槃佛性论所作的编纂，其内容自有所本。至于竺佛念所译经文，因为世无传本，不做臆测。

这样一部未曾受到高度重视的佛经为什么突然被捧上圣坛呢？奥秘在于《大云经》有佛陀的如下一段叙述：

> 天女，时王夫人即汝身是。汝于彼佛暂得一闻《大涅槃经》，以是因缘今得天身，值我出世，复闻深义。舍是天形，即以女身当王国土，得转轮王所统领处四分之一，得大自在受持五戒作优婆夷，教化所属城邑聚落男子女人大小，受持五戒守护正法，摧伏外道诸邪异见。汝于尔时实是菩萨，为化众生，现受女身。[5]

即《大云经》说有天女下凡人间成为君王，统治该国，其真身乃佛界菩萨。薛怀义等人更进一步宣称就是弥勒佛下凡。如前所述，中国古代多见女性以皇后或者皇太后身份执掌权柄，却未见直接登基称帝的事例。薛怀义引用佛经，借用最权威的佛陀之口向世人宣告，女

4 ——
释慧皎撰，汤用彤校注，汤一介整理《高僧传》卷2《晋河西昙无谶传》，中华书局，1992年版。

5 ——
《大方等无想经》卷4"大云初分如来涅槃健度第三十六"，收于《大正新修大藏经》第12卷《宝积部下·涅槃部》。

身统治国家完全合法，给急于篡位的武则天提供最有力的宗教合法性支持，用宗教合法性支撑起政治合法性，政教合一，不容置疑。只要有佛陀亲口所许，其他言语皆为废话，所以，关键在于从佛经中找到女身治国即可，无须画蛇添足再做伪造。五代、宋朝历史学家斥之为伪造，恐怕是针对薛怀义等没文化的僧人当时掀起的宣讲鼓噪，手捧钦定佛经，摇唇鼓舌，胡言乱语。

神圣之身披上政教合法性，武则天称帝的最后一道紧要关卡被打通了。

四十二

在寻求政教合法性的同时，登基称帝的大戏舞台也风雨无阻地建设中。一座空前巍峨壮丽的建筑正在拔地而起，将向世人宣告伟大时代的降临。

这座称作明堂的建筑为什么具有如此神圣的作用呢？因为它确实前所未见，又仿佛十分熟悉，明堂古已有之，历朝皆立，故而让人感到亲近，易于接受。然而，它又同以往的建筑大不相同，因此散发出神秘与威压，令人心怀畏惧。

明堂原始的初衷是祭祀上帝天神，始于堆土筑坛，祈祷祝祀，古人将其起源上溯至黄帝时代。从越古越信神的历史演变可以理解这一说法，只是尚未得到考古的实物证明。到西周文王时代，有了比较可信的明堂记载。[1] 西周明堂第一个重要功能是祭祀上帝，文王之后进一步演进为"宗祀文王于明堂以配上帝"。[2] 这是非常重要的变化。古代祭天与祭祖是分开的，上帝天神主宰世间，最为崇高；祖宗神灵则表示血脉传承，宗族胙胤。祭天以祈福于人间，祭祖以庇佑宗族。商朝崇拜天神以统治方国，周朝祭天以表示受命于天，证明其取代商朝的合法性。同时，周朝实行封建制与宗法制度，由周族人率

[1] 关于周文王建明堂，在先秦至汉代文献中屡屡可见，例如《诗经·周颂·维天之命》孔颖达疏《周礼·冬官·考工记》《艺文类聚》卷89所引《逸周书·程寤》《礼记·明堂位》《孝经·明堂位》《孔子家语·观周》《吕氏春秋·慎大览·慎大》和《淮南子·主术训》等。文献年代虽迟，所载却有相当可信性。周代明堂的意义在于构成国家制度与礼仪文化的基础，而有别于一般意义的祭天活动。

[2] 《孝经·圣治》。

领商族人前往各地封国、建政治民，其血脉胤嗣成为维系各国诸侯与周王室以及同各个共同创业族群的强力联结纽带，具有重要现实意义。这时候把祭天与祭祖合二为一，直接把天命同周族祖宗连为一体，有力地支持其统治的合法性。这时候出现的明堂实际上成为政治的神殿。充分利用上帝天神来推行现世的政治，周朝统治者赋予了明堂第二个重要功能，就是在这里当着天神祖宗的神灵牌位面前进行重大的决策与举办各种庄严的仪式，给现实政治赋予神的权威而获得最大的支持，成为共识。总而言之，祭天与祭祖合二为一给予周王朝政权具有神圣威光的合法性。这就是周朝如此重视明堂的原因。

在明堂通过祭祀建立起一整套仪礼文化。礼包含着人伦与道德的原理，形成普遍接受的人伦秩序，进而衍生出社会秩序与政治秩序，构成了周朝宗法（血缘）与礼制（伦理）的国家治理思想及其原则，从而极大地提升了国家治理的水平，为后世所继承而成为中国古代的文化与政治传统，影响深远。

周朝以后的统治者都十分重视明堂，使之规模越来越大，宏伟庄严，同时也演变为耗资巨大的建筑项目，造成许多王朝皇帝心余力绌，限于费用或者局势而未敢贸然动工。[3] 就帝制王朝而言，汉武帝虽然在元封二年（前109）于泰山之麓建成明堂，但终其一生未能在都城建立明堂。汉末王莽为了给自己提供篡位的政治合法性，于元始五年（5）在都城建起明堂。[4] 然而，明堂未能改变王莽篡位的事实，也无法挽救其灭亡的命运。赤眉、绿林义军攻入长安，将其付之一炬。东汉建立后，光武帝重建明堂，明帝时再次修建，至魏晋皆予沿用。南北朝时期，南朝的宋、梁、陈都在都城建康新建明堂，而北魏孝文帝也在太和十年（486）建立明堂。显而易见，周朝以后的王朝都把明堂作为政治礼制的重要设施，念念不忘。隋朝虽然没有建筑明堂，但是，文帝和炀帝对于此事都十分重视，曾经做过精心的规划，引起大臣们的认真讨论，其中礼部尚书牛弘和建筑大家宇文恺关于明堂形制的论述，对唐朝颇具影响。

3 ——
关于周朝以来历代建构明堂，以及其多种复原方案图，结合文献与考古资料进行详细的研究，见张一兵《明堂制度研究》，中华书局，2005年版。

4 ——
中国社会科学院考古研究所汉城发掘队《汉长安城南郊礼制建筑遗址群发掘简报》，《考古》1960年第7期。

唐朝建立之后，唐太宗提议建立明堂，大臣们各进其言，从历史沿革、形制功能等方面做了深入探讨，有遵循古制和因时创新的不同主张。由于隋末大动乱的破坏，社会经济凋敝，吸取隋朝残民而亡的教训，唐太宗力主勤俭节用，所以明堂建设仅限于讨论而未予实施。到高宗和武则天执政时代，建设明堂一事重新提起，分别在永徽三年（652）和总章二年（669）两度下诏，提出明确的形制设计方案，最后都因为争议太大和自然灾害等原因而作罢。高宗去世之后，武则天执政，断然将明堂建筑付诸实施。[1]

垂拱三年（687），武则天下令拆除乾元殿，在原址兴建明堂[2]，翌年落成，而这一年夏天正是武承嗣从洛水打捞起凿刻"圣母临人，永昌帝业"文字的白石"宝图"，鼓噪武则天称帝的时候，明堂开建便是为称帝所做的准备之一。作为国家祭祀场所的明堂，为什么一定要通过拆除乾元殿来修建呢？

乾元殿是隋炀帝大业初在东都洛阳兴建的正殿，原名乾阳殿。唐军占领洛阳后，于武德四年（621）焚毁。其原因有两说，一是《资治通鉴》该年五月条记载："秦王世民观隋宫殿，叹曰：'逞侈心，穷人欲，无亡得乎！'命撤端门楼，焚乾阳殿，毁则天门及阙"，乃唐太宗下令焚毁。二是《玉海》卷159《宫室·唐乾元殿》记载："武德四年，高祖以殿太奢，使屈突通焚之。"这两条记载应该不相抵牾，焚隋朝正殿必定要禀报唐高祖，当时在洛阳的唐军统帅为李世民，屈突通则是具体执行的将领。唐朝安定天下之后，重建东都以控御东方的政治需要提了出来，故唐太宗贞观四年（630）下诏重建乾元殿，给事中张玄素上书力谏劝阻，传为佳话。[3]张玄素劝阻的主要理由是吸取隋朝骄奢而亡的历史教训，此乃当时朝廷百官的共识。[4]唐太宗去世之后，随着国家经济的进一步发展，强化东都职能更受重视。高宗时代常在洛阳理政主要出于这方面的考虑，不完全是武则天嫌恶长安的原因。高宗显庆元年（656）"敕司农少卿田仁汪，因旧殿余址，修乾元殿，高一百二十尺，东西三百四十五尺，南北一百七十六尺。至麟德二年二月十二日，所司奏乾元殿成"[5]。此殿用了将近十年的时

1 关于唐朝讨论修建明堂及其实施，史籍多有记载，完整详细者见《唐会要》卷11《明堂制度》。

2 《旧唐书》卷6《则天皇后纪》记载："（垂拱）四年春二月，毁乾元殿，就其地造明堂。"《新唐书》卷4《则天皇后纪》记载："（垂拱四年正月）庚午，毁乾元殿，作明堂。"《资治通鉴》等记载均系时于垂拱四年，但《唐会要》卷11《明堂制度》记载："垂拱三年，毁乾元殿，就其地创造明堂（令沙门薛怀义充使）。四年正月五日毕功。"《旧唐书》卷22《礼仪二》亦载："垂拱三年春毁东都之乾元殿，就其地创之。"从建设到落成来判断，应该始建于垂拱三年。

3 详见《贞观政要集校》卷2《纳谏第五》。

4 《唐会要》卷30《洛阳宫》记载，唐太宗早在贞观三年就打算重修洛阳宫，被戴胄谏阻。

5 《唐会要》卷30《洛阳宫》。

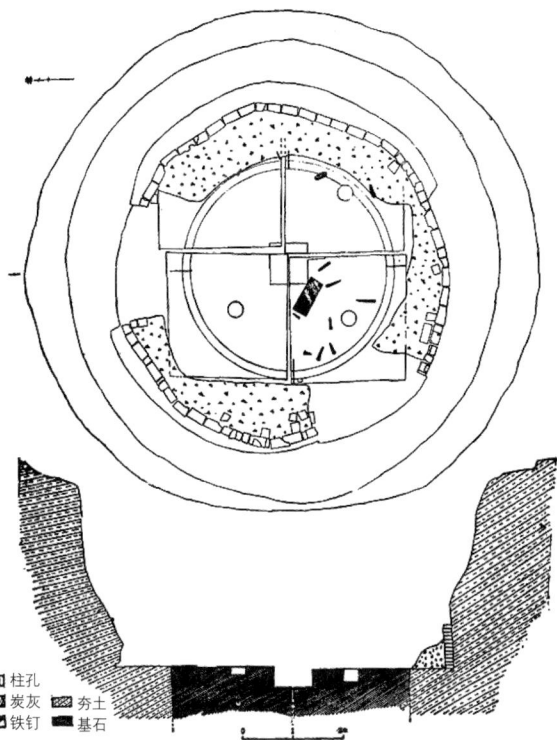

明堂中心柱础坑图，出自《唐东都武则天明堂遗址发掘简报》

🔳 柱孔　🔳 炭灰　🔳 夯土
🔳 铁钉　■ 基石

间修建，节用民力，规模颇为宏伟。

　　乾元殿落成仅23年，武则天就将其拆毁，理由何在呢？而且，此事乃武则天所做的独断，《资治通鉴》"垂拱四年正月"条记载：武则天决定修建明堂，朝廷"诸儒以为明堂当在国阳丙巳之地，三里之外，七里之内。太后以为去宫太远。二月，庚午，毁乾元殿，于其地作明堂，以僧怀义为之使"。亦即适合修建明堂的地址不是乾元殿，另有其处。但是，武则天不听儒生根据五行风水的原理为她选择的地点，断然下令把好端端的乾元殿拆毁，说明拆除乾元殿背后大有不可明言的用心。唐玄宗开元年间太常博士陈贞节上书指出"武后始以乾元正寝占阳午地，先帝所以听政，故毁殿作堂。"[6]亦即乾元殿位于阳午之地，从古人的地理风水而言，乃天子听政的上佳之地。然而，武则天谋欲篡唐，必须在风水上扑灭唐朝正殿的阳气。元朝刘

6 ————
《新唐书》卷200
《陈贞节传》。

友益说得更加清楚："武氏坚冰之坤，以阴代阳，乾元之号，非其意明矣。于是议立明堂，太后因行其计，毁乾元殿，以其地为之。"[1] 由此可知，武则天拆毁乾元殿，在原址修筑祭祀与布政的明堂，目的在于完成以阴代阳的风水转换，同上节所述利用《大云经》宣告天女下凡人间成为君主的宣传异曲同工，共同造势，将武则天篡唐神圣化。

因为利用旧有的乾元殿，故明堂建筑进展非常迅速，仅一年就告完成。《旧唐书·礼仪二》记载：

> 垂拱三年春，毁东都之乾元殿，就其地创之。四年正月五日，明堂成。凡高二百九十四尺，东西南北各三百尺。有三层：下层象四时，各随方色；中层法十二辰，圆盖，盖上盘九龙捧之；上层法二十四气，亦圆盖。亭中有巨木十围，上下通贯，栭、栌、樽、槐，借以为本，亘之以铁索。盖为鸷鸶，黄金饰之，势若飞翥。刻木为瓦，夹纻漆之。明堂之下施铁渠，以为辟雍之象。号万象神宫。

据此可知，明堂的规模极其宏伟，以至于研究者都不敢相信能达到294尺的高度，直接减去100尺进行复原推算。[2] 然而，这个高度是真实的。根据专家研究，唐营造尺一尺约等于20厘米，则明堂高度约为60米[3]，远远超过乾元殿，足以雄视东都。明堂被正式命名为"万象神宫"。垂拱四年五月，武则天亲自到洛水祭拜，接受武承嗣伪造的"宝图"，隆重谢天，来到明堂接见百官，加尊号为"圣母神皇"，不久后还镌刻了神皇三玺。这些动作都在昭告明堂的特性。明堂完工，武则天马上宣布大赦天下，将其短暂开放，让民众入内参观，亲睹这座神圣殿堂的雄伟。随后她下令在明堂北面再建一座天堂，用来安放夹纻大像。天堂五级，建到第三级时已经可以俯视明堂了。由南向北望去，宏伟的明堂背后耸立着直入云霄的天堂，既是明堂的靠山，也是人间通往天堂的庄严展现，令人激动万分，无比崇敬，无限

1 ————
刘友益《资治通鉴纲目·书法》卷41下"中宗嗣圣元年"条。

2 ————
王世仁《明堂形制初探》，《中国文化》第四辑，复旦大学出版社，1987年。

3 ————
张一兵《明堂制度研究》第五章。1988年，考古队发现了武则天明堂遗址，八角形夯土基座，中心有巨型柱础，其展现的底层规模与柱脚所在位置，同上引文献记载颇相符合。见中国社会科学院考古研究所洛阳唐城队《唐东都武则天明堂遗址发掘简报》，《考古》1988年第3期。

向往。

以明堂为中心的殿堂，构成了东都洛阳的政治中心，也是天人合一的神圣中心，远远超越唐朝的宫殿规模，武则天用建筑的宏伟来树立自我的高大形象，构成唐周鼎革的威严宣告，以及不言而喻的政治合法性。

第八章

践 位

明朝游上苑，
火急报春知。
花须连夜发，
莫待晓风吹。

——武则天

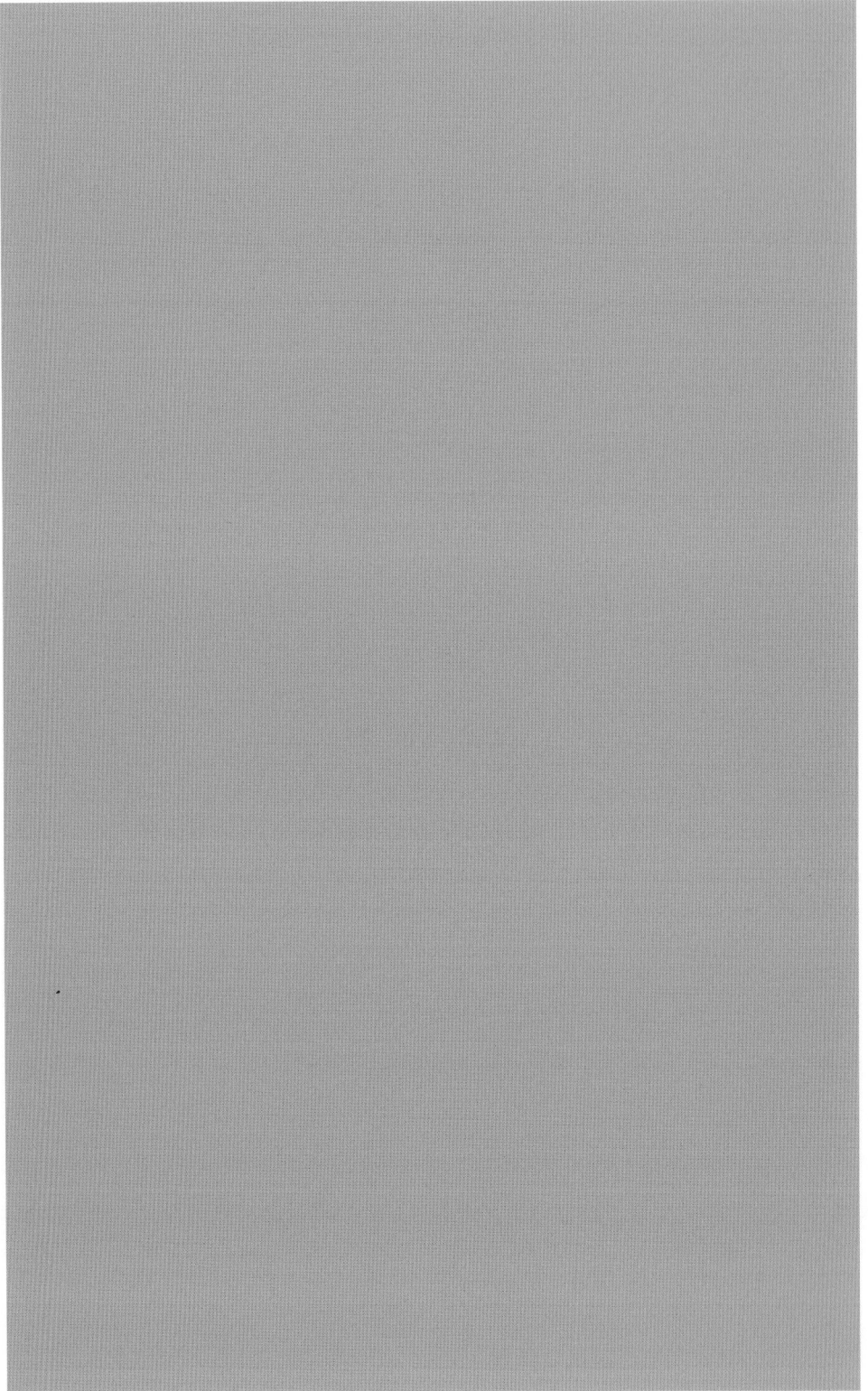

四十三

　　巍峨的明堂拔地而起，把唐朝正殿乾元殿完全压入地下，标志着一个全新的时代降临了。人们引颈以待，缄口相视，看着大戏公演。

　　永昌元年（689）正月初一，武则天身着衮冕大礼服，在"万象神宫"隆重举行大飨仪式。在唐朝礼典中，大飨乃朝廷祭祀"昊天上帝、五方帝、皇地祇、神州及宗庙"。垂拱元年，武则天根据凤阁舍人元万顷、范履冰等"北门学士"的奏议，将唐高祖、太宗和高宗配享[1]，规格最高。由于皇帝已经成为傀儡，所以本应由皇帝扮演的主献祭角色变成武则天担任，搢大圭，执镇圭为初献。然后，皇帝可怜楚楚地登场，担任亚献；最后由太子上台做终献。通过大飨仪式，向人神昭告既成政治秩序。同时，还在皇帝配享天帝的系列中加入了武士彟，依次为唐高祖、太宗、高宗和魏国先王。一朝一姓的世系传承竟然变成李、武两个血脉，不伦不类中明确了改朝换代的信号。献祭仪式完成后，武则天登上则天门，宣布改元"永昌"，大赦天下。

　　初三，武则天再次亲临明堂，高高坐在君主的宝座上，接受百官朝贺。第二天，再度于明堂布政，颁布九条训令，诫谕百官。第三天，武则天三度亲临明堂，告谕之后，飨群臣。自从明堂落成以来，如此频繁利用，显然在确立其新的政治中心的功能。

1 ————
《旧唐书》卷21
《礼仪志一》。

二月，武则天追尊魏忠孝王为周忠孝太皇，王后为忠孝太后。武氏考妣自此独立出来，不再依附于李唐皇祖之后，而且，明确打出"周"的旗号。新的国号都宣布了，改朝换代仅差一步。然而，这一步武则天走得格外小心，一方面亮出旗号，观望社会反应；另一方面则加大酷吏制造冤案的力度，笼罩下巨大的恐怖。这么做表明她内心很明白，也很担忧，毕竟是史无前例的皇后篡政改朝，本质上是一场政变；而且，要革命的是颇得人心的唐朝，这雷池一步是改换天地还是万丈深渊，皆未可知。武则天采取了小步渐进的方式，用恐怖和镇压来确保每一次的推进。她对于政治权术已经玩得无比娴熟，对于百官心理也洞察把握，计算得无比精明。

则天皇后像，出自《三才图会》

同时，武则天更加露骨地将武家子侄快速提拔上来，跻身高官之列，充斥于朝廷重要部门，让朝廷武家化，为她公开篡唐保驾护航。首先被任用的武家人是武承嗣，从那时候起武则天对于武家人的态度发生很大的变化，从憎恨到重用，反映出她的人事根基比较浅薄。从表面上看，权力具有很鲜明的个人性质，但背后有其支撑的道理。权力的公共性越广，造福的阶层越多，其基本面和根基也相应地越宽广深厚。权力的利己性越强烈，则支持的层面也就相应地收窄。而且，权力越集中，可以信赖的人就越少；到了企图改换朝代的时候，堪膺信任之人便所剩无几，迫使武则天不得不从武家子侄中寻找可用之人，从而改变了以前对亲人的立场。

武则天少年时代受到武家人的欺凌，让她自小时候起就对亲人有憎恶感，从亲生儿女到姐姐、外甥女、异母兄长等，无不痛下杀

手，六亲不认。武家遭受的镇压一点也不轻，异母哥哥武元庆、武元爽被贬黜流配致死，侄子武惟良和武怀运被栽赃投毒害死外甥女而诛杀。由此可以管窥武则天对于武家亲属的切齿之恨。亲人只有能被利用的才有存在的价值，亲姐姐与外甥女为她顶班伺服高宗，却因为过于亲密而先后香消玉殒。所以，武则天在娘家方面没有什么可用的亲属。与她同辈的基本被清除殆尽，剩下的侄儿辈早给吓破了胆，蜷缩家中瑟瑟发抖。然而，武则天是一位运用权力的高手，既能让很多人对她恐惧得刻骨铭心，又能让他们感动得顺从涕零。她大量提拔的武家人物属于侄子孙辈，这些人早忘记了武则天对于他们的杀父仇怨，为了武家的共同政治利益而紧紧团结在武则天身边，瓜分权力，充当先锋，为所欲为。另一方面，则暴露出武则天权力基础的脆弱性。持续的大清洗没有给社会众多阶层带来利益，因此，也就无法改变李唐王朝的社会基础，只能诉诸高压与恐怖，一旦力有不济，便迅速坍塌。所以，说到底权力的稳定性决定于其造福的社会阶层的宽广度。

最早被选拔出来委以重任的武家子侄是武承嗣，乃武则天同父异母兄武元爽的儿子，随父流放岭南。见到父亲惨死，武承嗣对姑妈的残忍胆魄俱裂，应该通过监管的渠道不断输诚，哀求赦免。这当然不可能打动铁石心肠的姑妈，但武承嗣的运气真不错，恰好遇到武则天的外甥贺兰敏之太不争气，武家无人可用，才让他时来运转。

贺兰敏之是武则天姐姐韩国夫人的儿子。韩国夫人及其女儿魏国夫人都承高宗恩宠，魏国夫人被武则天毒死。但是，武则天还是信任儿时患难与共的姐妹，起用贺兰敏之，改姓武氏，继嗣武士彟。由此可见武则天对于武家亲属的嫌恶和弃之不用的立场。如前所述，贺兰敏之品格卑劣，既和外婆荣国夫人行苟且之事，又逼淫高宗和武则天选定的太子妃杨氏，甚至连武则天幼小的女儿太平公主也不放过，武则天忍无可忍，将他流配雷州，缢死于路上。这下子武则天身边没有亲属了，不得已改变对武家的态度，重检废料，这才有了武承嗣的机会。

武承嗣早就学乖了，虽然史无明载，但他一定主动向武则天哀告效忠，才会引起武则天的注意，正值急需亲属之际，遂决定将他从边荒的岭南召回，放到宫内担任尚衣奉御，既不招人显眼，又方便就近考察。武承嗣遽然从刑徒变为宫内随从，官居从五品上，感激涕零，恨不得效犬力相报。武则天看在眼里，不久将他转为秘书监，跃升至从三品，执掌朝廷档案图书，随侍皇帝左右。因为是亲属，有些不方便让外官办理的事情，使用武承嗣就非常顺手。例如武则天以皇太后的身份废中宗皇帝的时候，就派遣武承嗣到长安向留守重臣刘仁轨通报，争取支持。嗣圣元年（684），武承嗣任礼部尚书、同中书门下三品，晋升为宰相。此后他执掌的部门有所变动，但一直高居宰相之位。

另一位被重用的武三思，是武元庆的儿子，同样是在父亲被武则天流配致死后，哀求乞怜获得宽宥，受到任用，这段经历和武承嗣大致相同。武三思的长处在于略涉文史，在文化繁盛的唐朝只能称作粗通文墨，但他很会取巧，投主人所好，谀辞献媚，很得武则天的欢心，多次亲临其府邸，极尽欢娱，屡赐厚赏，委以重任，先是担任右卫将军，不久擢升兵部尚书，控制军权。

唐朝自从开国以来，内外开放，个性张扬，义气为重，社会风气甚为刚健，侠义小说流传颇广。武承嗣和武三思对于父仇家恨忍气吞声尚可视为窝囊，然而卖身投靠杀父之人，哪怕是姑母，也可知其人品之低劣，毫无底线。父母都可出卖，还有什么事情做不出来。例如武则天把街头野汉子冯小宝（薛怀义）豢养为面首，武承嗣与武三思十分乖巧，出门时为之牵马执辔，前呼后拥，曲意奉承。他们很清楚，虽然和武则天同出一门，但他们只是被利用的走卒，哪里敢同面首们比较感情亲疏。所以，不管面首如何轮替，从冯小宝到张易之、张昌宗，他们都卑躬屈膝，刻意迎合。为了荣华富贵，他们会竭尽一切去钻营。后来中宗得势的时候，武三思马上与韦皇后及上官昭容私通，此类事情难以尽述。

武承嗣、武三思，加上前面说到的贺兰敏之，武则天侄甥辈亲戚的人品、见识和水平就这么庸劣。尽管如此，只要人多势众，一样可以构成政坛上的狼群，颇具战斗力。武则天继续深挖武氏家族的人力资源，动员起武攸宁、武攸暨、武攸归、武重规、武载德、武懿宗、武嗣宗、武攸宜、武攸望、武攸绪、武攸止等侄子，统统封王。其中武攸宁和武攸暨在改朝换代的时刻起了重要作用。

武攸宁先是被任用为凤阁（中书）侍郎，载初元年擢升为纳言，居于宰辅之列。其弟武攸暨则任军职，天授元年为右卫中郎将。此时武则天的女儿太平公主因为前年丈夫薛绍卷入谋反案饿死在狱中，寡居在家。武则天为她相中了武攸暨，可是武攸暨已经有妻室，武则天便派人暗中杀害其妻，然后把太平公主隆重下嫁。有太平公主做靠山，武攸暨无限风光，授驸马都尉，升任右卫将军。

硬生生拆散武攸暨一家，把太平公主嫁过去，明显是一场政治婚姻，从一个侧面得以窥知武则天内心深处的不安：非常担心严格筛选后挑选出来的李氏与武氏的关系。这是政坛上可以承继大统的两大家族，一支来自正统的大唐王朝，一支乃新起的僭主家族，在血统定皇统的帝制社会，他们在根本上是敌对的，但他们又通过武则天而具有血脉的联结，共同构成武则天政权的家族支柱。所以，武则天要处心积虑把他们拧成一股绳。统治者总以为自己无所不能，实际上违反法则与逻辑的种种人为努力终将是徒劳，甚至适得其反。武氏和李氏只能在武则天为一尊的特定政治时期短期性利益联合，暂时掩盖却无法改变他们之间长期的根本利益博弈，陈寅恪夸大这一暂时的政治婚姻现象，将其上升到所谓李武"政治集团"的政治党派高度做论述[1]，从政治学理到现实政治都难以成立。武则天本人对于继承人血统的困惑迷茫，以及她之后直至唐玄宗时代尊李灭武的政治斗争过程，雄辩地证明了所谓"李武韦杨"政治婚姻集团只是特殊时期的利益鸠合体，因利而和，利散则斗。李唐政权的社会基础建立在李氏独尊下的各地区士族联合体之上，士族之间地位有所升降，却不改众多士族联合体的性质。武氏从士族联合体的底层一跃蹿升，借助偶然窃取的政治权力、用高压清洗手段试图改变整个士族联合体阶层格局，终因势单力

1 ——
陈寅恪《记唐代之李武韦杨婚姻集团》，收于《金明馆丛稿初编》，上海古籍出版社，1980年版。

薄，最后落败，而武氏也从士族阶层被清除出去，无法延续。从结局来看，武则天的政治智慧和洞见性远远不如南朝时代的刘、萧、陈氏，他们固然无法长期居于至尊地位，却成功地将其家族融入士族阶层。社会阶层的格局必定与社会发展的阶段相吻合，不是任何人利用暴力可以轻易改变的。

武则天重用的亲戚还有宗秦客、宗楚客兄弟，他们是武则天堂姐的儿子，因此得到重用，宗秦客担任凤阁侍郎。永昌元年十一月一日，武则天再次驾临万象神宫，宣布开始使用周历，改年号为"载初"。她还是小心翼翼地小步试探，只差登基称帝了。宗秦客为响应武则天的动作，用尽心思组织人马炮制周朝文字，营造崭新气象。第一批推出的文字有天、地、日、月、星、君、臣、人、载、年、正、照十二字。武则天立即准奏，在全国使用，并且把自己的名字由"照"改为"曌"，象征着日月当空，昼为红日，夜乃皓月，无论何时，光芒四射，永照寰宇。宗秦客一炮打响，立下马前之功。

武则天喜欢标新立异是出了名的，然而，这次的新文字仅仅是文字新花样吗？显然不是，这些精心挑选出来的字，都具有明确的政治含义。例如"君"写作"雧"，由"天、大、吉"三字组合而成，表示无上荣耀，无限风光；"臣"写作"恶"，由"一、忠"二字组成，表示唯有忠诚效力。君有无限权力，臣有无尽义务，意涵十分清楚。再如"年"字，写作"秊"，由"千千万万"构成，寓意千秋万代。那种自底层奋斗登上大位后直欲永远独占的心态暴露无遗。

上有好者，下必甚焉，拍马溜须就能平步青云，政治投机者立马蚁集而来，各种建议大比拼，必然越来越匪夷所思。到了拍马成为风尚的时候，统治者会从原来的鼓动者变成迷失而不知所从的漂流者。有人从新字嗅到了武则天的好恶，从遥远的幽州上书称"國"字方框内裹着"或"字，或乱天象，应该将里面的字改为"武"字，雄镇天下。这条建议迎合了武则天唯我独尊的心态，马上被采纳。可谁也没想到，建言者还没获得褒奖，就有人上书指斥将"武"框在方框之内，形同囚徒，不祥至极。武则天大惊失色，忙不迭再次下令撤销

隋唐洛阳宫城
内武则天造字
展示墙

上次改字的政令，将里面的字改为"八方"，亦即"圀"字。颠来倒去改换文字，表明武则天已经在颂扬声中失去了冷静和判断力。这种时候就是受人左右而失控造恶的危机年代。而且，随意附会之风刮起来，大家争相诉说"天意"，唐人后来用武则天末年被软禁在上阳宫来印证改"国"字的预兆。[1]

制造新字的另一个意图是去除唐朝色彩，显现万象更新。所以，武则天下令把唐朝的州改为郡。然而，武则天又非常迷信，佛道占卜，凡有利者皆予采纳，吉凶附会之言亦深信不疑。懂得她这一秉性的大臣利用"周"与"州"的谐音，奏称："陛下始革命而废州，不祥。"[2]武则天一听大惊，收回成命，唐朝的"州"得以保存。这类因为迷信吉凶而做出的决定，屡见不鲜。

武则天本意是找来一帮武家子弟做帮手，给了他们很大的权势，"时武承嗣、三思用事，宰相皆下之"[3]，气焰熏天。然而，这些人素养甚差，文化程度不高，又十分贪婪，政治手段粗暴，很多时候反倒

1 ————
《朝野金载》卷1。

2 ————
《资治通鉴》卷
204 "则天后天授
元年九月"条。

3 ————
《资治通鉴》卷
204 "则天后天授
元年一月"条。

是帮倒忙，给武则天徒增烦恼。这帮武家子弟是武则天在养肥他们，而不是他们为武则天劈山开路，最多只能依仗权力叫嚣肆虐，增加声势而已。给武则天造新字而被重用为检校内史的宗秦客，当年就因为严重的贪污而遭到贬黜。案情应该相当严重，故被贬为遵化县（今广西灵山）尉，若不是武家亲属恐怕性命难保。而且，案子查下去发现其弟宗楚客贪腐也非常严重，被流放到岭外。这个案件还扯出内史邢文伟，被贬为珍州（今贵州正安县）刺史。显然，拍马钻营的政客附会武家子弟不但掌控朝廷内外权力，而且结成贪赃枉法的利益集团，到底犯的事有多少，只有他们自己明白。所以，一旦被揭出冰山之一角，便惶惶不可终日。邢文伟到珍州不久，朝廷的制使前来巡视，邢文伟一听到消息，马上自缢而死。

宗秦客兄弟应该是侵吞公款过巨才遭惩处，如果是鱼肉百姓，便可安然无恙。武攸宁担任勾当使职，"法外枉征财物，百姓破家者十而九，告冤于天，吁嗟满路"。放肆欺压平民百姓，虽然在人世间投诉无门，却遭天谴。武攸宁为了收藏搜刮来的民脂民膏，建了百步长的大库房，有二百余间，突然被"天火"一烧而尽。坊间纷纷传言天火是因为万民诅咒所致，这当然没法验证，恐怕是雷劈引起的大火。不过老百姓把武攸宁不久即患脚肿病联系起来，据说肿得有瓮一般大小，酸痛难忍，几个月便死去了，传得沸沸扬扬，给无力反抗的心灵带来慰藉。[1]

1 ——————
《朝野佥载》卷2。

没教养却有莫大权势，为所欲为乃势所必行。武承嗣位居宰辅，权势熏天。他得知部属乔知之有一爱婢，名叫碧玉，能歌善舞，姝艳照人，且有文华。因为唐朝法律严格限制良贱通婚，所以，乔知之不能迎娶碧玉，却甘愿为她不婚，两厢厮守。武承嗣便以借用碧玉指导家姬梳妆为名义，逼迫乔知之答应。碧玉进入武承嗣府邸就被霸占，再也出不来了。乔知之伤心欲绝，写了首诗："石家金谷重新声，明珠十斛买娉婷。此日可怜偏自许，此时歌舞得人情。君家闺阁不曾观，好将歌舞借人看。意气雄豪非分理，骄矜势力横相干。辞君去君终不忍，徒劳掩袂伤铅粉。百年离恨在高楼，一代容颜为君尽。"在诉说自己的一往情深的同时，也道出个人遭受权力肆虐残害的万般无奈。两情相悦却不得不任人宰割，碧玉读后以泪洗面，绝食三日，投井而死。武承嗣从碧玉的尸体搜出乔知之的诗函，勃然大怒，命令下人罗织诬告，将他押往南市当众处斩，籍没其家。[2]

利用权力盘剥百姓，侵吞国家资产，钱来得太容易，用起来也必定穷奢极欲。宗楚客建造新宅，用文柏为梁，墙壁则以沉香和红粉为泥，开门四处飘香。且不说雕梁画栋、玉石为阶，光是柏木和沉香这两项，金丝柏木百年成材，沉香树脂千金难得，无怪乎以奢侈著称的太平公主参观宗楚客的豪宅，自愧不如道："看他行坐处，我等虚生浪死。"[3]

生活排场奢靡，出手阔绰，另一方面则是对特权私利锱铢必较。有一天武则天在大内设宴，与武家子弟畅饮尽欢，河内王武懿宗突然起身上奏："臣急告君，子急告父。"看他那副气急败坏的样子，武则天以为出了什么大事，连连垂问，才知道武懿宗自从武则天篡唐而被封为河内王、享受五千封户的特权之后，因为封户税纳从以前的自收转变为州县代收纳，觉得数量有所减少而怒火中烧，借机告状。武则天的兴头给泼了一大盘冷水，望着武懿宗那副蠢相，只能仰头盯着屋椽半天说不出话来，好不容易平缓心头翻涌的恶气，冷冷说道："朕诸亲饮正乐，汝是亲王，为三二百户封几惊杀我。不堪作王。"令左右将武懿宗拖曳下去。武懿宗赶忙跪地磕头，一众武家王公纷纷劝解道："懿宗愚钝，无意之失。"武则天也只好作罢。[4]

从官方史书到唐人笔记之类民间文献，找不到对武家子弟的正面记载，仅有一人例外，那就是武攸绪。武攸绪也是武则天的侄子，少年时起潜心研习道家，隐居于中岳，修行不倦，既不与权贵交往，也不用名贵器具，甚至奉诏入京参加安乐公主婚礼时，王公贵戚前来拜谒，他除了寒暑酬对外，竟无一言；受封国公，却还归山林。[5]在武氏权倾天下的时代洁身自好，仅此而已。不作恶已属武氏子弟之上乘，造福社会民众则无从谈起。

对于武则天反复进行政治大清洗，令朝臣群体诚惶诚恐、唯命

2 ————
《朝野佥载》卷2。此事流传甚广，《隋唐嘉话》卷下亦有记载，乃至收录于《资治通鉴》"则天后神功元年六月"条。

3 ————
《朝野佥载》卷3。

4 ————
《朝野佥载》卷4。

5 ————
段成式撰，方南生点校《酉阳杂俎·前集》卷2，中华书局，1981年版。

是从，武家子弟起到一定的作用。神功元年（697），箕州刺史刘思礼听信相命术士之言，认定自己将登太师之位，遂与洛州录事参军綦连耀勾结，多交朝士，以看相打动他们，许以富贵，密谋窃取权位，结果遭人告发。武则天让武懿宗审理此案。武懿宗以免死为条件，让刘思礼诬告一大批朝官，平时看不顺眼的官员都列入黑名单，重点打击有声望的文化官员，株连"凡三十六家，皆海内名士，穷楚毒以成其狱，壬戌，皆族诛之，亲党连坐流窜者千余人"[1]。大兴冤狱依仗的是朝廷权力，和前面叙述的酷吏一样，都不是靠自己的能力取胜。只有在没有外力可以凭借的时候，才能看出个人的才干。在这时候武家子弟尽显本色，能起的作用实在难以高估。这一年唐朝派遣大军讨伐契丹，武攸宜统领一路兵马进驻渔阳，听到清边道总管王孝杰战败的消息，吓得不敢出阵，听任契丹攻破幽州城邑，大肆掳掠吏民，仅派部将抵御，打了败仗。武攸宜不中用，武则天换上武懿宗，任命他为神兵道行军大总管，率领二十万大军出征契丹。军队推进到赵州，前方报告契丹数千骑兵将至冀州，武懿宗拥有压倒性的兵力优势，竟然惊恐而退，把装备丢弃一路，后撤至相州才止住，眼睁睁地看着契丹屠杀赵州。武懿宗运气好，契丹内部的奚族人叛变，倒向唐朝，神兵道大将杨玄基抓住机会出击，大破契丹。武懿宗畏敌致败一举变成大胜，运气好到跌倒也能抓把黄金。而且，这场胜仗把武攸宜也算了进去，武家子弟成了神勇将军。契丹败退后，武懿宗为了饰过邀功，下令把从契丹逃回来的百姓定罪为叛民，活生生剖腹取胆；河北沦陷地顺从契丹者一律灭族，惨绝人寰。朝廷言官左拾遗王求礼当庭力争，指出老百姓平时没有武装，也没有官吏组织训练他们，沦陷后惧死苟从，岂有叛国之心呢？反倒是武懿宗拥有重兵，闻风而逃，丢失城邑，罪当诛戮。而他竟然嫁祸于百姓，为自己逃责，这岂是为官之道！他最后呼吁"请斩懿宗，以谢河北百姓"[2]。专制权力豢养出来的人，不管是权贵或者走卒，无不具有谄媚权势、曲事强敌和残虐百姓的特点，自古以来尽皆如此。

造成这种结果，道理并不复杂。靠自己奋斗，一级一级历练上

1 ——
《资治通鉴》卷206"则天后神功元年正月"条。

2 ——
《大唐新语》卷2。此条收载于《资治通鉴》卷206"则天后神功元年七月"条。

来的人，知道世道艰辛和如何处事，临事谨慎。依靠权势或者逢迎而青云直上的人，则一门心思用在吹嘘取悦上面，没有办事的本领，对自己的能力缺乏自信，平时把什么问题都想得十分简单，遇到强手立即泄气畏惧，遇强则媚，逢弱则虐，总在两个极端摆动。武懿宗墓志的出土，让人看清其官场经历。他是"则天大圣皇后从父昆弟之子"，武则天掌权后，直接以"太子右千牛备身"的身份进入仕途，转任泽州司法参军事、泉州司兵参军事，混个地方经历后升任朝廷"都水监丞，封六安县开国公，食邑一千户。三为水衡都尉，二为司农卿"。从这个经历可以看出毫无具体工作经验，完全是在转任中快速提升级别，到武则天篡唐前已经升至部级官员。天授年间，他被封为"河内郡王，食邑五千户。复为左右金吾大将军"[3]，掌握京城宫廷禁军，替武则天控制军权。文武职务皆无独立担当、更无沙场作战经验的人，让他统兵出征骁勇的契丹，除了残害百姓骗取战功之外，能有什么作为呢？武家子弟多人担任高级军职，暴露了武则天对于军队的不信任和无人可以寄任的窘境。军队不是什么混混都能掌控的地方，武则天最终被宫廷卫队推翻，亦在情理之中。

　　武家子弟虽然不中用，但是有武则天巨大的权势罩着，也颇有声势，占据要津，看家护院。天授元年（690）一月任命的三省长官中，武承嗣任文昌左相，武攸宁任纳言，武氏占据一半。即便如此，武则天仍认为不稳。当月，宰相韦方质因为对前来探视疾病的武承嗣不恭敬而遭到酷吏逮捕，流放到儋州，全家籍没。二月，刚从宰相位置退为户部尚书的王本立被杀害。三月，宰相苏良嗣死了。四月，宰相范履冰被捕，不久死在狱中。七、八两月集中屠杀残存的李唐皇族以及朝廷到地方的官员，已见前述。铡刀起落不停，人头滚滚落地，有史可查的重大案件，随着九月二日铡刀砍落"巨鹿郡公晁、麟台郎裴望及其弟司膳丞琏"[4]等人的脑袋而暂时停止，结束了第二阶段的酷吏政治。因为这个月武则天将正式踏上帝位，血的祭旗完成了，需要响起颂圣的赞歌。

3
《大唐故怀州刺史赠特进耿国公武（懿宗）府君墓志铭》，收于周绍良、赵超主编《唐代墓志汇编续集》，上海古籍出版社，2001年版。

4
《新唐书》卷4《则天皇后纪》。

四十四

九月九日壬午，铭刻于历史的日子，也是整个中国帝制王朝史上唯一的日子，武则天隆重登上则天楼，宣布改国号为"周"，大赦，改元，赐天下欢庆七日。

周朝再怎么疼痛难产，也终于诞生了。唐朝理应结束，然而它像幽灵一般挥而不去，一直缠绕着周朝，从武则天到文武百官，嘴上称的、手上写的都是"周"，可心里念着的全是"唐"。唐朝是如此的神奇，在整个中国历史上独一无二，它的首都曾经多次被攻破，政权一次被篡夺，但结果攻占者败死、篡夺者幽亡，唐朝都回来了。这一天，武则天肯定不会想到，她使尽浑身解数，斩杀无数官吏篡夺的政权，短短十四年后自己亲自宣布恢复，不得不在幽禁中咽气。

撇开这些后话，这一天武则天的心情无比激动，帝制国家史上第一位女皇诞生了，以后也再没出现过。根据一朝一姓的原理，周朝姓"武"，武则天号为"圣神皇帝"，既"圣"又"神"，涵盖了天人两界，唯我独尊。据此首都洛阳理所当然称作"神都"。同时宣布唐朝皇帝李旦降为皇嗣，赐姓"武"氏，立皇太子为皇孙。

按照王朝规矩，武则天立武氏七庙于神都，第一位是最古的祖宗"周文王"，称作始祖文皇帝。人们这才知道武氏果然源远流长、藏龙卧虎，卖木材的武士彟竟然是周文王的后裔。总之，武则天七拼八凑把武氏七庙列出来了，不劳史家费神多做考证。武家子弟也迎来了身份上飞黄腾达的时刻：武承嗣封魏王，武三思封梁王，武攸宁封建昌王；此外，武士彟兄弟的孙辈十人封郡王，姑姊皆为长公主。

封到孙子辈也就十余人，怎么看都不像是几千年传承下来的皇族，需要再增多人丁声势。于是，武则天调整任命了新的朝廷高级官员，史务滋担任纳言，主掌门下省；宗秦客担任内史，入主中书省；傅游艺升任宰相，任鸾台（门下省）侍郎。同时赐予傅游艺、宰相岑长倩、右玉钤卫大将军张虔勖、左金吾大将军丘神勣、侍御史来子珣等人"武"姓。如此一来，朝廷文武首要大员多为"武"氏，几乎成为家门；高官多被子弟垄断，不啻货真价实的"武"家朝廷。

朝廷姓"武"，高官姓"武"，连百姓和"武"沾边也受益，"武"氏成为一个炙手可热的特权集团。武则天称帝的第二个月，宣布给予并州武兴县百姓免除赋税，子孙相承，依照汉高祖刘邦优待丰、沛家乡的前例。武兴县就是武则天的家乡文水县，武则天称帝了，这里也就成为"武氏兴起"的帝乡。连家乡名字都改了，可见武则天多么激动，干脆下制："天下武氏咸蠲课役。"[1]

在这个高官团队中，除了武氏子弟外，基本上都是酷吏，只有史务滋显得相当另类，在两《唐书》里难觅其仕途的详细踪迹，仅见寥寥数语附录于豆卢钦望传后。《旧唐书》卷90称："武后时，宰相又有张光辅、史务滋、崔元综、周允元等，并有名绩。"这几位能够登上相位，且有一定的治绩的高官，事迹几乎都被淹没，可见当时政风严酷之一斑。先说武则天登基时任命的宰相史务滋，官宦经历只字未提，似乎不属于武氏亲信集团成员，不知因何得以被任命为纳言，主掌门下省。但是，很快发生酷吏来子珣制造的雅州（今四川雅安）刺史刘行实兄弟案，史务滋参与办案。他和刘行实的弟弟、尚衣奉御刘行感过从甚密，想按下刘行感反状，遭人告到武则天那里。武则天大怒，把案子交给来俊臣审理，史务滋知道难逃虎口，自杀身亡。在不能理政却擅长整人的酷吏团队中，总得有几个人来办事，不然国家机器就会停摆乃至崩坏。史务滋大概是这类人。

顺便看看其他三个称作宰相的办事之人，按照政治态度排序，首先是崔元综。此人"勤于政务"，常常加班至深夜，却是个刻薄之人，每次办案必定吹毛求疵治人死罪。尽管他拼命迎合讨好，毕竟不是亲信线上之人，只当了一年宰相就被告而流放，去了边荒的振州，"朝野莫不称庆"。[2]下一个是张光辅，能言善辩，会办事，上一章提到过他，曾经率兵讨平越王贞的武装反抗，因功升任中书侍郎，转掌门下省，成为宰相。从经历上看，他得到武则天的赏识，但还没能挤进武

1 ——
《资治通鉴》卷204"则天后天授元年十月"条。《新唐书》卷4《则天皇后纪》记载："（天授元年）十月丁巳，给复并州武兴县百姓，子孙相承如汉丰、沛。"

2 ——
《旧唐书》卷90《崔元综传》。

氏亲信集团中，所以很快因为前述徐敬业弟弟徐敬真逃跑案，被酷吏诱导案犯招供，指证他私下妄言图谶天文，在李、武之间首鼠两端，心怀不轨，因而被杀，家口籍没。最后一个是周允元，年轻中举，延载初（694）由御史中丞升任宰相。有一次，武则天和宰相高官们宴会时，让各位进献颂词，周允元称："耻其君不如尧、舜。"武三思当场斥责他语含贬损。幸好那天武则天心情不错，不以为忤，周允元才逃过一劫。[1]应该也吓得不轻，翌年死去。这四个宰相任职时间都很短，除周允元外，均遭酷吏构陷而落难。由此可知武氏亲信集团的排他性和狭隘性，在不断诬告中，凡事都提到政治高度无限放大审视，自上而下战战兢兢，动辄触碰刑网。依靠恐怖维持的政权，社会根基必定很浅，而且在整肃中积聚怨恨使得支持阶层不断缩小，其脆弱性和危险性日益呈露出来。

1 —————
《旧唐书》卷90
《周允元传》。

很多人以为，武则天为了篡夺唐朝政权而任用酷吏来开道，那么，成功之后应该收敛乃至停止恐怖政治。然而，事实并非如此，酷吏与武则天政权相随始终。当初因为政治合法性与自信不足而采用高压恐怖手段来强化权力，夺取政权以后又发现根基薄弱，暗潮汹涌，只能继续维持酷吏政治来保驾。这不一定是武则天一开始就制定的长期计划，更有可能是随机而成的手段。在历史上，只要开启酷吏恐怖政治就都停不下来。因为这种手段看似行之有效，却极大地伤害了本来就不高的信任度，官民人人自危，社会撕裂，恶性循环，愈演愈烈，一旦停止，便是一个时代的结束。因此，武则天登基后迎来的将是第三阶段酷吏政治的开启。

十月，也就是武则天登基一个月之后，杀人的铡刀重新启封。《新唐书·则天皇后纪》记载：天授元年十月"丁卯，杀流人韦方质。己巳，杀许王素节之子瑛、琪、琬、瓒、玚、玙、琛、唐臣"。另外，还把宰相邢文伟贬为珍州刺史。

改朝换代没有驱散无处不在的阴森雾霾，一切都延续不变。

四十五

天授二年（691），亦即武则天登基后的第一个年头，大家希望能有一个喜乐的开端。武则天在万象神宫接受尊号，改旗帜的颜色为红色，在神都设立社稷，将武氏神主安置在太庙，把长安的唐朝太庙更名为享德庙。武则天几天后再到这里来大享明堂，祭祀昊天上帝，百神从祀，武氏祖宗配飨，唐朝三帝亦同配飨。这是武则天第一次以周朝皇帝的身份祭祀上帝百神，确定了武氏为主，李氏陪从的配飨规矩。这件事的重要性在于通过祭天神来明确人间的政治统治秩序，以及其得天认同的合法性。

武则天真正在意的是现世的政治，上帝天神都用来为此服务。不明皇帝深意却只想通过拍马谄媚踏上仕途捷径的政治投机分子狂热鼓噪，如饶阳尉姚贞亮纠集了数百人，上表请求武则天上尊号"上圣大神皇帝"，大概他是想效法去年因为请愿武则天登基改朝而荣登相位的傅游艺。然而这次不灵了，因为武则天已经改朝换代了，早就称"圣神皇帝"，姚贞亮所请尊号的行为一望可知是没有文化的邀宠，被冷冷拒绝了。当然，武则天内心对于尊号另有想法，不是浅薄的拍马者所能明白。

武则天从礼制上进一步确立以周代唐，大臣们也希望早日结束血雨腥风，稍安喘息，让社会回归安定发展的正轨。御史中丞李嗣真站了出来，上表指斥酷吏纵横道：

> 今告事纷纭，虚多实少，恐有凶憸阴谋离间陛下君臣。古者狱成，公卿参听，王必三宥，然后行刑。比日狱官单车奉使，推鞫既定，法家依断，不令重推；或临时专决，不复闻奏。如此，则权由臣下，非审慎之法，傥有冤滥，何由可知！况以九品之官专命推覆，操杀生之柄，窃人主之威，按覆既不在秋官，省审复不由门下，国之利

器，轻以假人，恐为社稷之祸。[1]

1 ————
《资治通鉴》卷
204"则天后天授
二年正月"条。
饶阳尉姚贞亮请
上尊号事，亦见
此条。

这封上奏如泥牛入海。但他指出一个非常要害的问题，大兴告密冤狱，把生杀大权一直下放到低级的酷吏，朝廷司法部门失去按覆之权，表面上是对官民形成普遍高压震悚的作用，实际上造成了国家权力被滥用窃取、威信荡然无存的结果，民间戾气陡升，社会充斥私家暴力行为，这些都将成为颠覆国家政权的祸根，且积重难返。

实际上，对于武则天大兴冤狱、人人自危的局面，连她信任的官员也看不下去，在百官钳口的情况下，偶尔也有人直言劝谏。著名诗人、右卫胄曹参军陈子昂在永昌元年（689）连起大狱时上表劝谏：

周颂成、康，汉称文、景，皆以能措刑故也。今陛下之政，虽尽善矣，然太平之朝，上下乐化，不宜有乱臣贼子，日犯天诛。比者大狱增多，逆徒滋广，愚臣顽昧，初谓皆实，乃去月十五日，陛下特察系囚李珍等无罪，百僚庆悦，皆贺圣明，臣乃知亦有无罪之人挂于疏网者。陛下务在宽典，狱官务在急刑，以伤陛下之仁，以诬太平之政，臣窃恨之。……凡系狱之囚，多在极法，道路之议，或是或非，陛下何不悉召见之，自诘其罪！罪有实者显示明刑，滥者严惩狱吏，使天下咸服，人知政刑，岂非至德克明哉！[2]

2 ————
《资治通鉴》卷
204"则天后永昌
元年十月"条。

宽政缓刑，惩治酷吏，平反冤狱，顺从民望，这样的劝谏，陈子昂已经做过多次了，皆无结果。很显然，武则天十分了解酷吏的所作所为，而这正是她发出的指令，如何制止呢？等到篡权成功之后，她发现维持政权还得依靠酷吏。于是，人们希望大庆之后可以松一口气的期盼马上被击得粉碎。

新年正月的喜乐气氛还未褪尽，来子珣制造的雅州刺史刘行实兄弟案已经登台了，牵连到任命不久的宰相史务滋，惨惨死去。开年见血，依旧阴风煞气，只是手法出现了变化，那些肆无忌惮到忘乎所以的酷吏也被列入镇压对象。此举既可以为武则天卸责，收揽一点人心，又可以防止恶狗反噬，一箭双雕。算计固然深刻，但有一条似乎漏算了，就是过河拆桥会让所有人寒心，尤其是趋炎附势者变得越来越不在意忠诚的伪装，待价而沽。这就是武则天在病床上面对政变者的疑问：为什么你们都是我提拔的，却背叛了我。法家政治下的无底线镇压，从一开始就注定了是个两难的死局：权力肆意扩张，突破法律和人伦道德的双双底线，可以营造出短时期极度恐怖的效果，同时也豢养了一大群为所欲为的权力窃夺者，必定反噬。操弄这一切的皇帝似乎可以左右开弓，收放随心，实际上到恐怖政治成为大气候，此时对任何一方的打击都是自我权力空间的压缩，犹如作茧自缚，看似巧妙地挑动互撕，其实是自我的挣扎，直到空间丧尽而灭亡。在中国古代史上，走上这条路的统治者无人破得了这个局，最终都落下悲惨的下场。最可悲的是他们的种种操弄与暴行，把自己从统治者做成对手的筹码，到时机成熟振臂一呼，逆其道而行，立刻成为动员社会的巨大声势和力量，摧枯拉朽，开启一个新的时代。埋葬自己的力量竟然是自己给对手积攒下来的。从全过程观察，有两点需要注意：第一，武则天开启酷吏政治的第三阶段，是她走向衰败的转折。第二，这个过程的结束有待于唐玄宗真正掌握政权，亦即拖到开元时代。中宗、睿宗时代的各种政治斗争乱象都是武则天酷政的尾声，其原因在于推翻武则天的政变很不彻底，暴政与腐败交织的武氏权贵势力仍保存着相当的力量。然而，只要国家不亡，还能够回归政治理性，那么，这股腐朽势力必定落败，从而完成不同历史阶段的更生。

新的政治变化随即出现了，来得有点突然。一月，军界酷吏左金吾大将军丘神勣被问罪处死。[3] 此案还扯出酷吏政治第二阶段的代表人物周兴来，被人告发与丘神勣合谋犯罪，两大酷吏同时落马，预示着某种变化。武则天把周兴交给来俊臣审理。来俊臣和周兴本是同伙，多年共事，研究制造冤案的手段。这天来俊臣邀周兴一道用餐，向周兴请教如何让人招供的妙招。周兴不无得意地传授经验，先把犯人置于瓮中，四周文火慢烤，无往不利。来俊臣学得十分认真，令

3 ————
《资治通鉴》卷204"则天后天授二年一月"条记载："左金吾大将军丘神勣以罪诛。"《新唐书》卷4《则天皇后纪》记载："（天授二年正月）乙未，杀丘神勣、左豹韬卫将军卫蒲山。"然《旧唐书》卷186上《丘神勣传》记载："天授二年十月，下诏狱伏诛"；同卷《周兴传》记载："（天授）二年十一月，（周兴）与丘神勣同下狱，当诛，则天特免之。"二人传记系时并不一致。此依《资治通鉴》与《新唐书》本纪。

手下在屋内支起大瓮，按照周兴的指点燃起火把，然后起身严肃地向周兴宣布，接到密令审讯你，现在请你入瓮。周兴大惊失色，伏地叩头服罪。酷吏终于迎来了自食其果的下场，且留下"请君入瓮"的成语。来俊臣把周兴问成死罪上报，武则天当然清楚此类案件的荒诞，念着周兴为她办了那么多大案的犬马之劳，改判为流放岭南。武则天饶了周兴一命，却让他死得更惨。因为冤死在周兴手里的人实在太多了，有人埋伏在道上，收了这魔头的命。

到此为止，酷吏政治的代表人物索元礼、周兴和来俊臣三人先后登场，竞赛残毒，索元礼和周兴各杀数千人，却都比不上来俊臣残害千余家人。索元礼最早登台，积怨如山，武则天借着这个时机，顺势把索元礼也拿下处死，将前两阶段的冤狱罪责推他俩头上，试图洗净自己，平息众怒。不少人乃至后世史家相信了武则天的姿态。然而，她同时把来俊臣推到前台，成为酷吏政治第三阶段的代表，同时拔擢一批新人。来俊臣"与侍御史侯思止、王弘义、郭霸、李仁敬、司刑评事康暐、卫遂忠等，同恶相济。招集无赖数百人，令其告事，共为罗织，千里响应。欲诬陷一人，即数处别告，皆是事状不异，以惑上下"[1]。酷吏之风依炽，只是手法有所变化，爪牙也成为整肃的对象，无人可以逃脱此天罗地网。卸磨杀驴，看似高明，实则进一步加剧了离心离德，臣下只在表面上表演得更加赤胆忠心。

第三阶段酷吏政治具有三个主要特征：第一是武则天称帝后为保卫政权而展开，不同于之前的篡唐目的；第二，酷吏本身也被列入打击对象，内斗激烈，变幻莫测，人人自危；第三，斗争的新焦点转为皇嗣的废立，亦即废李立武，或者维护李氏皇统。皇嗣之争的实质是恢复李唐与否。

到了八月，似乎有所消停的整肃之风又再刮起，去年改朝时受赐"武"姓的右玉钤卫大将军张虔勖被捕入狱，交由来俊臣审理。张虔勖深知酷吏魔爪的残毒，赶紧将自己的冤情向侍御史徐有功申诉，来俊臣闻讯，勃然大怒，立即让卫士将他乱刀砍死，枭首于市。

来俊臣办案比周兴、索元礼还狠。周兴他们用严刑拷打逼取供

1 ——
《旧唐书》卷186上《来俊臣传》。

词，来俊臣则直接将受审人斩首，然后编排供词，随意捏造。最关键的是他报上去的案件，武则天无不认可，因此他有了肆意妄为的底气。张虔勖是这样被整死的，接下来的九月，岐州刺史云弘嗣也如此被杀。涉及朝廷高官的案件，武则天能不知道其中的冤情吗？她可是无比精明的皇帝，如果高官被杀都不知情，那么自身性命也就难保了。知道了还坚持这么做，是因为制造亲信高官的冤案可以起到极大的恐怖效果，让所有人惊恐度日，战栗钳口，不敢居功放肆，尾大不掉。

让人惊愕不已的事件连连爆发。就在九月，去年此月率"关中百姓"上表武则天请愿改唐为周而立下大功的傅游艺，才火速蹿升为宰相刚满一年，竟然沦为阶下囚，罪状是梦见自己登上湛露殿，醒来依然兴奋，告诉身边亲戚，以为吉兆。结果被亲人告发，逮捕入狱。"湛露"典出《诗·小雅·湛露》，本是贵族宴饮之诗，春秋时代已经演变为天子宴诸侯之义。因此，傅游艺梦登湛露殿，已是非分妄想，竟敢说了出来，则狼子野心昭然若揭。傅游艺原是侍御史出身，见多了狱中刑讯惨状，所以立刻自杀，逃过酷刑。

到此为止的几桩大案都不是孤立和偶然的，表明武则天改朝换代后新的政治动向，那就是清洗完政敌之后转而整肃亲信，防止这些人恃宠擅权，肆意妄为。当时和后世不少人以为是武则天发出结束酷吏政治的信号，属于误读。如前所述，武则天必须保持恐怖高压以稳定政局，故整肃前期酷吏完全出于巩固自身权力地位的考虑，而非其他。

在酷吏大行其道的时期，出现了几位刚正执法的司法官员，他们不惧个人安危，在力所能及的范围内坚决顶住酷吏的压力，洗刷种种罗织的冤罪，刀下留人。他们的事迹彪炳于史册，成为后人赞颂的法官楷模。这些人的共同之处是以事实为依据，以法律为准绳，敢讲真话，坚持法律原则。在来俊臣、侯思止等人无限制制造冤案的年头，多少人像盼云霓一般希望有法官主持公道。人们发现，不管谁的案子，一旦落入来俊臣或者侯思止等人手里，必死无疑；要是由徐有功或者杜景俭审理，则必有一个公道的结果，故社会上有"遇徐、杜者必生，遇来、侯者必死"的说法[2]，流传甚广。"徐、杜"便是徐有功

2 ————
《旧唐书》卷90
《杜景俭传》。

和杜景俭。

杜景俭是冀州武邑人，举明经入仕，累迁至殿中侍御史。如前所述，神功元年武懿宗率兵抵御契丹，畏敌不前致使河北边地失陷，契丹退后，武懿宗竟然诬告沦陷地区百姓通敌，将一律灭族。在朝廷负责判案的杜景俭挺身而出，指出百姓是被掳掠胁迫的，应予开释。在杜景俭的坚持下，武则天采纳了他的判决，免除无数生灵涂炭。这件事激起很大的反响，杜景俭被广为人知，他敢于直言的事迹也随之传颂开来。武则天以迷信著称，把各种异端视作祥瑞，无奇不有。有一年晚秋季节，梨树开花一枝，武则天大喜，询问朝堂高官是何吉兆。大臣们纷纷称颂武则天德被草木，令梨花重开，哪怕周文王都无法比拟。只有杜景俭说道："草木凋谢的深秋，梨花忽然开放，显然因为阴阳失调，应该是陛下发布的政令有亏礼典，我作为辅佐之臣负有罪责。"[1] 语虽扫兴，却是实话。

法律被践踏之后，案子由谁来审，结果两重天地。酷吏胡元礼制造一起冤案，判人死刑。实在太出格了，位居其下的司刑丞李日知看不下去，固持异议，案子反复四次都判不下去。胡元礼大怒，发狠道：只要自己人在刑曹就绝不让此人活着。李日知也回应道：只要自己不离开刑曹就决不让此人冤死。两厢争执不下，报送武则天裁决。武则天权衡之后，采纳了李日知的判决。[2]

酷吏是武则天豢养的清道夫，为什么她偶然也会出来唱唱反调呢？毫无疑问，只要依据法律，酷吏办的林林总总案子基本都经不起检验。所以很容易认为武则天故意表演，一方面让酷吏贯彻其政治意志，另一方面则摆出公正的姿态收揽人心。这固然不错，但恐怕还有更深的一层政治手腕。徐有功的仕途起落颇有启发。

徐有功出自学术之家，深受儒经浸染，通过明经科入仕，任职司法部门，从不刑讯逼供，为人所称道。武则天载初元年，他官至司刑丞，主持判案。那些年里，朝廷内外告密成风，刑网密布，周兴、来俊臣、丘神勣、王弘义等骇人听闻的酷吏诬告杀戮朝臣，道路以目，谈虎色变。徐有功从不跟风附恶，坚持依法断案，多次在朝堂上据理

1 ———
《旧唐书》卷90《杜景俭传》记载其言："今已秋矣，草木黄落，而忽生此花，渎阴阳也。臣虑陛下布教施令，有亏礼典。又臣等忝为宰臣，助天理物，理而不和，臣之罪也。"

2 ———
刘餗《隋唐嘉话》下；《资治通鉴》卷204"则天后天授元年（690）七月"条。

力争，遭到武则天厉声训斥，在场的大臣们听得股栗颤抖，他却不为所动，抗辩越发激昂。由于他不屈不挠地坚持，救了好几百家遭受冤屈之人。武则天虽然滥权嗜杀，却也感受到徐有功的正直不阿，内心暗自赞赏。徐有功非常幸运，在武则天彻底摧毁司法公正的年代，被选中留存下来，宛如凤毛麟角、暗夜烛光，给世人一丝希望。

天授元年，道州刺史李行褒兄弟被酷吏构陷入狱，问罪族诛。徐有功认为纯属诬陷，奋力抗争。他的上司是无人不怕的周兴，见状大怒，直接向武则天上奏，称徐有功故意开释罪犯，按律当斩，企图扫除绊脚石。武则天没有批准周兴的奏请，却也将徐有功罢黜官职。事情过后，武则天又起用徐有功，升任侍御史，依然执掌司法。徐有功并没有因为逃得一死而颓然，他向武则天致谢时，流着眼泪说道："陛下以臣为法官，臣不敢枉陛下法，必死是官矣。"[3] 徐有功还是那条硬汉。

长寿二年（693），徐有功又接手办理一起冤案。当时办案是快速晋升的捷径，故酷吏们挖空心思制造案子，积极煽动告密，践踏法制。唐朝法律不鼓励有悖人伦的亲属检举，严惩奴婢告主。[4] 法制已然破坏，这些法律形同具文，引诱奴婢告发主人成为风气，乃至皇室也难逃荼毒。武则天的儿子李旦，作为皇嗣幽居宫中，其妃刘氏和德妃窦氏被户婢团儿告发，说她们为皇嗣在宫内施厌咒，亦即施法术用咒语伤人。这可是死罪。武则天接到密告后，不动声色，在嘉豫殿接受她俩朝拜后将其一并杀死，埋在宫内，无人知道其下落。这事还没完，德妃的父亲窦孝谌时任润州刺史，家奴编造妖异之事恐吓德妃母亲庞氏，庞氏非常害怕，托此奴夜里作法祷告，驱邪禳妖。家奴获此证据到官府告密。监察御史薛季昶接案后，趁机诬告庞氏伙同德妃施行咒术，问成死罪，自己得到武则天的提拔重用。庞氏的儿子窦希瑊向侍御史徐有功诉冤，徐有功马上下令停止执行庞氏死刑，将案件缘由上奏武则天，主张庞氏无罪。此案关涉最高政治，担忧李唐复辟一直是武则天的心病，无人敢碰此类案件。徐有功就是不怕，竟然站出来申冤。薛季昶捕捉到机会，诬告徐有功党附恶逆，要求将他法办。

3 ——
《资治通鉴》卷204 "则天后天授元年（690）十月"。两唐书此事系年有误，《通鉴考异》已有考证，兹从之。

4 ——
相关法律规定见《唐律疏议》之《名例》《斗讼》各章。《贞观政要·刑法第三十一》记载："贞观二年，太宗谓侍臣曰：'比有奴告主谋逆，此极弊法，特须禁断。假令有谋反者，必不独成，终将与人计之；众计之事，必有他人论之，岂藉奴告也？自今奴告主者，不须受，尽令斩决。'"唐高宗《永徽律》才允许奴婢部曲告发主人谋叛逆重罪。

刑部立即跟进，议定处以绞刑，徐有功再次为公正执法而命悬一线。下属将内情透漏给徐有功，徐有功叹了口气，平静地说道："岂我独死，诸人永不死邪！"然后闭门睡觉。下属不相信徐有功睡得着，一定是假装镇定，在无人处吓成一团。想看他丑态的人偷窥屋内动静，只见徐有功酣睡如常。曾经去过鬼门关的人，不是被吓得胆魄俱裂而胆小如鼠，便是视死如归而处世泰然，徐有功无疑属于后者。民不畏死，奈何以死惧之。徐有功等来的不是绞刑，而是武则天的召见，责问他为什么审案疏漏，放走那么多人。徐有功答道："失出，人臣之小过；好生，圣人之大德。"[1] 非刑事的案件，断案过宽属于法官的小错，而给人活路则是圣人之大德，徐有功一方面开示武则天，另一方面也归善于她。武则天默然沉吟，最终减免庞氏的死罪，让她带着三个儿子流放岭南，将她的丈夫窦孝谌贬为罗州司马；同时把徐有功免官除名。不久之后，武则天又起用了徐有功。

1 ————
《资治通鉴》卷205"则天后长寿二年（693）正月"条。

被武则天埋在宫中的德妃，就是日后拨乱反正、将唐朝推向盛世的唐玄宗李隆基之母。

徐有功敢于坚持法律原则，但他行事并不鲁莽，非常讲究方法。他知道来俊臣置人于死地，乃事先获得武则天的批准。所以，他办案时如法炮制，事先奏请武则天首肯，再断然洗刷冤情，令来俊臣无可奈何。[2] 然而，政治清洗是武则天掌控政权的主要手段，酷吏与告密造成无处不在的巨大恐惧是那个时代的主流，不容扭转。所以，大凡敢于依法判案的官员几乎难于幸免，除了徐有功这个特例，基本都落得惨死的下场。那么，为什么徐有功屡屡逆流而动却安然无恙呢？从其经历来看，他做的事情武则天全都了如指掌，而且，也都是武则天宽宥乃至任用他，并且固执地让他屹立于司法部门，鹤立鸡群于酷吏队伍，成为出乎他意料的后台。显然，徐有功是武则天有意成就的对象。这是任何人都无法学习效仿的，看不透这一点而简单效仿者必遭灭顶之灾。

2 ————
《朝野佥载》卷2。

这是武则天对徐有功情有独钟吗？显然不是。徐有功之所以被武则天挑选出来，大致有三方面的原因：

第一，他没有政治倾向，也没有政治野心，更无政治能力，就是一个忠于职守的司法界职业官员。

第二，武则天豢养酷吏作为清道工具，希望他们非法妄为，造成全社会的肃杀恐怖气氛，同时也深知毫无品行的狼群反噬的道理，绝不能失控，以至分阶段宰杀诸如索元礼、周兴等头狼，弃旧换新。所以，她不能用老于世故的官僚，必须任用在狼群中不屈附权势的刚正硬汉，成为了解甚至制约酷吏的哨兵，不至于被他们串通起来蒙蔽。但是这样的人绝不能多，只能是孤立的存在，否则就干扰了她的政治方向。所以，徐有功是"不合时宜的必要"。

第三，迫害与清洗的酷吏政治是手段，不管持续多久，终究是反常现象，武则天为有朝一日重归正轨埋下伏笔。虽然终其一生政治社会没有回归正道，但她日后曾经诿过于酷吏，为自己开脱。不管是存有回归正轨的念想，或者为自己开脱，徐有功的存在给苦难的社会带来一丝丝的希望，仿佛酷吏蒙蔽着明君，相信乌云终将散去，人们便不会揭竿而起。武则天算计颇深，手腕老辣。

徐有功不惧强权、刚正不阿，在当时已经广为传颂。据说他多次和武则天激烈抗争，有一次武则天勃然大怒，下令将他拉出去斩首，他面不改色，回望武则天说道："臣身虽死，法终不可改。"对于构陷他的酷吏，他同样坚持依法审判，并不挟私报复。酷吏皇甫文备曾经诬陷徐有功为逆党，欲图置之死地。后来皇甫文备被人告发，案子落在徐有功手里。徐有功公正审理，让他免遭荼毒。有人不解，问徐有功为何放他一马。徐有功回答道："汝所言者，私忿也，我所守者，公法也。安可以私害公？"[3]仁慈与宽恕属于道德层面，中国古代往往从个人品德的层面去衡量和选拔官吏，追求贤人政治。然而，道德自律的伸缩性很大，难以形成切实有效的制约，或行善，或为恶，总是随着利益、私欲和权力而转移变化，始于善而终于恶的例子比比皆是。用好人行德政终究是人治的思考与设计，在整个古代的政治实践中尽管有过短期的成效，却难以持续，最终归于失败。好人政治无以构成良政善治的根基。徐有功秉公办案的驱动力，并不来自人格与

3 ————
《隋唐嘉话》卷下。

道德层面，而是对法治的深刻认识与坚持。唐朝建国初期已经认识到国法是政府与百姓之间基本规则的约定，构成社会与制度的基础，对于法律的坚守体现着国家的信誉和百姓对于国家的信心。贞观元年（627），唐太宗明言："法者非朕一人之法，乃天下之法。"大理少卿戴胄对唐太宗说："法者，国家所以布大信于天下。"[1]徐有功秉持的就是这一认识，坚守的就是规则的原理。这是人治与法治的重大区别。只有在规则之上才有道德可言，与其祈求好官，不如严守法治。徐有功用他的行为做了鲜活的诠证。

在酷吏政治构成政治主流的时代，徐有功确实是一个特异的存在，可以称之为"徐有功现象"，值得研究。

四十六

长寿元年（692），天象、人事似乎都变幻无常。武则天称帝用"天授"为年号，表明周取代唐乃天意，法统神授。可是老天不解人意，竟然在天授三年四月日食，太不吉利了，武则天马上改年号为"如意"来压一压。当人感到无助的时候，经常用祈祷吉祥的颂词给自己壮胆打气，内心的虚弱表现为辞藻的华美，歌舞升平的内里是社会凋敝。"如意"年过了五个月，第三度来到九月九日登基的盛大节日，奇迹如约而至，武则天掉落的牙齿重新长出来了，返老还童，犹如新生，于是改元称"长寿"。从"天授"到"如意"，再到"长寿"，一岁三个年号，目不暇接，颇有梦幻之感。

黎明前的梦往往惊心动魄，却在天崩地裂之际起死回生。这年一月，来俊臣又搞出一个惊天动地的大案，告发宰相同平章事任知古、狄仁杰、裴行本三人，伙同司礼卿崔宣礼、前文昌左丞卢献、御史中丞魏元忠、潞州刺史李嗣真等人谋反。[2]按照来俊臣罗列的名单，此案几乎成为朝廷行政首脑、最高司法机构大员，与地方封疆大吏联合

1 ————
吴兢撰，谢保成集校《贞观政要集校（修订本）》"公平第十六"，中华书局，2021年版。

2 ————
此处论述皆据《资治通鉴》卷205"则天后长寿元年"记载。《旧唐书》卷186上《来俊臣传》记载："如意元年，地官尚书狄仁杰、益州长史任令晖、冬官尚书李游道、秋官尚书袁智宏、司宾卿崔神基、文昌左丞卢献等六人，并为其罗告。"显然这个案件涉及的朝廷大员颇多，是武周建立后的第一大案。

狄仁杰像，出自《三才图会》

宋人绘狄仁杰像

起来，企图推翻皇帝的政变，骇人听闻。如此重大的案件，需要立即将嫌疑人捉拿审问。此前，来俊臣奏请武则天批准，只要到案后马上招供，承认谋反，就可以免于死刑。所以，来俊臣以此作为条件诱逼宰相们认罪。狄仁杰在供词里称"大周革命，万物惟新，唐室旧臣，甘从诛戮。反是实！"承认谋反，来俊臣暂且把狄仁杰放到一边，获得喘息。但是，来俊臣的手下得寸进尺，判官王德寿要求狄仁杰扯出杨执柔来，好让他立功升官，并且编造好案情经过。狄仁杰可以自诬，却不能诬人，这是他的底线，宁死不屈。他以头撞柱，血流满面。王德寿担心狄仁杰死了不好交代，不得不作罢。

魏元忠落到侯思止手里，不管如何审讯就是不招。魏元忠位居御史中丞，乃最高监察部门副职，本为侯思止上司，对酷吏的手段一清二楚。侯思止拿不到供词，便将魏元忠倒吊。魏元忠深知酷吏的承诺像绚烂的泡影，招不招供的区别只是有尊严地死和遭人唾弃地死而已。侯思止进一步刑讯，魏元忠厉声呵斥："侯思止，汝若须魏元忠头则截取，何必使承反也！"

在酷吏的手里，断案不取决于是否犯罪，而取决于是什么人，跟是否谋反毫无关系，供词只是给清洗粉饰理由，以及给酷吏提升官职做台阶。经历十多年的大清洗，大家对此心知肚明，一旦无妄之灾降临头上，不再徒劳申辩，慷慨赴死便是。前一年，亦即天授二年十月宰相乐思晦和右卫将军李安静下狱的时候，李安静知道自己是因为没有随同百官向武则天上表劝进而落难，直接对逼他招供谋反的来俊臣说道："以我唐家老臣，须杀即杀！若问谋反，实无可对。"两人都惨遭杀害。

狄仁杰因为承认谋反，案件坐实，只等判决了，故酷吏放松对他的监管。狄仁杰偷偷把自己遭受冤罪的情况写在布帛，藏于棉衣中，向负责其案件的王德寿申请让家人取衣去棉，做成单衣，热天好穿。狄仁杰的儿子狄光远拿到棉衣，找出诉状，向朝廷控告，获得武则天召见，呈上狄仁杰手书。武则天叫来俊臣做说明。来俊臣说狄仁杰在狱中依然穿戴官服，寝食俱安，如果没有事实，如何肯承认谋反呢？武则天派遣通事舍人周綝入狱探视。来俊臣抢先令狄仁杰穿戴好，立于牢中西面。周綝害怕来俊臣，哪里敢真的探视，故意扭头朝东看，对来俊臣的介绍唯唯诺诺。来俊臣又伪造了一份狄仁杰的谢死表，让周綝带回去呈报。狄仁杰看来是在劫难逃了。

谁也没有料到山穷水尽时竟然峰回路转，去年被杀害的宰相乐思晦未满十岁的遗孤，没入司农服劳役，不知道通过什么渠道上告成功，得到武则天召见，进言道："我爹已死，家破人亡，只可惜陛下的法律遭受来俊臣的玩弄，陛下如果不相信我的话，可以挑选深受信任的清廉忠诚之臣，称其谋反，交付来俊臣办理，看看是不是全都认罪。"这件本来同狄仁杰没有关系的事情，引起武则天的联想，亲自召见狄仁杰，问他为何写谢死表？狄仁杰不知此事，取其表文对证，确认是伪作。于是，武则天免除此案主犯七家人，将他们贬黜外放，任知古为江夏令，狄仁杰为彭泽令，崔宣礼为夷陵令，魏元忠为涪陵

1 —————
《旧唐书》卷94
《李峤传》记载:
时酷吏来俊臣构
陷狄仁杰、李嗣
真、裴宣礼等三
家,奏请诛之,
则天使峤与大理
少卿张德裕、侍
御史刘宪覆其狱。
德裕等虽知其枉,
惧罪,并从俊臣
所奏。峤曰:"岂
有知其枉滥而不
为申明哉!孔子
曰'见义不为,
无勇也。'"乃与
德裕等列其枉状,
由是忤旨,出为
润州司马。

令,卢献为西乡令,裴行本和李嗣真流放岭南。

这件事情的处理颇为古怪,如果确证是冤案,这些官员应予平反;如果真的谋反,则应严惩不贷。结果都不是,涉案宰相或者贬为县令,或者流放边荒。显而易见,这个案件的背后操手就是武则天,当时参与办案的李峤的遭遇,透露出内幕之一角。来俊臣奏请处死狄仁杰、李嗣真和裴宣礼等三家,武则天派李峤会同大理少卿张德裕、侍御史刘宪复审。李峤发现冤情,列明上奏,因此触犯了武则天,被贬黜为润州司马。[1] 只是因为来俊臣等人把案子办得破绽百出,武则天也没有下决心诛除这些人,所以才做出受蒙蔽的委屈状。用迫害来立威,用宽宥来树恩,其实都是法家常用的手段。

酷吏是武则天的政治工具,但他们也有自己的利益,奉旨制造冤案获得提升算是他们的主道,待到冤案目不暇接的时候,政治讹诈、敲诈勒索收获亦丰,权财两收,成为他们利益所在,清洗运动日益被酷吏绑架而偏离武则天的政治目标,泉献诚案件可见一斑。

2 —————
分别见《泉男生
墓志》和《泉献
诚墓志》,收录于
洛阳市文物管理
局著《洛阳出
土少数民族墓志
汇编》,河南美
术出版社,2011
年版。

泉献诚是原高句丽国权臣莫离支泉盖苏文的孙子,泉盖苏文抵抗唐朝的征伐,后来杀高句丽国王高建武,立建武侄子高藏为王,自掌大权。其子泉男生继任莫离支兼三军大将军,为其弟所逼,于唐高宗乾封元年率众十余万户降附唐朝;总章元年被封为使持节辽东大都督、上柱国、玄菟郡开国公。此后他随唐英国公李勣攻破平壤,俘虏高藏一众君臣,晋升为右卫大将军、卞国公;仪凤四年正月在安东府官舍去世,终年46岁。其子泉献诚积极推动其父泉男生归附唐朝,于乾封元年入朝,后袭父爵封卞国公,光宅元年任右卫大将军,迁左卫大将军。[2] 十二卫大将军是最高军衔,常由宗室或者军功大臣担任,在军中位望隆重。在武则天时代,越是高级官员越危险,宰相宛如走马灯变换,军队首脑也一样转眼即逝。在酷吏眼里,高官亦同草芥。而且,因为他们家产丰厚,整起来油水更足。长寿元年,来俊臣直接找泉献诚索取重金,泉献诚没有满足他,于是大难立刻降临,被诬告谋反,逮捕入狱。泉献诚似乎情商甚高,低调内敛。天授元年,武则天别出心裁,拿出金宝悬赏,从南北禁军严选五位高超射手竞赛夺

河南洛阳白马寺狄仁杰墓

标。泉献诚得了第一名，他马上把荣誉让给右玉钤卫大将军薛咄摩，薛咄摩推辞，泉献诚遂向武则天进谏，指出夺标者都不是汉族军人，担心周边各族会轻视汉族，唐朝官员亦引以为耻，所以请求停止这项选拔。[1] 泉献诚克己谦让，并不能逃出穷凶极恶的酷吏的视野，尽管谋反不是事实，但来俊臣谋财是真情。泉献诚一经捉拿，就被勒死在狱中。[2] 这个案件反映出酷吏集团将其私利附载于武则天的高压政治轨道上，看似吴越同舟，其实是此消彼长的逐步失控。且不论酷吏政治，即使十分平常的国家政策也总是被官僚阶层扭曲而荒腔走板，中国古代的王朝专制基本都是这样演化而堕落，从以权谋私到貌合神离，进而演变成奴大欺主，势必出现主奴内讧。这个内在理路犹如宿命，未见例外。

清醒的官员早就看得分外清楚，这次遭到迫害的潞州刺史李嗣真，前一年还是御史中丞，身在最高检察司法部门，对此了如指掌，所以他向武则天上表，指出把审判权下放到酷吏手中的极度危害性：

1 ———
《新唐书》卷110《泉献诚传》；《资治通鉴》卷204"则天后天授元年（690）是岁"条。

2 ———
上引《泉献诚墓志》记载："会逆贼来俊臣秉弄刑狱，恃摇威势，乃密于公处求金帛宝物，公恶以贿交，杜而不许。因诬隐他罪，卒以非命，春秋卌二。"墓志记载与《新唐书·泉献诚传》及《资治通鉴》卷205"则天后长寿元年（692）一月"条所载相符，更加详细。

3 ———
《资治通鉴》卷
204 "则天后天授
二 年（691）正
月" 条，整段引
文见于前面第
"四十五" 节。

"国之利器，轻以假人，恐为社稷之祸！"[3] 警钟犹在耳际，他已被外放，旋入牢狱。把明白人赶尽杀绝，并不能改变外在日益恶化的事实，反而加速了这一进程。

不顾事实，一吠群吠，甚至变本加厉地践踏落难者以证自我清白，在当时司空见惯。上述狄仁杰冤案中被构陷的司礼卿崔宣礼，外甥霍献可任殿中侍御史，唯恐受到牵连，抓住觐见武则天的机会，匍匐在地使劲叩头，血染殿阶，哀声请求："陛下不杀崔宣礼，臣请陨命于前。"[4] 权力把人性扭曲到何等地步。武则天是否意识到人伦底线不守则国法亦成废纸？现实社会里，家与国、人伦与法律，本为一体两面，一损俱损，相辅而成。

4 ———
《资治通鉴》卷
205 "则天后长寿
元 年（692）一
月" 条。

承风顺旨，卖身献媚，这是一条晋升捷径。宁陵县丞郭霸应武则天的"革命举"，颂词激扬，获得拔擢，担任监察御史，进入炙手可热的权力机构。正好遇到上司御史中丞魏元忠患病在家，他赶忙前往慰问，奋不顾身地冲入茅厕，捧着魏元忠的粪便品尝，满脸洋溢喜色，安慰道："粪甘则可忧，今苦，无伤也。"[5] 没有原则底线，只凭权力至上，这样的人员队伍有真正的忠诚吗？权力是变动的，人员是投机的，武则天最终被她反复清洗后选拔出来的人推翻了，"眼看他起朱楼，眼看他宴宾客，眼看他楼塌了"，还是老的剧目。

5 ———
《资治通鉴》卷
205 "则天后长寿
元 年（692）一
月" 条。

酷吏构陷成风，对于官场乃至人心的副作用巨大，难以估量；高压造成人格缺损的一代人，还将构成社会健康发展的障碍，几十年都难以彻底消除。在这种社会环境下出现具有群体共性的思想认识，以及性格缺陷，是时代造成的，必须通过个人深刻反思和学习才能克服超越，不努力自赎的人或将在后面的年代祸害下一代。

四十七

实际上，武则天称帝后进入酷吏政治的第三阶段，由来俊臣担纲，比索元礼和周兴主持的前两阶段酷吏政治有过之而无不及。前两阶段依靠屈打成招，第三阶段则更进一步，直接杀害后再罗织罪状，完全不需要证据、供词和证人。人们之所以对前两阶段酷吏政治惊惧更甚，是因为刚从依法办案的正常时代转入官府非法时代，让人难以接受，且惊恐万状。十来年后，酷吏横行，豺狼当道，人们反而见怪不怪，麻木不仁了。到这份上，并非酷吏政治大获成功，恰恰相反，是其恐怖震慑力大为下降，看似全社会蹑足屏息，实为消极抵抗，诸事推诿，皆不作为，国家壅滞，唯仰上意，经济凋敝，外患四起。恐怖手段再没有点石成金的灵验，连武则天也逐渐兴意索然。

值得注意的是长寿元年出了狄仁杰一众高官谋反大案，本应掀起一波恐怖的高潮，现实情况却相反，本应钳口的官员们反而站出来批判酷吏践踏法律，出现反弹。五月，万年县主簿徐坚上疏，指出自古以来审理案件必须根据"五听"，亦即听其言，观其色，望其气，察其听，看其眸，辨识真伪。还要遵循"三覆之奏"的制度规定，这是唐太宗在贞观五年为了防止错杀而制定的，规定死刑必须上下三度复核。现在大凡所谓谋反的案件，一经审案者认定即行斩决，冤枉无门投诉，何其惨痛。"此不足肃奸逆而明典刑，适所以长威福而生疑惧。臣望绝此处分，依法覆奏。又，法官之任，宜加简择，有用法宽平，为百姓所称者，愿亲而任之；有处事深酷，不允人望者，愿疏而退之。"[1]

依法办案，罢黜酷吏，这是官民一致的心声。持续了这么多年的恐怖清洗，积压在胸中的怨愤已经从不敢声张到敢怒敢言的地步。从这一年起，官场上下都出现了对酷吏政治的公开批判，压抑的氛围为之一变。

刚刚被提升为宰相的李昭德，是长寿年间最受武则天信赖的大臣，连武承嗣进谗言构陷他，武则天都不予理会，直接告诉武承嗣说："自我任昭德，每获高卧，是代我劳苦，非汝所及也。"[2]李昭德痛恨酷吏，敢于运用手中的权力加以抑制，甚至不惧权势熏天的来俊臣，公开拆穿他们编造的诏媚武则天的把戏。武则天喜好祥瑞出

1 ———
《资治通鉴》卷205"则天后长寿元年（692）五月"条。

2 ———
《旧唐书》卷87《李昭德传》。

了名，各地纷纷造假呈献，抬来一大块白石，声称是白皮红心，极为祥瑞。李昭德斥问："难道其他的石头都是反贼吗！"闻者哄堂大笑。襄州人胡庆用红漆在乌龟肚皮上书"天子万万年"，捧到宫阙进献。李昭德拿刀刮去，将他付诸法曹。长寿二年武则天下令禁止民间用锦。让人闻风丧胆的酷吏头目侍御史侯思止自恃亲信，无视禁令私下蓄锦。李昭德接到报告后，亲自庭审，将侯思止杖杀于朝堂，大快人心。就是这位李昭德在朝廷面奏武则天，揭露酷吏的劣迹与欺蒙。[3]

有李昭德主持朝政，各部门的官员更加敢于进谏。右补阙朱敬则鉴于武则天"任威刑以禁异议"，上疏：

3 ——
《资治通鉴》卷205"则天后长寿元年、二年"。

> 李斯相秦，用刻薄变诈以屠诸侯，不知易之以宽和，卒至土崩，此不知变之祸也。汉高祖定天下，陆贾、叔孙通说之以礼义，传世十二，此知变之善也……伏愿览秦、汉之得失，考时事之合宜，审糟粕之可遗，觉蘧庐之须毁，去蒉菲之牙角，顿奸险之锋芒，室罗织之源，扫朋党之迹，使天下苍生坦然大悦，岂不乐哉！[4]

4 ——
朱敬则上疏载于《旧唐书》卷90《朱敬则传》。此据《资治通鉴》卷205"则天后长寿元年（692）五月"条所录摘要。

秦扫六合，无比强势；汉承战乱，社会凋敝。然而两个王朝的命运迥然不同，为什么呢？朱敬则认为秦朝不知时变，刻薄变诈而土崩瓦解；汉朝顺应时代，抑武兴文遂得长久。所以劝谏武则天以史为鉴，废除告密罗织，去酷吏，开言路。武则天觉得他言之有理，赏赐帛三百段。

司法部门的长官侍御史周矩也上书武则天，揭露牢狱中各种酷刑的惨状，屈打成招，呼吁：

5 ——
《旧唐书》卷186上《酷吏上·索元礼传》记载，周矩上疏在载初元年（690）十月。《资治通鉴考异》将此上疏系于长寿元年（692），从之。

> 愿陛下察之。今满朝侧息不安，皆以为陛下朝与之密，夕与之雠，不可保也。闻有追摄，与妻子即为死诀。故为国者以仁为宗，以刑为助，周用仁而昌，秦用刑而亡，此之谓也。愿陛下缓刑用仁，天下幸甚。[5]

这么多的官员站出来指控酷吏，武则天不能不做些姿态，虽然不予采用，但也不加责罪，有时还给予奖赏。在此推动下，长寿元年夏，武则天尝试让敢言直谏的监察御史严善思复审一下案件。自从垂拱元年（685）平定徐敬业反叛以来，七八年间，武则天"诛唐宗室贵戚数百人，次及大臣数百家，其刺史、郎将以下，不可胜数"。[1]堆积如山的案子，严善思稍微接手审理，就查出850多人的冤罪。于是酷吏们马上行动起来，到武则天那里控诉，很快就把严善思定罪，流放到最为遥远的驩州（今越南乂安省荣市），欲置之死地。这件事的背后操手是武则天，当然知道严善思罪状纯属捏造，不久后将他召回，改任位卑职闲的浑仪监丞，望天长叹。

1 ——
《资治通鉴》卷
205 "则天后长寿
元 年（692）五
月"条。

武则天做出宽大的姿态，并不是她真心想结束酷吏政治，因为此后还不断有重大冤案发生，未见收敛。朝廷官员对于酷吏的指控，让她感觉到恐怖威压的效果正在快速递减，从肝胆俱裂到习以为常，从官民钳口到公开反弹，加上酷吏集团挟私弄权，民愤极大，令她不能不做些测试，有所约束，且不得不寻思新的对策。

如果以为武则天做出的这些姿态标志着政策大调整，意味着酷吏政治行将结束，那就过于简单幼稚了。酷吏是她弥补政治合法性不足以及维持高度集权统治的有效武器，不能轻易放弃。所以，这场博弈还将激烈地进行。就在武则天让严善思尝试复查冤案的同时，新的一起重大冤案爆发了，刚在年初由司刑卿升任宰相的李游道，却在九月变成罪人，被流放到岭南。

前述狄仁杰案件逮捕的宰相有三人，留下了很大的权力空缺。一月补李游道为宰相；二月补秋官尚书袁智弘，八月再补检校地官侍郎李元素、营缮大匠王璿、司宾卿崔神基为宰相。尤其是八月增补的宰相，位子都还没坐热，马上在九月遭到酷吏王弘义的构陷，上述新增补的高官统统被流放到岭南。朝廷再次处于权力真空的状态。案件还涉及春官侍郎孔思元、益州长史任令辉等高官。[2]半年多的时间内爆发两起几乎是整锅端的抓捕宰相高官大案，世所罕见。可以说自从垂拱以来朝廷基本就处于空转状态，核心官员甫起旋落，飞来横祸，人

2 ——
《新唐书》卷4
《则天皇后纪》。

心惶惶。权力没有任何稳定性，谁敢做事，谁能做事？集体整肃宰相高官，是酷吏胆敢的构陷吗？毫无疑问，全部是秉承武则天的旨意，一方面摆出纠正冤案的姿态，另一方面则大开冤狱之门。要不要收敛大清洗，武则天内心也充满矛盾，权衡得失。

长寿二年（693），血雨腥风未见丝毫的减弱。

正月，杀尚方监裴匪躬、内常侍范云仙。三月杀左卫员外大将军阿史那元庆、白涧府果毅薛大信。五月乙未，杀冬官尚书苏干、相州刺史来同敏。[3]

3 ————
《新唐书》卷4
《则天皇后纪》。

酷吏们没有闲着，他们需要不断地制造大案，显示自我存在的价值，获得晋升。而且必须把扳倒的官吏整死，以免后患。有人告发岭南的流人正在谋反。岭南是朝廷流放重罪高官的地方，他们要谋反，那还得了。武则天派遣司刑评事万国俊挂监察御史官衔赶赴岭南查处。万国俊到广州，把流人全部集中起来，假传圣旨，赐令他们全部自尽。流人们不服，呼号悲鸣。万国俊将他们驱赶至水边斩杀，一天之内竟然杀害三百多人。血腥屠杀之后，万国俊编造谋反供状，带回去禀报。同时奏称各地的流人同样都心怀怨恨，图谋造反，不可不尽早诛除。武则天认为他十分得力，处置果断，提升为行侍御史。根据万国俊的建议，武则天调集一批官员，由右翊卫兵曹参军刘光业、司刑评事王德寿、苑南面监丞鲍思恭、尚辇直长王大贞、右武威卫兵曹参军屈贞筠等人组成，皆以监察御史官衔分赴剑南、黔中、安南等六道查办流人。万国俊因为滥杀而获奖提升，这批酷吏们还需要揣摩上意吗？他们在各地大开杀戒，刘光业杀了九百人，王德寿杀七百人，最少的也不下五百人，连那些很早以前犯案流放的人员也都被揪了出来，一起杀掉。把流人都杀干净了，武则天这才颁发命令，宣布："被六道使所杀之家口未归者，并递还本管。"[4]不知道几人虎口逃生有幸沾沐皇恩雨露。

4 ————
《旧唐书》卷186
上《万国俊传》。
参《资治通鉴》
卷205"则天后长
寿二年（693）二
月"条。

草菅人命与告密滥杀在全国造成极度的不信任感，人人自危，唯恐招惹什么人而飞来横祸，家破人亡。武则天后期非常重要的大臣娄师德，哪怕当到宰相也一团和气，显得憨笨迂缓，同为宰相的李昭德甚至骂他是"田舍夫"。娄师德不愠不怒，笑而答道："师德不为田舍夫，谁当为之！"娄师德真是个没脾气的窝囊废吗？实际上，他曾经长期镇抚陇右，各族皆安，颇有政声；推荐的狄仁杰当宰相，支撑危局；狄仁杰推荐的一批高级官员，发动了"神龙革命"推翻武则天统治，恢复唐朝。毫无疑问，娄师德心明如镜，有自己的原则底线。但是，在宵小猖獗的时代，他只能忍辱负重。其弟出任代州刺史的时候，他问道："我任宰相，你当封疆大吏，荣宠过盛，必定招人嫉妒，如何能够自免呢？"弟弟回答道："哪怕有人向我吐口水，我也只是自己擦干。"娄师德听后更加担忧，告诫道："这正是我所担心的！有人向你吐口水，说明人家愤怒，你擦干口水，会让他更加生气。你应该笑脸相迎，让口水自干。"[1]这就是"唾面自干"的典故。位极人臣，却要修炼"唾面自干"的功夫，武则天时代的政治气氛，令人不寒而栗。

无处不在的告密，乃人品卑劣者的勾当，武则天虽然利用他们，内心却充满鄙夷。长寿元年，武则天借佛教戒律颁布禁令，禁止天下屠宰牲畜和捕捞鱼虾。言官右拾遗张德生男儿，喜不自禁，私下宰羊庆祝，宴请同僚。杜肃偷藏一块羊肉，回去后上表揭发。翌日，武则天当朝向张德致喜，问他从哪里得到的羊肉？张德叩头谢罪，武则天拿出杜肃的揭发信说道："朕禁屠宰，吉凶不预。然卿自今召客，亦须择人。"[2]交友须择人的劝告，表明武则天对于出卖朋友的不齿，公之于众。杜肃恨不得钻进地底，满朝官员皆欲直唾其面。

卖友求荣者必将卖主求荣，没有底线的人什么都做得出来，恶狗反噬势所必然。前述婢女团儿诬告武则天的嗣子之妃施厌咒，导致刘妃和德妃被杀害于宫中。团儿一朝得逞，越发嚣张，再度告密陷害皇嗣。大家都明白皇位继承是武则天一大心病，团儿身在近侧更是洞若观火，但她胆子大到挑拨母子亲情以谋私利，真是欺到武则天头上了。有人点醒了武则天，武则天立即把团儿宰了。

没有约束的权力必定谋私腐败。武则天重用的酷吏本来各个劣迹斑斑，到权力膨胀后，越发肆意妄为。来俊臣贪赃枉法，还插手

1 ——
《资治通鉴》卷205"则天后长寿二年（693）一月"条。

2 ——
《资治通鉴》卷205"则天后长寿元年（692）五月"条。

人事铨选索取巨额钱财，曾经被御史纪履忠告发而收监，因为武则天需要他，所以很快重回御史台执掌大权。这样的经历非但没有让他懂得收敛，反而觉得有恃无恐，变本加厉。延载元年（694），他再次因为赃罪遭到贬黜，外放任同州参军。来俊臣根本不当回事，到任后威吓同僚，夺人妻子，还侮辱其母。他的通天权势，迫使受害人忍气吞声。不久，来俊臣果然重回京城，出任合宫尉，擢升洛阳令、司农少卿。来俊臣极贪女色，不论官民，妻妾美貌，乃至婢女有姿色者，一旦被他知道，必定公然霸占，最常用的手段便是指派手下诬告其人谋反，收监残害后再传敕令，没收其妻女。此类冤案，史称"不可胜计"。[3]他重回洛阳执掌大权，武则天赏赐他奴婢十人，在司农官署领取。来俊臣打听到西蕃酋长阿史那斛瑟罗家内小婢女善歌舞，十分想弄到手，就派其党羽罗织罪状，诬告斛瑟罗图谋造反。唇亡齿寒，其他各蕃酋长数十人一起到宫阙诉冤，自己割耳劙面以证忠诚，场面相当悲壮。幸好有这么多人出来投诉，阿史那斛瑟罗仅得免于族诛的"宽大"处理。财宝无尽，美女无数，来俊臣的欲望无边，罪恶自然罄竹难书。可是武则天需要这样的人清道保驾，谁能奈何？专制独裁的道路用白骨铺就，夹道皆是冤魂。

　　武则天重用的酷吏，出身卑微，在注重身份等级的唐代社会，他们除了寄生于权力几乎没有飞黄腾达的机会，这同宦官颇为类似。然而，一到他们获得权势，并不是想要打破身份等级制度，而是竭尽全力要摇身混入高贵阶层，同时还会不遗余力地强化门第等级，以防后有来者。来俊臣跻身高官之列，逼迫太原王氏把女儿嫁给她，从此冒充名门。魏晋以来，门第越发森严，社会阶层更加固化，门阀士族备受推重，即使入据中原建立政权的北方少数民族统治者也不得不接受这一事实，北魏孝文帝改汉姓，确定姓族，企图同士族阶层妥协，融为一体。唐朝建立以后，唐太宗一再努力打破士族门阀壁垒，收效甚微，崔、卢、李、郑、王等仍然高踞士族阶层榜首。出身低微却获得政治权势的权臣，往往通过婚姻的方法混入高贵的士族阶层。高贵的

3───
《资治通鉴》卷206 "则天后神功元年（697）五月"条记载："司仆少卿来俊臣倚势贪淫，士民妻妾有美者，百方取之；或使人罗告其罪，矫称敕以取其妻，前后罗织诛人，不可胜计。自宰相以下，籍其姓名而取之。"

士族对此严防死守，强调门当户对。如果不是任意构陷残害的恐怖时代，一流的士族断然不会嫁女于如此卑劣的来俊臣之流，辱没家世，从此无法抬头做人。从另一个方面，来俊臣非娶一流士族不可，反映的不是他志得意满的权力炫耀，而是内心自卑的逆反作为。不仅来俊臣一人如此，连斗大字不识的酷吏侯思止，武则天提拔他当左台侍御史，拜朝散大夫之后，请求迎娶赵郡李氏之女。这条粗野汉子要进高雅家门，满朝匪夷所思，以至宰辅大臣聚集讨论，时任宰相的李昭德说道："往年来俊臣贼劫王庆诜女，已大辱国。今日此奴又请索李自挹女，无乃复辱国乎！"[1]不允许狼披上羊皮，李昭德找了侯思止违禁蓄锦的罪状，在审讯中直接将他杖杀。

1 ————
《旧唐书》卷186
上《侯思止传》。

　　来俊臣、侯思止争相逼婚一流士族，暴露了他们在政治上不甘于当走狗，试图名正言顺地染指权力。这是垄断政权的既得利益集团所不能允许的，视为恶狗反噬，必须铲除。对于酷吏集团而言，既得利益集团成为他们继续获取权势的障碍。到了这个阶段，双方的矛盾终于爆发了。

　　如同前述大内婢女团儿竟敢诬告皇嗣一样，来俊臣发动了孤注一掷的攻击，罗织罪状密告武氏诸王和太平公主谋反，还打算进一步揭发皇嗣与庐陵王联络南北牙作乱。来俊臣敢于直指武则天亲属集团，应该是这几年多次承办迫害皇嗣侧近大案，以及看到武则天不立武承嗣为太子的情况，而且听了武则天在案前案后对他的一些交代，揣摩上意做出的判断。这些内幕没有史料留存，只能根据事件的过程略加推测。以来俊臣的凶残狡诈，以及丰富的办案经验，不会轻举妄动密告武则天的近亲。当然，逼他铤而走险的应该是当时对他不利的政治危险已经迫在眉睫了，所以他的几个动作，后人看来几乎是垂死挣扎。

　　来俊臣和武则天近亲摊牌了。对方手里也没有少攥他的罪证。就在这个关口，有一个人跳出来指摘来俊臣，他就是卫遂忠，河东人氏，是来俊臣旧友，过从甚密，可以出入其家。像来俊臣这种人，出于自保，不会多交朋友。难得有一两位可以说话解闷的侧近，必定了解不少内情。有一次卫遂忠带着美酒到来俊臣家，来俊臣正好和妻子家族在内聚餐，不方便外人参入。上面说到其妻乃太原王氏名门，怎能让王家人看到自己这些毫无档次的狐群狗党。于是让门房谎称他不在家。卫遂忠一听就知道是托词，感觉受辱，冲进屋内漫骂。这回真让来俊臣在妻子家人面前大大丢脸了，来俊臣勃然大怒，命令下人把卫遂忠按倒痛揍。以来俊臣的为人，卫遂忠应该是活不了了，奇怪的是来俊臣没有继续整下去，而是放了卫遂忠一马。[2] 内中蹊跷的详情，不得而知。卫遂忠不敢声张，内心深深结下梁子。所以，卫遂忠这时候出来揭发来俊臣，给他致命一击，时机拿捏得十分精准，总不会是机缘巧合吧。

2 ————
《旧唐书》卷186
上《来俊臣传》。

武氏诸王和太平公主两股人马都向武则天控诉来俊臣，要求将他抓进大牢，问成死罪。

这是一场皆无实据的内讧，精明的武则天能不明白吗？轻重取舍也一目了然，从没有一个政权仅凭打手支撑，来俊臣这个工具早晚要扔掉，一时下不了决心绝非念他的旧日功劳，或者貌似忠心耿耿，而是他的价值榨干了没有，是否还要再利用一段时间。所以判决报上去，武则天按下三天，不予批准。执掌机要的内史令王及善劝说道："俊臣凶狡贪暴，国之元恶，不去之，必动摇朝廷。"武则天在宫苑游玩时，新近重用的吉顼挽马前驱。武则天问他外间有何消息，吉顼说大家都在奇怪陛下为何不批准来俊臣案。武则天说来俊臣有功。吉顼用此前被揭露的谋反案果如其然为例证，劝谏道："俊臣聚结不逞，诬构良善，赃贿如山，冤魂塞路，国之贼也，何足惜哉！"人人皆曰来俊臣当杀，官心民意，武则天终于痛下决心，宰了这条恶狗。

神功元年（697）五月，来俊臣被处以弃市，京城空巷围观，人人争抢嗷食其肉，尚不能舒解心头压抑多年的深仇大恨。须臾之间，来俊臣被抉眼剥面，破腹剖心，尸骨踩踏成泥，恶贯满盈，终有一报。武则天看到了民心，十分机敏地立即追加惩罚，下令："宜加赤族之诛，以雪苍生之愤，可准法籍没其家。"[3] 来俊臣生前不能自保，死后举族灭门，亲属籍没为奴。

3 ————
《资治通鉴》卷
206 "则天后神功
元 年（697）六
月"条。

来俊臣的下场早就注定了，虽说是奉旨行事，但酷吏们层层加码，把个人的恶附加上去，变本加厉。这一切武则天看在眼里，有意放纵。因为酷吏越是恶毒，就越能转移视线，变成千千万万个人的仇恨，将来让他们为年复一年的血雨腥风承担罪责。看懂个中奥妙的人固然少见，并非没有。上林令侯敏像大多数人一样趋炎附势，谄媚来俊臣，其妻对他说："俊臣国贼，指日将败，君宜远之。"侯敏听从妻子的劝告，疏远了来俊臣。来俊臣大怒，把侯敏贬为边荒县令。侯敏想赖着不走，妻子叫他赶快赴任。不久，来俊臣果然败了，党羽纷纷遭到清算，侯敏得以幸免。[1]

让人莫名其妙的是和来俊臣一起被拉出去"弃市"的还有李昭德，反响天壤之别，世人无不痛惜李昭德，为其鸣冤。李昭德敢于抑制酷吏是出了名的，他不仅直言劝谏武则天罢黜酷吏，还杖杀侯思止，对抗来俊臣，指斥秋官（刑部）侍郎皇甫丈备，所以遭到来俊臣和皇甫丈备合伙构陷而被捕下狱，是酷吏的死对头。现在武则天竟然把他和来俊臣一起处斩，岂非咄咄怪事。实际上，这样做所要表明的意思很清楚，看看李昭德失势的缘由可以窥见其端倪。

李昭德曾经深受武则天的信赖，因此在朝中专权，待人颐指气使，遭来众多官吏的憎恶，不停向武则天投诉。尤其是前鲁王府功曹参军丘愔上疏，控告李昭德自从长寿二年以来参掌机要，胆大包天，独断专行，归功于己，诿过圣上等，警告说专权一旦形成气候，尾大不掉。这道上疏说的现象应该是真实的，尤其是切中武则天的禁忌，即臣下掠美诿过皇上乃大忌，激起了武则天的嫌弃。其他官员也猛敲边鼓，撰文著论，群起攻之。于是李昭德在延载元年（694）九月遭到贬黜，贬官再加流放。来俊臣和皇甫丈备落井下石，再行构陷，遂致他在复起为监察御史后身陷牢狱。即便如此，李昭德罪不至死，更不应遭受"弃市"酷刑。武则天把他和来俊臣一道行刑，无疑是要转移来俊臣大兴冤狱而死的观感，改变成擅政专权，故与李昭德同罪并罚。如果武则天不是看到民情汹汹，不会顺风转舵痛斥来俊臣，声称要为苍生申冤。

由此可见，诛杀来俊臣并不表明武则天已经决意结束酷吏政治，

[1] 《资治通鉴》卷206 "则天后神功元年（697）六月"条。

只是转用新的酷吏，如吉顼等，所以还会有新的案件发生。另一方面，来俊臣死后，大规模的恐怖冤案确实大幅度减少。民意的因素，以及前述酷吏政治的效应急剧减弱，都让武则天对此意兴阑珊。社会窒滞，官心疲惫，民意逆反，武则天垂垂老矣。杀李昭德表明，她还非常担心身边的大臣弄权，新近受到信赖的吉顼可以投射出她内心的想法。

来俊臣弃市后，武则天马上擢升吉顼为右肃正中丞，顶起空缺。吉顼是洛州人，进士中举，担任明堂尉。时来运转发生在神功元年，他掌握到箕州（今山西左权）刺史刘思礼的升官秘密。刘思礼相信相术，曾经追随术士张憬藏学习。张憬藏给他相面算命，说他会当箕州刺史，步步高升，位至太师。太师虽然没有什么实权，却是人臣至尊，若无佐命之功是当不了的。刘思礼开始想入非非，要建立开国功勋，遂秘密联络洛州录事参军綦连耀谋反。他们暗地里发展朝士加入，用相术说之以富贵，待人心动，便称綦连耀有天命，追随他必定大富大贵。凤阁舍人王勮深信不疑，利用身兼天官（吏部）侍郎的职权，任命刘思礼为箕州刺史。吉顼不知道通过什么途径获悉此事，自忖人微言轻，便去告诉复出尚不得志的合宫尉来俊臣，借其通天之手告密，果然成功。武则天命令武懿宗审讯此案，武懿宗抓了刘思礼，答应免他一死，诱逼他牵连大批高官，把平日看不顺眼或者不太听话的官员都列入名单，一心要做成大案。刘思礼按照武懿宗的要求，供述了宰相李元素、孙元亨、天官侍郎石抱忠、刘奇、给事中周譒、王勮兄长泾州刺史勔、弟弟监察御史助等，凡三十六家，皆海内贤士名家。牵连大批官员是武懿宗办案的一贯风格，当时人把他同周兴、来俊臣相提并论。这些官员落入武懿宗手里，备受酷刑，极尽惨毒，最后全部灭族，因为株连而遭流放者多达千余人。此案尚未结束，武懿宗回过头来把刘思礼给办了。同酷吏订约，不啻与虎谋皮。

这个案件轰动一时，论功行赏，来俊臣重获重用，吉顼也崭露头角，得以升官。来俊臣想独吞此案检举首功，诬告吉顼。吉顼连忙上书洗刷清白，得到武则天接见。他长得一表人才，机敏善辩，大获武则天欢心，反而因祸得福，跃升右肃政台中丞。

吉顼和来俊臣很不一样，为人圆滑，善处关系，和武则天宠幸的张易之、张昌宗颇为亲密。武则天将这些粉面俊郎安置在身边，为他们设置"控鹤监"机构。张易之、张昌宗兄弟因为深得武则天宠幸而尽享荣华，内心却怀隐忧，唯恐富贵不长，私下向吉顼透露。吉顼从容对他们分析利害，指出他们的荣华富贵不是因为立下大功而享受，故朝廷内外嫉妒愤恨的人很多，并为他俩谋划破解之道："天下士庶未忘唐德，咸复思庐陵王。主上春秋高，大业须有所付；武氏诸王非所属意。公何不从容劝上立庐陵王以系苍生之望！如此，非徒免祸，亦可以长保富贵矣。"[1]武则天如果传位给武家人，她的这批男宠必定遭殃；如果劝武则天传位给儿子庐陵王，将来可以因为这个功劳而长保富贵。张氏兄弟觉得有道理，乘便劝说武则天。武则天马上知道是吉顼的主意，召他前来询问。吉顼遂陈说利害，让武则天克服内心矛盾，坚定了传位给儿子的想法。

《旧唐书》把吉顼列入《酷吏传》。除了上述告密刘思礼一案，没有更多苛酷办案的记载，详情无从得知。拿吉顼同来俊臣、周兴和索元礼作比较，残毒程度相去太远了。吉顼颇有政治头脑，同当时各方政治势力左右逢源，还一度官至宰相。《旧唐书》把吉顼列为武则天时代的最后一位酷吏，取代凶神恶煞的来俊臣，表明来俊臣死后酷吏政治确实衰退，进入尾声。把来俊臣和李昭德两个相互对立的政敌捆绑在一起处死，固然是牵强硬拗，却也表露出武则天晚年疑神疑鬼的心迹，更加担心大臣擅政，大权旁落。

四十八

酷吏政治的第三阶段，除了日常罗织构陷内外百官外，一个新的

[1] 《资治通鉴》卷206"则天后圣历元年（698）二月"条。关于此事，《通鉴考异》列举各种唐朝史料进行考订后，"采众说之可信者存之"。

紧盯问题是皇位的继承。

天授元年九月武则天正式建立周朝，将唐朝傀儡皇帝降为"皇嗣"，赐姓武氏，以皇太子为皇孙。皇帝李旦是武则天第四子，虽然被改成周朝的武姓，但没有确立为太子，这意味着周朝的皇位继承人尚未确立，存在着很大的权力操作空间，可以确定的是周朝姓武。武则天通过多次的赐姓一再向天下表明这一点。这年任命的宰辅大臣傅游艺、岑长倩等人都被赐姓武氏。翌年，武则天让已故太子李贤的三个儿子义丰王李光顺、嗣雍王李守礼、永安王李守义，以及原李唐皇族的长信县主等全都改姓武氏，亦即武则天的儿孙随她姓武。然而，他们的实际处境是"皆幽闭宫中，不出门庭者十余年"[2]。另一方面，立武承嗣为魏王，武三思为梁王，其余封郡王。武承嗣、武三思封为亲王，和武则天的亲儿子王爵相埒，却掌握朝廷大权。武氏和李氏孰亲孰远，似乎十分明显。无论是武氏子弟，还是天下政治投机分子，对于周朝权力分配不免驰骋想象力，都想获取最大的利益。

2 ——
《资治通鉴》卷
204"则天后天授
二 年（691）八
月"条。

张嘉福任凤阁舍人。凤阁即中书省，负责起草皇帝的政令，执掌机要，官署就在宫城内，对于皇帝的心思动态可谓近水楼台先得月。张嘉福揣摩上意，欲抢头彩，煽动洛阳当地的王庆之纠集数百人向武则天上表，请求册立武承嗣为皇太子。张嘉福盘算舆论起来后，自己好操作。时任宰相的岑长倩认为皇嗣在东宫，不应有此议，奏请切责上书者，颁布告示，命令他们解散。武则天征询另一位宰相格辅元的意见，同样认为此议不可。武则天显然把两位宰相的意见告诉武家人，让他们恨得咬牙切齿。岑长倩很快接到西征吐蕃的任务，走到半道被召回，关进皇帝专门的"制狱"。格辅元也遭到诬陷。负责办理此案的来俊臣胁迫岑长倩的儿子岑灵原牵连司礼卿兼判纳言事欧阳通等十多位大臣，按串通谋反罪逮捕。欧阳通遭受各种酷刑，坚贞不认罪，来俊臣干脆编造他的供词，十月结案，宰相大臣们全部处死。

武则天亲自接见王庆之，问道："皇嗣我子，奈何废之？"王庆之引用《左传》所载晋国大夫狐突的话"神不歆非类，民不祀非族"，回答道："今谁有天下，而以李氏为嗣乎！"关于将来传位给武家子侄还是自己的亲儿子，武则天踌躇不决。此类最高政治机密，当然不会同王庆之这等不三不四的人讲。所以，武则天让王庆之回去。不料王庆之跪伏在地，鼻涕眼泪哗哗流下，以死请愿。武则天自幼见识过市井俚人，便扔给他一张印纸，打发道："欲见我，以此示门者。"王庆之如获至宝，欢天喜地走了。此后频频拿此印纸求见，孜孜以求平步青云。武则天惹出这么一个不识相的东西，不由大怒，交给凤阁侍郎李昭德处理。李昭德把王庆之拖到光政门外，对百官朝士大声说："此贼欲废我皇嗣，立武承嗣。"令手下扑打，打得王庆之眼耳流血，然后再用大杖毙命了断。王庆之纠集之徒本想升官发财，见此场面，一哄而散。

李昭德回去向武则天汇报时，劝谏道："天皇，陛下之夫；皇嗣，陛下之子。陛下身有天下，当传之子孙为万代业，岂得以侄为嗣乎！自古未闻侄为天子而为姑立庙者也！且陛下受天皇顾托，若以天下与承嗣，则天皇不血食矣。"[1]

李昭德动之以情，晓之以理，说到的两点全都点在武则天的软肋上。第一，武承嗣是被武则天流放致死的异母兄长武元爽之子，少年时与其父一同遭罪，武则天为了夺权而起用武家后辈子侄，武承嗣和武三思等才得以鸡犬升天。这样的关系和经历，和自己亲生的儿子相比，谁更亲呢？舐犊之情，武则天能不触动？第二，在古代祠庙祭祀祖先血脉，只有父子相继，没有姑侄胤承。姑侄之间没有血脉传承，那么，将来周朝庙堂上武承嗣不会祭祀武则天，武则天岂不是瞎忙一通吗？武则天建立周朝，可是周朝祖庙却没有她的牌位，她能不撕心裂肺吗？这一步如果走错了，武则天不仅有灭顶之灾，更将万劫不复。从武则天后来在唐朝血脉乃至帝系上的地位来看，她被推翻后幸好是亲儿子和亲孙子执政，才得以享有那份特异的地位——与皇帝相埒的皇后。她之后的皇帝中宗和睿宗，是被禁锢吓呆的亲儿子；玄宗则是被她害死母亲的亲孙子。儿子和孙子尽管有怨有恨，却如何否定母亲或祖母呢？如果换成武承嗣即位，他必须依照宗祠规矩追尊父祖，那么武则天被弃之如敝屣，自在情理之中。李昭德说的这两点，

[1] 《资治通鉴》卷204 "则天后天授二年（691）"。

萦绕于武则天心中，而且成为此后大臣劝谏她的说辞。

武则天称帝后围绕继承人之争，第一回合的过招，武氏败了。李昭德这两条理由宛如魔咒，死死地罩住武氏命门，始终无法破解。武则天所能坚持的就是周朝姓武，儿子、孙子都改姓武。但是，连她亲手提拔的大臣内心都并不这么想。

翌年，也就是前述朝官们不惧高压站出来指控酷吏的长寿元年，李昭德私下向武则天进谏，指出武承嗣权力实在太大了。武则天说是自己的亲侄子，有什么关系呢？李昭德说道："侄之于姑，其亲何如子之于父？子犹有篡弑其父者，况侄乎！今承嗣既陛下之侄，为亲王，又为宰相，权侔人主，臣恐陛下不得久安天位也！"[2]武则天骤然色变，说自己未曾深思。随后，武则天免去武承嗣和武攸宁的宰相职务，改用李昭德等人为相。虽然武承嗣后来再任宰相，但是，李昭德的提醒一定让武则天保持警惕。武承嗣最终没被立为太子，快快而终，与此必有关系。所以，武家权臣对李昭德恨之入骨，最终让他付出了生命的代价。由此可知，酷吏政治第三阶段紧盯的是皇太子问题，制造了多起冤案，背后有诸武的幢幢身影。

武则天对于传子还是传侄举棋未定，她的内心世界无人能知，仅从表现出来的情况来看，在神功元年（697）之前，尤其在长寿年间，武则天更加担心的是皇嗣复辟李唐，因此有了前述长寿元年宫中婢女诬陷皇嗣妃子，进而诬告皇嗣的冤案。第二年，接着发生了前尚方监裴匪躬和内常侍范云仙遭人告密，说他们私自谒见皇嗣。李旦虽然是皇嗣，实际上长期遭受严格的禁锢，不得接见大臣。然而，这个案子处罚之重，难以想象。裴匪躬和范云仙被处于当市腰斩的酷刑。这表明武则天对于皇嗣的高度警戒。所以，告密者如同苍蝇嗅到气味，检举皇嗣暗中有异谋。武则天把案子交给最恐怖的来俊臣办理，把皇嗣身边的人纷纷捉入牢中，严刑拷打，要他们自诬谋反。太常工人安金藏极为英勇，对来俊臣大声呼喊道："公既不信金藏之言，请剖心以明皇嗣不反。"来俊臣怎么会相信他的话，就给他一把刀子，看他真敢切腹剖心。没想到安金藏拿起刀子，毫不犹豫地开膛破腹，五脏流

2 ————
《资治通鉴》卷205"则天后长寿元年（692）五月"条。本节所引用李昭德与武则天的对话，俱见于《旧唐书》卷87《李昭德传》，《资治通鉴》的文字更加明了，故引用之。

出一地，场面十分悲壮。武则天听到消息，马上派人把安金藏抬入宫中，让御医缝合包扎，敷药抢救，第二天才苏醒过来。武则天亲临探视，感叹道："吾有子不能自明，使汝至此。"[1] 下令来俊臣停办此案，皇嗣才得以脱险。十分明显，关于皇嗣有异谋的案子，武则天亲自掌握，同步知悉，几乎没有时间差。

对于李唐复辟的担忧一直是压在武则天心头的乌云，严厉的镇压和提防没有中断过。武则天取代唐朝之际，王公百官纷纷表态，上表劝进。右卫将军李安静拒绝附和，马上被关进制狱。他平静地对来俊臣说道："以我唐家老臣，须杀即杀！若问谋反，实无可对。"[2] 长寿二年腊月，武则天下令，把孙子的亲王封爵降为郡王，其中包括后来即位的唐玄宗。

与此成对照的是武家子侄扮演着越来越重要的角色。长寿二年正月，武则天在万象神宫祭祀，以魏王武承嗣为亚献，梁王武三思为终献，竟然没有皇嗣的份，似乎向天下明确表示武承嗣仅次于皇帝的地位。而且，皇帝尊号不断添加，都由武承嗣发起、主持，武则天欣然接受。长寿二年九月，武承嗣发动五千人上表请求加皇帝"金轮圣神皇帝"尊号，武则天在万象神宫隆重接受；第二年，又是武承嗣发动26000多人上表，上"越古金轮圣神皇帝"尊号，武则天登上则天门，面向天下，欣然接受。政治仪式的象征意义，无不表明武承嗣是当仁不让的继承人。随着武则天地位的巩固，同时也一天一天老去，武承嗣被煽起的政治野心越发急不可耐，武家人马也迫切希望尽快明确周朝传承血脉。上次王庆之请立武承嗣为太子的活动虽然遭到挫折，但是，明里暗里的各种活动和表演紧锣密鼓，声声催人。见到武则天还没有表态拍板，武承嗣终于按捺不住，跳上台面，再次发起请求立为太子的攻势。

圣历元年（698）二月，武承嗣和武三思行动起来，多次派人向武则天进言，游说道："自古天子未有以异姓为嗣者。"武则天年事已高，怎会不考虑身后继承人的事情，拖而不决，不似她霹雳果敢的风格，看来她遇到了这一生最难下的决断。她和仅存的两个亲生儿子的

1 ——
《资治通鉴》卷205"则天后长寿二年（693）一月"条。

2 ——
《资治通鉴》卷204"则天后天授二年（691）十月"条。

亲情是一个方面，武家子侄能否镇得住社稷江山也是十分担心的事。武承嗣、武三思等人这些年出将入相，才能表演得淋漓尽致，天下人都看得清清楚楚，服不服人倒没关系，镇不镇得住才是关键，此事后面再叙。如果镇不住，江山垮塌，一切皆是泡影。武则天心头千难万难，武承嗣这伙人自己不争气，却一再苦苦哀求相逼。

　　武承嗣等人的活动，大臣们看在眼里，同样急在心上。武则天晚年重用的宰相狄仁杰找到一个机会，向武则天进言：

　　文皇帝栉风沐雨，亲冒锋镝，以定天下，传之子孙。大帝以二子托陛下。陛下今乃欲移之他族，无乃非天意乎！且姑侄之与母子孰亲？陛下立子，则千秋万岁后，配食太庙，承继无穷；立侄，则未闻侄为天子而祔姑于庙者也。

　　狄仁杰说的，与李昭德此前向武则天的谏言旨趣，如出一辙，并且更加强调唐朝政权的正统性与继承的合法性。武则天无法正面回答，推脱道："此朕家事，卿勿预知。"这不由让人想起当年李勣教唐高宗用"家事"做挡箭牌，公然废黜王皇后，册立武则天的往事。然而，狄仁杰不依不饶，既然皇帝把天下据为己有，那么皇家的事就是天下人的事，说道：

　　王者以四海为家，四海之内，孰非臣妾，何者不为陛下家事！君为元首，臣为股肱，义同一体，况臣备位宰相，岂得不预知乎！[3]

3 ———— 以上引文均出自《资治通鉴》卷206"则天后圣历元年（698）二月"条。

　　武则天无言以对。狄仁杰把早已熟计于胸中的方案提出来，劝武则天迎回被废除的中宗皇帝、如今的庐陵王，恢复高宗传承下来的政治法统。这是破解当前最高权力继承困局的上策。

　　狄仁杰说的也是朝中大臣们的共同想法。宰相王方庆、王及善都劝谏武则天传位给儿子。看来武承嗣等武家子侄在朝廷不得人心，武则天深以为忧，日思夜想，做了一场噩梦，梦见大鹦鹉折断双翼。醒来后告诉狄仁杰，请他圆梦。狄仁杰说"鹦鹉"的谐音字"武"是陛下的姓，双翼就是陛下的两个儿子，起用儿子则双翼重振。武则天非常相信灵验之说，狄仁杰这番说辞，能不心动？

废掉儿子，自己登基做皇帝这件事情，成为内外政敌攻击武则天的好靶子。在东北起兵造反的孙万荣包围幽州，向朝廷下檄文，声称"何不归我庐陵王！"，实际上是指斥武则天篡逆。外部的敌人翻不起大浪，但是，用合法性进行鼓动宣传，会对武周政权产生相当大的破坏。头脑清醒的官员看得很清楚，就连武则天晚年重用的吉顼，属于被《旧唐书》列入酷吏传的人物，却也认为应当还政于中宗，游说张易之、张昌宗屡屡向武则天吹枕边风，劝说迎回庐陵王。武则天很明白张易之兄弟没有政治见识，问出鼓动者为吉顼，召他谈话。吉顼当面向武则天分析了形势利害，两人的长谈内容未曾透露出来，史书仅仅记载有这件事。如此隐秘，触动必深。

大臣、佞幸乃至酷吏都劝说传位给儿子，武则天作何想法，不宜妄作推测。有三点她必定认真考量：一是母子亲情；二是政治势力及其向背；三是武家子侄的才干。

时间不允许武则天再拖下去，她已经七十多岁了。权衡再三，她在翌月采取了行动，宣布庐陵王生病，派遣职方员外郎徐彦伯专程前往房州接回庐陵王及其妃子、子女，安置在宫内治疗。

武承嗣发动的第二波争立太子的攻势彻底失败了。第一波丧失走卒王庆之而挫折，第二波输得更惨，在他的紧逼下，武则天迎回被废黜的儿子。武承嗣做什么败什么，这回一败涂地，他得到了答案，却失去了机会。撕心裂肺、五雷轰顶，跳脚、哀号……不知道他关在家里如何自我折磨，不到半年，好端端一个人就呜呼哀哉了。

武承嗣死后不到一个月，圣历元年九月，皇嗣请求逊位于兄长庐陵王。一切都按照武则天的意思展开，她当然同意了皇嗣的请求，正式立庐陵王为皇太子，恢复原名"显"，并为此大赦天下。周王朝的皇位继承人之争，落下帷幕。逊位的皇嗣翌年正月被封为相王，各安其位。

武则天这回立的皇太子，不同于此前名不正言不顺的"皇嗣"。皇嗣长年被幽禁在宫中，连私下谒见他的大臣都被处死，无异于囚徒。新立的皇太子确定作为接班人，武则天让他参加一些军国大事，随即任命为河北道元帅，征讨突厥。这项任命当然是象征性的，皇太子不曾亲征，实际军务由河北道行军副元帅狄仁杰负责，右丞宋元爽为长史，右台中丞崔献为司马，左台中丞吉顼为监军使。这些年来率兵出征的几乎都是武氏大臣及男宠薛怀义等，难得一见完全由非武氏的朝官组成的军事统帅部，民众十分敏锐地察觉这一变化，仿佛感受到新的气象，积极响应。河北道与契丹的战事已经持续多年了，武氏统率的唐军屡遭惨败，募兵都很困难，一个月招募不足千人。这回河北百姓听说是皇太子亲自统兵，四面八方云集而来，短短的时间里竟达五万多人，声势大振。

　　武则天任用高宗朝名将薛仁贵的儿子薛讷为左威卫将军、安东道经略，率部出征。出发时，薛讷对武则天说道："太子虽立，外议犹疑未定；苟此命不易，丑虏不足平也。"前些年朝廷内外萎靡不振，是因为大家看不到希望，将士不好好打仗，现在立皇太子这件事如果是真心实意，民心士气都将振奋，外敌不足为虑。武则天对此深以为然。

　　朝中大臣们也在积极强化皇太子，令他坐实。此前的皇嗣，只能追随着武则天在宫中接受百官朝谒，明显是陪衬摆设。这一回，宰相王及善向武则天建议，让皇太子走出宫城，到外间的朝廷接受百官朝谒，以慰藉人心。武则天同意了。

　　显然，武则天真的要传位给儿子李显。但是，她还要继续维护周朝，这是她最核心的政治阵地。圣历二年（699）腊月，武则天赐太子姓武氏，大赦天下。官民内心深处藏而不露的想法是还政于唐，而武则天坚持的是周朝江山、武家天下。两者之间大相径庭，人心或隐或现的表露，十分敏感的武则天不会没有感觉。她相信自己生前镇得住，但死后怎样呢？汉朝吕后专政，吕氏与刘氏水火不容，最后吕氏被连根铲除。历史的教训历历在目，武则天"虑身后太子与诸武不相容"，内心充满忧虑。尤其是这一年二月，她到嵩山求仙，途中病危，经历生死一线，缓过气后，她采取行动，消弭这个危险。她要亲生儿女同武氏在自己面前立誓和睦相亲，不得为敌，命令"太子、相王、太平公主与武攸暨等为誓文，告天地于明堂，铭之铁券，藏于史馆。"[1]告知于天，藏之于史，天地明鉴，人神共证，不容反悔。一生强势夺人的武则天此时此刻感到虚弱和无助，需要借助神明以获得政治保证。

武则天开始放松对于儿孙的严厉软禁，十月，批准相王的儿子们可以从幽禁的宫中走出去了。[2]武则天的长子和次子十分杰出，而且刚毅，为母亲所不容，死于非命。生下后面两个儿子，亦即后来的中宗和睿宗，中宗常年遭受流放，天天提防受害而提心吊胆；睿宗被幽禁在宫中，妃子惨死宫内，朝不保夕。这两个儿子在武则天之后被推上帝座，懦弱无能，似可理解。如果他们有见地才干，恐怕早就步其兄长的后尘去了阴间。睿宗的儿子们，亦即武则天的亲孙子却出了多位人才，典型的代表就是唐玄宗。隔代亲加上年辈悬殊，他们多少有一点活动的空间，幽禁的岁月与环境迫使他们思考与学习，身陷凄苦的磨砺与观察，获得非同寻常的感悟。只要自强不息，人生没有虚度的年华，阅历是领悟社会人生最重要的基础。有了这段经历，才有唐玄宗后面的拨乱反正，把唐朝推向鼎盛。

让太子姓武氏，是武则天的政治红线，也是她几十年奋斗唯一的资产，不容冒犯。她晚年器重吉顼，欣赏他不同于以往酷吏的政治见识，且能办事。麻烦的是武氏重臣们揽权却无能，承风顺旨却把事情办砸，还要争功邀赏。这难免同吉顼产生矛盾。东北契丹进犯河北，武懿宗怯战溃退，待唐军获胜后却来抢功，在朝堂上和吉顼发生激烈的争论。吉顼高大伟岸，能言善辩，武懿宗矮小伛偻，面容猥琐。两人对峙，吉顼俯瞰而武懿宗仰望，吉顼声若洪钟而武懿宗面赤语塞，那场面宛如阎王审讯小鬼，叫看在眼里的武则天情何以堪，武氏丢的脸必须让吉顼偿还。武则天不想弄清是非曲直了，武氏颜面唯此为大。冷冷说道："顼在朕前，犹卑我诸武，况异时讵可倚邪！"喝止

1 ————
《资治通鉴》卷206"则天后圣历二年（699）四月"条。

2 ————
《资治通鉴》卷206"则天后圣历二年（699）十月"条。

吉顼。改日吉顼上朝奏事，引经据典，武则天借题发怒，讲了流传后世的著名故事，告诉吉顼：唐太宗有匹悍马"狮子骢"，没人能够驯服调教，当时我作为宫女在一旁，对太宗说道："给我三件东西——铁鞭、铁挝、匕首。先用铁鞭抽打，不服用铁挝剐头，再不驯服就用匕首割断它的喉咙。太宗非常赞赏我。难道今天你真的要玷污朕的匕首吗？"吓得吉顼一身冷汗，跪在地上求饶。武家人出了一口恶气，纷纷揭发吉顼的弟弟冒官之事，将他贬官外放。

　　吉顼要走了，念在往日鞍前马后奔走效劳的份儿上，武则天接见了他。吉顼恳切地请求最后再进一言，武则天让他坐下来讲。吉顼问武则天，把水和土搅拌成泥，会相争吗？武则天说不会。吉顼再问如果分一半做佛，一半做天尊，会相争吗？武则天说会。吉顼叩头说道："宗室、外戚各当其分，则天下安。今太子已立而外戚犹为王，此陛下驱之使他日必争，两不得安也。"脑子还清楚的官员都看得出来，李、武之间不仅是权力之争，更是法统之争，势如水火，不是威压之下立个誓约就能消解的矛盾。更何况凭借权力翻云覆雨，何时信守过承诺与规则？丧失信用之后，人人都相信有权就可以肆意妄为，那么，所有的誓约只是毁约的伪装。武则天当然深谙此道，所以颇为无奈地回答道："朕亦知之。然业已如是，不可何如。"[3]

　　聪明人做蠢事，往往是形势比人强。

3 ————
以上引文均见
《资治通鉴》卷
206"则天后久视
元年（700）正月"
条。

四十九

　　武则天没有传位给武承嗣，不是没有这份心，而是有太多的无奈。

　　武则天很早就起用武承嗣，光宅元年废中宗皇帝的时候，武承嗣作为秘书监持武则天玺书前去长安慰谕留守刘仁轨。随着酷吏政治的兴起，武氏子侄越来越多受到重用。"（武）承嗣尝讽则天革命，尽诛皇室诸王及公卿中不附己者，承嗣从父弟三思又盛赞其计，天下于今冤之。"[1] 他们一起制造冤案，清洗官员，掌控文武大权，对于武则天全面掌权起到很大的支持作用。从他们一生的经历和政绩来看，都特别能够操弄权力进行残酷的政治斗争，置于国家治理、经济生产和文化事业等方面，没有建树。在国家有力量的时候，他们可以做得风生水起，八面威风。所以，武则天颇为倚重他们，建立周朝后甚至想传位给武承嗣，以至立太子之事多年拖而不决。

1 ————
《旧唐书》卷183
《武承嗣传》。

武氏子侄能够完成武则天交付的政务，做事决绝，手段霹雳，皆是对内。看似他们在支撑武则天，实际上是王朝的权力在支撑他们，只有需要独当一面的时候才能够真正看出他们的能力。周朝建立以后，周边形势日益紧张，考验他们的时候来临了。

万岁通天元年（696）五月，营州契丹松漠都督李尽忠、归诚州刺史孙万荣举兵反叛，攻陷营州。武则天派遣大军前往镇压，任命武三思为榆关道安抚大使。八月，周军在硖石谷与契丹大战，遭受重大失败，俘虏周军主将张玄遇和曹仁师。消息传来，满朝震动。武则天下令征召囚犯及家奴充军，任命武攸宜为右武威卫大将军、清边道行军大总管，再征契丹。第二年三月，周军十七万与契丹在东硖石谷再次大战，再次大败，总管王孝杰战死。硖石谷在今河北省抚宁县榆关附近，唐朝在此设置军戍，分为东硖石、西硖石二戍，武攸宜不敢亲临前线，远远驻扎在后方渔阳，亦即今北京密云，与战场相隔几百公里。听到战败的消息，武攸宜龟缩愈紧，既不派出援兵，更不敢出战，眼睁睁地看着契丹扫荡幽州，攻陷城邑，掳掠军民。实在交代不过去，他才让部下出去抵挡。统帅怯敌，手下如何肯力战，结果是多打几次败仗，徒增伤亡。

武攸宜不济，战事拖延到神功元年（697）。四月，武则天再度大规模增兵，任命右金吾卫大将军武懿宗为神兵道行军大总管；五月加派宰相娄师德为清边道副大总管，作为武攸宜的副职，强化指挥部。派遣的增援部队多达二十万，对契丹拥有兵力上的压倒性优势。

武懿宗前进到赵州（今河北石家庄东南），接到契丹骑兵数千人即将到达冀州（今河北衡水西南）的军情报告，吓得直往后退。参谋官员分析敌情，认为契丹骑兵没有辎重跟随，所以只是出来抄掠物资，只需严守阵地，敌军必将退去，那时发起进攻，可以战而胜之。武懿宗早已惧怕得六神无主，听都不听，竟然下达后撤命令，一路退到相州（今河南安阳）。慌成一团的周军，把兵器军资丢弃一路，拱手让出赵州，让契丹得以屠城掳掠。什么叫望风而逃，丢盔弃甲，武懿宗活生生地演给世人看。

武氏三员统帅，拥兵数十万，一触即溃，乃至不战而逃，此前在朝廷上捕杀百官的威猛样子，消失得无影无踪，判若两人。就在周军节节败退的时候，竟然出现了奇迹，一举扭转乾坤。原来契丹和突厥不和，契丹崛起势必威胁到突厥，所以，突厥趁着契丹孙万荣全力对周作战的机会，偷袭契丹新城，攻陷后抢掠一空。消息传开后，契丹内部大为震动，非常害怕，以为前景不妙。于是追随契丹的奚族首先叛变，联合周军前后夹击契丹。突如其来的剧变让孙万荣措手不及，一下子溃不成军。孙万荣带着几千轻骑东逃，在林中休息时被奴仆斩首，献给了周军。其部众随奚族投降于突厥。

武懿宗莫名其妙地获得了平定契丹的重大胜利，又八面威风地回到河北，受命安抚当地。他开始了大清算，凡是被契丹胁迫随军的百姓，武懿宗都指控他们为反贼，施以酷刑，破腹取胆，杀人无数。

武攸宜也胜利归来了。他们向武则天上奏，要求把河北道曾经附随契丹的百姓全部灭族。这一建议遭到朝廷官员的强烈抵制，左拾遗王求礼当庭指斥道：

此属素无武备，力不胜贼，苟从之以求生，岂有叛国之心！懿宗拥强兵数十万，望风退走，贼徒滋蔓，又欲委罪于草野诖误之人，为臣不忠，请先斩懿宗以谢河北！

武懿宗无言以对。司刑卿杜景俭也向武则天进言，指出："此皆胁从之人，请悉原之。"[1]武则天采纳了王求礼和杜景俭的意见。

武氏子弟的种种表现，武则天能看不清楚吗？他们是依附于权力的人，根本不能独当一面，更不堪担负社稷重任。传位给他们，无疑会被迅速推翻。传位给儿子，则有李唐法统的庇护，基本无虞。对于自己的神主牌位，完全依附于朝廷，政权不保即为历史罪人，朝廷无恙则必有一席之地。

立太子之争基本落定，因为此事而发动的整肃也失去意义。来俊臣被处死之后，被认为是酷吏代表人物的吉顼相当圆滑，风格大变，表明酷吏政治已近尾声。

来俊臣被民众生吞活剥，怨恨之深，让武则天真实感受到酷吏政治何其不得人心，已经危及政权。她着手同酷吏进行切割，把罄竹难书的罪责都推给他们。

武则天宣布对来俊臣追加族诛刑罚。她还批评朝中大臣没有把案件真情如实上报，以致自己受到蒙蔽。

武则天能被宰相蒙蔽吗？她曾经询问宰相朝廷中的事情，陆元方回答："臣备位宰相，有大事不敢不以闻；人间细事，不足烦圣听。"[2]武则天听后很不高兴，马上将他降职为司礼卿。武则天精力过人，纤屑细事都要躬亲处理。太学生王循之有事欲还乡，向武则天上表请假，获得批准。国子学生有三百人，太学生五百人，请假回家都要向武则天申请，如此操劳，朝中大臣狄仁杰实在看不下去，劝她道："臣闻君人者唯杀生之柄不假人，自余皆归之有司。故左、右丞，徒以下不句；左、右相，流以上乃判，为其渐贵故也。彼学生求假，丞、簿事耳，若天子为之发敕，则天下之事几敕可尽乎！必欲不违其愿，请普为立制而已。"[3]学生日常杂务她都亲自掌管，酷吏捉拿朝廷大臣罗织定案，她却浑然不知，实在匪夷所思。

谴责周兴、来俊臣制造冤案，批评宰相们不告诉她真相后，武则天采取了个别行动同酷吏切割，例如大臣们向她申诉魏元忠的冤情时，她宣布召回魏元忠，担任肃正中丞。魏元忠至此已经四次被判弃市流刑，体验过从断头台行刑的刹那间被减刑免死的惊心动魄，但故

1 ————
《资治通鉴》卷206"则天后神功元年（699）七月"条。

2 ————
《资治通鉴》卷206"则天后久视元年（700）腊月"条。

3 ————
《资治通鉴》卷204"则天后天授二年（691）十月"条。

事并没有结束，他还将因为劝谏武则天而与死神擦肩而过。

至于普遍性或者制度性地逐步停止诬告和迫害，还要再等五年，直到长安二年（702）秋，朝廷颁布敕令：

4 ———
《资治通鉴》卷
207"则天后长安
二 年（702）七
月"条。

> 自今有告言扬州及豫、博余党，一无所问，内外官司无得为理。[4]

亦即官司不再追查和受理扬州与豫、博州反叛两案人员。扬州案即是徐敬业起兵讨伐武则天案件，发生在光宅元年（684），距此时将近二十年；豫、博州案则是李唐宗室越王贞、琅邪王冲起兵反抗武则天篡唐案件，发生在垂拱四年（688），距此时十五年。反叛当时就被彻底镇压，株连甚广，杀了许多人，难有漏网者。尽管如此，对于这两起案件的追查没有停止过，实际上是利用这两起案件打开诬告之门，进行了长达二十年左右的整肃。一直到诛杀来俊臣之后还延续了五年之久。这道敕令也仅仅是停止受理新的涉案者而已。

这道敕令颁布几个月之后，监察御史魏靖上疏：

5 ———
《资治通鉴》卷
207"则天后长安
二年（702）十一
月"条。

> 陛下既知来俊臣之奸，处以极法，乞详覆俊臣等所推大狱，伸其枉滥。[5]

平反堆积如山的冤案，是人心所向。只有这么做，才能让天下相信朝廷正在回归法治。武则天批准了魏靖的请求，让监察御史苏颋复查来俊臣办的案件，许多人的冤情因此得以昭雪。

神功元年（699）诛杀来俊臣，标志着酷吏政治第三阶段基本收场。长安二年（702），停止继续追查、受理扬、豫旧案，有限地复查冤案，则标志着酷吏政治基本结束。此时距离武则天被推翻的"神龙革命"只有两年。从许敬宗、李义府等人鸣锣开道，直至来俊臣弃市，几十年间的大案不断，血雨腥风。即使武则天退场了，罗织内斗的余震还绵延不绝，有待唐玄宗开元时代才告消停。

这帮酷吏，大多出身于社会底层的流氓地痞，或者官场下级吏人，文化水平很低，甚至目不识丁，内心却充满攀爬高位捞取私利的强烈欲望，为此可以不择手段，极尽残忍，完全没有善恶是非的判断能力与良知，却有着敏锐的官场钻营的嗅觉和卖身投靠的手腕，对强者谄媚到为人不齿，对弱者则摧残至灭绝人性，办正事愚钝无能，陷害善良则阴险狡黠。无限度攫取权力和财富的欲望压倒一切，这一执念塑造了他们狭隘刻毒的性格缺陷，只要有合适的气候和土壤，就会像毒草一般疯长。千百年来人们细数着酷吏们令人发指的残暴，把这一切归罪于个人品质卑劣，仿佛酷吏政治属于历史的偶然。然而，无论如何鞭尸恶棍，酷吏政治依旧隔三岔五重现江湖，令世人不寒而栗。道理何在呢？对于财富和权力的欲望平日根植于人心之中，让它遵循公平的规则去获得，将变成人类社会活动的动力之一；如果恶意地唤醒它，鼓励它无限膨胀，让践踏法律规则和牺牲他人成为捷径，则将成为摧毁既成社会的巨大力量。利用人性中的这一点，用眼前的利益作为诱饵，兑现并加以鼓励，用严酷的刑罚作为震慑，这种气候一旦形成，像吉顼这种明白人，乃至平日和善之人也纷纷依附恶政，为虎作伥。显然，谴责具体的人物于事无补，反而蒙蔽思考。凌驾于法律之上的酷吏，只是摧毁正常制度的有力工具，酷吏政治的根源并不在酷吏本身，而在于集权独裁的帝制及其统治术。

从秦始皇以来到晚清的统治者，没有发展出理性治理国家的政治学，只有深刻到无孔不入的统治术，再粉饰上高不可攀的绝对道德主义，一方面是近乎神经质的钳制残毒，另一方面是反人性的虚伪高调，整个社会便在诛心互害中蒙昧堕落。

第九章

颓　败

曾逐东风拂舞筵，
乐游春苑断肠天。
如何肯到清秋日，
已带斜阳又带蝉。

——李商隐

五十

天授元年（690），东魏国寺僧法明等人进献《大云经》，宣告武则天乃弥勒佛下凡人间，将取代唐朝，主宰人间世界。朝廷下令将这部意义非凡的经书颁行于天下，让万民知悉。

九月，武则天在唐朝皇帝和文武百官的再三恳请之下，宣布改唐为周，登基称"圣神皇帝"。在凡间为"圣"，在天堂为"神"。因为是弥勒佛下凡，既圣且神，统领天堂与人间两界，故称"圣神"。

自从秦始皇创建"皇帝"尊号以后，人世间的皇帝增加了"孝"字，突出华夏家族社会的孝道伦理，用儒家学说支持政治正统。

魏晋南北朝社会文化最重要的演变是宗教的兴起与流行，当时世界各地的宗教大多传入中国，但影响深远的是中国本土的道教和源于南亚的佛教。唐朝皇室姓李，故附会老子，尊崇道教，实际上依然将儒家学说作为国家文化正统。

武则天取代唐朝，她要向天下表明这不是一场简单的权力更替，而是时代的变革。国号称"周"，寓意政治与文化最古老的正统。华夏文明源远流长，后世王朝追溯西周为正统。故"周"胜于"唐"。那么，文化上也必须更加优越。武则天敕令两京和各州建立大云寺，尊奉《大云经》，令僧人升座讲解。

天授二年（691）四月，朝廷下制，正式规定佛教因为"开革命之阶，升于道教之上"[1]。这不是简单的论功行赏，而是武则天力图推进的国家文化转变，从李唐的尊"道"改为武周的崇"佛"，凸显周朝的文化意义。可是西周时代未曾有佛教，武周用外来的佛教凌驾于本土的道教之上，标新立异，却显现出自主文化创造力的贫乏。

武则天雄心勃勃，可惜手下无人。早年为她在文化事业上摇旗呐喊的许敬宗已经死去，麾下再没有这样的精英人才，只能用冯小宝，亦即改名为薛怀义的街头小贩领衔文化建设，道听途说，搬出一部在众多佛经中不甚重要的《大云经》，大做文章。所幸佛教在社会广为流传，耳濡目染，亦可令人耳目一新。至于具体的内容，只能用形式去掩盖，达到耸动听闻即堪差强对付。一个时代，有杰出的理论家，可以获得文化阶层的认同而构成调动社会的中坚力量；没有理论家，就要尽可能提升音调，喧哗鼓噪也能收一时之效。有什么样的演员，唱什么样的戏，武则天懂得大众传播的要诀。

一场群众性的请愿运动让武则天的帝业轰轰烈烈，十分热闹。

是年正月，饶阳尉姚贞亮率领数百人隆重上表，请武则天加"大圣大神皇帝"尊号。这只是在"圣神"前面加个"大"字，无甚价值，明显是起哄讨赏的行为，故武则天未加采纳。

随后的开春一月，地官（户部）尚书武思文带领各地官府进京汇报的朝集使2800人，请求武则天到中岳嵩山封禅，声势动人。

九月，洛阳人王庆之纠集数百人上表，请愿立武承嗣为皇太子。

长寿二年（693）一月，宣布废除举人修习《老子》的旧制[2]，改为学习武则天主持编撰的《臣轨》，加强政治服从性。

九月，武承嗣掀起更大的请愿活动，率领5000人上表，请求武则天加"金轮圣神皇帝"尊号，场面颇为壮观。

"金轮"来源于佛教，在此指转轮王，为世间最高君主，轮宝为其信物。《长阿含·转轮圣王修行经》说，转轮王奉行正法，空中出现轮宝，如有不服者，轮宝将飞旋而去，平定天下。对应于转轮王的则是天界最高的佛陀，入世传法即为"转法轮"。前面引用的《大云

1 ——
《资治通鉴》卷204
"则天后天授二年
（691）四月"条。

2 ——
要求王公以下，
以及每年的举人
学习《老子》，是
唐高宗上元元年
（674）武则天倡
议并实行的规定。

鎏金四天王盝顶
银宝函，1987年
扶风县法门寺塔
地宫出土，法门
寺博物馆藏

鎏金双凤纹五
足朵带银炉台，
1987年扶风县
法门寺塔地宫
出土，法门寺
博物馆藏

经》称天女下凡，统治转轮王的国土，薛怀义将其附会于武则天。加
"金轮"尊号，神化武则天世俗皇帝的正统性，具有战无不胜的巨大
法力。所以武则天欣然接受这一尊号，亲临万象神宫举行仪式，受尊
号，赦天下，赐百姓聚会饮酒庆祝七日。武则天还专门制作了金轮
宝、白象宝、女宝、马宝、珠宝、主兵臣宝、主藏臣宝佛教"七宝"，
每次朝会都端庄陈列于殿廷之上，宣示至高无上的权威。[1]中国的皇
帝加上佛教的尊号，前所未见。

　　武则天有意识地褪去唐朝的色彩，强化佛教的神意与神性，突
出周朝的特色。就当时的社会大众以及大多数官员的心理来看，武则
天政权始终是唐朝的异变形态，或者是衍生物，属于武则天的个人表
演，最终都要回归唐朝的正轨。这种心理和看法，显然危害着周朝的
存续，反映其政治合法性根基极其脆弱。权力可以强夺，文化心理及
认同却不是暴力能够改变，中国古代所谓"敢怒不敢言""道路以目"
等，表现的就是这种冷酷的现状。无法从政治上赢得人心，那就用神
性去笼罩。

　　延载元年（694）五月，武承嗣率领26000多人请愿，请求武则
天加"越古金轮圣神皇帝"尊号。请愿的人数比上次增加了四倍，他
们心情激动，在八个月的时间内切身体会到武则天不但神圣，所向无
敌，而且亘古未有，越古迈进。武则天怎能拂逆人情，她登上则天门
楼接受尊号，再次大赦天下，改元"延载"。

　　不久，武三思率领四夷酋长请求铸铜铁为天枢，立于神都洛阳的
端门之外，铭记功德，贬斥唐朝，歌颂周朝。此项工程耗费巨大，向
胡人聚钱百万亿用来购买铜铁，远远不够，于是向民间摊派，征收农
具销熔铸造。用了将近一年的时间铸造完成。天枢高105尺，直径12
尺，共有八面，宽五尺，上面镌刻百官及四夷酋长的名字，武则天亲
笔题写"大周万国颂德天枢"。天枢的底座为铁山，周径170尺，上
面紫绕盘旋着铜铸的蟠龙和麒麟，山上放置直径三丈的腾云承露盘，
由四个巨型龙人站立捧起。[2]唐太宗曾经被周邻国家共同推举为"天
可汗"，彪炳史册，武周岂能居于下风，立天枢于城门之外，宣示威

1　————
《资治通鉴》卷
205"则天后长寿
二年（693）九月"
条；《新唐书》卷
4《则天皇后纪》、
卷76《则天武皇
后传》。

2　————
《资治通鉴》卷
205"则天后天册
万岁元年（695）
三月"条。其余
史实均见于《资
治通鉴》该年
记载。

德，令四海周悉，普天敬仰。两者不同之处，在于唐太宗贞观时代"汉家旌帜满阴山"，而此时此刻武周正在遭受突厥、吐蕃等的猛烈进攻。

再过半年，时间来到正月，武则天再给自己增加尊号，称"慈氏越古金轮圣神皇帝"，大赦天下，宣布改元为证圣元年（695）。

"慈氏"取自佛教弥勒的称号。弥勒是"Maitreya"的音译，意为"情深"与"慈悲"，故称"慈氏菩萨"，略称"慈氏""慈尊"。弥勒将在释尊入灭后56.7亿年后从兜率天降临人世，与释尊同样成道，弘扬佛法，济度众生，故为未来佛。薛怀义等人利用《大云经》宣称武则天是弥勒菩萨下凡，故武则天给自己加上"慈氏"的尊号，同此前的"金轮王"连成一体，构成"空前伟大的弥勒金轮王皇帝"，应验了《大云经》及弥勒下凡的诸般说法。这一尊号显示武则天在天人两界至高无上的地位，光芒四射。

与此相呼应，武则天令薛怀义制作夹纻大佛像。夹纻漆器工艺是中国古代的发明，出现颇早。从考古出土实物证据来说，汉代已经有了用漆布制成的冠、履等，称作"侠纻"。汉代以后夹纻漆器工艺进一步发展，用来制作大型的佛像，在泥塑上裹苎麻布造型，再涂上生漆固定，待漆干后去掉泥胎，脱空成像，再进行各色描绘。这种工艺制作的人像栩栩如生，细腻传神。在唐代，夹纻漆器工艺炉火纯青，颇为流行，其精美的作品现在主要收藏在美国和日本各地。夹纻漆器工艺传入日本，大受欢迎，产生了许多精品，其中最被中国人熟知的是奈良唐招提寺鉴真和尚坐像。武则天让薛怀义制作的夹纻大像，佛手中指可以容下数十人，规模巨大，叹为观止。就像武则天开凿雕刻的洛阳龙门石窟卢舍那佛像，若非空前巨大则不足以同武则天相配。这尊佛像将安置于明堂北构的天堂内。

在明堂北面建造高耸的天堂，已经进行几年了，一波三折。最初搭建的架构被飓风吹折，只能重新建筑。工程一日动用万人，四处采伐巨木，水陆运输，备涉艰辛，耗资巨大，国家府库耗竭一空。薛怀义一点不珍惜百姓税赋，挥金如土，武则天听之任之，从不过问。每

石佛首，2000年河南省洛阳市龙门石窟奉先寺遗址出土，龙门石窟研究院藏

次开无遮大会，士女云集，都要用掉数以万缗钱帛。他撒币如雨，十车钱币一掷而空，看着人们俯拾争抢，甚至踩踏而死，大为快乐。所在之处，公私田宅都被寺院征用所有。

薛怀义有这么大的胆子，完全因为他同武则天的特殊关系。这个原名冯小宝、在街头使枪弄棒的不逞之徒，先后被皇家妇人辗转赠送，最后上供给武则天享用，攀龙附凤改名"薛怀义"，再住持寺院，摇身变为"僧怀义"。薛怀义因为得宠，越来越张狂，纠集恶少，肆意妄为，武则天听任他胡闹，不许官家过问。薛怀义有了自己的地盘势力，对武则天腻了，推三阻四，尽量不进宫内。其实武则天也不缺他，身边男宠未曾少过，诸如御医沈南璆也很暖心。武则天还颇有创

日本奈良唐招提寺

鉴真和尚坐像

意地将青睐有加的俏郎俊汉组织起来，设置控鹤监，由晚年最为心疼的张易之担任控鹤监主管，聚集轻薄之士于一堂，同任内供奉，时常和武则天宴饮欢畅，浪声戏谑，好不快乐。薛怀义不愿入宫，武则天宠着他，让他到外面主持修建明堂，他便是因为这项功劳被封为左威卫大将军、梁国公，开始了军事统帅生涯，征伐四方。永昌元年（689）五月，薛怀义被任命为新平军大总管，北讨突厥，一路行进，未曾遇到敌人，遂于单于台刻石纪功而还。武则天再把他派遣出去，同年九月任命他为新平道行军大总管，统率二十万大军征讨突厥骨笃禄。战事未曾留下记载，只见薛怀义"加辅国大将军，进右卫大将军，改封鄂国公、柱国，赐帛二千段"[1]。回京后，薛怀义和法明等人利用《大云经》证明武则天乃弥勒下凡，陈说符命，再立新功。延载元年（694），薛怀义三度出征，担任代北道行军大总管，征伐突厥。随即转任朔方道行军大总管，指挥部的阵容十分了得，几位宰相都屈居其下，武则天信任的李昭德作为副手，担任长史；麾下统辖十八位将军。薛怀义每每让敌人闻风远遁，史书仅仅留下"未行，虏退而止"的记载。他还没出发，突厥就狼狈逃窜，确实神奇。对于身为宰相的部下，薛怀义同样威风凛凛，前述勇抗酷吏的李昭德，在同薛怀义讨论军机的时候提出不同意见，遭到鞭挞，竟然"惶惧请罪"[2]。都到这份儿上，谁敢惹他，恐怕武则天也得让他几分。薛怀义以度僧为名，聚合了上千个彪悍力士，这还得了。侍御史周矩怀疑其有异图，向武则天申请讯问他。武则天碍于制度勉强同意，薛怀义来到御史台，竟然一直到衙门台阶前才下马，大大咧咧走了进来，坦腹踞坐，目中无人。待到周矩开始讯问，他跃身上马，扬长而去，这几乎是在羞辱让人谈虎色变的御史台，周矩向武则天告状，武则天只是轻描淡写地说，此人疯疯癫癫，算了吧。只允许周矩将那些力士放逐到外州，同时也把周矩贬为天官员外郎。

薛怀义监制的佛像完成后，举行无遮大会，会场设在明堂。薛怀义事先让人开凿了五丈深坑，张灯结彩，装扮宛若宫殿，将佛像从深坑缓缓升起，宣称是从地底下涌出来的。他宰牛取血，画了一幅两百

1 ————
《旧唐书》卷133
《薛怀义传》。

2 ————
《资治通鉴》卷
205 "则天后延载
元 年（694） 三
月"条。

尺的佛像，说是自己刺破膝盖的血画，张悬于天津桥南，设斋供祭。这些活动是为庆祝武则天新加尊号而举办，官民同贺，喜气洋洋。没想到薛怀义却在此刻悲从中来，想起武则天身边围绕的那些男宠，心头火起，在夜里偷偷放了一把火，要把天堂烧掉。天堂在明堂北面，都是大型木构建筑，火势如何控制得住，把武则天常用于祭祀听政的明堂也烧毁殆尽。那一晚，冲霄大火把京城照耀得如同白昼，坍塌之声响彻天地，薛怀义的心头怒火真不是莫名虚火。此时武则天正和臣子们在宫内宴饮，行酒酣畅，突见大火熊熊腾起，武则天故作平静，对左右谎称工匠失火，试图掩饰过去。不识趣的左拾遗刘承庆当场奏请停止宴饮，以谢天谴。姚璹不愧为周朝宰相，借鉴前车，说成周建的宣榭着火，社稷更加兴旺；汉武帝柏梁台火灾，德运越发久远。明堂只是布政场所，并非宗庙，不应自我贬损。姚璹把丧事说成喜事，哄得武则天不悲反喜，亲自登上端门，一如平常。

第二天，现场一片狼藉，宏伟壮丽的明堂荡然无存。武则天下令重新建造明堂和天堂，仍然由薛怀义总揽其事。细心的人发现，武则天还下令熔铜铸造九州鼎及十二神像，各高一丈，计划安置于各自的方位上。这个变化很微妙。此前武则天一路朝着佛教神化的道路上奋力向前，不断祛除传统的色彩。现在她悄悄将华夏悠远传统的社稷宝鼎端了出来，而且还把社会流行的十二生肖神像一并植入明堂之中，悄悄做出了妥协，心头颇有悚动。

明堂焚毁这件事对于武则天内心的打击不小，不管她如何掩饰，都难免有所流露。去年不断追加尊号的热闹时分，她越发耽迷于符命方术，臣下报告京城麟趾寺出了一位老尼姑，自号"净光如来"，一日仅食一粒米、一粒芝麻，却能够预知未来。和她携手行走江湖的是嵩岳山人韦什方，自称生于三国时代的吴国赤乌年间；另一位老胡人也站出来指认薛怀义曾经与之邂逅于二百年前，如今更显年少云云。这些年来，虽然祥瑞神迹屡屡出现，神人却难得一见。武则天听闻大喜，隆重礼聘，信之不疑，赐韦什方姓武氏，还在延载元年（694）任命其为正谏大夫、同凤阁鸾台平章事，跻身宰相之列，专门下制称颂："迈轩代之广成，逾汉朝之河上。"[1] 即超越黄帝时代的崆峒山广成子和汉文帝时代的河上公等仙人，可谓古今第一人。老尼有了后台，广收弟子百余人，夜里宰羊宴饮，纵情淫乐，无所不为，快活犹胜神仙。明堂大火发生后，老尼赶来向武则天慰唁，武则天神色陡变，厉声叱问老尼既然能够预知未来却为何没能预告明堂失火，将她驱逐回原籍，弟子们连同老胡人刹那间作鸟兽散。墙倒众人推，有人出来揭发老尼奸污秽行。于是武则天又把她召回麟趾寺，等候弟子们重新鸠集时，突然派遣敕使抓捕，众弟子悉数落网，全体罚没为官婢。更名为武什方的嵩岳山人招摇撞骗，自称擅长配置长寿仙药。武则天让他利用官方驿乘到岭南采集仙草，他回到偃师的时候听说了老尼被捕的消息，知道事情败露，自行绞死了断。

偌大一座明堂在众目睽睽下烧毁，不能不做出解释，以安人心。左史张鼎援引历史故事，传周武王伐纣，大军渡河时，有火降临武王居室，化为鸟，周人大胜。故而他称火流王屋，更显大周吉祥。这个解释对于公众的说服力远远不够，通事舍人逢敏从宗教的角度做出更有力的辩解：弥勒佛得道的时候，有天魔烧宫，七宝台须臾毁坏，所以，明堂大火是武则天得道的明证。总而言之，这场大火值得庆祝。附会神明堆砌出来的圣皇，必须用歌舞升平的叙事去粉饰和维护；言辞的荒诞，源自内在的空虚与苍白。

朝廷执事官员的神奇吉言，无法垄断视听。众目睽睽，面对这场大火触目惊心，反思前因后果，抑制不住直言上谏，言官左拾遗刘承庆指斥张鼎和逢敏上述解释为"诡妄之邪言，非君臣之正论"，提出三点请求：1.停止营造佛教建筑；2.明堂统合天人，一旦焚毁，应该停止宴饮；3.下诏广泛收集意见，允许上陈真情至理。"伏愿陛下乾乾翼翼，无戾天人之心而兴不急之役，则兆人蒙赖，福禄无穷。"

来自基层的获嘉县（今属河南新乡）主簿刘知几上表陈请四件事：1.不要动辄就大赦，甚至一年几度，让恶人逍遥法外，官吏收取贿赂，百姓遭殃；2.每年大赦都要给官员增加勋阶，以至于高官远多于低官，官吏不知美丑善恶，"臣望自今以后，稍息私恩，使有善者

1 ————
《资治通鉴》卷205 "则天后延载元年（694）七月"条。亦见于《新唐书》卷4《武则天纪》。

逾效忠勤，无才者咸知勉励"；3.选官太滥，泥沙俱下，请加淘汰；4.官员升迁太快，请今后刺史大员未满三年任期不予提升，明察功过，甄明赏罚。[2]

2 ————
以上均见于《资治通鉴》卷205"则天后天册万岁（695）正月"条。

明堂是武周政权的象征，自然需要重建，然而，此事对于武则天内心冲击之大，绝非表面上的波澜不惊，大火烧伤了武则天的体面，也烧掉了她对于薛怀义的眷顾隐忍。她一再宠惯的薛怀义实在太过分了，不好明着杀他，却不能听凭他胡作非为。武则天暗中选拔一百多个强壮的宫人，练武防备。天册万岁元年（695）二月，薛怀义被召入瑶光殿，行至殿前树下，突遭捉拿，武攸宁率壮士现身，把薛怀义殴击毙命，命人将其尸体送回白马寺，焚化后压土造塔。

随后几天，武则天宣布去掉皇帝尊号中的"慈氏越古"。正是薛怀义证明她乃弥勒佛下凡，遂有了"慈氏"的尊号。去掉之后，武则天再没有恢复使用，哪怕半年后重新增加尊号，称"天册金轮大圣皇帝"，大赦天下，宣布改元[3]，也没有再称"慈氏"。尊号中去掉了"慈氏"，也去掉了"神"，武则天在想什么呢？

3 ————
《资治通鉴》卷205"则天后天册万岁元年（695）"。

皇帝尊号中保留了凡世的"大圣"头衔，武则天确实在增加华夏传统色彩。天册万岁二年（695）腊月，她再次来到嵩山封神，改元"万岁登封"。二月回到洛阳后，"尊神岳天中王为神岳天中黄帝，灵妃为天中黄后；启为齐圣皇帝；封启母神为玉京太后"，显示对道教的尊崇。三月，新的明堂落成，高294尺，方300尺，规模小于焚毁的旧建筑。明堂上面站立涂金的铁凤凰，高达二丈，被大风吹损后改为群龙捧起铜火珠。新的明堂名为"通天宫"，武则天大赦天下，再次改元"万岁通天"[4]。翌年四月，九鼎铸成，安置在通天宫。豫州鼎高一丈八尺，容量一千八百石，为各鼎之最，凸显洛阳的中心地位。其余各鼎高一丈四尺，容量一千二百石。每座鼎上刻画山川物产。华夏称九州，九鼎象征中华。武则天逐渐向帝制传统回归，神性正在褪色。

4 ————
《资治通鉴》卷205"则天后万岁通天元年（696）"。

五十一

自从武则天登基立周以来，周边的形势陡然吃紧。唐太宗、高宗时代东征西讨，降服突厥，平定海东，四邻臣服，声动万里。周边的和平环境到武则天称帝前后发生了重大变化，突厥、契丹以及西面的吐蕃，甚至南方部族先后起兵，与唐朝激烈冲突。

唐高宗晚年，突厥骨咄禄称兵进攻蔚州（今河北蔚县）等地，武则天派遣黑齿常之出征，大破之，追奔四十余里。北方边境基本安宁。这一时期，唐朝对外作战最著名的将领是程务挺、黑齿常之等，战功卓著，威名远播。垂拱年间以降，酷吏横行，冤狱大兴，程务挺和黑齿常之等名将纷纷遭到杀戮，军队元气大伤。取而代之的将领，诸如薛怀义和武家子侄，都是武则天信得过的人，他们不懂军事，畏敌怯战，导致突厥等族对于武周的轻蔑，加剧了日益严重的边疆局势。

永昌元年（689），临朝称制的武则天派遣武职出身的宰相韦待价统率大军征伐吐蕃，双方在寅识迦河大战，唐军惨败，狼狈失据，士卒饥寒交困，伤亡严重。武则天罢免了韦待价，将他流放到边荒之地；将副大总管安西大都护阎温古开刀问斩。从战后的处理可知此役造成的冲击有多大。

唐朝和吐蕃的关系在唐太宗时代颇为亲密，唐太宗打败吐蕃的进攻后，把文成公主嫁给松赞干布，双方亲密交往，成为一段历史佳话。这种友好关系一直维持到唐高宗时代。这段时期吐蕃蓬勃发展，同周围部族冲突，和吐谷浑的矛盾尤为激烈。吐蕃和吐谷浑都向唐朝控诉对方，唐高宗和稀泥，未断曲直。吐蕃埋怨唐朝没有支持自己，断然起兵攻击吐谷浑。吐谷浑大败，其王远遁凉州，向唐朝告急。在唐朝建立的国际体系中，国与国之间要保持和平，不允许武力攻伐。于是，唐高宗派遣右威卫大将军薛仁贵等名将率十万大军征伐吐蕃，咸亨元年四月在大非川战败。吐谷浑遂被完全并吞。吐蕃连年进攻，边疆诸州羌族都降服于吐蕃。此后在上元三年，唐高宗再度派出大军征讨吐蕃，又遭败绩。所幸偏将黑齿常之带领敢死队夜袭敌营，颇有斩获，遏制住吐蕃的进攻。然而，一连串的胜利让吐蕃强势崛起，攻占党项等诸羌之地，四面扩张，"东与凉、松、茂、嶲等州相接，南至婆罗门，西又攻陷龟兹、疏勒等四镇，北抵突厥，地方万余里，自

1 ——————
《旧唐书》卷196
上《吐蕃上》。

汉、魏已来，西戎之盛，未之有也"[1]。唐高宗仪凤四年，吐蕃新君继立，与唐朝言和，形势趋于平稳。然而，龟兹是丝绸之路必经之地，十分重要。唐朝要打通中西经济文化交流的通道，势必同吐蕃争夺龟兹。永昌元年，武则天派遣韦待价讨伐吐蕃，遭受失败，西边的形势又紧张起来。

天授二年，武则天派遣岑长倩讨伐吐蕃。如前所述，这次军事行动不是为了讨伐吐蕃，而是要打发岑长倩离开朝廷，所以中途召回，旋即下狱处死。长寿元年，武则天得到了合适的将帅人选王孝杰。王孝杰原为唐高宗仪凤三年出兵征伐吐蕃的行军副总管，兵败被俘，吐蕃赞普见到他，惊叹貌似其父，待之甚厚。王孝杰后来返回唐朝，担任右鹰扬卫将军。这一年西州都督唐休璟建议收复龟兹，武则天想起了熟知吐蕃情况的王孝杰，下敕任命他为武威军总管，随武卫大将军阿史那忠节征伐吐蕃，取得重大胜利，收复了龟兹、于阗、疏勒、碎叶四镇，在龟兹置安西都护府，派兵镇守。此役后周朝与吐蕃粗安两年，天册万岁元年七月，吐蕃进攻临洮，周朝仍以王孝杰为肃边道行军大总管，进行防御。第二年一月，武则天增派时任宰相的娄师德为肃边道行军副总管，征伐吐蕃。三月，双方在洮州素罗汗山大战，周军大败，王孝杰被免为庶人，娄师德贬为原州员外司马。吐蕃大振，派遣使者到周朝要求和亲，条件是周朝罢撤安西四镇及镇戍军队，割让十姓突厥之地。并且威胁不答应其条件，将进攻甘州、凉州等地。周朝商议对策，右武卫胄曹参军郭元振分析形势，认为拒绝吐蕃的条件，则西部受害甚深，必须善谋良策。他建议提出用吐蕃吞并的青海和吐谷浑故地做交换的方

案，既塞其口，又不绝其希望。吐蕃当政的钦陵如果行为乖违，则错在彼方。而且，吐蕃百姓疲于徭役和征战，早就希望和平。钦陵则想统兵专权，故不愿和平。我们如果年年派出和亲使，钦陵若不和谈则招致国人怨恨，可以逐步离间他们，促其内乱。武则天深以为然。[1]

吐蕃不断入侵，西部的形势紧张，一直到长安二年（702）吐蕃进攻悉州遭到挫折，转而与周朝和亲，边境才重新安宁。此时周朝已近尾声，故吐蕃问题一直困扰着武则天。

西疆未宁，东陲生变，长寿二年，周朝忙于对吐蕃作战的时候，东部的室韦起兵，武则天派遣右鹰扬卫大将军李多祚前往镇压。根据《旧唐书·室韦传》的记载，室韦属于契丹的一支，分布在东北北部，在广阔的北方地域活动。因为室韦距离相当遥远，此事件没有留下更多的记载。然而，它不是孤立的事件，预示着周朝东部形势不稳。三

1 ————
《资治通鉴》卷205"则天后万岁通天元年（696）九月"条。

唐阎立本绘《步辇图》，故宫博物院藏。此图是"中国十大传世名画之一"，描绘了吐蕃王松赞干布迎娶文成公主入藏的情景

年之后，亦即万岁通天元年五月，契丹族松漠都督李尽忠与归诚州刺史孙万荣举兵反，攻陷东部重镇营州，杀都督赵文翙。东部积累的问题爆发了。

李尽忠是孙万荣的妹夫，他们都生活在营州城傍。城傍是一种兵牧合一的制度。唐朝将内徙的部族安置于军镇周边区域，保持其部落组织，平时缴纳轻税，战时自备鞍马从军。[2]唐太宗贞观二十二年，契丹首领窟哥内附，被安置在营州城傍，并为之设立松漠都督府。李尽忠就是窟哥后代，世袭松漠都督。城傍隶属于军城，唐太宗所置松漠都督府及归诚州都隶属于营州都督府。边镇地带，军事统制，军民交织，各族混杂，组织与生活形态差异大，兼有商贸的利益和矛盾，管理不易，需要慎重。可是，营州都督赵文翙刚愎自用，不体恤民生，傲慢粗暴，颐指气使，把契丹酋长视若奴仆，加上当时发生饥馑，赵文翙不肯赈给，给了平日心怀怨恨的李尽忠和孙万荣鼓动群众的机会，发起了规模甚大的兵乱，一举攻克营州。七月，李尽忠自称无上可汗，以孙万荣为大将，攻城略地，所向披靡，十余日间发展到数万兵马，南下进攻檀州。这个事件暴露了边疆管理的问题，营州只是一个爆发点，如果不善加对待，会有更多的地方出问题，后面发生的岭南獠造反，亦是其中之一例。

武则天闻讯大怒，下诏将孙万荣改名为孙万斩、李尽忠为李尽灭，以泄心头之愤；同时派遣左鹰扬卫大将军曹仁师、右金吾卫大将军张玄遇、左威卫大将军李多祚、司农少卿麻仁杰等二十八将统率大军前往镇压。不久，再派遣春官尚书武三思为榆关道安抚大使，纳言姚为副，防备契丹。周朝动员的规模，可知这次的反叛规模很大，颇具威胁。

八月，周军进至幽州。李尽忠和孙万荣示弱诱敌，释放在营州俘虏的百姓，让他们向官军传话，自称因为饥寒交迫而起兵，待官军到来即投降。周军将领听到这一消息，竟然信以为真，争相挺进。契丹以老弱迎战，一路败退。张玄遇和曹仁师见状，丢下步卒，率骑兵深入追击，被引诱至契丹在平州硖石谷设下的埋伏圈，周军惨败，张玄

2 ————
李锦绣《"城傍"与大唐帝国》，《学人》第8辑，江苏文艺出版社，1995年。

遇和曹仁师都被俘虏，将士尸填山谷，几乎无人逃脱。契丹获得周军印章，伪造军牒，令张玄遇签署，声称大破契丹，催促周军后续部队赶快赶往营州杀敌，否则失去立功受赏的机会。燕匪石、宗怀昌等将军日夜兼程，废寝忘食，士马疲惫，这时候埋伏在道上的契丹突然发动进攻，周军全部覆灭。这是周朝遭受的重大失败。

东西两面均陷入困境，形同受到夹击，败绩连连。为了补充兵员，九月下制，征发在押刑徒以及百姓、家奴中骁勇者充军，投入对契丹的作战。而且，命令山东近边诸州建立武骑团兵，任命武攸宜为右武威卫大将军、清边道行军大总管，讨伐契丹。形势变得相当严重，影响波及内地。

就在周朝穷于应付的时候，突然传来好消息，出现了意想不到的骤变，似乎可以松一口气。这年十月，契丹首领李尽忠死去，由孙万荣代领其众。紧要关头首领换人，引起众情不安，内部不稳。此时此刻，担心契丹坐大挑战自己的突厥抓住机会下手，发动突然袭击，攻入契丹根据地松漠，俘虏了李尽忠和孙万荣的妻子、儿女后扬长而去。突厥纵横于北方草原，虽然也在进攻周朝，却时刻提防强敌出现。这样的争斗还将继续发生，很大程度上减轻了周朝的东线压力。

孙万荣很快收拢起余众，重整旗鼓，继续进攻周朝，攻陷冀州（今河北衡水），杀刺史，屠吏民；接着进攻瀛洲（今河北沧州）。整个河北为之震动，地方官惊恐失措，魏州（今河北邯郸）刺史畏惧契丹，把百姓全部驱赶进城内，闭门以待。连契丹的影子都没见到，自己先龟缩成一团，荒废生产，搅得人心惶惶，民不聊生。武则天急忙起用被贬黜的狄仁杰前去救急，撤换无能的魏州刺史。狄仁杰到任，立即打开城门，让百姓下田务农，稳住人心。

神功元年三月，周朝调集十七万大军，由征战吐蕃战绩颇佳的清边道总管王孝杰统率，辅以平狄军副使苏宏晖，同契丹再战于东硖石谷。王孝杰身先士卒，率领精兵担任前锋，奋力作战，压迫契丹后退。王孝杰一路追击，进至山崖。契丹全力反扑，副将苏宏晖竟然丢下大军，掉头逃遁，造成恐慌，周军溃败，王孝杰掉下悬崖牺牲，将士死亡殆尽。

周军同契丹的两场大战均以失败告终，损失惨重，元气大伤。对吐蕃和契丹的败仗显现了武则天大批屠戮高级将领的后果，军无斗志，战斗力低下，不再是当年那支威武之师。在具体作战方面，指挥协调能力差，战前轻敌，战时各行其是，小胜则躁进，遇强敌则溃败。周军为何不能协调一致呢？最重要的原因是主帅缺位。武则天任命的清边道行军大总管是建安王武攸宜，他一直远离战场，躲在后方。硖石谷激战，这位战场总指挥人在渔阳，与大军悬隔，无人协调的周军各为战，乱成一团。

武攸宜毫无军事才能，又贪生怕死。他听说前方惨败，再也不敢前进，听任契丹攻陷幽州，掳掠吏民。实在交代不过去，才派出偏将出战，受挫而返。

周军大败，东北的局势变得十分严重。四月，武则天任命右金吾卫大将军武懿宗为神兵道行军大总管，与右豹韬卫将军何迦密率大军征讨契丹。五月，再任命娄师德为清边道副大总管，右武威卫将军沙吒忠义为前军总管，率领二十万大军出征契丹。整个对契丹的作战，前线军队的最高统帅始终是武家子弟，不管他们如何无能，造成多大的失败，让华北暴露于敌人兵锋之前，这一条都不会改变。或许武则天在内心里愤恨他们窝囊不争气，却相信其忠心。显而易见，她对军队从来没放心过。对外作战屡屡失败的根本原因都在于此。

武攸宜、武懿宗十分了解武则天的心思，他们最重要的任务不是战胜契丹，而是牢牢地控制好军队，不至于发生反叛。武懿宗所部优哉游哉地前进到赵州，听说契丹有数千骑兵逼近冀州，立即抛下辎重，一路丢弃，仓皇后撤至相州，把赵州拱手让给契丹。

孙万荣鉴于此前遭受突厥偷袭的教训，在柳城（今辽宁朝阳）西北四百里依险修筑新城作为根据地，把老弱妇孺以及器仗资财集中在这里，留下妹夫乙冤羽率军驻守。同时派遣五名使者前往突厥，通报战胜周军的情报，试图说服突厥联手进攻周朝，夺取幽州。做了这番部署，孙万荣率领主力扑向幽州。

不知何故，契丹的使者走成两拨，第一拨三人先到，与突厥相处甚欢，完成使命后获赐绯袍。这时后面的两人姗姗来迟，突厥怒其迟到，欲加杀害。他俩为了求生，竟然把契丹内情和盘托出，并且指点突厥如何进攻抄底，甘愿充当向导。突厥大喜，反过来杀掉前面三人，点起大军突袭新城，围攻三日得手，把新城掳掠一空，放乙冤羽去向孙万荣报讯。

孙万荣正在幽州前线同周军对峙激战，后方陷落的消息传来，立刻引起军中巨大的恐慌，追随契丹的奚族马上起而反叛，周军趁势发动进攻，与奚族前后夹攻孙万荣，契丹军队崩溃。孙万荣带领数千轻骑向东逃遁，遭到周军的阻击。孙万荣陷入困窘之境，与其奴仆逃到潞水东面树林，下马稍息，自叹走投无路，周朝、突厥，甚至新罗都不会接受他。正在自艾自怨的时候，奴仆动手将他杀死，斩下首级投降周军。他的首级被周朝悬挂在京城四方馆门上示众。契丹余众，以及奚、霤部族降附突厥。[1]

突厥抑制并打击契丹像是天上掉下的大馅饼，客观上帮了武则天的大忙。东北契丹叛乱的问题算是解决了，但是，周朝的边疆形势并未好转，依然十分严峻，原因是来自北方突厥的威胁变得更加严重。

突厥在北朝后期称霸于北方草原，隋文帝将其打败，至隋末再度崛起，唐朝建政之初不得不向其纳贡。唐太宗励精图治，派遣李靖、李勣等一众名将深入漠北，击败突厥，接受其降附。唐高宗中后期，北方草原的突厥重新强大起来，频频入侵，武则天主政以后，形势日趋严重。永昌元年五月，亦即唐军在西线同吐蕃大战的时候，武则天任命薛怀义为新平军大总管，北讨突厥骨笃禄。在武则天的军队人事任命上，薛怀义以及武家子弟一直居于宰相之上，统领各个方面的大军。从薛怀义的任命，可以看出突厥问题的严重。同年九月，武则天再次任命薛怀义为新平道行军大总管，率领二十万大军征讨突厥，出兵规模甚大，但未见交战记载。武则天建周称帝后，骨笃禄病死，其弟默啜自立为可汗。长寿二年，默啜进犯灵州。值得注意的是，突厥

1 参阅《资治通鉴》卷206；《旧唐书》卷199下《契丹传》等记载。

的入侵经常与吐蕃同步，给予周朝很大的压力。武则天任命薛怀义为代北道行军大总管，出征突厥。第二年，武则天重新部署对突厥作战，改任薛怀义为朔方道行军大总管，统辖宰相李昭德等朝廷高官，以及十八名将军征讨默啜。

周朝集中全力对付突厥和吐蕃的时候，南方也不稳了。延载元年十月，岭南獠起事，武则天派遣容州都督张玄遇担任桂、永等州经略大使前往镇压。一波未平一波又起，处理周边关系经常是牵一发而动全身，不能善加绥抚，仅凭军事力量镇压，往往烽烟四起，疲于奔命。第二年，东北契丹造反，周朝可谓四面受敌。而且，一系列的战事造成国库空虚，以至于宰相豆卢钦望提议京官九品以上捐献两个月的俸禄充当军费，遭到朝廷官员的强烈抵制，不得不作罢。

突厥的压力越来越大，天册万岁元年正月，武则天抽调对吐蕃作战有功的王孝杰出任朔方道行军总管。半年后，吐蕃进攻临洮，王孝杰又赶往西线担任肃边道行军大总管主持战局。周朝调兵遣将，似乎捉襟见肘。

突厥默啜纵横捭阖，颇有手腕。他利用吐蕃进攻临洮的时机，宣布归顺周朝。武则天大喜，册封他为左卫大将军、归国公，并获得五千段的赏赐。默啜不费吹灰之力，获得高官厚爵和大笔财宝。尝到了甜头，也看穿武则天的窘境。第二年，他又派遣使者请和，实际上是来索取更多利益。果然如其所料，武则天封他为迁善可汗。默啜篡夺其侄汗位，周朝册封他为可汗，等于承认了他的王者地位，有助于他对内巩固权力。武则天不了解对手的国情，总是按照自己的想法处理对外关系，无论对突厥或者吐蕃等的关系上屡遭挫折，耗费颇大，还一再被利用。处理对外关系，首要是充分了解对方的实情，做出客观冷静的评估，绝不能仅看表象，主观臆断，自大轻敌。然而这一条几乎是古代独裁君臣的痼疾，哪怕一再碰壁受挫，也难以见到对相关国家的深入研究。不了解别国的历史文化传统、思维和行为模式、错综复杂的内外关系，凭借自我想象做出利己的评估和判断，据此采取行动，几乎没有侥幸成功者。然而，习惯于俯视臣民的统治者依然故我，权力的傲慢让他们不断地重蹈覆辙，历朝历代比比皆是，大同小异。

万岁通天元年，契丹李尽忠和孙万荣起兵造反，默啜再次利用这个机会，派遣使者向武则天索要河西的突厥降户，以此作为条件，帮助周朝讨伐契丹。河西降户指的是唐高宗咸亨年间降附唐朝的突厥诸部，唐朝将他们安置在丰、胜、灵、夏、朔、代六州，人畜甚多。此时武则天正火烧眉毛，马上下制批准默啜所请。于是默啜从背后攻击契丹，掳掠了大量人口，骤然间人多势众，兵强马壮。两边得利后，默啜开始同周朝翻脸。这年九月，默啜在凉州都督许钦明出城巡查的时候，率领数万骑兵闪现于凉州城下。没有准备的许钦明奋力反击，寡不敌众，兵败被俘。

袭击得手，默啜向周朝展示了实力。但他头脑十分清醒，并不想完全闹翻，而是以此为筹码向周朝进一步勒索，在要求遣送降户的同时，又加上了割让单于都护府辖地，以及给予农器、种子等诸多要求。而且，默啜还要武则天收他为子，为其女儿向皇族求婚，双方和亲。默啜武力要挟，漫天开价，武则天实在颜面无光，没敢立即同意，而是派遣豹韬卫大将军阎知微和左卫郎将摄司宾卿田归道出使突厥，借着册封默啜的机会进行谈判。

默啜没有立刻拿到所要的东西，进一步施压，在神功元年正月新年庆典之际进攻灵州，把俘虏的凉州都督许钦明押到城下示威。许钦明是唐朝开国元勋许绍的曾孙，兄弟皆英烈。其兄许钦寂任龙山军讨击副使出征契丹，兵败被俘，被押至安东城下。契丹强迫他向守军呼喊劝降。许钦寂却高呼："狂贼天殃，灭在朝夕，公但励兵谨守以全忠节"[1]，壮烈牺牲。许钦明亦不亚于其兄，在城下发出暗语，要守军夜袭敌营。可惜城头守军没能领悟。

第二年正月，默啜进攻胜州，持续向周朝施压。

不久，周朝使者阎知微和田归道到达突厥可汗大帐，册授默啜为可汗。途中，他们先遇见突厥派往周朝的使者，阎知微授予其绯袍、银带。根据唐高宗上元元年的舆服规定，绯色为四品、五品官服颜

1 ——
《资治通鉴》卷205"则天后万岁通天元年（696）九月"条。

2 ————
《旧唐书》卷45
《兴服志》记载：
"上元元年八月又
制：'文武三品已
上服紫，金玉带。
四品服深绯，五
品服浅绯，并金
带。六品服深绿，
七品服浅绿，并
银带。'"

色。[2]区区一个突厥使者就授予高官品级，下次来一个大一点的人物如何处置呢？而且，阎知微还上报朝廷，要求突厥使者到达京城时给予隆重接待。田归道也向武则天上表，坚决反对。

到达突厥大帐，阎知微向默啜再拜，匍匐伏吻其靴鼻。在一旁的田归道仅仅作揖而不拜，默啜见状大怒，便要杀他。田归道毫不畏惧，责备默啜贪得无厌，向他陈述福祸利害关系。默啜左右劝他不要杀害使者。于是默啜扣押了田归道，言辞十分傲慢。

消息传入周朝，朝廷执政的姚璹、杨再思认为契丹战事正炽，不能再得罪突厥，所以应该全部答应其要求。姚璹和杨再思本来就是靠逢迎拍马夤缘而上之人，遇到大事，尤其是强敌威压，张皇失措，一味敷衍了事。麟台少监、知凤阁侍郎李峤提出反对意见，认为答应突厥所请，割地予人，等于"借寇兵、资盗粮"，不如整军防备。武则天采纳了姚璹一方的意见，把六州降户数千帐全部交给突厥，还给了种子四万斛、彩帛五万段、农器三千件、铁四万斤等重要物资，同意和突厥通婚和亲。默啜稍微施加军事压力，武则天便将其狮子大开口的要价照单全收，如此懦弱怯战，让默啜对周朝这个泱泱大国的敬畏之心全然消失，心生鄙夷。而且，因为获得这么多的人口，突厥顿时强大起来，向东击破契丹，称雄于北方，睥睨中原。这是自唐太宗打败突厥以来最大的失败。

默啜心满意足，放周朝使者田归道回去。田归道回来后，在朝堂上同阎知微就突厥问题展开激烈的争论，指出突厥一定会背弃条约，不要寄希望于和亲，而应该做好军事准备。阎知微则竭力为默啜辩护，坚称和亲必被遵守。武则天既然满足了突厥的天价，现在进一步采纳和亲主张乃顺理成章。面对日益紧蹙的外部压力，她无计可施，试图委曲求全。

圣历元年（698），武则天挑出武承嗣的儿子，淮阳王武延秀作为人选，派他前往突厥汗庭纳默啜之女为妃，为此准备了丰厚聘礼，车马驮载，由豹韬卫大将军阎知微挂春官尚书职衔，右武卫郎将杨齐庄挂司宾卿职衔，护送出发。此次和亲的规格和聘礼都非常隆重，寄托着武则天的一厢情愿。凤阁舍人张柬之不以为然，进谏道："自古未有中国亲王娶夷狄女者。"[1]武则天颠倒过来做，恐怕自取其辱。张柬之忧心忡忡，武则天却一意孤行，把他贬黜为合州刺史，落得耳根清净。周朝和亲使团浩荡启程了。

八月，武延秀一行人到达突厥的黑沙南庭。双方见面，默啜当面羞辱道："我欲以女嫁李氏，安用武氏儿邪！此岂天子之子乎！我突厥世受李氏恩，闻李氏尽灭，唯两儿在，我今将兵辅立之。"[2]默啜不但嘲笑武氏家门低微，不配与他结亲，而且还打出恢复李唐的大义旗帜，占尽政治制高点。这一刻，武则天的和亲梦化作辱没国格与人格的羞耻，一厢情愿的闭门造车终归要被真实世界撞得粉碎。默啜扣押武延秀，封谄媚投敌的阎知微为南面可汗，声言将来让他统治唐土国民，起兵十余万，攻击周朝静难、平狄和清夷等边防驻军。静难军统帅慕容玄崱率部众五千人投降，突厥声势大涨，进攻妫州和檀州。发出檄文，声讨武则天的五宗罪：

1. 给的种子蒸煮过；

2. 金银器不是真品；

3. 剥夺我授予周朝使者的高阶官服；

4. 送的绢帛皆劣质；

5. "我可汗女当嫁天子儿，武氏小姓，门户不敌，罔冒为昏"。

这五条罪状，除了第3条属实外，重点还是第5条。默啜檄告天下，从私情公义尽情羞辱武则天。武则天提拔重要的拍马官员也在此时背叛了她，为虎作伥。阎知微投降突厥，受命招降赵州守军。他来到赵州城下，和突厥牵手踏步，跳起《万岁乐》舞蹈。守城将军陈令英在城头责问他身居朝廷尚书高官，竟然为突厥起舞，问心无愧吗？！倒是那些敢讲真话而不被重用的官员，在危急关头展现本色。随同阎知微出使突厥的监察御史裴怀古，拒绝接受突厥的封官，遭到囚禁，就要被杀。他寻觅空隙跑回周朝，途中风餐露宿，容貌枯槁，衣衫褴褛，差点儿被周军当作突厥间谍杀死。幸好他平时为官公正，平反冤情，被他救的人正巧在军中，认出他来，助他脱险回到朝廷。

[1] 《资治通鉴》卷206"则天后圣历元年（698）六月"条。

[2] 《资治通鉴》卷206"则天后圣历元年（698）八月"条。

如此忠贞的勇士，武则天并没有让他官复原职，而是给个祠部员外郎的低级闲差，打发了事。

突厥大举进犯，武则天任命的天兵中道大总管武重规，统辖右武卫将军沙咤忠义为天兵西道总管，幽州都督张仁愿为天兵东道总管，率领三十万大军，由左羽林卫大将军阎敬容所领十五万军队做后援，抵御突厥。全盘作战仍是武家子弟总领，兵力数倍于敌。然而，周军不敢同突厥正面接战，沙咤忠义所部只是跟在突厥军队后面，眼睁睁地看着突厥攻城略地。河北边城飞狐失守，定州又被攻破，刺史孙彦高等军民数千人遭到杀戮。突厥屠杀掳掠，满载而去。默啜回到漠北，已经拥有四十万大军，占据万里疆域，西北各部族望风依附，十分强大，看不起周朝。

唐朝建立以来，周边形势的变化可谓大起大落。隋朝崛起后迅速强大起来，四邻臣服。然而，隋炀帝败亡，隋朝凭借实力建立起来的边疆体系土崩瓦解，突厥重新称雄于漠北，直接干预中国事务，以至于北方反隋武装纷纷向突厥称臣，唐高祖李渊便是其中之一，唐初周边形势之恶劣，可想而知。唐高祖一朝，北方沿边诸郡常遭突厥入侵蹂躏，只能忍气吞声，纳贡求和。这时期是唐朝对外关系的波谷。

外部形势固然险恶，唐朝并未失去冷静和定力，忍辱负重，专心致志安定国内，励精图治，恢复民生与经济，重建社会与法制，逐步打牢国家强大的根基。贞观二年（628），经过多年的耐心等待，唐太宗终于捕捉到骄横的突厥可汗颉利的内部危机，派遣李靖、李勣、薛万彻等精兵强将大举征伐突厥，李靖长途奔袭，夺其众，灭其国，制服了称霸北方百余年的突厥，一举扭转了边防颓势，用绥抚和征伐两手安定四方，重新建构了以唐朝为中心、以规则和道义为基础的东亚世界秩序，他本人被北方诸部族尊为"天可汗"，成为众望所归的盟主。这时期是唐朝对外关系的波峰。

唐太宗打下的底子坚实而厚重，故唐高宗得以垂拱而治，只要确保国家行驶在法律和制度的轨道上，不飞扬生事便是国泰民安。这种局面维持了几十年。高宗晚年，虽有几次突厥复国及反叛行动，皆被镇压。故高宗一世，唐朝保持着东亚世界的领导地位。

唐高宗去世之后，武则天全面掌权，持续进行大清洗，文官武将，有见识和才干者纷纷入狱惨死，军队中具有实战经验的高级将领几乎全被拿下，武家子弟夤缘而上，出将入相，制度、法律名存实亡，朝廷部门分工合作的中央集权蜕变为皇帝个人独裁专断体制，暗于内政外交的掌权者气壮如牛，志大才疏，轻举妄动；操持实务的官员惊恐不安，唯唯诺诺，噤若寒蝉。表面上看武周政权跺足地抖，实际上各级官吏望风顺旨不作为，社会百业管理制度逐渐僵死失控，政权最重要的支柱均田制快速瓦解，农民迁徙，隐匿户籍，造成兵员和税赋流失，经济滑坡，民生凋敝。武则天大权独揽不过数年，国家元气大伤。这时候周边形势骤然恶化，事出有因。内政外交本为一体，国力蒸蒸日上之际，外部谁都不敢随便惹你。可是，一旦内部衰败，破绽毕露，外敌便乘虚而起，此起彼伏，故外部形势往往是内政的晴雨表。武周建立后，吐蕃、契丹和突厥一时俱起，周军一再惨败，难以招架，甚至被突厥鄙视羞辱，颜面扫地。这绝非偶然的时运不佳所致。从唐高祖臣服于突厥，经过唐太宗轰轰烈烈的崛起，再到武则天被突厥蹂躏，对外关系几乎退回谷底，构成唐朝（含武周）对外关系史的第一个波段。进一步深入考察，则唐高祖和武则天不可同日而语。唐高祖身处隋朝土崩瓦解的巨大乱局，不得不被动接受突厥崛起的凌辱，武则天则是把唐朝好端端的国际体系，通过内部自我摧残而造成严重破坏，权威失坠，自取其辱。

一切事务唯听圣断，则皇帝的知识、视野和理解力便是决定性的，不论何等聪明睿智，出错和误判的几率都很大。内务与外事有天壤之别，内政是用强大的国家机器对付个人，哪怕是对付小众群体，国家权力都具有压倒性的优势。只要权力不受制约，便会肆意妄为，武则天的酷吏政治已经表现得淋漓尽致，她对此轻车熟路。然而，对外事务应对的是独立的民族和国家，哪怕是弱小的国家，只要奋起抗争都会迸发出强大的力量，结果难以预料。因此，需要对国际局势与对方国家的历史文化传统、民族性格与特点、权力结构和政情有深层次的掌握和理解，这是一项庞大且复杂的事务，稍有不慎就得吞咽误判的苦果。《孙子·谋攻篇》说："知彼知己，百战不殆；不知彼而知己，一胜一负；不知彼，不知己，每战必殆。"处理边疆事务，恰好是武则天的短板。唐高祖、唐太宗都曾经和突厥等打过交道，有直接的认识和丰富的经验，加上自己潜心研究，愿意听取有关部门的客观汇报，故能做出理性的判断。武则天则不同，作为皇后、太后乃至皇帝，一直居住在深宫之内，对边疆事务既无感性认识，也没有交往经验，加上高压清洗的政治恐怖，下面的官员揣摩上意，既不敢直言相告，更不愿意承担责任，上面认知缺陷，下面承风顺旨，决定了武则天对外认知的缺陷和盲点，不能"知彼"，则多为主观忖度。另一方面，武周军队经历大清洗，高级将领都换成外行的武家子弟或者武则天的心腹佞幸，将无才干，兵无斗志，部伍不整，协作凌乱。大规模作战，协同至关重要。武周军队尽管有个别杰出将领骁勇善战，初期得手，却每每因为后继协同作战混乱而招致大败。这表明武周军队的统帅部完全失能。武则天对此显然不甚了了，不能"知己"。这两个方面构成了武周时代对外关系屡遭挫折的根本原因。

对国际关系有认知缺陷的统治者，会高估自己，低估对手，特别是从表面看，王朝地广兵众，拥有巨大的数量优势，很容易产生战无不胜的幻觉，所以在处理周边事务的时候，动辄威吓乃至行使武力，力求迅速压服敉平叛逆，表现为自大轻敌。然而，一再遭受挫折之后，发现对手远比自己当初预判的强大，局面难以应付，便会大幅转弯，企图通过妥协退让来息事宁人，表面上依然言辞强硬，或者采用居高临下的宽宥姿态，牺牲里子，保全面子，给自己找台阶下来，表现为进退失据，甚至张皇失措。概言之，前倨后恭，自大而遭挫折，讨好却受轻蔑。这种情况在历史上反复出现，武则天应对突厥亦是如此。她同突厥打交道屡屡失算之后，不顾熟知突厥的大臣的反对，一意孤行，把大批人力和财宝送给突厥，甚至屈辱地千里迎亲，招致奇耻大辱。武则天不至于不知道养虎遗患的后果，那也太低估她的智商了。她这么做无非是要赶快平息事态，把眼前的困局先对付过去，同时遮掩自己前期的失策。这么做要想获得成功，需要突厥的配合，随之起舞。所以，武则天下了本钱，馈赠甚厚，相信突厥尝到如此甜头，会适可而止。在这里再次显现出她不了解敌情的一厢情愿。角斗场上的示弱并不会引起对手的怜悯，妥协退让的价码要通过基于实力的谈判来决定，不利态势下的单方面示好结果往往适得其反。武则天的行为被突厥视为软弱可欺，尽情加以羞辱。

颜面尽失的武则天怒不可遏，下令悬赏刺杀突厥默啜可汗者封王，把默啜改号为"斩啜"，以泄心头之恨。[1] 武周和突厥，推而广之，武周与吐蕃、契丹等的斗争，并非领导人之间的私仇引起，而是群体之间利益冲突所致，招募刺客击杀对方首领的做法，显得格局狭隘，有失大国风范。至于把默啜改为斩啜，对敌人毫无伤害，反而暴露出自己的无奈。

武则天应对突厥进退失据，没有长远的战略，得过且过。她担忧的不是外患，而是不要危及政权。武家子弟当然非常明白武则天所思所想，他们这群外行统兵打仗，不就是要掌控军队吗？所以，他们消极防御，避战观望，在远处伴行突厥军队，只要不过度深入，便听任敌军抢掠后自行退去，即告完成防御任务；打了败仗，只要没有招致大的溃败，就安然无事。

最高统治者没有坚定的抗敌决心，沿边各州的防御自然敷衍了事，不是积极练兵备战，而是驱赶百姓进城，敌军未至，生产已经荒废，风声鹤唳，惊扰不已。因为没有做好战备，所以突厥一旦来袭，城池很快陷落。经历过武周时代的张鷟撰写《朝野佥载》，讲述突厥默啜进攻定州的情形：敌军包围城池，刺史孙彦高惊恐万状，将自己反锁在家里，不敢到官厅办公，让手下把需要签发的文件拿到家里，从小窗子递进来审批。为了自己的安全，他把精兵调到自家周围把守。不久定州陷落，突厥兵士涌进城里。孙彦高赶忙躲进大柜，令家奴锁牢，千叮万嘱不可交出钥匙。结局毫无侥幸，他被突厥士兵搜出来杀死。[2] 司马光《资治通鉴》正文没有采用这条记载，在《资治

1 ———
《旧唐书》卷194
《突厥传》记载：
默啜扣押武延秀，
举兵入侵，"则天
大怒，购斩默啜
者封王，改默啜
号为斩啜"。

2 ———
张鷟《朝野佥载》
卷2，中华书局，
1979年版。

通鉴考异》以为："恐不至此。"其不采信的根据属于个人的推测，难以为凭。孙彦高贪生怕死在当时流传甚广，可能有所夸张，但空穴来风，自有所本。司马光或许过高评价武则天时代的官吏，看看向突厥肉麻献媚的阎知微、闻风远遁的武家将领，孙彦高没有变节，已经比他们高出一筹了。

边疆失守的另一个原因在于官吏内部，朝廷忽战忽和，下面模棱苟且，遂生异志。此外还有一股汹涌的暗流，就是在武则天酷吏政治之下，官吏背地里离心离德，至于前述裴怀古九死一生从突厥逃了回来，却落了个降职闲差的待遇，何以激励官吏奋勇牺牲呢？突厥默啜围攻赵州，刺史高叡乃先贤后人，祖父高颎是隋文帝朝的宰辅，一代贤相。高叡指挥抗敌，可他的部下长史唐般若却投降突厥，招呼带路，以致赵州被攻陷。高叡无力回天，和妻子商量，饮药诈死。突厥兵卒将他俩抬到默啜面前，发现他俩没死，默啜用高官厚禄诱降，高叡对妻子说道："酬报国恩，正在今日。"他闭目不语，关押了几天，坚贞不屈，最终被杀害。赵州是被内部官员出卖的。官场生态平日难以看清，到了大敌当前的危急关头便显露无遗。

吐蕃、契丹、突厥接踵起兵，武周连年征战，越来越疲于应付，频受挫折。到了对突厥作战的时候，前线相当混乱，上上下下的官僚敷衍塞责，或者避敌远遁，乃至变节投降，武周政权在逆流冲刷之下逐渐显露出原形，金玉其表，败絮其中，官场正气受压，宵小得意，腐败沉疴，暮气层层。曾几何时，唐太宗传下何其强大的帝国及其国际体系，雷霆万钧，风行千里。即使到高宗执政的年代，也保持着四邻和睦，颇受尊崇的国际地位。短短十余载，武周已是烽烟四起，处于被动防御的状态，官心涣散。

官吏不作为，往往采用极度利己的乱作为手段来转移责任，敷衍搪塞，这时候百姓就成为牺牲品。军队的职责本是抵御外敌，保卫百姓。然而，武周军队避战退却，把百姓暴露于敌军铁蹄之下，被掳掠残害而屈服，为突厥军队提供军需与生产。待到突厥退兵，周军回来，百姓本应迎来解放之日，结果却是再次遭受劫难。武周将他们视为降敌叛变，不论什么缘由陷没于突厥，统统当作投敌论处，严惩不贷。更有甚者，周军谎报军功，把突厥退兵而收复的州县按照攻城破敌的战果上报，抓沦陷区百姓当作俘虏，屠戮劫掠，编织战绩。这种情况在沿边各州相当普遍，时任河北道安抚大使的狄仁杰上疏痛斥道："乃是贼平之后，为恶更深。"[1]百姓的身家性命不但掩盖了周军的怯战实情，还成就了他们的赫赫战功，留下的是边疆的遍地废墟和哀嚎。

边地被反复蹂躏，内地承担军赋的州县也好不到哪里。山东各州征调十分沉重，百姓难以承受，地方官还趁机搜刮侵渔，杖责拷打，枷锁入狱。导致农户破产，逃亡于山林之中。[2]边疆残破，内地衰败，内政诱发外患，绵绵战事导致社会凋敝，形成恶性循环。武周对外作战没有促成国内同仇敌忾的一致对外，反而因为官员的胡作非为而将百姓逼入山林，与朝廷离心离德，遁逃聚结，眼看将变成内乱的导火索。狄仁杰忧心忡忡地上疏道：

> 今负罪之伍，必不在家，露宿草行，潜窜山泽，赦之则出，不赦则狂，山东群盗，缘兹聚结。臣以边尘暂起，不足为忧，中土不安，此为大事。罪之则众情恐惧，恕之则反侧自安，伏愿曲赦河北诸州，一无所问。[3]

多年的对外战争撕裂了武周王朝与民众社会，失去民心。外敌击垮周朝尚无可能，但是民众的反叛会在蔓延中发展成为心腹之患，一味强势高压的激烈手段不能消除造成反叛的原因，却把社会矛盾快速推向临界点；改弦更张，安抚百姓，是重新凝聚社会的起步，却意味着王朝政策的重大转向。不这么做没有出路，而且，到了生死攸关的关口，要不沉沦便会有人出来奋力扭转，感性主义者称之为"国运"，理性主义者称之为"历史的选择"。兆头已经出现，年迈的武则天并未体悟，她只是作为权宜手段采纳了狄仁杰的建言，透露出深深的无奈和力不从心。外患映照出内忧，那些用起来放心的酒囊饭袋实在太

[1] 《资治通鉴》卷206"则天后圣历元年（698）十月"条记载："（狄）仁杰上疏，以为：'诸城入伪，或待天兵，将士求功，皆云攻得，臣忧滥赏，亦恐非幸。以经与贼同，是为恶地，至于污辱妻子，劫掠货财，兵士信知不仁，簪笏未能以免，乃是贼平之后，为恶更深。且贼务招携，秋毫不犯，今之归正，即是平人，翻被破伤，岂不悲痛！'"

[2] 《资治通鉴》卷206"则天后圣历元年（698）十月"条收载狄仁杰上疏："诚以山东近缘军机调发伤重，家道悉破，或至逃亡。重以官典侵渔，因事而起，枷杖之下，痛切肌肤，事迫情危，不循礼义。愁苦之地，不乐其生，有利则归，且图赊死，此乃君子之愧辱，小人之常行也。"

[3] 《资治通鉴》卷206"则天后圣历元年（698）十月"条。

无能了，迫使武则天不得不启用若干得人心、有能力的人，形势比人强。武周末年的大变局从此悄然积蓄演进。所有违反人心和规律的逆势而动，都会在看似无关之处出现破口，即使是偶发事件，也会引起连锁反应，迅速蔓延，造成大崩坏。从防不胜防，到突如其来，最终演变为土崩瓦解。古代王朝衰变所呈现出来的表象，根子在其早已经腐烂的内部，掩饰得越好，腐败得越快。

五十二

武则天登基以来，内部大狱频兴，朝政空转；外部烽火四起，挫折连连。国势日蹙，完全无法同唐太宗"贞观之治"同日而语，和唐高宗在位时期相比也颇为不如。从人事的角度观察，没有治国统兵的人才是一个重要的原因。要真实反映武则天的用人状况，必须进行全面考察，不可以偏概全。这里从两条线、三个层面切入，观其全貌。

所谓的两条线，第一条线是理应掌管国政的朝官，第二条线是武则天真正委以重任的近幸宠臣。第二条线还可以细分为武家子弟、宠幸嬖臣和酷吏两个类别。结合第一条线，构成了任用官吏的三个层面。

第一条线。朝廷最高掌管国政的官员为一般所称的宰相，亦即唐朝的"同中书门下三品"，或称"同中书门下平章事"，武则天改"中书"和"门下"为"凤阁""鸾台"，故中书门下称作"凤阁鸾台"。从嗣圣元年（684）废中宗、垂帘听政以来，直到她被政变推翻的神龙元年（705）的二十一年间，武则天任用了五十三位"凤阁鸾台三品（平章事）"头衔的宰相[4]：

<u>刘祎之</u>，武承嗣，<u>魏玄同</u>，苏良嗣，韦思谦，韦待价，<u>张光</u>

4 ——
此据《旧唐书》卷6《则天皇后纪》及《旧唐书》《新唐书》本传。同一人先后担任同一职务者，统计时一概省略后面的任职，合并计算为一人，故实际任用的人次要多于这里的统计。史书明确记载遭受酷吏迫害乃至杀戮者，用下划线表示。

辅，王本立，范履冰，邢文伟，周允元，岑长倩，裴居道，傅游艺，格辅元，乐思晦，崔神基，狄仁杰，杨执柔，崔元琮，李昭德，姚璹，李元素，韦巨源，陆元方，苏味道，王孝杰，杨再思，杜景俭，王方庆，李道广，娄师德，武三思，武攸宁，姚崇，李峤，魏元忠，吉顼，王及善，豆卢钦望，张锡，韦安石，李怀远，顾琮，李迥秀，唐休璟，韦承庆，朱敬则，韦嗣立，宗楚客，崔玄暐，张柬之，苏瑰。

鸾台（门下省）和凤阁（中书省）的首长亦是宰相。这两个机构掌管皇帝诏敕和军国政令，在皇城内办公，最能接近大内里面的武则天，宛如皇帝左右的鸾凤。

鸾台纳言：王德真，苏良嗣，韦思谦，裴居道，魏玄同，武承嗣，武攸宁，史务滋，欧阳通，姚璹，娄师德，狄仁杰，李峤，韦安石。

凤阁内史：裴居道，岑长倩，张光辅，邢文伟，宗秦客，豆卢钦望，王及善，武三思，狄仁杰，李峤，杨再思。

鸾台凤阁的首长人数亦多，经常变更，受酷吏政治迫害者三分之一上下。

宰相是朝廷最高首长，中流砥柱，安危所系，本应最为稳定。唐朝建立以后，高祖任用裴寂，太宗任用房玄龄、杜如晦等宰相，任职时间都很长，对于安定社稷、保持政策的连续性起到重要的作用。然而，到了武则天时代，这种局面骤然巨变，宰相更迭极为频繁，没有任何一个朝廷部门堪与相比。而且，这个席不暇暖的群体，即使把政争中遭到贬黜的情况排除在外，也至少有四分之一以上受到酷吏的迫害乃至屠戮。宰相被呼来唤去，弃之如敝屣，则所有官吏的处境可想而知，武则天时代政情的高度不稳和内斗的极端残酷，实态毕露。

为什么宰相群体更替最频繁呢？因为武则天对他们把控最严也最直接。武则天身处大内，既无政绩也无功绩，无以服人；同时自然没有共创事业的部属，堪以寄任。而且，她作为高宗内眷的妇女身份，不方便经常和朝廷大臣聚乐宴饮，了解外情，增进感情。所以，她只能紧紧控制权力中枢的宰相群体，通过他们掌控全局。宰相作为政令下达、沟通内外最重要的管道，必须盯紧看牢。由于朝廷乃至社会民情、官吏所思所想，只能通过文件和密报等间接途径获取，又要应对篡唐立周的改朝换代剧变，随时有被颠覆的危险，这些都会极大加剧生性多疑的武则天的猜忌。所以，她采取频繁更替宰相乃至施以毒手的严酷手段，势所必然。这里是她控制全局的关键，亦是命门所在。

安危系于此地，宰相的治国能力并不重要，竭尽忠诚才是关键。所以，武则天时代的宰相群体有两个特点：第一，实务政绩型官员很少，大多出自政务官员。第二，武氏子弟实际掌权。武氏子弟是武则天政权最稳定的人事，无论他们是否身处宰相位置，宰相都要听命于他们。推而广之，武则天宠幸的面首，宰相也要接受其统辖。例如征伐契丹时，武三思为主帅，宰相姚璹为副；征伐突厥时，薛怀义为主帅，宰相李昭德为副等，乃至造天枢、进颂词之类事务，也是武氏子弟统领宰相实施。

与此形成鲜明对照的是中央最高行政部门的尚书省，其首长在武则天时代最为稳定，二十一年间仅有六位，分别是左仆射：苏良嗣，武承嗣，王及善；右仆射：韦待价，岑长倩，豆卢钦望。除了岑长倩一人被迫害致死外，其余五人基本平安。左右仆射为尚书省主官，武则天时代曾经改称"左相""右相"，实际上有名无实，和宰相沾不上边。武承嗣作为武氏子弟，不管担任什么职务都大权在握。尚书省长官之所以相对稳定且平安，根本原因就是没有实权。武则天通过宰相直接指挥六部、九卿，作为六部上级主管部门的尚书省形同虚设，主官在位唯唯诺诺，乏善可陈，故各人本传事迹记载寥寥，滥竽亦可充数。韦待价以军功起家，武则天用他担任天官（吏部）尚书、文昌右相，"素无藻鉴之才，自武职而起，居选部，既铨综无叙，甚为当时所嗤"。韦待价自知非治国之才，"既累登非据，颇不自安，频上表辞职，则天每降优制不许之"[1]。武则天为什么坚持把不懂行政的人放在行政主管的位置上呢？其实就是为了将其虚化为承旨画押的华丽道具，便于她直接掌控朝廷。

尚书省上层的人事，如下表所示（分为武则天垂帘听政与称帝两个时段）[2]：

	嗣圣——载初	天授——长安
左仆射	苏良嗣	武承嗣（天授），王及善
左 丞	魏玄同，卢献，张行廉	周兴，姚璹，顾琮，孙彦高，宗楚客，韦巨源，陆元方，崔玄晖，薛季昶，李峤，韦安石
右仆射	韦待价	岑长倩，豆卢钦望
右 丞	张光辅，狄仁杰，李景谌	李元素，韦巨源，李元素，宋玄爽，韦安石，张知泰，敬晖

尚书省长官被弱化乃至虚化，但尚书省的职能不可完全废弃，因而出现上权下移的情况，亦即尚书省的左丞（正四品上）和右丞（正四品下）实际处理都省事务。尚书省主官左、右相（从二品）位高权虚，人少稳定，但左、右丞官员颇多，频有更迭，表明他们才是真正主事者。以下级官员主持事务，是独裁者常用的集权手段。由于官位卑下，受到超常重用时感恩戴德，听话卖力。而且，还因为官位卑下，制度上无权参与重大国务，所以让他们参与何种事务，以及参与到什么程度等，君主皆可随心所欲，权力收放自如。武则天以此手段控制尚书省。

外朝机构主要是六部，其人事任用情况如下：

1
《旧唐书》卷77
《韦待价传》。

2
尚书都省和六部人事表根据严耕望《唐仆尚丞郎表》（台湾"中研院"史语所，1956年版）整理编制。受酷吏迫害者用下划线表示，同一人再任相同官职者用下圆点表示。

	嗣圣——载初	天授——长安
吏部尚书	韦待价，武承嗣	武三思、乐思晦、李景谌，武三思、李景谌
吏部侍郎	魏克己，邓玄挺，郭待举，张楚金，魏玄同，孟允中，范履冰，李景谌	李景谌、任令晖、姚璹、李至远、韦承庆、许子儒、石抱忠、韦承庆、刘奇、何彦先、崔冬日、张询古、王勮、任令晖、姚璹、李至远、石抱忠、李峤、刘奇、苏味道、王勮、陆元方、吉顼、张锡、陆元方、郑杲、顾琮、房颖叔、李迥秀、崔玄暐、顾琮、郑杲、韦嗣立、张敬之、韦承庆
户部尚书	李晦，魏玄同，韦方质	韦方质、格辅元、狄仁杰、杨执柔、姚璹、韦巨源、李峤
户部侍郎	宗楚客，傅元淑，武攸宁	狄仁杰、李元素、段嗣元、姜柔远、张知泰、纪处讷、杨温玉、尹思贞
礼部尚书	武承嗣，徐筠，王及善，范履冰	范履冰、武思文、武三思、阎知微、姚崇、武攸宁
礼部侍郎	史节，贾大隐	孔惠元、牛凤及、陆元方、孟诜、李怀远、崔神庆、张敬之、韦叔夏、张昌宗
兵部尚书	岑长倩	武三思、欧阳通、杨执柔、王璿、娄师德、王孝杰、武攸宁、唐奉一、姚崇、唐休璟
兵部侍郎	姚璹，张光辅，王本立，崔詧	娄师德、李昭德、侯知一、娄师德、韦巨源、孙元亨、李昭德、孙元亨、宗楚客、田归道、姚崇、唐奉一、敬晖、李迥秀、韦嗣立、任辉、张知泰、宗楚客
刑部尚书	裴居道，李晦，张楚金	袁智弘、娄师德、豆卢钦望、杜景俭、邓恽、李怀远、韦安石
刑部侍郎	张知默，周兴，魏尚德，	周兴、崔元综、陆元方、刘如璿、皇甫文备、韦嗣立、宋玄爽、崔绍业、韦峤、尹思贞、张柬之
工部尚书	苏良嗣，李冲玄，武攸宁	傅元淑、李游道、武攸宁、苏干、武攸宜、姚璹、韦巨源
工部侍郎	狄仁杰	裴行本，朱敬则

人事变更的频度，依次为吏部、兵部、刑部、礼部、户部、工部。用这个指标观察武则天时代各个官署的情况，可以发现它们在朝廷权力结构上的重要性同人事变更频度成正比，越是重要，掌控越严，人事更迭越发频繁。由此归纳出武则天朝的权力秩序及其结构

如下：

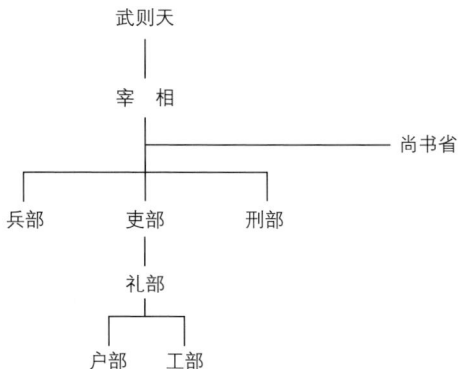

这明显是一个以军政为中心的朝廷：一切以皇帝集权独裁为最高目标，吏部负责考核任免官吏，兵部作为权力支柱，刑部作为整肃工具，礼部制造改朝换代的理论与合法性。皇权笼罩于全社会，生产、技术、民生等皆处于从属地位。武则天彻底改变了唐太宗建立的社会发展国策与朝廷架构。

朝廷中最受重视的吏部和兵部，副职的变动异常频繁，还多次出现其他部难以见到的官员再任的情况。这明显是武则天直接插手，安插委任亲信；同时表明在至关重要的权力部门，武则天倚重副职，越级操控部务，使之完全听命于皇帝。

朝官这条线高级官员的选任情况，根据《旧唐书》和《新唐书》的不完全记载，列示如下：

姓名	家世	出身	备注
杨执柔	隋皇族		武则天尝曰"我令当宗及外家，常一人为宰相"。
杨执一	杨执柔弟		
杨睿交[1]	隋皇族	袭爵	中宗之婿
杨元琰	名门		

1 ——
杨氏"则天时，又以外戚崇宠。一家之内，驸马三人，王妃五人，赠皇后一人，三品已上官二十余人，遂为盛族"。见《旧唐书》卷62。

续表

姓名	家世	出身	备注
杨弘武	隋尚书令杨素侄子		与武则天母荣国夫人叙同宗
杨元亨	杨弘武子		
杨元禧	杨弘武子		
韦安石	周隋功臣韦孝宽曾孙	明经	"代为关中著姓，人物衣冠，奕世荣盛。"
韦叔夏	韦安石兄	明经	
韦巨源	周隋功臣		中宗韦皇后三等亲兄弟
韦待价	隋唐大臣		唐江夏王道宗之婿。"待价素无藻鉴之才，自武职而起，居选部，既铨综无叙，甚为当时所嗤。"
韦万石[2]	韦待价弟	颇有学业	
韦思谦	名门	进士	
韦承庆	韦思谦子	进士	
韦嗣立[3]	韦承庆异母弟	进士	
韦师实	名门，隋唐大臣		
韦方质	韦师实子		不礼武承嗣，被周兴等陷害
崔神基	名门，唐功臣	袭爵	
崔神庆	崔神基弟	明经	
宗秦客			武则天从父姊之子
宗楚客	宗秦客弟		
宗晋卿	宗秦客弟		
纪处讷			娶武三思妻之姊
许圉师	唐功臣许绍子	进士	
许钦寂	唐功臣许绍曾孙	门荫	
许钦明	许钦寂弟	军功	
姜柔远	唐功臣		
岑长倩	唐官宦		
岑羲	岑长倩侄子		"由是缘坐近亲，相次入省"
苏瓌	名门、官宦	进士	
苏颋	苏瓌子	进士	"父子同在禁笼，朝廷荣之"
苏良嗣	唐功臣苏世长子		
丘神勣	唐功臣丘行恭子		
李迥秀	唐功臣李大亮族孙	英材杰出举	"颇托附权幸，倾心以事张易之、昌宗兄弟"
格辅元		明经	

2

"巨源与安石及则天时文昌右相待价，并是五服之亲，自余近属至大官者数十人。"见《旧唐书》卷92。

3

"嗣立与韦庶人宗属疏远，中宗特令编入属籍，由是顾赏尤重……嗣立、承庆俱以学行齐名。长寿中，嗣立代承庆为凤阁舍人；长安三年，承庆代嗣立为天官侍郎，顷之又代嗣立知政事；及承庆卒，嗣立又代为黄门侍郎，前后四职相代。又父子三人，皆至宰相。有唐已来，莫与为比。"见《旧唐书》卷88。

续表

姓名	家世	出身	备注
陆元方	江南著姓	科举	
狄仁杰	唐朝官宦	明经	
李元素	唐朝官宦		
乐思晦	唐朝官宦		
张　锡	唐朝官宦		
李　峤	名门，官宦	进士	张锡外甥
李　乂	名门	进士	
郭元振		进士	
徐有功	唐朝官宦	明经	
魏玄同		进士	
李昭德	唐朝官宦	明经	
王方庆	江南著姓		
姚　璹	唐朝官宦	明经	
姚　珽	姚璹弟	明经	
王及善	唐朝功臣		
杜景俭		明经	
朱敬则		孝义旌门	
杨再思		明经	巧佞邪媚
李怀远		科举	
豆卢钦望	皇亲国戚		
张光辅			
史务滋	官宦子弟		
崔元综	唐朝官宦		
周允元		进士	
桓彦范	唐朝官宦	门荫	
敬　晖		明经	
崔玄暐	名门，官宦	明经	
张柬之		太学生，进士	
魏元忠		太学生	
娄师德		进士	
王孝杰			
唐休璟	官宦子弟	明经	
张仁愿			
薛　讷	军功子弟		则天以讷将门，使摄左武威卫将军、安东道经略
王　晙		明经	
苏味道		进士	

续表

姓名	家世	出身	备注
崔 融		科举	
卢藏用	唐朝官宦	进士	
徐彦伯		科举	
桓彦范		门荫	
薛季昶		布衣上书	
张廷珪		进士	
姚 崇	唐朝官宦	科举	
宋 璟		进士	

两《唐书》官员传记固然不能覆盖全体官员，然而，达到一定的量亦足以反映用人原则和基本面貌。根据上表所示，至少可以确认以下两点：

第一，官员大都出自官宦之家。唐朝建立后，功臣和高官后裔，特别是军功子弟在仕宦上获得优待。唐高宗仪凤年间，魏元忠上封事指出：

当今朝廷用人，类取将门子弟，亦有死事之家而蒙抽擢者。[1]

北魏孝文帝迁都洛阳推行新官制，按照官职高低分为甲乙丙丁"四姓"等级，确立了优先录用官宦子弟的制度规定，北齐、北周、隋朝和唐朝都沿袭这一原则[2]，武则天亦是如此，故官宦出身者出仕比例甚高，功臣子弟更受重用。太宗、高宗朝名将薛仁贵，儿子薛讷，"则天以讷将门，使摄左武威卫将军、安东道经略"[3]。

从唐朝建立到武则天全面掌权，经过了大约半个世纪，许多功臣业已凋零，功勋门第逐渐变味为官宦之家。官宦出身既是政治可靠的凭证，在入仕升迁上受到重视，也是官场的护身符，在仕途挫折罹难时，能够起到从轻处罚或者事过境迁后东山再起的佑庇作用。开国初期的重视功勋，逐渐蜕变为建政后常规铨选时讲究家世亲缘，武则天对此颇为坚持，有所发挥。岑文本是唐太宗任用的宰辅重臣，其侄子岑长倩因此得到重用，高宗时出任宰相，支持武则天夺权，故长年身

[1] 《旧唐书》卷92《魏元忠传》。

[2] 参阅《新唐书》卷199《柳冲传》。

[3] 《旧唐书》卷93《薛讷传》。

居权力中枢，直到武则天欲立武承嗣为皇位继承人之际，因为主张维持亲子继承而得罪武则天，下狱处死。此后在朝廷举荐人才的时候，凤阁侍郎韦嗣立推荐岑长倩族子岑羲入朝任职，并说明其为朝廷罪犯亲属，武则天不但批准了岑羲的任用，而且为受牵连的高官亲属的任用开了绿灯，"由是缘坐近亲，相次入省"[1]。对落难或者受牵连的官宦子弟网开一面予以任用，显然不是个例，而成为规则，维护着优待官宦子弟入仕的一贯方针。

1 —————
《旧唐书》卷70
《岑羲传》。

第二，注重名门家世，尤其是亲缘关系。武氏子弟不循正常途径入仕，应置于第二条人事线论述。武则天的母亲自称出自天下名门之弘农杨氏，实为隋朝皇族之杨氏。[2]隋室杨氏是武则天外家，故一直受到重用。武周"时武承嗣、攸宁相次知政事"，武则天对地官尚书杨执柔说："'我今当宗及外家，常一人为宰相。'由是执柔同中书门下三品。"[3]武氏和杨氏联合坐庄朝政，成为一条规则。

2 —————
请阅韩昇《隋文帝传》第二章第二节《弘农杨氏》，人民出版社，1998年版。

3 —————
《旧唐书》卷62
《杨执柔传》。

李唐与杨隋乃姻亲，政治上虽为敌手，亲情却深。李渊的母亲和隋文帝独孤皇后为亲姊妹，隋朝灭亡后，李渊对杨隋皇族给予照顾，亲自做媒将隋朝纳言杨达女儿嫁给武士彟，让这位河东木材商人粘上皇亲国戚的边，成为武则天日后飞黄腾达不可或缺的门槛。武则天显然领悟到王朝政治的奥秘，深知金字塔权力结构的顶端是少数门阀士族垄断权力，运用朝廷强力部门作为工具，实现对整个官僚体系的控制。在她的理解中，管理社会的核心不是遵守规则，而是追求权力的无限扩大，笼罩一切。权力需要人来掌握，掌权的人越少则权力越集中，越有利于皇权。因此，等级森严的寡头政治成为她的营造蓝图。武氏家族（包括赐予"武"姓的皇子）居于金字塔尖，被选中的士族与近宠佞幸组成朝廷上层。有所不同的是被选中的士族相对稳定，而近宠佞幸与酷吏则频频变动，道理在于这些人作为工具固然必不可少，但落到具体的走狗却需要经常更换。近宠佞幸与酷吏属于第二条人事线研究的对象，留待后述。被选中的少数门阀士族颇受重用，飞黄腾达，纷纷跻身于权力上层，与武氏家族共同构成核心统治集团。例如杨氏家族在"则天时，又以外戚崇宠。一家之内，驸马三人，王

4 ————
《旧唐书》卷62
《杨恭仁传》。

5 ————
《旧唐书》卷92
《韦巨源传》。

6 ————
王溥《唐会要》
卷36《氏族》，上
海古籍出版社，
1991年版。此段
记载后面附录：
"苏氏议曰：创业
君臣，俱是贵族，
三代以后，无如
我唐。高祖，八
柱国唐公之孙，
周明懿、隋元真
二皇后外戚，娶
周太师窦毅女，
毅则周太祖之婿
也。宰相萧瑀、
陈叔达，梁、陈
帝王之子；裴矩、
宇文士及，齐、
隋驸马都尉；窦
威、杨恭仁、封
德彝、窦抗，并
前朝师保之裔；
其将相裴寂、唐
俭、长孙顺德、
屈突通、刘政会、
窦轨、窦琮、柴
绍、殷开山、李
靖等，并是贵胄
子弟。比夫汉祖、
萧、曹、韩、彭
门第，岂有等级
以计言乎？"唐
朝人事上的贵族
特色十分突出。

7 ————
《旧唐书》卷94
《李峤传》。

8 ————
《旧唐书》卷88
《韦嗣立传》。

妃五人，赠皇后一人，三品已上官二十余人，遂为盛族"[4]；韦氏家族之"巨源与安石及则天时文昌右相待价，并是五服之亲，自余近属至大官者数十人"[5]。

唐朝是贵族建立的王朝，高祖李渊以此为荣，建政初期曾经对宰臣裴寂说道：

我李氏昔在陇西，富有龟玉，降及祖祢，姻娅帝王，及举义兵，四海云集，才涉数月，升为天子。至如前代皇王，多起微贱，劬劳行阵，下不聊生。公复世胄名家，历职清要，岂若萧何、曹参起自刀笔吏也。惟我与公，千载之后，无愧前修矣。[6]

得意之情溢于言表。倚重士族和功勋家族成为唐朝人事的重要原则，唐太宗修《氏族志》和武则天重用士族皆为此原则的一脉相传，除了武氏因武则天而破格崛起之外，老牌士族左右高层政治的局面一仍其旧，未有改观。武则天重用士族，寄任之深甚至扭曲制度。唐朝制度规定，近亲不得同时担任高官要职，以防止某一家族权力过大。对此项规定，武则天采取变通的办法规避，李峤担任宰相，两年后其舅张锡也升任宰相，武则天让李峤转任成均祭酒，"舅甥相继在相位，时人荣之"[7]。士族对于权位的诉求也直言不讳。垂拱年间的宰臣韦思谦把两个儿子韦嗣立和韦承庆径直托付给武则天，说："臣有两男忠孝，堪事陛下。"武则天欣然接受，对韦嗣立明言："今授卿凤阁舍人，令卿兄弟自相替代。"[8]果如其言，先是韦嗣立接替韦承庆担任凤阁舍人，然后由韦承庆轮替韦嗣立出任天官侍郎，不久又接下韦嗣立的宰辅要职，等到韦承庆去世，又让韦嗣立接任黄门侍郎，前后四度轮替，宛如左右手传接一般。

优待功臣后人，讲究官宦家世，倚重名门士族这三条铨选的基本原则，武则天无不坚持贯彻，比起唐太宗时代逐步开放用人的家世条件，有所倒退。陈寅恪先生未对武则天用人的实际情况进行整体考察，断言武则天破格用人，培养出新兴阶级攘夺替代西魏、北周、杨隋及唐初将相旧家之政权尊位，"故武周之代李唐，不仅为政治之变迁，实亦社会之革命"[1]。此番议论完全得不到事实的支持。武则天称帝充其量只是僭主篡政，酷吏政治绝非社会革命，新兴阶级亦非权力所能制造，只能是社会生产形态所决定的客观存在。

一朝有一朝的组织原则。武则天朝对于太宗朝组织原则的最大改变，是把臣民对唐朝的忠诚演变为对她个人的效忠。她遴选并重用的官宦士族都遵循这条最高原则。

从小在权贵圈子里成长的功臣高官子弟，对于政治人事嗅觉最为敏感，察言观色得风向之先，其中想飞黄腾达的人跟风最紧。丘和、丘行恭父子建唐时立有大功，皆获陪葬皇陵的殊荣。丘行恭之子丘神勣属于最早投靠武则天的功臣子弟，充当鹰犬，出手害死章怀太子，与酷吏周兴、来俊臣齐名；岑文本侄子岑长倩等一批功臣子弟因为支持武则天取代李唐而得到重用，俱见前述。李大亮的族孙李迥秀，在武则天晚年当上宰相，"颇托附权幸，倾心以事张易之、昌宗兄弟，由是深为谠正之士所讥"[2]。

在逢迎武则天近幸方面，王朝体制内的士族亦不遑多让。崔义玄精通儒经，以学干禄，为唐高宗立武则天为皇后出谋卖力，主持审判长孙无忌。因为这份功劳，两个儿子崔神基和崔神庆都得到武则天的重用。武则天晚年，朝中大臣拼死控告武则天的男宠张昌宗犯罪，崔神庆受命审理此案，竟然为其开脱。[3]张昌宗、张易之兄弟为武则天晚年之最爱，士族官员趋势附炎，卑躬攀附。父子三人皆为宰相的韦氏，韦承庆讨好张氏兄弟[4]；几度进谏武则天的宰相李峤，其实和张氏兄弟交情甚深[5]，以至于武则天倒台后，他们都为此遭到贬黜。宰相杨再思历仕三朝，主持政务十余年，他善于体察上意，皇上喜欢的，他吹捧得天花乱坠，皇上讨厌的，他诋毁得丑陋无比。有人私下问他身居高位何苦如此呢？他道出为官数十载的心得：正直的官员招灾惹祸，唯有望风顺旨才能保全性命。原来赞美颂圣的合唱队充斥着虚情矫饰的歌手，声嘶力竭的领唱者往往最洞悉内里幽暗。杨再思年轻时就通过科举，腹有经纶，黠于应对。张昌宗遭诉，群情汹汹。武

1
陈寅恪《唐代政治史述论稿》上篇《统治阶级之氏族及其升降》，上海古籍出版社，1982年版，第18—19页。

2
《旧唐书》卷62《李迥秀传》。

3
《旧唐书》卷77《崔神庆传》，卷末史臣评论道："义玄附丽武后，神庆宽纵秽臣，奕世纤邪，以至倾败。"

4
《旧唐书》卷88《韦承庆传》。

5
《旧唐书》卷94《李峤传》。

则天询问杨再思，杨再思说张昌宗炼仙丹给皇上服用，皇上身强体健便是国家万幸，所以张昌宗功劳莫大。避开犯罪事实，只谈皇上重于社稷，利君则利国，情郎瞬间成为英雄，迎合了武则天万难割舍的感情。张易之兄弟大宴朝官，饮酒互捧，张昌宗容貌粉嫩而得武则天欢心，一众官员赞美张昌宗貌似莲花，杨再思挺身纠正道："人言六郎面似莲花；再思以为莲花似六郎，非六郎似莲花也。"[6]这等话术浸染弥漫成为武周王朝的官风。

6 ——————
《旧唐书》卷90
《杨再思传》。

各路出身的王朝官员汇聚在一起，正事做不了，真话说不得，有失品格的种种表演，未必都是他们猥琐卑劣，而是那个时代的政治生态所致。当然，他们的所作所为反过来也强化了那种环境，互为因果，最终无人幸免。于是，官场晋升的秘径变成通途，"时朝廷谀佞者多获进用，故幸恩者，事无大小，但近诣谀，皆获进见"[7]。

7 ——————
《旧唐书》卷87
《李昭德传》。

拍马溜须而不做事，即使身居高位也不敢有所作为。在朝不为恶，偶尔说些合乎道理的建言，这在正常的社会属于常识底线，但在武周足以振聋发聩，勇气有加，难能可贵。武周时代朝官的水平，后人颇有评论：

豆卢钦望、张光辅、史务滋、崔元综、周允元等，或有片言，非无小善，登于大用，可谓具臣。[8]

8 ——————
《旧唐书》卷90
"史官曰"。

苏味道、李峤等，俱为辅相，各处穹崇。观其章疏之能，非无奥赡；验以弼谐之道，固有贞纯。

崔融、卢藏用、徐彦伯等，文学之功，不让苏、李，止有守常之道，而无应变之机。

崔（融）与卢（藏用）、徐（彦伯），皆攻翰墨。文虽堪尚，义无可则。备位守常，斯言周贰。[9]

9 ——————
《旧唐书》卷94
"史臣曰"。

这些评价并非贬低之辞。武则天晚年请狄仁杰举荐宰辅高官，狄仁杰当面询问武则天是否觉得当朝主官乃"文吏"之流，不堪大任？武则天深以为然。一朝皆凡庸，是谁之过？然而，到此地步，不想崩溃只能举贤任能，转机因此萌生，历史总要做出选择。

五十三

　　武周政权的朝官，在大清洗的肃杀氛围中，实际上已经沦为摆设，把朝廷门面装潢得煞有介事，敷衍日常事务，跑腿当差。真正掌握权力的是第二条线，亦即武则天委以重任的近幸宠臣。同第一条朝官线的重要区别，在于他们基本不经过吏部铨选正途入仕。这条线上的人物可以分为两个层面，首先是中心层面，有处于权力中枢、出将入相的武氏子弟，以及武则天信赖有加的男宠团队。其次是前台层面，有刮起血雨腥风，致令人人自危的酷吏集团。这两拨人的权力都来源于武则天。

　　首先来看中心层面的武氏子弟，他们的亲缘关系见于第二章。武则天时代构成政治权力的亲属基础者，有下面这些人。在亲属关系上，他们分别是武则天的侄子和侄孙两代人；在政治秩序上，他们分别被封为亲王和郡王。

　　亲王
　　梁王　武三思　武则天长兄武元庆之子。
　　魏王　武承嗣　武则天次兄武元爽之子。
　　陈王　武承业　武承嗣弟，追封。
　　定王　武攸暨　武则天伯父武士让之孙，始封千乘王，尚太平公主后进封。

　　亲王四人：武三思和武承嗣为武则天异母侄子，武承业为追封，三人皆为侄子辈；武攸暨因为尚太平公主而进封亲王，为侄孙辈，乃特例。

郡王

武崇训　武三思子，尚安乐公主，封高阳王。

武崇烈　武崇训弟，封新安王。

武延基　武承嗣子，始封南阳王，后袭父封，坐私议张昌宗，被杀。

武延义　武延基弟，袭父封，继魏王。

武延秀　武延义弟，封淮阳王。

武延晖　武承业子，袭父封，嗣陈王。

武延祚　武延晖弟，封咸安王。

武攸宜　武则天堂兄武惟良之子，封建安王。

武攸绪　武攸宜弟，封安平王。

武攸宁　武则天堂兄武怀运之子，武攸暨之兄，封建昌王。

武攸归　武攸宁弟，封九江王。

武攸止　武攸归弟，封恒安王。

武攸望　武攸止弟，封会稽王。

武懿宗　武则天堂兄武志元之子，封河内王。

武嗣宗　武懿宗弟，封临川王。

武尚宾　武则天堂兄武仁范之子，封河间王。

武重规　武尚宾弟，封高平王。

武载德　武重规弟，封颍川王。

作为武氏子弟集团的附庸，可以加上宗秦客、宗楚客、宗晋卿和纪处讷四人。前三人为武则天外甥，纪处讷则是武三思的连襟。

武氏子弟集团最醒目的特色，是完全未见科举出身者。且不论唐朝高度重视文化，自开国以来就建立起文化程度甚高的官吏队伍，从社会发展而言，以武力开国的王朝到了和平年代，其军功集团的后代也在时代潮流的推动下转而向学，子弟通过科举途径入仕晋升，继续仰仗家世门荫者日渐稀少，受人轻视。武士彠作为唐朝开国功臣，其家族子弟这等学历，透露出武氏家族对于文化的态度，落伍于时代。这批武氏权贵中，最有文化以至于史家给予记载的是武三思，"略涉文史"[1]，仅此而已。他留下诗歌创作的记录是赞颂张昌宗才高貌美，乃神仙王子晋转世。

武氏姻亲子弟，宗秦客、宗楚客、宗晋卿和纪处讷四人同样未见学业与科举记载。如果把视野扩大到整个第二条人事线，亦即将武则天男宠团队也一并考察，情况如下：

薛怀义原名冯小宝，街头摆摊出身，以魁梧雄壮获得宠幸。武则天为了掩盖他的少年劣迹，令其出家为僧，编入女婿薛氏的士族谱中，主持朝廷宗教事业，找人编撰《大云经》，陈说符命，发现武则天是弥勒下凡。

张易之、张昌宗兄弟，出自贞观名臣张行成家族。张行成少时追随大师刘炫，勤学不倦，应科举及第，历仕太宗、高宗两朝，为一代名臣。张易之兄弟是张行成的族孙，不可思议的是文化家族的子弟竟然不循科举正道，张易之白皙美貌，擅长音声，依靠门荫入仕。其弟张昌宗虽然通过科考，文才未显，倒是被太平公主发掘出男宠特长，用得称心，转而推荐给武则天，同样表现不俗，大得欢心。张昌宗推荐兄长张易之说："臣兄易之器用过臣，兼工合炼。"[2]原来这对兄弟兼具炼丹才能。由此可知，他们自小研修道家房中阴阳之术，耽于学业，只好走门荫之路。张易之、张昌宗兄弟几乎专宠，武氏权贵争相为他们牵马前导，招摇过市，加上以权贪赃，惹来妒忌非议，沸沸扬扬。武则天为了遮掩丑闻，让他们主持朝廷文化事业，集中天下美少年和宰辅大臣们，济济一堂，组建文化机构"控鹤监"，更美其名称"奉宸府"，编撰《三教珠英》等大型文集，煌煌千余卷。

薛怀义的宗教事业，张易之兄弟的文化事业，再往前追溯到北门学士的巨著编撰，有人称之为武则天大力推动的文化盛世。

闻一多《四杰》一文指出，唐初的诗歌通过王勃、杨炯、卢照邻、骆宾王，由宫廷走向市井，从台阁移至江山与塞漠。傅璇琮《武则天与初唐文学》接着指出："这本是一个开阔的前景，但为时不久，只不过十来年，却又回到宫廷，而且腾扬起一片虚假颂谀之声。"[3]

1
《旧唐书》卷183《武三思传》记载："三思略涉文史，性倾巧便僻，善事人，由是特蒙信任。则天数幸其第，赏赐甚厚。时薛怀义、张易之、昌宗皆承恩顾，三思与承嗣每折节事之。怀义欲乘马，承嗣、三思必为之执辔。又赠昌宗诗，盛称昌宗才貌是王子晋后身，仍令朝士递相属和。"

2
《旧唐书》卷78《张行成附族孙易之、昌宗传》。

3
闻一多《唐诗杂论》（蓬莱阁丛书），上海古籍出版社，1998年版。傅璇琮《武则天与初唐文学》，载《燕京学报》新七期，北京大学出版社，1999年版，第169页。

做出如此不凡成就的张氏兄弟，并非胸无点墨，史书记载"易之、昌宗皆粗能属文"，至于和武则天酬唱应对的诗文，自有宋之问、阎朝隐等文学工匠代笔。[4]

武氏子弟与男宠团队的关系如何呢？在政治风头上，男宠团队风光无限。早先得宠的薛怀义，乃至后来的新欢张易之兄弟，进出内外，武承嗣、武三思一帮武氏子弟争先恐后为其牵马执蹬，献诗赞颂，卑辞厚礼，媚态可掬。作为武周皇族却要竭力逢迎男宠，武氏子弟心有不甘，武承嗣的儿子武延基与妻子永泰郡主，以及懿德太子等人私下聚集议论，谈到张易之兄弟任意出入宫中，无不愤恨难耐，摩拳擦掌。这些议论竟然不翼而飞传入武则天耳中，武则天大怒，逼令武延基自尽。私下非议竟然要付出生命的代价，武则天心中的情感天平清晰可见。然而，这只是表面现象，在政治利益的天平上，武氏子弟才是根本，是武周政权的根基和血脉，武周政权总归要传给姓武的，以至于武则天的亲生子女都要改姓武，她试图将他们塞进武氏血脉。武氏子弟充当男宠的马前卒，武则天当然知道，且乐见所为，如果企图反抗则铁腕镇压，绝不留情。这是什么道理呢？并不是男宠金贵，而是武则天将他们当作自己的化身和试金石，测试属下是否绝对驯服而已。服从男宠就是服从武则天，男宠不为人齿，却能够做到诚心悦服，证明对于武则天的驯服臻于精纯，绝对肝脑涂地，万死不辞。

武延基是未经风浪的权贵子弟，自命不凡，这恰是心生二志的萌芽，咎由自取。其父辈武承嗣和武三思则迥然不同。武承嗣写不了诗文，却将马牵得十分安稳，让薛怀义和张易之兄弟享尽荣耀。武三思粗通文墨，双眼如炬看出张昌宗乃神仙转世，亲自写诗，还组织编排大型音乐舞蹈表现仙人下凡的绚丽场面，让崔融动情绝唱："昔遇浮丘伯，今同丁令威。中郎才貌是，藏史姓名非"[5]，把自己感动得涕泗俱下。为什么父子两代差距如此巨大呢？道理就在于武则天同兄弟的关系，武承嗣的父亲武元爽，武三思的父亲武元庆，以及其他诸武的父辈如武惟良、武怀运等，使得幼年武则天饱受欺负，尤其是

4 ——
《旧唐书》卷78
《张昌宗传》记
载："易之、昌宗
皆粗能属文，如
应诏和诗，则宋
之问、阎朝隐为
之代作。"

5 ——
《旧唐书》卷78
《张昌宗传》。

武则天的母亲对他们恨之入骨绝不宽恕，让武则天掌权后给予摧残泄恨，武元庆、武元爽遭黜，配流岭外而死；武惟良、武怀运被诬陷下毒害死外甥女韩国夫人，被处死。武则天的兄弟，自己不死，就只能等待处死。武承嗣和武三思早年都曾随父亲配流边荒，武则天决意篡唐建周以后，出于政治需要才把他们召回京城。骤落暴起，亲尝政治炎凉与绝情，武承嗣和武三思对于姑妈早已胆战心惊，变得十分乖巧，虽然身居高官，却十分清楚权力来自何方，对此顶礼膜拜。这种出格的表现有违自然，看似尽忠，实为恐惧。捆绑到篡唐立周的战船上，构成吴越同舟的共同命运，捍卫武则天就是保卫自身的政治特权，背后的驱动力不是绝对忠诚的感情，而是荣辱与共的利益。

利益为本，必定得陇望蜀。武承嗣欲望和野心膨胀起来，想独占权力，便策动武则天尽诛李唐子孙，同时组织宵小请愿，试图成为太子，吞下武周的果实。武则天未遂其愿，致令武承嗣怏怏而死。作为政治精算师的武则天，是信任有父仇的侄儿，还是相信亲生的儿子呢？武承嗣越界了，利令智昏，自取灭亡。从他儿子武延基非议张易之兄弟一事，武则天难道看不出来武承嗣不为人知的家庭内部只讲利益不尽忠诚的真情吗？武承嗣和武延基父子之死，显现出武则天的底线：皇位传给姓武的亲生儿子，武氏子弟掌控朝廷，成为武周政权的核心。所以，武则天花费更多的心血培育武氏第三代，几乎都封为郡王，出将入相，以保武周江山长远稳固。武则天的政治算盘在内心早已权衡清楚，绝不是晚年在大臣的谏言下幡然醒悟，立子继承。大臣们的谏言因为契合武则天的心意而被采纳，同时也给了跃跃欲试的武氏子弟一个无法扭转的交代。通过和朝中大臣讨论继承人问题，武则天也摸清了大臣们的政治态度。她这个决定是明智的，武氏第三代在内政外交上的庸劣表现，根本不可能作为皇帝撑起大局，与其被推翻，不如回归政治合法性。之所以成为糊不上墙的烂泥，武氏几代人皆无学业与科举，已经有了答案。

其次来看前台层面的酷吏集团。在唐朝，武则天时代首次出现酷吏，完全改变了政治规则和社会风气，影响深远。唐朝的出现不仅是一次成功的改朝换代，而且是一场重要的政治革新。五胡十六国南北朝分裂时代，恃力使诈成为政治常态，社会上层失德，下层失信，导致国家数百年难以真正统一。唐太宗总结历史教训，致力于重建法律与制度，取信于民。唐朝建立到武周时代将近七十年，垂拱而治，依靠的就是官民互信，制度公平。到唐太宗晚年，"天下刑几措，是时州县有良吏，无酷吏"[1]。武则天僭主当政，威望不足，忧惧群臣不服，便重用一批酷吏大规模整肃异己，构陷告密，开启酷吏政治时代。酷吏政治与武则天执政相始终，甚至长于武周政权的存在时间。武则天倒台之后，酷吏政治随之而去。但是，它没有消亡，而是潜伏在帝制体内，不时兴风作浪。

1 ————
《新唐书》卷209
《酷吏传》"序"。
《旧唐书》卷186上
《酷吏上》说道：
"唐初革前古之敝，
务于胜残，垂衣而
理，且七十载，而
人不敢欺。"

　　酷吏作为僭主独裁的主要工具，威慑并实际控制整个官僚阶层，因此，他们无疑处于政治权力结构的顶层。另一方面，酷吏的所作所为，乃秉承上意，因此，他们常常被轻视为君权行使的道具，而非具有独立意志和利益的集团。事实并不尽然，当工具坐大的时候，便逐渐膨胀起欲望，从狐假虎威、假公济私，直至奴大欺主。武则天对薛怀义隐忍再三，唐朝多少皇帝死于宦官之手，说明任何政治集团一旦成形便有了主张和利益诉求。所以，酷吏集团不可仅仅当作皇权的影子简单处理。当告密和清洗全面铺开之后，海量的案件并非君主所能掌控，检举何人，镇压什么，都与发起的酷吏的感情、学识、见地和利益息息相关。他们的指向性变成强有力的鞭子和精神指挥棒，逼迫并规定着官僚队伍的思想观念、施政行为和价值取向，进而深深地影响文化程度不高的芸芸众生，形成弥漫世间的社会风气。最终出现的结果往往和君主最初的政治蓝图不尽吻合，甚至相去甚远，原因就在于君主和酷吏文化水平和利益见识的落差。君主用工具剪裁世界，酷吏则以其品行、见识塑造世界。大千世界从来不是单方面所能制造的，而是各方面合力的产物。

　　酷吏的身世塑造其品行和情感，文化见识规定其眼光和行为。这两者又极大地左右着官僚队伍乃至整个社会的文明水平。吏治庸劣从来都是社会堕落的驱动力。

武则天时代，告密成风，酷吏成群。然而，能够得到武则天重视，挑选出来兴风作浪，成为酷吏代表的主要有以下这些人：

来俊臣 乡间地痞；左台御史中丞。

周兴 少习法律；秋官侍郎，尚书左丞。

傅游艺 吏员；同凤阁鸾台平章事。

丘神勣 官宦子弟；左金吾卫大将军。

索元礼 胡人；游击将军。

侯思止 家奴无赖，文盲；朝散大夫，左台侍御史。

万国俊 乡间地痞；朝散大夫，肃正台侍御史。

来子珣 无学，告密入仕；左台监察御史。

王弘义 告密入仕；左台侍御史。

郭霸 吏员，革命举；左台监察御史。[1]

吉顼 进士；天官侍郎，同凤阁鸾台平章事。[2]

让一个时代陷入血腥恐怖的酷吏，只有吉顼一人是进士出身。少时读过书的仅见周兴，曾经学习法律，为日后翻弄法条打下基础，属于刀笔吏。上述11人中，半数以上出自乡间地痞无赖，甚至侯思止还是个文盲，却官至左台侍御史，主持监察炼狱。这批人的行迹与文化程度，显然无法通过朝廷正规的仕进考察，所以都由武则天直接提拔重用。武则天用的人，再荒唐也不容议论。侯思止言行举行粗野愚蛮，成为官场笑柄。武则天知道后，怒斥嘲笑者："我已用之，卿笑何也？"[3]当听说了侯思止那些惊动四座的话语，自己也忍不住喷笑。侯思止丑态百出，在武则天看来却是愚忠可靠，故其官位坐得十分牢靠。11人中，有文化学业者2人，占18%。另一方面，升任宰相的也是2人，同样占18%。文化低同官职高形成鲜明的对照。

武则天时代用人的两条线、三个层面，第一条线基本遵循入仕

[1] 《旧唐书》卷186上《郭霸传》记载："郭霸，庐江人也。天授二年，自宋州宁陵丞应革命举，拜左台监察御史。"所谓的"革命举"是武则天为登基而大开官吏晋升大门，无关文化，详见后述。

[2] 《旧唐书》卷186上《酷吏上》；《新唐书》卷209《酷吏传》。

[3] 《旧唐书》卷186上《侯思止传》。

4 ——
《旧唐书》卷186上
《酷吏上》"序"。

5 ——
陈寅恪《唐代政
治史述论稿》上
篇《统治阶级之氏
族及其升降》说:
"李唐皇室者,唐
代三百年统治之
中心也,自高祖、
太宗创业至高宗
统御之前期,其
将相文武大臣大
抵承西魏、北周
及隋以来之世业,
即宇文泰'关中本
位政策'下所结
集团体之后裔也。
自武曌主持中央
政权之后,逐渐
破坏传统之'关中
本位政策',以遂
其创业垂统之野
心。故'关中本位
政策'最主要之
府兵制,即于此时
开始崩溃,而社会
阶级亦在此际起
一升降之变动……
及武后柄政,大
崇文章之选,破
格用人,于是进
士之科为全国干
进者竞趋之鹄的。
当时山东、江左
人民之中,有虽工
于为文,但以不预
关中团体之故,亦
遭屏抑者,亦因
此政治变革之际
会,得以上升朝
列,而西魏、北
周、杨隋及唐初
将相旧家之政权
尊位遂不得不为
此新兴阶级所攘
夺替代。故武周
之代李唐,不仅为
政治之变迁,实
亦社会之革命。若
依此义言,则武周
之代李唐较李唐之
代杨隋其关系人
群之演变,尤为
重大也。"

正常规则考察录用。在武则天酷吏大清洗的恐怖气氛下,动辄犯忤下狱,故上上下下明哲保身,敷衍了事。他们整体文化水平最高,权力却最小,得过且过,形同摆设。第二条线的中心层面,有武氏子弟和武则天男宠团队,文化程度颇低,职位最高,握有大权,构成武周政权的政治人事基础;前台层面的酷吏集团,基本由地痞无赖出身者组成,通过诬告或者兼进谀词而获重用,飞速蹿升,权势熏天。和中心层面相比,前台层面的酷吏集团是必需的存在,至于具体的个人则需要经常更换,败亡亦在瞬间。他们得意之时极尽残忍,破灭之际人剐其肉,遗臭万年。他们刮起互害之风,自己无一幸免,"既为祸始,必以凶终"[4]。

从人事结构来看,武则天时代是武氏子弟、男宠团队和酷吏集团联合管控朝官,进而掌控全社会;同时也是无知对文化的压制,权力对法律制度的践踏。

五十四

武则天基本遵循唐朝官员入仕与晋升的铨选原则,另一方面则在权力的上层重用武氏子弟、男宠团队和酷吏,掌控百官的黜陟乃至生杀大权,主宰政局。她重用之人学历低,非贵族名门出身,格外引人注目,以至于有研究者把武则天作为唐朝政局的分水岭,认为武则天大量提拔庶族寒门,改变了门阀士族对于政治的垄断。陈寅恪先生进一步把视野扩大到北周,认为当年宇文泰组建关陇地区胡汉各族实力人物组成的"关陇集团",垄断政治直到武则天方才打破。武则天大批提拔科举出身的人入仕,形成"新兴阶级"[5],如此则武则天不仅在唐朝,乃至在整个中国古代都是改变历史进程的领袖。以一人之力改变三代王朝的历史方向,这样的功业恐怕空前绝后。

陈寅恪先生对于南北朝隋唐史研究的贡献,在于提出了宏大的问题，启发历史学家去思考和论证。学说的成立，首先要通过证伪的检验，其次才是不同视角的分析论辩，在思想碰撞中发展。

陈寅恪先生对武则天历史定位的基点是魏晋南北朝以来的士族政治。首先需要厘清的概念是这个历史阶段的士族与士族政治。士族指的是社会的统治阶层。士族与以皇帝为主导的政治、军事势力结合，相互依靠，掌控并长期把持中央王朝到地方的政治权力。曹魏建立九品官人法[1]，表面高举"唯才是举"大旗，很快转为重视家世，到了西晋则日益强调家世礼法，从铨选制度上极大强化了官僚士族的特权地位，世袭垄断政治权力，形成固化的士族政治形态。魏晋南北朝的士族，大多起自东汉崩溃以后一再出现的大动乱，在兵荒马乱中聚集亲族乡党据险自保，组成自立武装，割据乡村，概称为"坞壁"。几百年的战乱和外族入侵，使得坞壁得以长期维持，遂演变为世家大族，将地方社会碎片化，以至于重新建立的各个王朝都必须得到他们的支持才能控制地方。[2]世家大族大小不等，大者跨郡连州，千家万户；小者数百家一族，武断乡曲。他们通过联姻构成亲族网络，跻身于王朝官僚之中，凭借在乡势力支持政权，利用国家权力垄断地方。婚和宦是支撑士族长久不衰的两大法宝。士族内部有高下等级之分，这种区分不仅凭借在乡实力和官位高低，还根据文化和声誉，虽然不像确定官品那样清晰严格，但也有必备的条件：连续几代人中出现公卿宰辅一级的高官，属于政治条件；颇有文化学养，遵循礼法家教，属于文化条件。政治和文化两方面条件都具备的世家大族，受到社会普遍的承认与重视，例如北朝隋唐的崔、卢、李、郑、王等山东士族，韦、裴、柳、薛、杨、杜等关中士族，被视为最高的门第。其下还有各个州郡级别的士族等级，构成从朝廷到地方的世家大族等级结构。王朝在此基础上，结合当朝官职的高低，编撰氏族谱，作为铨选的家庭条件和分配政治权利的依据。北魏孝文帝开其端，划分甲乙丙丁等第；后续王朝全都跟进。唐太宗修《氏族志》，唐高宗和武则天重修《姓氏录》，表明对于士族等级秩序的高度重视。据此可知，说武则天力图打破士族政治，不知从何说起。兼具实力、官品、文化三者优势

1 ——
《三国志》卷22《陈群传》。今人论著多采用"九品中正制"名称。日本学者宫崎市定沿用古称，通过"九品官人法"论述魏晋南北朝政治史，详参宫崎市定著，韩昇、刘建英译《九品官人法研究》，生活·读书·新知三联书店，2020年；中华书局，2008年版。

2 ——
参阅韩昇《魏晋隋唐的坞壁和村》，载《厦门大学学报（哲社版）》1997年第2期。

的士族，得到各大政治势力的积极拉拢，成为其政权的支柱。他们在朝身居高位，在地雄踞一方，并且根据各自的身份地位形成比较固定的通婚圈，备受瞩目，演变成社会上重视的"门阀"。这种政治生态称为"士族门阀政治"。在确定士族身份等第的时候，文化条件颇为重要，品行与学术决定家族的声誉和社会影响。官职高却没有文化被视为权势豪门，地方上有实力缺少文化的家族被称作豪强，总之同具有文化色彩的"士"难以沾边。所以，士族研究从这个角度区分兼具文化学养者为士族，仅凭官职或者强宗势力者为世家大族。当然，这一区分并不是那么严格。作为统治阶层，常见笼统使用士族一词。

在世家大族或者士族等级秩序的框架之内，其下层被称作"庶族""寒门"。以往的研究对于士庶之分并不清晰，如果以五品以上官职画线，那么庶族就是下层官吏直至小地主之家，缺乏权势的中小地主自然被归为"寒门"，他们也被称作"庶族地主"。然而，无论士族、庶族，他们都属于统治阶层。即使武则天时代出现大量提拔庶族寒门的现象，既不构成"新兴阶级"，也完全称不上"社会革命"，充其量只是统治阶层内部的成分调整。何况武则天任用的官员，如前面列示的三个层面，酷吏多为无业的地痞游民，连"寒门"都构不上；武氏与男宠固然文化水平低，但其家族在唐朝已经上升为功臣权贵，甚至是皇族，无法再用"庶族"指称他们；而朝官的选任与唐朝开国以来的状况没有大的变化。综合三个层面所展示的真实状况，无法支持陈寅恪先生所谓武则天缔造庶族寒门"新兴阶级"的假说。陈寅恪先生并未提供实证分析的根据，不知所本，故只能对其结论提出商榷。

其次，陈寅恪先生提出的"新兴阶级"，最重要的特点是科举进士出身，工于为文。亦即武则天之前，唐朝铨选重视门第家世，用的是"西魏、北周、杨隋及唐初将相旧家"，而武则天破格录用科举出身者，形成与所谓"关陇集团"对立的"新兴阶级"。

这里涉及两个问题：

1.支撑起北周、隋、唐政权的旧家，亦即所谓"关陇集团"的存续状况。宇文泰以后来所封的八柱国、十二大将军等二十余家创业家族为核心建立西魏、北周政权，所言甚是。但是，这一创业功勋集团从北周宇文护专政时起就遭受猜忌和严厉镇压；北周武帝辉煌的功业昙花一现，人亡政毁；杨坚政变建隋，抑制并清洗宇文泰组建的关陇集团主要家族，隋炀帝则重用江南士族。[1]李渊建唐，依靠的是河东士族与大姓[2]，唐太宗则强调用人上的五湖四海。这一历史进程呈现了走出关陇的清晰脚印。政权长治久安的人事基础在于用人区域和社会阶层的广泛性，统治者只要不失心智，自然深谙个中道理。

2.政治史所讲的地域政治集团，是指集中任用某地人的政策与原则。西魏、北周的统治地域仅仅局限于关陇地区，只能任用关陇人事，别无他选，并不是拥有广阔的统治区域而有意识地专门任用关陇人事。所以，所谓"关陇本位政策"或者"关陇集团"，说了等于没说。更何况严酷的政治现实，生死攸关，且政治目标与利益各不相同，从来都是一朝天子一朝臣，甚至是一朝天子数朝臣，哪有一朝大臣数朝皇帝，更加不可思议的竟然是一朝大臣三代王朝，从理论到现实都不成立。从宇文护到隋文帝，执政者仅有关陇地区的从政经历，故人事基础局限在这里。即便如此，他们也在扩大用人的面，压制宇文泰的创业"旧家"。明白无误的变化出现在隋炀帝时代。隋朝成为全国性政权之后，用人的区域日渐扩大。隋炀帝曾经指挥统一江南的战争，皇后又出自南朝皇族萧氏，故他重视南方，拔擢江南士人，委以重任，甚至主导朝政，极大改变了关陇官僚居多的成色。唐朝自创业时起，就以太原组建的班底构成核心人事圈，笼络山东士族。武士彟就在此时进入政治核心圈，崛起于政坛；武则天也是因为功臣之女才被选入宫中，日后执掌权柄。武氏是李唐政权下的既得利益者，和其他创业家族命运与共，构成唐朝人事的基本盘。武则天出于一己之私，打压李唐政权的忠实支持者，但她主要用没有社会根基的酷吏集团作为打手整肃官僚，并没有从根本上改变官僚队伍的成分和用人路线。其道理显而易见，武则天要的是至尊皇权，而不是摧毁自己赖以生存的政权根基；她要武氏在最高权贵阶层中长期占有一席之地，并

1 ——————
参阅韩昇《隋文帝传》；韩昇《论隋朝统治集团内部斗争对隋亡的影响》，《厦门大学学报（哲社版）》1987年第2期。

2 ——————
布目潮渢《隋唐史研究》，日本东洋史研究会"东洋史研究丛刊"，1968年版；同朋舍，1979年新版。

不为酷吏之流痞子政客谋求利益，改变权贵阶层的结构；她处心积虑推进李、武联姻，就是为了补武氏合法性短板从而获得长远安定；她深知根深蒂固的士族阶层的重要性，所以对韦氏、杨氏、崔氏等老牌士族笼络重用，甚至让他们父子兄弟同时身居要职，宽容他们对于男宠团队乃至武氏子弟的轻蔑；她扮演官僚、"旧家"敌对者的角色以煽动下层，却没有改变李唐依靠官宦士族的组织路线。所以，武则天表面上看似泼辣凌厉，其实内心极其精明，她走在极端政策的边缘，却在最关键之处未越雷池一步。从本质上看，她是士族政治的坚定维护者，而非掘墓人。

北周、隋、唐的相关性在于三代王朝的建立者同出一源，此偶然现象的关键在于北周、杨隋皆短祚，事起仓促，只要未被其他政治势力征服，剩下的便是同一平台脱颖而出的新秀。新的创业者都是受到当政者压迫而心生异志的雄才，而非同一事业的前仆后继者。理念、目标和利益各不相同，如何构成同一体质的政治集团呢？所以，所谓的"关陇集团"把持北周、隋、唐三朝政治的议论，属于想象的建构。

不存在垄断三朝政治的所谓"关陇集团"，却出现一个确定不的现象，那就是官员铨选与晋升中，科举出身者日益增多，反映出政府对于文化的要求越来越高，成为大势所趋。为什么会出现这样的变化呢？这一趋势究竟是个人意志的产物，还是国家社会发展的必然？

自从东汉末年董卓被杀时起，朝廷就失去了对全国的统治，内战爆发，一步步沦为彻底的分裂割据，直至唐朝建立为止，中国在战乱和分裂中度过了将近四个半世纪的漫长岁月，其间虽然有过西晋和隋朝短暂的统一，却都以失败告终。分裂战乱的时代，真理由思辨的洞彻发现沦落为暴力的胜负角逐所决定，乱世的最高道理就是胜利。所以，这个时期过眼云烟般的繁多政权无不把实力和功绩作为用人的根本标准。曹操一再发布《求贤令》，公开倡导重用反道德能取胜的人，开启其端。魏文帝时代创立九品官人法，任命中央到地方各级中正官来评选人才。这个制度存在根本性的内在冲突，亦即选用重视家世的

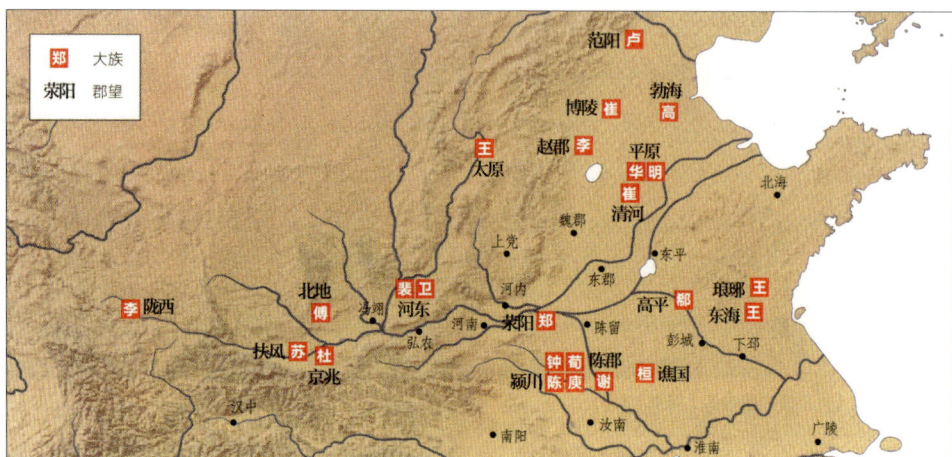

北朝郡望示意图，出自《中华文明地图》

士族来贯彻打破门阀的"唯才是举"，不啻缘木求鱼，随着时间推移越来越走向反面。士族出身的中正用"家世"条件评定人才品级，结果"九品中正制"成为加强并固化士族门阀的强有力机器。另一方面，频仍的战争涌现出许多勇武的将领，在军事化的国家机器中占据主流。九品官人法制造门阀士族，军国体制制造军功阶层，源源不断，在王朝政权内混杂合流，形成门阀和军功两大特色，在权斗中共存。权斗源于军功阶层对于文化和士人的蔑视，痛下杀手，必欲将其奴仆化。北魏崔浩事件等，层出不穷的文化大狱莫不因此而生。共存则是对现实的屈服。攀援上权力宝座的各色人物，无不企图固化既得利益，军功和权势皆不可长久，丛林互噬注定没有胜者，欲求长在，最有效的途径就是转变为门阀，故不可一世的军功阶层不得不向现实低头，与士族合流，借其金字招牌悬挂在列戟的大门之上。北魏孝文帝确定胡汉姓族等第，令其通婚联姻，这样的事例屡见不鲜，道理如出一辙。皇帝亲自做媒，不是开婚姻介绍所的业余爱好，而是营造铁打江山的专业操作。

军功士族门阀政治是东汉灭亡以来中国长期不能统一、政权无法稳固和不断发生社会动乱的根源之一。因此，想要建设稳固富强国家的统治者都必须改变这种局面，任何根本性的社会变革，一定依靠法律、制度乃至文化价值观的改造重塑。人治最不可靠，凌驾于法律制度之上的人治，既可行善，亦可为恶，方向上飘忽不定，则易于颠覆。隋文帝建国之后，断然拆除士族门阀政治的制度台柱，"九品及中正至开皇中方罢"[1]。自曹魏创立以来沿用数百年的九品官人法终于被废除。此举有利于扩大政权的社会基础，故为后世王朝所遵循。

军功士族门阀政治是战乱时代军国体制的产物，打破门阀政治不仅是制度的变革，更是治国理念的转变。古人说马上得天下，王朝是靠武力打出来的。可是，政权建立之后，国家能否继续采用军国体制管理呢？唐太宗对此有深刻的认识，他还是秦王、天策上将的时候就积极延揽四方文学之士，皆为一时之选，其佼佼者号称"十八学士"。戎马倥偬之际，唐太宗仍然和文士一起深入研讨如何治理国家，从根本上认识到治国不能采用军事命令式的行政强制，更不能听任权力恶性膨胀，凌驾于一切之上，必须讲道理，重规则，建立完善的法律与制度，提升社会文化道德水平，才能实现国家繁荣强大、长治久安的目标。

政治路线需要人去落实，什么样的人做什么样的事，所以官吏铨选至关重要。隋文帝废除九品官人法，代之以科举考试，隋炀帝进一步确立进士科的主流地位。唐朝建立之后，强化了科举在铨选中的比重，特别是唐太宗以军事统帅的威望率领创业的军功部属转变崇尚武力的思想观念，积极倡导文治，大力办学，拓展科举入仕的途径，坚持不懈，推动社会形成尊重文化、凭真才实学立身处世的风气。唐朝科举设秀才、明经、进士、明法、明书、明算六科，秀才科后来停止，明法、明书、明算三科为专门科目，故常设科目为明经和进士。中唐以后进士科越来越显赫，压过明经科，求仕进者趋之若鹜。唐五代时人王定保撰述唐代科举状况，说道："进士科始于隋大业中，盛于贞观、永徽之际。搢绅虽位极人臣，不由进士者，终不为美，以至岁贡常不减八九百人。"[2]纵观唐朝科举，王定保认为"甲于贞观"。如果从科举录取人数和科举普遍性来看，贞观以后肯定是越来越广，那么推崇贞观年代的道理何在？首先是造就了社会风气的根本转变，从

1 —————
杜佑撰，王文锦等点校《通典》卷14《选举二》，中华书局，2016年版。

2 —————
王定保撰，陶绍清校证《唐摭言校证》卷1"散序进士"，中华书局，2021年版。王定保还在同书卷1"述进士上篇"评价唐初以来进士科的发展，说道："（进士）彰于武德，而甲于贞观。盖文皇帝修文偃武，天赞神授。"盛赞唐太宗大力推进科举。

数百年战乱而盲目崇拜武力暴政转向追求文治善政。特别对于经历漫长乱世的人来说，由乱而治的切身感受刻骨铭心；至于重新坠入乱世的晚唐五代人，如王定保等，则对往日的祥和社会无限缅怀。开风气与垂范后世都是人们心中的丰碑。其次，国家追求文治善政，强有力地推动社会脱去粗野，崇尚文化，造成军功、士族阶层对科举趋之若鹜的情形。薛元超出身河东大家士族，祖父是隋朝一代文豪薛道衡；父亲薛收参加唐军起义，跻身元勋之列；本人才华出众，颇得唐太宗青睐，把侄女和静县主嫁给他，升任太子舍人，参加修撰《晋书》。唐高宗时代，薛元超深获信赖，官至中书令，十分风光。然而，他却对家人吐露心声道："吾不才，富贵过分，然平生有三恨，始不以进士擢第，不得娶五姓女，不得修国史。"[1]居宰辅之任，却以非进士入仕为恨事，可见唐太宗、高宗时代对于进士科举的崇尚。显而易见，唐朝甫建即大力推进科举制，发展迅速，到唐太宗贞观年间已经被世人视为仕进正道，很受尊崇，以至于权贵子弟通过门荫或者军功起家者都以不能由科举入仕而深感不足，一生抱憾。

唐太宗以广收天下英才为己任，当年见到新进士缀行而出的场面，欣然说道："天下英雄入吾彀中矣！"偃武修文打下唐朝将近三百年的根基。[2]文化的盛大，并非读书人的多少所能表现，最重要的是社会各个阶层都崇尚文化，以此为荣，蔚然成风，这就是王定保盛赞贞观时代的立论所在。读书人虽多却甘当鹰犬，重用近乎文盲的酷吏镇压士人，哪怕编撰出颂扬的诗文，王定保并不以为是文化盛世。把科举作为入仕正道是唐朝既定国策，坚持推动，不待武则天方才肇始。这个重要转变是军功立国后走向长治久安的必由之路，具有客观的必要性与必然性，从这个意义上看，唐太宗并无首创之功，却是及早的觉悟并大力推行者，避免了有害无益的弯路。

科举制同九品官人法相比，颇具公平性。后者注重家世出身，造成士族高门几乎垄断官场的僵化局面。科举则允许士子报名投考，凭借个人成绩录用，打开了社会下层之人上升的通道。侯君集、孙伏伽等都是自寒素举进士入仕，初唐位居朝廷大臣的著名例子。唐高祖武

1 ————
《隋唐嘉话》卷中。

2 ————
《唐摭言校证》卷1 "述进士上篇"接着评论道："若乃光宅四夷，垂祚三百，何莫由斯之道者也。"

3 ————
《唐摭言校证》卷
7 "起自寒苦"。

德五年（622），居住在邺城的陇西人李义琛、李义琰兄弟，及其堂弟李上德三人同年考上进士，成为佳话，载入史册。[3]投名报考的科举制一旦取代九品官人法，下层士子入仕的比例必然越来越高。然而这是一个发展的进程，积累数十年的科考，到武则天时代寒门出身增多，只是结果的呈现。社会的进步必定是人身及身份性限制的日益解除。科举制代表的正是这个方向。

需要特别指出的，论述科举制时往往把录用人数的增多作为制度推进的直接有力证据，实则南辕北辙。科举制不是一般的入学考试，而是入仕当官的铨选，所以不可能大量录取，其名额由每年需要补充的官吏员数来决定。唐太宗励行小朝廷，精兵简政，其组建的朝廷人数有各种记载，这里选取较多的一种，《新唐书·百官一》记载："初，太宗省内外官，定制为七百三十员。"动乱时代的苦难让大量老幼丧生，使得社会平均年龄大大降低，故唐初朝廷需要世代更新的人数有限，决定了科举录取的名额很少。依照唐朝"壮室而任，耳顺而退"的三十年仕宦期[4]，到唐高宗年代，科举录用人数呈现梯度增长，并随时代推移构成阶梯式上升，都是自然而然之势，绝非武则天一己托天之功。用科举录取人数的多少来评价科举的发展，明显是把政府的组织人事混淆为学校扩大招生，始于误解，终致荒腔走板。学校扩大招生提升了民众的文化，官员泛滥则成为社会不堪重负的灾难。

4 ————
《唐会要》卷74
《选部上》"显庆
二年刘祥道上疏"。

科举取士额应与官吏队伍的空缺员额相一致，依据这一原则，唐高宗显庆二年（657），主持人事的黄门侍郎、知吏部选事刘祥道上疏，核算当时内外文武官，九品以上者13465人，取大数放宽至14000人，每年补充500人都多出不少，而当年补充了1400人，超过需要2倍多。[5]也就是说，唐高宗时代，科举登科加上依靠门荫等入仕者早已供大于求，不能再扩大科举登科人数了。由此可知，唐太宗贞观时代科举录取人数较少，反映当时严格执行职官的编制。高宗时代已经在10∶1的求仕压力下增加了很多登科名额，人浮于事。到了武则天时代，为了夺权乃至篡唐建周，"务收人心"，做了重要改变。

5 ————
《唐会要》卷74
《选部上》。

一是取消考试糊名，致使贿赂公行。例如来俊臣握生杀大权之时，大肆收受请托，每次铨选都要违法安排数百人入仕。[1]权力不受制约，官员就敢明火执仗，王公权贵插手科考铨选，史籍多有记载，仅举一则管窥全貌：

> 选司考练，总是假手冒名，势家嘱请。手不把笔，即送东司，眼不识文，被举南馆。正员不足，权补试、摄、检校之官。贿货纵横，赃污狼藉。流外行署，钱多即留，或帖司助曹，或员外行案。更有挽郎、辇脚、营田、当屯，无尺寸工夫，并优与处分。皆不事学问，唯求财贿。是以选人冗冗，甚于羊群，吏部喧喧，多于蚁聚。若铨实用，百无一人。[2]

二是不按成绩，任意扩大录取人数。[3]天授二年（691），十道举人，大批拔擢官吏；长寿元年（692）一月，武则天接见各地举人，"无问贤愚，悉加擢用，高者试凤阁舍人、给事中，次试员外郎、侍御史、补阙、拾遗、校书郎"，数以百计。她还开启了试官制度，大批未能通过考试和品行考察的人可先行任职。社会和民生的管理本是国家政务之本，唐太宗曾经为能否选人得当而夜不能寐，武则天却用来给不合格的政治附从们练手，天下苍生成为"试官"的小白鼠。新录用的官吏如此之多，致使各个部门冗官泛滥，社会流传歌谣称曰："补阙连车载，拾遗平斗量；榷推侍御史，碗脱校书郎。"[4] "天授"是武则天正式称帝而建立的年号，由于担心人心不服，故大举授官以取媚俗世。十道举人的对象是明经、进士等科举落第者、下村教育童蒙的博士，以及州县下级官吏，总之是自以为不得志者，通过无差别、免考试的恩赐，让他们喜出望外而产生感激涕零之心，成为可以尽情利用的队伍。代价是破坏了正常的铨选制度，选官用人变得越来越随意。联系到武则天对官吏队伍的大清洗，以及皇权的极度扩张，权力对国家制度的破坏势在必然。为了获得轰动性社会影响，不按规则与标准录用的官吏必须达到相当大的规模，以至于官府来不及

1 《资治通鉴》卷206 "则天后神功元年（697）六月"条。

2 张鷟《朝野佥载》卷1。

3 王鸣盛《十七史商榷》卷81《司马温公论唐宋官制》指出："及高宗东封，武后预政，欲求媚于众，始有泛阶，自是品秩浸讹，朱紫日繇矣。"

4 《资治通鉴》卷205 "则天后长寿元年（692）一月"此条下注：《考异》曰：《统纪》：'天授二年二月，十道举人石艾县令王山龄等六十人，擢为拾遗、补阙，怀州录事参军霍献可等二十四人为御史，并州录事参军徐昕等二十四人为著作佐郎及评事，内黄尉崔宣道等二十二人为卫佐。'疑与此只是一事。"《通鉴考异》根据文献记载的比对，怀疑这两次滥授官职为同一件事。然而，该时期此类情况多见，故难以仅据记载相似判断是否为同一件事。

铸造铜质官印，封侯者甚至只能手持白版；隆重的朝会上，身着高官貂服者比比皆是，占据大半，貂皮供不应求，遂有了"狗尾续貂"的谣语。[5]

5 ————
《朝野金载》卷1。

当然，让大批科举落第者和乡村胥吏不问文化程度进入仕途并不是完全没有条件的，武则天不会奖励对政权心怀不满的人，她要让民众看到她大批录用寒人的恩泽，内部却牢牢掌握着录取的根本原则，只是把文化标准悄悄换成政治态度，朱前疑的一路高升给社会提供了一个示范性事例。武则天称帝之后，心头总压着一块阴云，就是岁月催人老去。乖巧的朱前疑不像众人盲目歌颂，而是看准了这一点，及时向武则天上书，称自己梦见武则天寿满八百。这对迟暮之年的武则天有很大的鼓舞，于是马上封他为拾遗官。朱前疑尝到甜头，再次上表称自己又做梦了，亲眼见到武则天白发转黑，落齿再生。武则天再给他加官，担任驾部郎中，掌管朝廷舆辇车乘，乃至国家畜牧、驿传等重要事务。此后朱前疑手法越发纯熟，频频进献颂词，屡屡加官晋级。武周同契丹大战，缺乏军马，下敕京官献马一匹可获五品官阶的奖赏。朱前疑立刻捕捉到大发国难财的良机，投资买马进献，每次献马都要向武则天报告，要求晋升。在巨大利益的驱动下，他竟然没有顾念到忧心忡忡的武则天所受到的打扰，终于不胜其烦，将马匹退还给他，斥归乡里。[6]

6 ————
《资治通鉴》卷206"则天后神功元年（697）五月"条。

滥授官职到了什么程度呢？从武则天到中宗、睿宗时期一路败坏，直到玄宗时代才大力扭转，但官员数量已经是贞观时代的数十倍乃至百倍。当时人张鷟痛陈："乾封以前选人，每年不越数千；垂拱以后，每岁常至五万。"[7]数量扩张到如此程度，颇难想象。

7 ————
《朝野金载》卷1。

滥选上来的是什么样的人，武则天非常明白。她更清楚自己要的不是选拔人才，而是欢呼拥戴的效应。民间对于这些入仕者讽刺嘲讽，她都听到了。手下官员未必懂得武则天内心所思，受不了百姓的鄙夷。

官多至滥，并不会给下层寒士带来普遍的机会。武则天任用士族主持铨选，让李峤执掌人事，大批录用权势之家的亲戚二千余人，以员外郎身份到各部门掌管事务，同在编的主官发生激烈争执，甚至互相殴击。[1]循正道入仕的官员鄙视趋炎附势的投机取巧者，这种对立使得官府的正常工作在扯皮中难以开展，甚至连武则天依为支柱的御史台也不免泥淖。武则天在制度外开恩录用的"里行""拾遗""补阙""御史"等五花八门的官吏，聚集在御史台门内无所事事，骑着毛驴前来上班的御史台令史见到这些人，心生鄙夷，故意策驴冲撞进去，"里行"等冗官涌上来揪住他，摩拳擦掌，令史假装赔罪，痛骂毛驴愚蠢，竟敢往御史台"里行"，嬉笑怒斥，把这群人羞辱一通。[2]

大量的冗官壅滞行政，而权势子弟纷纷入仕又挤占寒士的提升机会。权力寻租究竟对有权有钱者还是对贫寒阶层有利，不言而喻。权势子弟和平民寒士即使一同挤入仕途，日后的升迁也截然不同。平民寒士基本上只能充任基层差役，尽管数量众多，中高层官僚中难以见到他们的身影。权势子弟则不同，一旦闯进仕途，便打开了步步高升的通道。唐太宗和唐高宗都注意到这个问题，所以尽量拔擢寒士，太宗重用贫寒子弟马周担任宰辅即一例；高宗即位，所任用的中书舍人薛元超"好汲引寒微，尝表荐任希古、高智周、郭正一、王义方、孟利贞十余人，时论称美"[3]。武则天掌权之后，如前面列出高级官员名单所示，大多出自官宦大族家庭，到李峤掌管人事更是大批选用权贵大族子弟，排斥寒门。

在中国古代史上，冗员滥官从来是权力泛滥的表现，带来的是更大的不公平。从武则天时代到中宗、睿宗朝急剧膨胀的"墨敕官""斜封官"等凭借皇亲权贵的白条入仕的官僚，请托贿赂遍及官场，庶族寒门更无升迁的希望，如何形成与士族"旧家"对抗的"新兴阶级"呢？冗员滥官是对法治的破坏，绝不是科举制的进步，乃至所谓"社会革命"。只有一视同仁的公平制度，才是下层士子上升的通道。

任意扩充铨选录取的名额，在数量方面冲滥科举制，而在考试科目上，武则天也从内涵方面改变科举制。唐玄宗之前，科举考试，明经和进士两科并行。武则天掌权之前，明经科考试分为三场，第一

1 ——
《新唐书》卷45
《选举志下》记
载："时李峤为
尚书，又置员外
郎二千余员，悉
用势家亲戚，给
俸禄，使厘务，
至与正官争事相
殴者。"

2 ——
《隋唐嘉话》卷下。

3 ——
《唐会要》卷75
《选部下·藻鉴》。

4 ——
《新唐书》卷44
《选举志上》。

5 ——
陈寅恪《唐代政
治史述论稿》中
篇"政治革命及
党派分野"。

6 ——
《唐会要》卷76
《贡举中》"进士"。

7 ——
傅璇琮《武则天
与初唐文学》,
《燕京学报》新七
期,北京大学出
版社,1999年版,
第158页。

8 ——
武则天以后,进
士科考试不断增
大帖经内容的政
策规定,详见
《唐会要》卷76
《贡举中》。

场帖文,亦即默写儒家经典;第二场口试,亦即回答阐释儒学经义;第三场试策文,亦即答时务策。科目比重上侧重于儒经。进士考试分为两场,第一场试时务策五道,第二场帖一大经,更偏重于实际政务。[4]陈寅恪先生把明经科归为旧学,把进士科归为新学,指出:"进士科主文词,高宗、武后以后之新学也;明经科专经术,两晋、北朝以来之旧学也。究其所学之殊,实由门族之异。"[5]同明经科相比,进士科不以儒经为重,确实新颖。值得注意的是,武则天掌权的调露二年(680)出现了重要的变化。其年四月,考功员外郎刘思立批评进士科只考时策,过于"庸浅","奏请帖经,及试杂文。自后因以为常式"[6]。亦即在武则天治下,唐初进士科考试时策的新举措回归到了"帖经"的旧套路,并在永隆二年(681)颁布诏令确立实施,以至于进士科考试同明经科没有多大区别。傅璇琮质疑道:"岂非永隆二年是进士试向后倒退,向旧学接近了吗?"[7]高门士族在政治和文化领域拥有优势,源于子弟的经学教育传承,构成王朝与社会秩序的维护力量。进士科帖经明显有利于世家大族,这同前述武则天时代正常途径选用官员重视门第出身的实际状况正相吻合。

进士科考试内容转向帖经复古,强调父子家族伦理,进而构成君臣主从等级秩序,到了长寿二年(693),武则天更是命令科举考试《臣轨》。如前所述,这部以她名义撰写的政治教条要求对皇帝绝对效忠,同唐太宗时代选拔治国贤能的政策背道而驰。至此以选拔应对时局的贤能为创新点的进士科基本同明经科合流。所以,进士科在此后日益做大,而明经科渐趋式微,并不是新学战胜旧学,而是旧传统在新躯壳内还魂合流。唐朝进士科考试内容的演变历程[8],清楚显示从武则天时代植入帖经开始,帖经的比重在不断增大。新瓶装旧酒的分水岭正是武则天时代。

根据政治需要在相应的年份任意扩大铨选入仕人数,改变科举考试内容,表明武则天对于常规科举有看法,欲图改变。所以,在此期间科举考试呈现出不稳定的状态,时常停办。唐朝建立后,一般每年举行科举,哪怕到唐朝灭亡的天佑四年(907)也坚持举行科举考试,十分重视。从武德四年（621）恢复科举，至贞观二十三年（649）的二十八年间，只有贞观二年（628）、贞观十六年（642）两次停办科举考试。然而，从武则天立为皇后登上政治舞台以来，科举考试屡屡停办，其年份为：

1. 龙朔三年（663）
2. 麟德二年（665），进士并落下。
3. 总章二年（669）
4. 咸亨二年（671）？
5. 咸亨三年（672）
6. 上元三年（676）？
7. 仪凤二年（677）？
8. 仪凤三年（678）？
9. 调露元年（679）
10. 天授元年（690），革唐立周，未见科考。
11. 天授二年（691），停办正常科考，改为十道举人。
12. 长寿三年（694）

由于史书记载不明确，所以停止科考的次数有不同意见。清朝徐松《登科记考》认为停办十次，傅璇琮认为九次。[1]如果加上天授年间停科考，改为非正常的"十道举人"，停止科举当在十次以上。孟二冬《登科记考补正》主要根据唐人墓志所载卒年倒推科举年份，认为有些记载为"不贡举"的年份有科考，我在这些年份后面加了"？"。古人记载年岁与今人颇不相同，故推算的结果不一定准确，可以作为参考。不管如何统计，武则天时代停止科举考试在唐朝历代皇帝中最多，也最频繁，无可置疑。而且，还出现了连续两年，甚至四年停止科举的情况，很不正常，对于科举考试的冲击也非常大。

武则天和所有独裁者一样，讨厌按照规则行事，喜欢标新立异，出人意料，从而让自己一直处于引领者的至高地位，受到仰视，高深

1 傅璇琮《武则天与初唐文学》，《燕京学报》新七期，第161页。

莫测。不管其所作所为是对是错，这是掌控最高权力的手段。咸亨五年（674）科考必试《老子》，虽说为了讨好高宗，却也匪夷所思。到了长寿二年（693），又变成停试《老子》，改试《臣轨》，出尔反尔，让属下唯命是从。

另一项变化是长安二年（702）新设武举，考试科目有长垛、马射、步射、平射、筒射、马枪、翘关、负重、身材之选。成绩分为七等：

> 一曰射长垛，试射长垛三十发不出第三院为第，入中院为上，入次院为次上，入外院为次。
>
> 二曰骑射，发而并中为上，或中或不中为次上，总不中为次。
>
> 三曰马枪，三板四板为上，二板为次上，一板及不中为次。
>
> 四曰步射，射草人中者为次上，虽中而不法，虽法而不中者为次。
>
> 五曰材貌，以身长六尺已上者为次上，已下为次。
>
> 六曰言语，有神采堪统领者为次上，无者为次。
>
> 七曰举重，谓翘关，率以五次上为第。皆试其高第以名闻。[2]

百步穿杨，背负五斛米前行，乱军中取敌首级，全都是考核个人武艺。作为战士，必须具有强壮的体魄和格斗技能，这属于战士最基本的条件，故以前那么多的王朝都没有把这些应有之义提升为选拔将领的根本依据。武举不是招兵的考察，而是选拔将领的考试，上述七条考试科目中，能不能担任将领仅有语言一条，要求是"有神采"，亦即文采飞扬，或可谓巧言令色，与将帅需要的多谋善断连边都沾不上。在大规模战斗中，最重要的是战士之间的协同配合，结成军阵，阵溃则兵败。兵阵内部讲究各种武器的搭配，远射近战，进退攻防。显而易见，比起单兵格斗，协同性和整体性远为重要。至于全军的统帅，则要求具备高度军事谋略与临机决断能力。只有小说才把战争描写成将领捉对厮杀、单打独斗。武则天晚年设立武举的背景是北方战事屡遭挫折，故而祈望出现神勇的人物克敌制胜。古往今来，独揽大

2 《资治通鉴》卷207"则天后长安二年（702）正月"条注所引《唐六典》记载，原典见《唐六典》卷5《尚书兵部》。《新唐书》卷44《选举志上》记载："长安二年，始置武举。其制，有长垛、马射、步射、平射、筒射，又有马枪、翘关、负重、身材之选。翘关，长丈七尺，径三寸半，凡十举后，手持关距，出处无过一尺，负重者，负米五斛，行二十步，皆为中第，亦以乡饮酒礼送兵部。"《通典》卷15《选举三》也详细记载了各种射箭、格斗的规定与考核标准。

权的皇帝一方面摧残个性与才能出众者，另一方面却总是寄希望于天才和奇迹，不愿意做长期的建设性工作，相信自己以及被拔擢出来的奇才能够一举扭转乾坤。他们在本质上都是不切实际的个人英雄主义者。

单打独斗从来不被军事家看重。中国古代流传下来的兵书，没有一本强调散兵游勇，却非常重视统兵将领的才干。《孙子》一开篇就指出决定战争胜负的五大要素分别是：道、天、地、将、法。把"将"放在极其重要的位置。那么，"将"应该具备什么样的条件和本领呢？"将者，智、信、仁、勇、严也。"[1]第一条就是"智"，亦即谋略；第四条"勇"讲的是胆略与气魄，而不是个人武功，逞匹夫之勇。武举考核的科目都属于战士本应具有的作战技能，以此作为提拔将领的标准，无疑降低了军队的水平，如此打造出来的军队中看不中用。武周军队在同契丹、突厥、吐蕃作战的表现已见前述，此后唐军战绩也乏善可陈。"安史之乱"时兵力优势的唐军被打得落花流水，以后常常要借助边疆民族军队作战，再没有唐朝前期的雄风。实际上，朝中早有补阙官员薛谦光向武则天上表，直陈："至如武艺，则赵云虽勇，资诸葛之指挥；周勃虽雄，乏陈平之计略……是知谋将不取于弓马，良相不资于射策。"[2]他还讲了战国名将吴起的真实故事：吴起统兵出战时，左右进献一柄宝剑，吴起说："将者提鼓挥枹，临敌决疑，一剑之任，非将事也。"将军不是亮剑独斗的匹夫，因此"虚文岂足以佐时，善射岂足以克敌！要在文吏察其行能，武吏观其勇略，考居官之臧否，行举者赏罚而已。"[3]由此看来，不是没人告知武则天以弓马取将绝非正确的做法，然而，她执意要这么做，无疑是主观认知与幻想所致。

专制皇帝几乎都沉迷于自恋的英雄崇拜，重物而轻人，认为芸芸众生才智庸愚，如同草芥。所以，他们总是把奇珍异宝置之人上。长寿二年（693）十月，左拾遗刘承庆上疏，批评朝廷每年元旦都把天下各州的贡品陈列在御前炫耀，而科考贡人却在朝堂拜列，"岂得金帛羽毛，升于玉阶之下；贤良文学，弃彼金门之外。恐

1 ——
郭化若译注《孙子译注》第一篇，上海古籍出版社，1984年版。

2 ——
《唐会要》卷76《贡举中》"制科举"所收左补阙薛谦光上疏。

3 ——
《资治通鉴》卷205"则天后长寿元年（692）一月"条。

4 ————
《唐会要》卷76
《贡举中》"缘举
杂录"。

5 ————
《通典》卷15《选
举三》"历代制下
大唐"。唐朝杜佑
特地写明武则天
此制因刘承庆上
疏而发布。

6 ————
详见王钦若等编
纂，周勋初等
校订《册府元
龟》卷643《贡
举部（五）》"考
试"，凤凰出版
社，2006年版。

7 ————
详见《册府元龟》
卷643《贡举部
（五）》"考试"；
同书卷649《贡举
部（十一）》"对
策四"。

所谓贵财而贱义，重物而轻人"[4]。这道上疏造成了影响，对武则天震动不小。回想唐太宗当年亲切接见科举举人，在交谈询问中考察他们是否真才实学，堪任何职，怎么到了自己手里，摆放在御前的变成了四方珍品，宝物多了，人却不见了呢？这同自己上疏唐高宗要求朝廷以人为本，恍若隔世。武则天批下"可"字，答应了刘承庆的请求。翌年，武则天颁制："始令举人献岁元会，列于方物前，以备充庭。"[5]在武周朝，人排列在物的前面，是需要皇帝亲自批准的。

科考及第者作为国家重点培养的新进官员，唐太宗时代就颇受重视。唐太宗多次召见各地贡士，面对面考察，询问治国方略，乃至写诗作赋，唯恐选人不当。他让李义府写诗的故事，广为流传，已见前述。贞观十八年（644）三月，唐太宗让州举孝廉坐在御前，询问治国之道；接着让太子询问经义，再让近臣询问文史；最后转到中书省射策答题。[6]皇帝、太子、近臣各自提问，显然就是一堂面试，开了殿试的先河，只是没有成为常规。这一年询问贡士的太子，就是后来的高宗，登基之后继承太宗的做法，屡屡在殿前接见举人，下诏策问，还亲自出题考试，武则天时代活跃于政坛的高官要人，诸如张昌宗、郭待封、员半千等都是在高宗殿前策问中脱颖而出[7]，获得重视和提拔。武则天时代，殿前接见并策问举人，史无记载，直到改唐为周，亦即武则天所谓"革命"的那一年，才见到殿前考试，与上次高宗殿前策问已经相隔十一年。而且，武则天这年的殿前考试还不是科举考试，乃皇帝照例亲临的制举考试。

史书多以天授元年（690）武则天临朝，在洛阳城殿前考试，作为科举殿试的发端。然而这一年是政局变动最频繁的时期，年号从永昌改为载初，接着又改为天授；政权由中宗更替为武则天；国号也从唐改为周，改朝换代，内外情势十分紧张，顾不上科举考试。天授元年、二年都没有举办常规科举考试，而是超常规进行"十道举人"。所谓"十道举人"属于皇帝特命的举人，亦即制举。制举名义上是皇帝亲自考试，自唐高祖以来屡见实行，高祖、太宗、高宗、玄宗、代宗等都亲临考场，德宗还亲自阅卷，不足为奇。科举制研究大家傅璇琮根据天授元年录取的张说、张九龄的史书记载，结合《燕国公赠太师张公墓志铭并序》考证，指出："武则天该年在洛阳所谓亲试的，是制举，而并非进士、明经的贡举。而制举试是不能称殿试的，且在她之前、之后，都有帝王主持过这种仪式，并无'发展科举制度'的意义。"在唐朝，皇帝在殿前进行贡举考试的明确记载，见于玄宗天宝二年（743）[1]，尚属特例。傅璇琮根据《宋史·选举志》认为"殿试是起始于北宋太祖开宝六年（973）"，此后殿试遂为常制。[2]

以人为本，还是以物为本，这是思考和应对世界时不同的出发点，由此形成迥然各异的思维和行为模式，对于统治者而言则将形成不同的方针政策。以物为本，则视人如同草芥，任意压榨，不愿意在人身上投入，更愿意在物资生产上不断加大投入，甚至是无效和浪费的投入，因为可以期望有产出的回报，仿佛物资是生产出来的，而人则是自生自灭，无须投入。生产因为受到各种条件的制约，故其管理尚有一些理性，而人治则随心所欲，完全取决于权力的集中程度。唐朝建立至武周这八十七年间，可以分出前后两个阶段，前段以唐太宗为代表，后段以武则天为代表，两种思路，两套做法形成鲜明的对照，学校的兴废是其缩影。

唐太宗提出"致安之本，惟在得人"[3]，高度重视官吏的选择与人才的培养。从战略高度强调育人的重要性，唐高祖和太宗有着共识。唐朝建立之初，战火方炽，唐高祖就在武德元年（618）十一月下令，于朝廷秘书外省设立学校，收皇族子孙及功臣子弟入学。贞观五年（631）以后，国家初安，唐太宗数度亲临国学和太学视察，增建学舍一千二百间，扩大国学、太学和四门学的生员名额；分别在书、算二学设置博士，生员多达三千二百六十员。而且，在屯营飞骑中设置博士，传授经书。增建学校，特别是增加面向社会的实用性专业学校；扩大招生；让军人习文。三管齐下，可以看出唐太宗致力于提高社会教育和国家治理水平，完成由打天下的军政统制向和平建设的重要转型。

[1]
《旧唐书》卷113《苗晋卿传》。

[2]
傅璇琮《武则天与初唐文学》，《燕京学报》新七期，第162、163页。

[3]
《贞观政要集校》卷3《论择官第七》。

4 ————
关于唐王朝如何
领导东亚世界，以
及如何建立国际
体系、引领时代等
问题的历史分析，
参阅韩昇著《东
亚世界形成史论》
（新版）第一编，
生活·读书·新知
三联书店，2024
年版。

5 ————
《唐会要》卷35
《学校》。

一国的发展深受周边环境的影响。唐朝作为东亚世界的领导者，不能仅仅做到独善其身，还必须塑造起和平稳定的国际环境，这就需要建立具有共同文化基础的国际道德和规则。[4]基于建构东亚世界的认识，唐朝向高句丽、百济、新罗、高昌、吐蕃等邻邦广泛招收留学生，"于是国学之内，八千余人，国学之盛，近古未有"[5]。文化引领世界，唐朝的儒学、仪礼、法律、制度、宗教、教育等深植于东亚世界，形成普遍接受的价值观、人生观和世界观的东亚文化基础，绵延不绝。国际文化传播中，令人仰慕的法律体系及与之配套的制度、先进的技术和高度发达的文化艺术，是最能打动和吸引人心的文化力量，而能够领悟并且成功移植于不同社会环境的异域他邦，关键在于堪负重任的人，教育便成为重中之重。唐朝文化的世界传播，成功的要因就是一批批留学唐朝的学员。这种以提升彼此社会文化的人的学术流动，是世界文化的良性循环，亘古不变。

初唐开创的文化局面，到武则天时代确实发生很大的转变。文风

花口缠枝花卉纹鎏金银高足杯，洛阳博物馆藏

由迈向江山和塞漠的外向发展变为宫廷赞颂的内向自娱，学校自然日趋式微乃至颓废。当时的真实情况只有当时人最清楚，在政治高压的状态下，他们冒着触怒圣上的生命危险向武则天上疏，实际情况恐怕更有甚之。

光宅二年（685），陈子昂上疏：

> 臣窃独有私恨者，陛下方欲兴崇大化，而不知国家太学之废，积以岁月久矣。学堂芜秽，略无人踪，《诗》《书》《礼》《乐》，罕闻习者，陛下明诏，尚未及之……奈何天子之政而轻礼乐哉？陛下何不诏天下胄子使归太学而习业乎？斯亦国家之大务也。[1]

1 ——————
《唐会要》卷35
《学校》。

国家学府荒废颇有年岁了，是推崇文化的高宗造成的吗？《资治通鉴》记载了其经过。自从武则天称制以来，任命诸多武氏王侯及驸马都尉等亲属主持最高学府，任用的博士、助教大多不是儒士，缺乏文化教养。如前所述，武氏子弟最缺的就是文化，加上滥竽充数的教官，学府斯文扫地，为世人轻视，学子不来就读，既是无奈，也算是明白人。史书还透露了一个细节：武则天经常举行封禅、拜洛、祭祀天地等仪式，用都是皇亲贵戚子弟的弘文馆学生充当辅助的斋郎，因缘际会，摇身变为官员。学府不讲学术，入仕多因机缘，于是社会上弥漫着学习无用的思潮，导致学校教育的荒废。有见识的官员为此忧心忡忡。圣历二年（699），亦即陈子昂劝谏武则天兴学之后十四年，情况非但没有改善，反而越发严重，故凤阁舍人韦嗣立痛心疾首，上疏：

> 国家自永淳已来，二十余载，国学废散，胄子衰缺，时轻儒学之官，莫存章句之选。贵门后进，竞以侥幸升班；寒族常流，复因凌替弛业。考试之际，秀茂罕登，驱之临人，何以从政？又垂拱之后，文明在辰，盛典鸿休，日书月至，因藉际会，入仕尤多。加以谗邪凶党来俊臣之属，妄执威权，恣行枉陷，正直之伍，死亡为忧，道路以

三彩釉陶胡俑，1955年西安韩森寨出土，中国国家博物馆藏

三彩骆驼，1965年洛阳关林唐墓出土，洛阳博物馆藏

目，人无固志，罕有执不挠之怀，殉至公之节，偷安苟免，聊以卒岁。遂使纲领不振，请托公行，选举之曹，弥长渝滥。随班少经术之士，摄职多庸琐之才，徒以猛暴相夸，罕能清惠自勖。使海内黔首，骚然不安，州县官僚，贪鄙未息，而望事必循理，俗致康宁，不可得也。[1]

朝廷轻视教育文化，入仕升迁多走旁门左道，加上酷吏践踏正直之士，各种因素交相煽动，致使学校颓废，官吏庸琐，贪鄙成风，敷衍苟且，正事不作为，构陷竞刻毒。暴政下的官场尽皆如此，概莫能外，故武则天时代绝非特例。韦嗣立指出形成这种气候的节点分别是永淳元年（682）、文明元年（684）和垂拱元年（685），正是武则天掌权，先后罢黜中宗、睿宗的时期。而且，此风愈演愈烈，业已二十多年，明确无误地道破各种乱象的源头所在。果然，武则天拒绝了韦嗣立上疏的陈情。

<h1 style="text-align:center">五十五</h1>

　　《管子》开篇即言："仓廪实则知礼节，衣食足则知荣辱。"[2]这句话道出一条朴素的基本道理：人们首先要满足生存与生活的需要，才有可能进一步从事文化与政治活动。归根结底，经济是人类一切活动的基础。正是颠扑不破的道理才构成人类认识自然与社会的常识。然而，常识易懂，老生常谈，所以最容易被忘却，尤其是政客动辄忽视经济的重要性。之所以如此，因为他们不是生产创造者，却掌握着社会的财富，以为生产果实取之不尽、用之不竭，宛如天上之水源源不断，所以可以尽情挥霍，去满足他们想入非非的胸中宏图事业，好大喜功，或者耽迷于权斗，令世界匍匐在地，限制乃至破坏他们不能理解的生产活动。只有经济萧条到危及政权，他们才会略加收敛，让经

[1] 《旧唐书》卷88《韦嗣立传》。《资治通鉴》卷206 "则天后圣历二年十月"条，将韦嗣立这道上疏系年于此。

[2] 黎翔凤撰，梁运华整理《管子校注》卷1《牧民第一》，中华书局，2004年版。

济喘口气。可是，有很多人为破坏造成的伤害难以平复，从此埋下长期崩溃的种子，开启了王朝不易察觉的衰败进程。唐朝中期爆发"安史之乱"的前因后果，在很大程度上与武则天长达二十多年的酷吏政治息息相关。

对于唐朝，首先必须清楚认识其政权的基础。东汉灭亡之后，经过数百年的战乱，到拓跋鲜卑重新统一华北，建立北魏政权之后，为了恢复凋敝的社会以重建统治基础，在北魏孝文帝太和九年（485）下令全国推行均田制。均田制标榜的根本原则是一切土地归国家所有，私田充公，不承认土地私有制。国家将其掌握的土地有条件地分给农民耕种，土地不得买卖，在一定的年龄期限内使用。男丁达到规定年龄可以参加分田，老则还田，转分给新成年人。耕作期间，农民必须向国家缴纳租税，服劳役和兵役。国家通过国有土地确保财政收入，维持作为国家支柱的军队，实施各种国家工程。显而易见，国家机器的运转依靠的是国有土地制度，构成王朝权力的基础。北魏以后，历经北齐、北周、隋、唐四朝，政权虽然一再更替，均田制却延续不变；土地分配及其对象的具体规定有所调整，土地国有的根基不增动摇。国有土地制度适应于低度发展的农业社会，通过全社会的静态管理，严格限制人口流动，达到社会、财政和兵源的稳定。由此可知，从北魏到唐朝中叶，国有土地制度是各朝政权最重要的基础，有力地保障政权与社会的稳定。均田制一旦发生动摇乃至逐步瓦解，政权必将随之发生重大变化，稍有不慎便会出现严重的动乱，"安史之乱"即为例证。在整个中国古代，罕见因国家经济基础变更而成功实现社会转型的案例。

要维持均田制的良性运转，首先必须随时随地掌握人口及其变动，精确无误。因此，为了推行均田制，朝廷首要的任务就是建立严密的乡村管理体系。北魏实施均田制就是从乡村建立三长制开始的，据此可知均田制不单纯是土地制度，同时也是全面整编的社会制度。国家建构县、乡、里（村）三级机构，编织成覆盖全国的大网，笼罩无遗。处在最基层的里正随时掌握农村每家每户的人口数目、性别年齡、相互关系、资产与健康状态等情况，据此确定户等，分配土地，核定租税额，征调力役或兵役。里正每年岁暮之际必须完成民户与土地情况的登记，做成"手实"。乡根据里的"手实"做成"乡帐"，上报到县，县上报到州，州上报到户部，各级皆有存底。同样还有作为征收赋税课役根据的"计帐"，逐级编制，层层上报。主管土地与经济的朝廷户部根据户籍计帐掌握全国土地的状况，统计出全国赋税课役的征收总额，再根据不同地区的实际情况层层下达，贯彻落实。由于乡村人口每年会有生老病死，产生赋税的变动。所以，唐朝规定每三年进行一次全国性的造籍，适时掌握，做出调整。[1]这些法令和制度绝非一纸空文，在现实社会中得到具体的执行，新疆吐鲁番阿斯塔那古墓出土了唐贞观十四年（640）和载初元年（690）的手实，在敦

1 ——————
《新唐书》卷51
《食货一》。池田
温《中国古代籍
帐研究概观·录
文》，东京大学出
版会，1979年版。

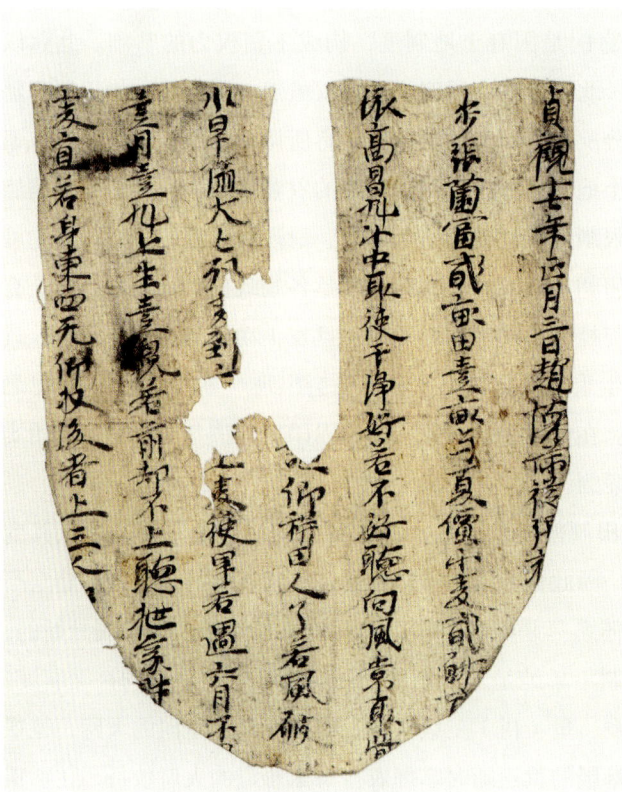

赵怀满夏田契，1959年新疆吐鲁番阿斯塔那301号墓出土，中国国家博物馆藏

煌也发现了大历四年（769）的手实，这些都证明唐朝户籍制度的长期有效性。从现存史料来看，中国至少从春秋时代起官方就建立起户籍制度，且日益加强完备，因为这是国家征收税赋的依据，也是国家机器运转的国情基础。毋庸置疑，均田制的推行完全依赖于强大且运行良好的国家机器。

这种情况在武则天历行酷吏与告密政治以后发生了很大的变化。制度性与操作性的长期或短期原因分别为：

第一，静态化的社会管理同动态化经济活动的冲突。

国有土地制度下对全社会实施严格的静态管理，不但禁止土地买卖，而且严格控制人员流动，不论什么原因的出行都需要获得官方的批准，持通关文牒"过所"方能通过密布全国的关卡。人员难以流动，符合返本归农的治国理念。北齐、隋和唐初都出现过将行商和手工业者视为浮浪人口而强制遣返乡村务农的情况。把人口紧紧地锁死在土地上，既能获得租税，又能让社会显得稳定，这对于饱经战乱，社会生产遭受严重破坏的北魏社会是行之有效的举措。实际上，在动乱造成社会凋敝的状态下，国家统制都能起到立竿见影的作用，都不用说具有长期性农业生产要素的均田制，赋税率极高的屯田制同样有效。这些制度有效性的长短取决于符合经济规律的程度。屯田制的税率严重背离经济再生产的要求，故其实施的时间与区域十分有限。均田制的税率比较合理，确保劳动者在相当长的时段内拥有土地，具有很大的合理性，所以能够在几代王朝承袭维持。而且，北齐、北周和隋朝存在时间都短，均田制内在矛盾尚未表露就灭亡了，人们只看到其合理性的一面。

唐朝是东汉灭亡以来真正复兴的王朝，唐太宗致力于发展生产，让均田制内在矛盾加速积累并显现出来。均田制的每次推行都得益于改朝换代的战乱，使得新的王朝获得大量抛荒与人地分离的土地资源，足以重新进行土地分配。唐朝的长期和平，这种情况不复存在。于是最初基本分配掉土地资源之后，就需要通过年老还田来进行再次分配，满足不断成长的新劳动者。死亡与新生不成比例，官府手中的土地资源越来越少，难以为继。此其一。即使勉强维持，土地肥沃与贫瘠不同，只能切割搭配才能做到公平，这就出现农户拥有的土地零碎化，相隔甚远，难以耕种。此其二。为了扩大土地资源，必须鼓励开垦，那么严格的乡里制度与人口流动的政策必须调整。此其三。上述情况都是敦煌、吐鲁番文书展现出来的现实状况。

更大的冲击在于：

1.农户间为了有利于耕作需要对零碎土地进行置换性调整，合理的手段是等价交换的买卖。

2.贫富分化造成没落农户需要出卖土地以解决疾病、债务等各种需求。

3.社会恢复，经济发展以后，生产由满足自身需要越来越多地转变为制造商品，必须进入市场交易，并随着交易量的扩大而推动日益增多的人口流动。

4.为了追逐更大的利润以及满足因城市不断增加而出现的更多的商品需求，需要把越来越多的农村人口转移到城市，从农业转移到手工业和商业。不难看出，动态性经济发展一浪高过一浪地猛烈冲击静态化重农抑末政策及其管理体制。所以，当社会生产从初级阶段向高级阶段蓬勃发展的时候，均田制因为越来越落后于时代要求而势必被淘汰。只是武则天酷吏政治提前引爆社会矛盾，加速其衰变的进程。

第二，官吏乱作为或者不作为导致大量的"逃户"，严重侵蚀并瓦解均田制。

有效执行均田制的关键是全面掌握人口状态。这项工作繁杂浩大，需要上级部门坚韧推进，基层吏员执行有力，上下紧密配合。这在王朝肌体健壮的时候可以得到较好的落实。敦煌、吐鲁番户籍计帐文书对于各户情况相当完备的登记，体现了这一点。然而，持续做这项工作，国家费力巨大，只要任何一个环节的官吏敷衍了事，甚至无所作为，都将失去对乡村基层真实情况的掌握。如果这种混乱持续相当一段时间，积习成风，要让制度恢复如初就变得十分困难，需付出巨大的努力，甚至最后不得不放弃。

均田制的瓦解是从看似无关的政治斗争开始的。唐高宗去世之后，武则天为了夺取最高权力，利用酷吏进行了长达二十年左右的大清洗，从朝廷到地方官员一批接一批被逮捕入狱，从在台面上主持日常政务的要员到新进提拔的官员，只要查查他们的履历，大多数都受过政治迫害或者经历过告密风暴的惊心动魄，只要照章办事就一定会得罪人，成则遭到告密，败则承担责任。所以他们在高压的氛围中明哲保身，得过且过，多一事不如少一事，尤其不要担责，官场出现两分状态，往上爬者卖身钻营，穷凶极恶却没有办事能力；广大有能力的官员变得十分圆滑，看风使舵，虚情假意。他们的共同之处是工于心计，巧立名目，盘剥百姓，中饱私囊。陈子昂在给武则天的《上军国机要事》中指出：

> 今不收有用，厚养无用，欲令忠贤效力，凶贼灭亡，以臣愚见，理不可得……宰相或卖国树恩，近臣或附势私谒，禄重者以拱默为智，任权者以倾巧为贤。群居雷同，以徇私为能，媚妻保子，以奉国为愚。[1]

吏治败坏造成社会纷乱，各种问题层出不穷。其中，大量"逃户"的出现，影响久远，越往后越难收拾，造成国家财政的严重困难，乃至后来的均田制瓦解。

武则天执掌权柄的垂拱年间，史籍屡见百姓逃亡的记载[2]，地域遍及西北与山东诸州。同期的敦煌、吐鲁番文书提供了佐证，在沙州及西州等地都出现了许多逃户。西州地属边疆，是否为特殊情况呢？圣历元年（698）五月十四日，身在蜀中的陈子昂向武则天上疏，报告各州逃户多达三万多户，有些依附于土豪大族，有些聚结于山林之中，"攻城劫县，徒众日多"[3]。即使在京畿地区，也出现了民户逃亡殆尽的情况。武则天曾经推举男宠张易之的弟弟张昌期出任雍州长史，宰相魏元忠坚决反对，指出张昌期担任歧州刺史期间，"户口逃亡且尽"[4]。身为宰相的狄仁杰向武则天综述各地情况，说道："方今

1 ——
彭庆生校注《陈子昂集校注》卷8《上军国机要事》，黄山书社，2015年版。此上疏文流传甚广，敦煌残卷斯5971号残存450余字。彭庆生根据文句认为系万岁通天元年（696）九月陈子昂代武攸宜所作，则愈显官场上下生态，统治者了然如烛，亦是其中一分子。

2 ——
《旧唐书》卷88《苏干传》记载："垂拱中……时河北饥馑，旧吏苛酷，百姓多有逃散。"

3 ——
《陈子昂集校注》卷8《上蜀川安危事》。

4 ——
《资治通鉴》卷207"则天后长安三年（703）九月"条。

关东饥馑，蜀、汉逃亡，江、淮以南，征求不息。人不复业，则相率为盗，本根一摇，忧患不浅。"[1] 显然逃户已经蔓延成为全国的严重问题，数量庞大。当时的云游诗人王梵志写诗道：

天下浮逃人，不啻多一半。

南北揶踪藏，诳他暂归贯。

游游自觅活，不愁应户役。[2]

逃亡过半并非危言耸听，亦可得到官方的证实。圣历二年（699），凤阁舍人韦嗣立在给武则天的上疏中说："今天下户口，亡逃过半，租调既减，国用不足。理人之急，尤切于兹。"[3] 如果说全国一半民户逃亡，大概还没到此程度，但在部分地区恐怕情况更为严重，朝廷找不到应对良策，直到武周行将结束的长安年间（701—704），宰相李峤等大臣还再向武则天检讨民户逃亡和官吏贪腐得不到治理。所以韦嗣立才说解决逃户问题是当务之急。

民户逃亡有多种原因，以往的研究基本归结为豪强兼并造成大土地私有的膨胀。敦煌逃户文书记载："逃进投诣他州，例被招携安置，常遣守庄农作，抚恤类若家僮。好即薄酬其值，恶乃横生构架。"[4] 民户逃入豪强荫庇之下，并不少见。但是，在唐朝官府强有力贯彻均田制的时期，由于国家原则上禁止私人间土地买卖，连逃户遗留下的土地也禁止买卖，所以，大规模土地兼并的空间有限，不宜过高评估。上引敦煌文书显示出来的反而是逃户在原籍地抛荒的土地，官府责成邻里耕种，代输租调，且保留逃户的土地拥有权。这种情况符合唐朝多道诏令一再重申的规定。由此可知，在官府严格的乡里管理体系内，难以滋生出大批量足以颠覆均田制的私人大土地所有者，最常见到的是有限度的佣耕、佣工。能够荫占大量农民佣耕生产的是具有莫大权势的皇亲贵戚、高官勋臣。韦嗣立在中宗景龙三年（709）上疏中，指出唐初元勋功臣食封者仅二三十家，到此刻已经增加到数以百计，拥有众多人力，询问户部后得知占用六十多万人丁，按照一丁两

[1] 《旧唐书》卷89《狄仁杰传》。

[2] 项楚校注《王梵志诗校注》卷5，中华书局，2019年版。

[3] 《旧唐书》卷88《韦嗣立传》。

[4] 唐长孺《关于武则天统治末年的浮逃户》，《历史研究》1961年第6期。

匹绢计算，高达一百二十万匹以上，而朝廷每年收上来的庸调绢数多则百万匹，少则七八十万匹，尚不及权贵豪门，乃至"国家租赋，太半私门，私门则资用有余，国家则支计不足"[5]。这种私人大土地所有制的发展不依靠市场买卖，确实可以称作兼并，造成两极分化的畸形社会，以及政治的动荡。

地方官吏的横征暴敛、酷使役夫等法外残虐是百姓逃亡的重要原因之一。陈子昂曾经在蜀中调查，发现很多逃亡是因为劳役造成的。以往研究均田制下的租庸调制度，亦即朝廷的税收制度，大多侧重于租和调，而对役和徭两项重视不够。就唐朝而言，法令规定每年课户每丁缴纳租粟二石，户调绫绢绝各二丈，加绵三两，岁役二旬。在这几项税赋中，实际上役的负担最沉重，因为力役要加上不计入的行路日子，以及各种花费、对于家中农耕的影响等因素，从北魏以来一直是官民矛盾的焦点，故历朝历代一再降低岁役天数，到唐朝已经降到每年二十至二十二天。而且，规定力役可以折算成实物，每一天折算为绢三尺。就按照这个标准，根据常年的物价折算，役也重于租调。[6]陈子昂所见所闻，比我们纸面上的计算更加严重。至于花样百出的地方官胡作非为，另做专题研究。陈子昂总结道：

> 蜀中诸州百姓所以逃亡者，实缘官人贪暴，不奉国法，典吏游客，因此侵渔。剥夺既深，人不堪命，百姓失业，因即逃亡，凶险之徒，聚为劫贼。今国家若不清官人，虽杀获贼，终无益……除屏贪残，则公私俱宁，国用可富。若官人未清，劫贼之徒，必是未息，以前剑南蠹弊如斯。[7]

贫富分化，家业破产，身体残障，生老病死等各种变故，也都是百姓逃亡的原因。实际上除了贫穷之外，还有大量的逃户明显不属于上述各种原因，他们的处境并不差，说不出口的出走动机其实就是逃避赋役。离开乡村之后，他们有些去城市或做商贩或做佣工，从业谋生，长安城出现"客户坊""客户里"，乃外来人口往来投宿之地[8]；

5 ————
《旧唐书》卷88
《韦嗣立传》。

6 ————
详见《唐六典》
卷3《尚书户部》，
《唐律疏议》卷13
《户婚》，《通典》
卷6《赋税下》。

7 ————
《陈子昂集校注》
卷8《上蜀川安
危事》。

8 ————
见《太平广记》
卷263《飞骑席
人》、卷348《牛
生》、卷349《段
何》；《唐摭言》
卷6《公荐》、卷7
《升沈后进》。

大部分人逃往异地他乡，或开垦或佃作，继续从事农业生产活动，例如仙州（今河南省叶县）"土地饶沃，户口稀疏，逃亡所归，颇成渊薮"[1]。唐朝所谓"客户"是相对于官方在籍户的名称。唐玄宗朝史官柳芳说得十分清楚："人逃役者，多浮寄于闾里，县收其名，谓之客户，杂于居人者十一二，盖汉魏已来浮户流人之类也。"[2]这些人逃亡是为了逃避赋役，主要途径是逃亡到其他州，便可从原来所在地的户籍上消失，从而达到逃避赋役的目的。敦煌、吐鲁番文书有很多实际例证，这里就不一一列举了。还有一部分人逃入寺院，名为出家，实则投身寺院的营利事业，如日益扩大的寺田、磨坊、商贩等，与国争利。武则天佞佛，从此时起寺院快速发展，荫占大量劳力，同朝廷的矛盾也日益深化，成为唐武宗灭佛的重要原因之一。

由此可知，大部分逃户是为了逃避赋役，所谓逃其实就是从官方户籍帐上逃脱，人都在，籍未见，赋役便无从征收。为什么这种情况大量出现于武周政权之下呢？答案很简单，朝廷对于基层社会的控制出了大问题，不再强力而有效。

唐朝从上层政治权力结构到社会经济基础，上下贯通的主轴是：朝廷—国有土地制度—财政税赋—户籍制度。最不起眼、工作最繁重，也最具有根本性的是户籍制度。武则天不曾有过实际政府工作经历，在宫内看懂了上层权力的结构和运作窍门，全副身心投入权力斗争，把法家手段玩得炉火纯青，以毫无政治、人事、社会基础之身，完全掌控高层政治权力。然而，见识和经历的短板越来越大地制约着她。一环套一环的体系平衡被彻底更改，权力全部集中到上层的时候，下层就将松弛而失控。整个官僚阶层都把注意力集中在权力斗争，社会管理的日常繁杂事务就遭到忽视而日益粗鄙化。开启告密之门以后，谁都明白进行社会管理会引起利益冲突，演变为人事矛盾，看看那些因告密而飞黄腾达的人大多出自乡村社会的地痞无赖，任意诬告造成多少官员遭受无妄之灾，动辄犯咎，有能力做事的官员变得小心翼翼，明哲保身，不求有功，但求无过。苏味道多年担任宰相，处事圆滑，哪一方都不得罪，向人介绍当官心得："处事不欲决断明

1
《唐会要》卷70
《州县改制上》
"仙州"。

2
柳芳《食货论》，
收于《文苑英华》
卷747。

3 ——————
《旧唐书》卷94
《苏味道传》。

白，若有错误，必贻咎谴，但摸棱以持两端可矣。"[3]不作为是官员的第一种情况。

基层在上层权力斗争中被轻视，官员更加不愿意到地方任职。本来中央集权的权力架构已经规定了进入这个体系的人只有一条走到底的路，那就是不断向上升迁。最高官职全在京城，所以官员梦寐以求的归宿就是担任京中朝官。洞察此理的统治者懂得如何把国家政策不变得荒腔走板地贯彻于基层是关键所在，因此必须十分重视地方官吏的选配，不能只是一大帮所谓官僚精英汇聚在京城高谈阔论，制定空洞的政策，呼喊哗众取宠的口号。唐太宗十分重视地方官和地方吏治，不但把地方官员的名字写在自己宫内屏风上日夜端详思虑，还在人事政策上规定朝官升级出任地方官，或者地方官降级入职朝官，为的是鼓励有能力者到地方去，强化地方吏治。进入武则天时代，这种情况完全颠倒过来了。长安年间，大清洗的风暴变小以后，武则天终于有心情和主管朝政与人事的大臣李峤、唐休璟、韦嗣立等大臣讨论州县官吏，大臣们向她禀告：

> 伏思当今要务，莫过富国安人，富国安人之方，在择刺史。窃见朝廷物议，莫不重内官，轻外职，每除授牧伯，皆再三披诉。比来所遣外任，多是贬累之人，风俗不澄，实由于此。今望于台阁寺监，妙简贤良，分典大州，共康庶绩。臣等请辍近侍，率先具僚，务在忧国济人，庶当有所补益。[4]

4 ——————
《旧唐书》卷88
《韦嗣立传》。

朝中大臣早就知道地方吏治颓败，主要原因在于重朝官，轻外官。而且，他们透露了更为不堪的内情，就是派往地方任职的是在朝中遭到贬黜之人，形同惩罚流放，因此，地方官吏怎能不垂头丧气，或者敷衍塞责，或者撒气于民。

而且，吏部正常选拔官吏的路径也出现了大问题，积弊已久。京官不考履历政绩，公然贿赂等乱象且不论，选任地方官的情况则是：

刺史、县令,理人之首,近年已来,不存简择。京官有犯及声望下者,方遣牧州;吏部选人,暮年无手笔者,方拟县令。此风久扇,上下同知,将此理人,何以率化?今岁非丰稔,户口流亡,国用空虚,租调减削。[1]

1 ———
《旧唐书》卷88
《韦嗣立传》。

韦嗣立此道上疏虽在中宗景龙三年(709),在疏中称"近年已来",呼应上引京官贬为地方官的情况,可知这些情况乃武周弊政的延续。令人震惊的是年老且不堪文笔,属于本应淘汰的庸愚之辈竟然堂而皇之被选拔出任县令,颠顶糊涂,想有所作为却心力不足。无能是官员的第二种情况。

有能者不作为,无能者不堪作为,基层管理的懈怠虚化,在瑟瑟寒风中加速渐冻的进程。

渐冻症总是从末梢开始蔓延的。宛如搬仓库,日复一日,感觉不到多大变化,待到看出东西少了的时候,库存已经所剩不多了。在唐朝国家体制,县一级是国家政权基层组织,县令承担着十分繁重且棘手的基层民众管理事务,最主要的工作有根据资产确定户等、每三年编制户籍、确定纳税或减免赋税的具体对象、分配田地,以及治安审判等事务。[2]每一项都关乎民众的根本利益,对于产出相当低的农业社会,户等高低和税赋多寡甚至关系到农户的生存与破落,基层官吏若非精明强干根本应付不了。为了身家性命的经济利益,漏税和逃税总在发生,基层管理强有力时可以有效控制,一旦松弛便如土堤溃散,由微而渐。不论何种原因,官吏无所作为,让人有空可钻,脱籍逃税在眼皮底下发生,且愈演愈烈,形成数量庞大的"逃户",等到朝廷看到的时候,早已不是肌肤之疾了。县官在朝廷权力斗争中似乎无足轻重,却在致命的经济基础上堪令王朝成为空中楼阁。

2 ———
《唐六典》卷30
《三府督护州县官吏》。

这些逃户在新的地方生活,从各方面史书记载来看,经常提到他们深受"王公百官及富豪之家"的种种剥削,失去家产,处境凄惨。[3]而且,逃亡触犯刑法,他们随时有被抓捕的危险,身心不安。所以,朝廷要动用强制手段把他们救出来,恢复原来的身份与生存状

3 ———
《册府元龟》卷495
所收"天宝十一
载(752)十一月
诏书"。

态。武则天朝的重臣李峤上表，说到每每朝廷启动追逃检察，这些逃户"即转入他境，还行自容"，竟然和官户捉迷藏，且自我感觉良好。他们"心乐所在，情不愿还"，易地耕作，竟似解脱，和朝廷诏令所描述的惨状判若两个世界。他们反而更害怕官方前来查寻，希望被朝廷忘记。官府软硬兼施，他们就是不愿还乡，恢复家业。如果强化搜查和处罚，"则百州千郡，庸可尽科？"[4]可知逃户遍布全国各地，不愿还乡是普遍情况，使得官方追逃的成本很高，涉及面太大，局部性的手段无济于事。大面积的逃户对于朝廷最大的影响，首先是税赋流失，造成财政困难。如前所述，权贵豪门的兼并从上层吞食国家租赋，大面积的逃户则从下层造成财政收入流失，上下挤压，武周政权的财政收入日益困窘。

4 ———
《唐会要》卷85
《逃户》。

　　另一方面，朝廷的支出却在急剧增多。其中最显著的是大兴土木，诸如宏大的明堂和许多大寺院的建设。这些大型工程基本与国计民生及生产运输没有关系，属于某种目的的宣示与佛教祈愿的需要。明堂建设已见前述，大寺院的建筑同样开支巨大。

　　唐朝建立之后，必须确立信仰上的正统与权威，于是根据皇帝姓李，附会以老子李耳为教主的道教，树立为国家宗教。这其实是李家乃天命所归的证明。兴起于汉末魏晋时代的道教本与道家没有关系，注重的是炼制丹药、吐纳养生等追求长寿登仙的法术。信徒多了以后，需要有思想信仰性的提升以凝聚人心，遂将推崇道法自然的道家老子捧上祭坛，奉为教主，这个形成过程显现出道教的理论匮乏。唐朝创业领导者也明白这一点，他们需要的只是道教的神性外衣，国家治理推行的完全是传统的儒家政治学说。武则天从李唐的道教躯体内破壳而出，必须证明自己的神性，给改朝换代以神圣的合法性。于是她找到外来的佛教，祭起大旗，成为武周政权的宗教。为此她在各州大建佛寺，让全国沉浸在宗教的肃穆虔诚氛围之中。

5 ———
《资治通鉴》卷
205"则天后长寿
元年（692）五月"
条。

　　这时候，武则天又想起她的臣民尚在迷津中茫然挣扎，必须让他们诚心向佛，早登彼岸。所以，她在长寿元年（692）五月断然下诏："禁天下屠杀及捕鱼虾。"[5]佛教讲慈悲，反对杀生，南朝梁武帝将此扩大到不食一切动物，俗世称作素食。这道禁令突如其来，且雷厉风行。朝中百官措手不及，或者依然故我。右拾遗张德家中喜生男儿，私下宰羊宴请同僚一道庆祝，没想到其中的补阙杜肃偷偷跑去告密。第二天上朝，武则天向张德贺喜，接着问他为何吃肉？吓得张德叩头服罪。或许因为禁令刚颁布，武则天宽恕了张德，把杜肃的告密信给张德看，百官恨不得朝杜肃脸上吐口水。告密者得逞是因为可被利用，其实统治者内心深处鄙视告密者的猥琐人品。武则天的举动表明禁屠令是认真的，不容含糊。

从这年开始直到久视元年（700）十二月，禁屠令执行了将近八年。这期间，江淮出现严重的旱情，粮食歉收。以往饥民可以捕捞鱼虾充饥存活，因为地方官不近人情的严格禁止，导致许多人活活饿死。臣民们必须吃素，哪怕饿死，至于武则天本人是否吃素，只得去问佛陀了。从留存的史料记载来看，统治者都不吃素，以至于《资治通鉴》注家忍不住超出注释规范，评论武则天杀人如同割草，却厉行禁屠，人不如物，情理何在！[1]

全民吃素的状态维持到久视元年（700）底，凤阁舍人崔融实在忍不住，搬出礼典规定用牲畜献祭的悠久传统劝谏武则天，并且指出禁屠令对于富人形同虚设，却把穷人害惨了，即使一天杀一个人也禁不住，反而助长奸邪欺诈，故请执政者顺应风俗民情和礼制，取消禁屠令。这次武则天同意了，臣民终于吃上了肉。[2]吃荤吃素本是非常个人的选择权利。然而，为了鼓起佞佛造神的气氛，武则天可以把社会扭曲到何等程度。

和禁屠相比，在全国各地建造庄严雄伟的佛寺更加重要。自从冯小宝慧眼看出武则天是弥勒佛下凡以来，全国规模的营建佛寺就没有停止过，劝阻的进谏也不曾中断。而且，随着朝廷财政日益紧蹙，劝谏的理由越发有力。声音主要集中在两个方面，一是财政困难，二是无用之功。

第一个财政困难问题，实际上早在天册万岁元年（695）武则天投巨资修建明堂的时候，已经把唐太宗和高宗几十年积蓄的府库花

1 ——————
《资治通鉴》卷205 "则天后长寿元年（692）五月"条。

2 ——————
《资治通鉴》卷207 "则天后久视元年（700）十二月"条。

3 ——————
《资治通鉴》卷
205"则天后天册
万岁元年(695)
正月"条。

4 ——————
《旧唐书》卷94
《李峤传》。

5 ——————
《资治通鉴》卷
207"则天后长安
四 年 (704) 四
月"条。

6 ——————
《旧唐书》卷89
《狄仁杰传》记
载:久视元年
(700),武则天下
令天下僧尼每天
每人出一钱,兴
建大寺。狄仁杰
指出:"虽敛僧
钱,百未支一。"
不难知道民间出
资所占比重甚微,
基本仍由朝廷财
政支出。

7 ——————
《旧唐书》卷88
《韦嗣立传》。

8 ——————
《旧唐书》卷89
《狄仁杰传》。

光了,"数年之间,所费以万亿计,府藏为之耗竭"[3]。此时武周内部大兴土木,外部烽烟四起,财政捉襟见肘,已经打起赋税以外的脑筋,例如延载元年(694)由大臣豆卢钦望提议京城百官捐献两个月的薪俸充作军饷,遭到强烈的反对而作罢。但是,从民间敛财的想法冒出来以后,花样不断翻新,一发而不可收。武周营造的寺院无不有民间的"助资",例如长安四年(704),武则天再兴土木,在白司马坂建造高大佛像,这回是让僧尼出资。宰相李峤上疏劝谏,算了一笔账,建造一尊佛像需要十七万余贯钱。既然造像是为了扶助众生,那么把这笔钱分给广大贫苦百姓,每家一千,可以救助十七万家,省得他们为了朝廷的劳役而变卖田产。如此则可"拯饥寒之弊,省劳役之勤,顺诸佛慈悲之心,沾圣君亭育之意,人神胥悦,功德无穷"[4]。其实李峤只算了造佛像的小账,整个工程造价"靡费巨亿"[5]。这样一笔巨款,不是僧尼所能承担的,正如李峤上疏中指出的,"不得州县祗承,必是不能济办",最终还是官方承担大部分费用,仍是财政负担。[6]按照李峤的提议,如果把巨亿钱财分发给贫穷百姓,当时全国约六百万户岂不家家富裕,歌舞升平。当然,武则天断然拒绝了李峤的建议。

李峤避重就轻,没算总账,不是不知道,而是留有余地和面子。到中宗景龙三年(709),历任武则天、中宗两朝宰相的韦嗣立上谏言,希望停止继续建造寺观,指出:"寺观其数极多,皆务取宏博,竞崇瑰丽。大则费耗百十万,小则尚用三五万余,略计都用资财,动至千万已上。"[7]此时营建寺观的规模已经比武则天时代小了,朝廷财政还是难以承担。韦嗣立的谏言同样遭到拒绝。

第二个问题是广造寺观对于国家有没有用呢?宰相狄仁杰举梁武帝为例,劳民伤财,建造数以百计的大寺院,而且给寺院捐献亿万巨资。待到侯景之乱时,"列刹盈衢,无救危亡之祸;缁衣蔽路,岂有勤王之师!"。[8]天上既没有降下天兵神将庇护梁武帝,遍地寺僧也无人出来勤王救难,只剩下国库空虚,民不聊生,梁武帝活活饿死,梁朝从此一蹶不振。

龙门石窟全景

龙门石窟万佛洞

龙门石窟卢舍
那大佛

这些劝谏都没能说服武则天。梁武帝晚年或许真心佞佛，武则天则未必。她一生的政治行为纯属法家，看不到慈悲怜悯；豢养众多男宠则迹近修仙秘戏大法，未曾守戒持身；只有"慈氏越古金轮圣神皇帝"称号，尚有些微佛教的泡影。在全国各州营造雄伟的寺宇佛像，既是其政治合法性的宣示，亦足令臣民肃然仰望。正如她耗费巨大人力财力开凿建造的龙门石窟，高踞莲座的主尊卢舍那大佛，相传是用她的容颜为样本修饰美化而成，让一众臣民既仰望佛像的无上庄严，匍匐顶礼；又感受到皇帝的至高权威，驯服膜拜。

佞佛造寺，有用还是无用？歧见源自立场，于私，于公？

建寺造像工程耗资无尽，权贵占有巨量土地劳力，民间逃户滚滚如潮，巨大的财政压力迫使朝廷不能不采取紧急措施。第一项不能碰，第二项碰不起，那就只有解决第三项了。立见成效的做法是派遣专使追回逃户，于是在武周政权下见到"括户采访使""括逃御史""括逃使""括浮逃使"等专职差使[1]，在各地搜括逃人。这也表明原有州县体制内禁止逃亡的机能失效，诚如宰相李峤所述："所司虽具设科条，颁其法禁，而相看为例，莫肯尊奉"，至少是不起作用了。所以，李峤认为："今纵更搜检，而委之州县，则还袭旧踪，卒于无益。臣以为宜令御史督察检校"[2]，改弦更张。敦煌文书显示的现实状况是武则天采纳了李峤的建议，由朝廷派遣令官吏望而生畏的御史担任"括逃使"，执行搜检逃户的任务。括逃大规模实施，全国分为十道括户，但似乎阻碍颇大，进展不顺。李峤的建议在证圣元年（695）提出，大约到长安年间（701—704），同州刺史苏瓌上奏："请罢十道使，专责州县。"[3]州县官不作为，朝廷才改派强力部门御史，不几年又有官员请求重新改任州县官，翻来覆去，说明括户情况颇为棘手复杂，简单地搜括逃户送还原籍阻力重重。从后续发展来看，朝廷仍然打算通过强力手段重整均田制，唐玄宗时期著名的宇文融括户就是明证。然而，宇文融括户几乎成为唐朝力图维系均田制的最后努力，同样由御史主持其事，二十多位专使分道检察，大张旗鼓，竭尽全力，甚至将正常人家充作逃户以夸大成绩，闹得天下骚动，怨声载

1 ——
唐长孺《关于武则天统治末年的浮逃户》研究敦煌逃户文书，对照吐鲁番出土文书，指出这些头衔实为一官。

2 ——
《唐会要》卷85《逃户》。

3 ——
《新唐书》卷125《苏瓌传》。唐长孺《关于武则天统治末年的浮逃户》推断苏瓌罢十道使的建议在长安年间提出。

道。朝廷需要动用霹雳手段，不表明强大，反而是积重难返的反映。果然此后不再有如此规模的举动了。逆势而动还是顺应潮流，经过这次较量，朝廷不得不正视现状。

括户遣返做不到，朝廷只能另谋良策。李峤建议括逃时就提出权衡之策："逃人有绝家去乡，离失本业，心乐所在，情不愿还，听于所在隶名，即为编户。"[4]此建议开了政策变通之端，亦即承认现实，允许逃户就地落户，不再要求遣返，而是在当地编入户籍，缴纳租税。当局的着眼点从遣返原籍、维护社会静态管理改变为就地落户，重在征收赋税。最重要的转变是承认人口迁徙的现实。此门已开，人口流动变得灵活起来，符合社会经济繁荣要求按照发展需要调整人口配置的时势。这是非常重要的政策转变，沿着这个方向发展，落后于经济发展的均田制不得不被放弃，官方不再进行土地分配，也不再硬性把人与土地紧紧捆绑在一起，逐步转为放弃对土地和人口的垄断占有，根据现状征收赋税。从唐朝均田制瓦解到晚清帝制国家终结，再没有实行全国性的王朝所有土地制度。上述政策转变，以唐德宗建中元年（780）推行的"两税法"为标志，宣告完成。新政策的社会管理原则是"户无主客，以见居为簿；人无丁中，以贫富为差。不居处而行商者，在所郡县税三十之一，度所与居者均，使无侥利"[5]。所谓"客户"从制度上消失了，按照就地落户原则管理；土地均等分配变为依据资产划分户等；流动性商贸人员与转入城市的居民获得了法律承认，这些转变具有质变的意义，唐朝这一重大转型开启了古代社会的下半场。

由此看来，社会发展不以人的意志为转移，政策性转变却是被时势逼出来的。武则天的专权，以及十道搜括逃户等，无不表明她是旧制度的坚定维护者。只是出乎其意料的官僚队伍望风顺旨不作为，造成社会管理的懈怠松弛，催生出大批逃户，严重冲击僵硬的均田与户籍制度，最终造成大堤蚁溃的结果。这不但不是她想要的，恐怕还是她要坚决防止的。历史总是同绝对主观意志者开玩笑，让他们得非所要。当然，这一结果的产生还源于均田制内在的局限性：它适合凋敝

4 ————
《唐会要》卷85
《逃户》。

5 ————
《旧唐书》卷118
《杨炎传》。

社会的恢复而不适应经济高度繁荣的社会的发展；因其局限性而带来的强制性，使得维护的成本很高。作为外部约束的官吏维护不力，而内部百姓趋利动机的张力不断增大，到平衡点逆转的时候便是溃决的来临。武则天虽然可以强行利用王朝力量扭曲社会，最终仍无力改变历史的抉择。专制高压催生的逃户，竟然大水冲垮龙王庙，成为社会大转型的导火索。这一转型过程不会一帆风顺，武则天身后相当长时期的种种社会矛盾，乃至动乱，究其根源，都与此相关。

　　社会不安，官场屏息的时代，经济发展的情况如何呢？历朝历代总是用人口的增长作为主要的衡量指标。其道理在于安居乐业才有人口增长，人口增长越快，表明经济越繁荣。因为史料留存下来的经济数据主要就是人口这一项，所以研究者只能依此进行考察。需要特别提醒注意的是户籍人口主要反映的是王朝能够掌握控制的赋役人口，未必是真实的人口数据。自唐朝建立到唐玄宗盛唐时代，几个重要节点的人口数据如下[1]：

1 —————
武德和贞观年间数据根据《通典》卷7《历代盛衰户口》；此后的人口数据根据《唐会要》卷84《户口数》，取其大数。

　　唐高祖武德年间，200余万户
　　唐太宗贞观初，不足300万户
　　唐高宗永徽三年（652），380万户
　　唐中宗神龙元年（705），615万户
　　唐玄宗开元十四年（726），707万户
　　唐玄宗开元二十年（732），786万户
　　唐玄宗开元二十四年（736），802万户
　　唐玄宗天宝元年（742），853万户
　　唐玄宗天宝十三载（754），907万户

　　有些论者把唐高宗永徽三年到中宗神龙元年的户口增长全部算作武则天的功绩，夸大为人口增长一倍，经济高度发展。实际上这期间户数增长235万户，增长不是一倍，而是大约62%，用了53年，平均年增加4.43万户。

中宗神龙元年到玄宗开元十四年，户数增长92万户，用了21年，平均每年增加4.38万户。

开元十四年到二十年，户数增加79万户，用了6年，平均每年增加13万户。

开元二十年到二十四年，户数增加16万户，用了4年，平均每年增加4万户。

开元二十四年到天宝元年，户数增加51万户，用了6年，平均每年增加8.5万户。

天宝元年到十三载，户数增加54万户，用了12年，平均每年增加4.5万户。

唐玄宗开元十四年到天宝十三载，户数增加200万户，平均每年增加7.14万户。

把上述数据做个比较：第一，从高宗永徽三年到中宗神龙元年，涵盖高宗和武则天两朝，53年，增加235万户，年平均4.43万户。

唐玄宗开元十四年到天宝十三载，28年，户数增加200万户，平均每年增加7.14万户。两者的落差相当之大，不可同日而语，让人感受到什么才是经济繁荣，蓬勃增长。

第二，唐高宗和武则天两朝，经过唐太宗励精图治，人口从隋末大动乱的谷底止跌回升，永徽三年（652），户部尚书高履行向高宗汇报，当年户数增加15万户。也就是人口从恢复开始进入快速增长期，15万户算是例外，如果按照玄宗时代7万户左右的增长速度，增长235万户，只要33年左右，何须53年？而且，这个时期人口的快速增长显然在高宗执政之时，到武则天时代则增长率跌落下来，这应该和武则天时代的逃户之类经济低迷现象相符合。

武则天时代的社会经济，处在唐太宗"贞观之治"和唐玄宗"开元之治"两大发展高峰中间的低谷，历史学者应该对此给予解释，反思原因，绝不能试图用粉饰的工具填平这个大坑。

第 十 章

潮　落

沉舟侧畔千帆过，

病树前头万木春。

——刘禹锡

五十六

周朝建立以来，武则天总觉得诸事不顺，再不像以前那般气势如虹，逢山开路，所向披靡。放眼望去，外部烽烟四起，败绩连连，甚至遭到突厥的轻蔑嘲弄。内部则遍地逃户，国库空虚，连户籍制度都维护得漏洞百出。明里暗地的反对者经过一轮又一轮的清洗，杀得官民屏息蹑足，没有人再敢心生异志，站立在朝廷的大臣，除了武氏子弟之外，大多进出过牢房，经受住了炼狱的考验，基本可以放心。没有了反对者，也没有了做事的人，百官唯唯诺诺，平日里说说大话，竞献颂词，做起事情来声响很大，落实甚少，不是不会做，就是做不来。用人这件事确实两难，能干的有主见，听话的做不了事。家贫则思良妻，国乱则思良相。武则天痛感朝中无能人，望着过江之鲫般的滚滚官员，内心无限寂寞。

武则天超越制度拔苗任用的官员多如牛毛，但这些人是什么料，武则天心里还是很清楚的。民间有人公然嘲讽武周官场是"补阙连车载，拾遗平斗量"。可恶的是举人沈全交竟然唱和道："麦胡心存抚使，眯目圣神皇"，不仅嘲笑官员冗滥，竟然攻击到圣皇头上。御史及时破案，捕拿到廷，指控他诽谤朝政，要施以杖刑。武则天听取汇报后笑了，说道："但使卿辈不滥，何恤人言！宜释其罪。"[1]

1 ————
《资治通鉴》卷205
"则天后长寿元年
（692）一月"条。

官员滥竽充数，早就是武则天的一块心病。所以，她晚年一再要求朝廷高官举荐人才。圣历元年（698），武则天令宰相各举尚书郎一人，狄仁杰推荐了自己的长子狄光嗣，任用后业绩突出，让武则天欣然，夸奖了狄仁杰。

中层官员缺乏干才，高层官员难觅栋梁。前已述及，武则天曾经郑重委托狄仁杰推荐将相人选，狄仁杰问她是否觉得所用高官"文士龌龊，思得奇才用之，以成天下之务者乎？"武则天回答道："此朕心也。"[1]君臣之间推心置腹的对话，达成共识：主持日常朝政的宰臣李峤、苏味道等人属于"文史"之才，确实需要选拔卓尔不群之人，担负大任。

唐朝的国际威望，在高宗总章元年（668）李勣灭亡高句丽时达到鼎盛。唐高宗施政持稳，内外安宁。武则天开启酷吏政治以来，军政两界大批能人被诛除殆尽，吐蕃、契丹、突厥重新崛起，武氏子弟胸无点墨，更不懂兵韬，统兵畏敌，几乎成为敌军的随行，而能够与敌拼搏的将领却因为协调配合混乱无章，兵败身死。武周在周边强敌眼中怯弱可欺，突厥对武氏一族极尽羞辱，武则天只能打落牙齿和血吞，内心的愤怒难以伸张。力不如人的怒骂只会引来更多的践踏和鄙夷，自强不息必须得人更张。武周直面的最大问题是制度和人事被整得支离破碎，任何一个局部的优异突出都改变不了全局，更可能被山头林立的内斗吞噬。在这种局面下，主持朝政如履薄冰，能够维持住不出事已属艰难，这就是狄仁杰评价中枢执政者只是"文史"的背景及其道理。能够改变局面的人物在朝堂上是找不到的，有的话早已被鹰眼搜索的酷吏打发至彼岸，而地方上的能人干吏，深宫大内的武则天无从了解掌握。这就出现能人与需求方之间的鸿沟断裂，需要有效的桥梁对接，一旦成功对接，万象更新。古代体制最大的问题是无法让人才脱颖而出，而对接的桥梁难得一见，简直成为国运所系。悠久的国度从来不缺人才，唐朝文豪韩愈深深感叹道："千里马常有，而伯乐不常有。"没有经常性的选优机制，一切只能靠风云际会了。

狄仁杰郑重推举了荆州长史张柬之，荐语称："其人虽老，真宰

[1] 《旧唐书》卷89 《狄仁杰传》。

2 ——————
《旧唐书》卷89
《狄仁杰传》。

相才也。且久不遇，若用之，必尽节于国家矣。"[2]

张柬之，襄阳人，年轻时入太学，涉猎经史，专精礼学，考中进士，任职县官。此后他寂寂无闻，仕途堪称暗淡，直到永昌元年（689）应贤良试，卓然榜首，才被擢升为监察御史。这时他已年逾七十。圣历初年（698），升任凤阁舍人，在一次关于礼制的讨论中，运用精湛的学识，引经据典，阐明礼法，获得赞扬，仕途看好。此事反映出张柬之十分注重按照制度与规则办事的一面。

这一年，突厥默啜可汗声称有女儿欲结和亲。武则天苦于突厥的压力，不仅同意，还急于求成，让淮阳郡王武延秀迎娶突厥女。张柬之上表反对，指出自古没有天子求娶夷狄女以配封王的先例，被武则天视为忤旨。不久被外放，担任合州（今重庆合川）刺史，再转任蜀州（四川崇州）刺史。唐朝本来对于年老的官员有回京任官的优待，张柬之恰好相反，古稀之龄被打发到边远地方，可知武则天对他这道谏言的愤恨。汉朝以来，和亲政策已经运用得十分成熟，居于强势地位的王朝以女下嫁边国，构成政治上的君臣关系和血缘上的翁婿关系，双重隶属。五胡十六国以后，强势的胡族政权用同样的手段羁縻驾驭中原政权。由此可知，以女招婿的往往是居于优势地位的一方。[3]而且，即使应招为婿，也没有亲自跑到女方国家求亲的事例。这种政治婚姻从来由双方外事官员谈判合议，再履行仪式。外交规矩礼仪，朝中官员岂能不知，只是缄口不语而已。耿直不阿的张柬之认为武则天的做法让皇室蒙羞，且有辱国格，上表劝谏。其实武则天心里也很清楚，就是对突厥频频入侵没有良策，急于求和，才做出这番出格的决定。朝中大臣们一起装傻，事情也就敷衍过去，偏偏被张柬之说破，武则天恼羞成怒，给予惩罚。结果武延秀长途颠簸来到突厥大帐，不仅被奚落羞辱，还被扣押。原来突厥招亲只是在要弄武则天，让她出丑。

3 ——————
详见韩昇《东亚
世界形成史论》
第一编第二章。

张柬之触了霉头，还依然故我，上表朝廷，谏言朝廷花费巨资经营西南边远地区，派兵戍守，山高路险，死者甚多，造成百姓逃亡，国库亏空，不如废州，改行羁縻。由此还可见到张柬之现实主义的另一面。西南百姓因为军赋而逃亡的情况，陈子昂也向朝廷反映过，都被武则天拒而不纳。北方屡遭挫折，南方无论如何都得顶住。

梳理张柬之的履历，显然武则天不会不知道他，但没有好印象。所以狄仁杰强烈推荐，武则天只是把张柬之调任洛州（河南洛阳东北）司马，算是对狄仁杰有个交代。

几日后，武则天再次让狄仁杰举荐贤能。狄仁杰还是推举张柬之，称之有宰相之才，不应屈居地方吏职。武则天勉强任命张柬之为秋官侍郎，亦即刑部副长官。

狄仁杰总是推荐张柬之，武则天便另找高明，请夏官尚书姚崇举荐宰相，姚崇推荐张柬之，说道："张柬之沉厚有谋，能断大事，且其人年老，惟陛下急用之。"[1]姚崇和狄仁杰可谓英雄所见略同。武则天这才召见张柬之，当面考察之后任用为相。

1 ————
《旧唐书》卷91
《张柬之传》。

张柬之升迁主政的过程困难重重，说明武则天在用他的问题上十分踌躇，颇为无奈。要不是武氏子弟和男宠佞幸团队实在无能，至于要求贤任能，让自己顾虑重重吗？不过张柬之已经七十多岁了，也就是个过渡人物罢了，谅他翻不起大浪来。

然而，这件事是个突破口。国势日衰，问题出在人事。振衰起敝，必须任用有能之人，张柬之为相是个标志，一批能臣将得到任用。他们要有所作为，首先就要制止胡作非为。因此，他们同当朝宠臣集团势必分道扬镳，日益对抗，博弈的结果一定落在武则天头上，正本清源。垂垂老矣的张柬之用生命的最后一搏终结武则天朝代，谁能预料到，恐怕他本人也没想到。物极必反，一切都有安排，逃脱不了事物运行的法则，或可称作国运。

张柬之不是孤掌难鸣，一批人渐次登台，已经在台上的人也逐渐从休眠中苏醒过来，汇合成流。只是从风声鹤唳的大整肃转变到起用能人理政，武则天需要有一个台阶，必须对那段不堪回首的岁月有个政治交代，否则大船是调不了头的。圣历元年（698）的一天，武则天在朝堂上面对一众侍臣，突然说道：

往者周兴、来俊臣等推勘诏狱，朝臣递相牵引，咸承反逆，国家有法，朕岂能违。中间疑有枉滥，更使近臣就狱亲问，皆得手状，承引不虚，朕不以为疑，即可其奏。近日周兴、来俊臣死后，更无闻有反逆者，然则以前就戮者，不有冤滥耶？

这段话十分重要，先说其含义：第一，冤狱是周兴、来俊臣等人制造的。第二，大臣们踊跃认罪。第三，我发现疑点，派人到狱中核实，结果案犯都自证其罪，亲笔交代。我再审慎也无从置疑，只能批准。第四，酷吏死后再无逆罪，我再次发现以前的案子有冤。前三条说明武则天对于酷吏们始终是怀疑的，反复核实，是大臣们自污领死，怪不得别人。说得再白一点，被杀的都活该，武则天虽然同酷吏力争，但还是被酷吏和囚犯串通蒙蔽了。血雨腥风的责任坐实了，由酷吏和大臣们共同承担。

其次是发出重要信号，那就是第四条，周兴、来俊臣死后，武则天再次发现疑团，希望重新调查，平反冤案。什么意义呢？那就是重新审查官员，起用老臣，刷新朝政。

夏官侍郎姚崇敏锐地捕捉到武则天释放的政治信号，立即响应道：

自垂拱已后，被告身死破家者，皆是枉酷自诬而死。告者特以为功，天下号为罗织，甚于汉之党锢。陛下令近臣就狱问者，近臣亦不自保，何敢辄有动摇？被问者若翻，又惧遭其毒手，将军张虔勖、李安静等皆是也。赖上天降灵，圣情发寤，诛锄凶竖，朝廷义安。今日已后，臣以微躯及一门百口保见在内外官更无反逆者。乞陛下得告状，但收掌，不须推问。若后有征验，反逆有实，臣请受知而不告之罪。

姚崇的回应，第一，称赞武则天铲除酷吏的丰功伟绩，犹如再造国家。第二，冤案中的大臣死得冤，核查之臣受到的威胁太大，并无责任。第三，以自己身家百口担保大臣们不会造反。把除掉酷吏归功于武则天，给其开脱责任，目的在于推动武则天转向；担保百官不反，为的是让武则天放心，同时也给自己做了政治表态。姚崇真能理解武则天的用意。在当时有不少大臣上疏武则天，指控酷吏，请求平反冤案，都如泥牛入海，没有下文。只有这回姚崇的回应效果特别好，武则天大喜，说道："以前宰相皆顺成其事，陷朕为淫刑之主。闻卿所说，甚合朕心。"[1]武则天年事已高，知道自己的残暴惹得天怒人怨，担忧承担罪责，遂成心病。姚崇让她长长舒了一口气。当天，武则天派人送白银千两，奖赏姚崇。

武则天真的放下屠刀，立地成佛了吗？就在她做出上述表态的第二年，身居出诏发令机构的凤阁舍人韦嗣立顺势上疏，指出狄仁杰、魏元忠被关在监狱的时候，认罪自诬，解救出来委以国家重任，都是良臣，可见冤案累累。因此，他希望武则天：

> 归罪于削刻之徒，降恩于枉滥之伍。自垂拱已来，大辟罪已下，常赦所不原者，罪无轻重，一皆原洗，被以昭苏。伏法之辈，追还官爵，缘累之徒，普沾恩造。如此则天下知比所陷罪，元非陛下之意，咸是虐吏之辜。[2]

韦嗣立给武则天提出更加具体的建议，对垂拱以来的冤案一律平反，已被处决者恢复名誉官爵，如此可让天下人知道所有的冤案都是酷吏所为，并非武则天的旨意。大臣们都在想办法为武则天开脱，也许过于天真。这封奏文"太后不能从"[3]。就像宦官和皇帝本为一体，酷吏也是武则天的化身。武则天前面的表态只是一种姿态，如果真的一

1
上引姚崇与武则天的应对，均见《旧唐书》卷96《姚崇传》。

2
《旧唐书》卷88《韦嗣立传》。

3
《资治通鉴》卷206"则天后圣历二年（691年）十月"条。

姚崇像，出自《三才图会》

像之元姚

律平反，之前的所作所为岂不是全都错了，白骨累成的权力基础势将瓦解。这种情况绝不能发生，必须尽力维护，虽然最终只是徒劳。但是，有了缓和的姿态，就有了起用贤能的转机。

姚崇也是狄仁杰推荐的。他本名姚元崇，科举出身入仕，循正常升迁途径累级至夏官郎中，在契丹攻陷河北数州时，向武则天分析形势，井井有条，提纲挈领，切中要害，让武则天十分赞赏，越级提升为夏官侍郎，亦即兵部副长官。前已述及，兵部是酷吏政治下高级官员频繁更迭的部门，武氏子弟执掌大权，稍不如意者即刻清除。姚崇能够待下来实属不易，未见有何载入史册的言行。直到来俊臣族诛，肃杀的气氛有所放松，才见到他和武则天的上述对话，明显超出军务领域，对此前的政治状态表达不满。他的反对态度，如何与狄仁杰合拍共鸣，史无记载，不妄加推测。这一年，河北战事吃紧，狄仁杰挂帅出征，朝中需要有人代为主持政务，狄仁杰力荐姚崇担任宰相[4]，从此开始了他长达二十三年的主政生涯，成为唐史上继贞观时代的房、杜之后又一代名相，与宋璟并称为姚、宋。姚崇虽然不是推翻武则天的首谋，但他从灵武道大总管的军职回京，听闻其事，立即参与其中。

狄仁杰推荐的要人，还有桓彦范、敬晖、崔玄晖、袁恕己等，"至公卿者数十人"[5]。数十位能人志士班列朝廷，令人大有耳目一新的感觉，当时就有人当面对狄仁杰说道："天下桃李，悉在公门矣。"狄仁杰回答："荐贤为国，非为私也。"[6]

这批人在朝堂之中，令人刮目相看。桓彦范是润州（今江苏镇江）曲阿人，通过门荫入仕，担任军职。圣历元年升任司卫寺（卫尉寺）主簿，官阶不高，仅为从七品上，掌管军需武库等审核钤印事务。这么一位中下级官员，不知什么缘故深得宰相狄仁杰赏识，勉励他说："足下才识如是，必能自致远大。"不久将他提拔为监察御史。有狄仁杰的推许举荐，桓彦范的仕途顺畅起来，长安三年（703）升任御史中丞，翌年转任司刑少卿，承办张昌宗案件。他虽然依法力争，终因斗不过张昌宗的后台，案子不了了之。然而，这激发了他对

4 ——
狄仁杰举荐姚崇出任宰相的具体时间，本传没有记载。《旧唐书》卷6《则天皇后纪》"圣历元年（698）"记载，九月，狄仁杰出任河北道行军元帅；十月，姚崇与李峤同任宰相。这两件事应该内有衔接。

5 ——
《旧唐书》卷89《狄仁杰传》。

6 ——
《资治通鉴》卷207"则天后久视元年（700）九月"条。

于朝中佞幸宠臣的憎恶，决心与之斗争。当宰相李峤奏请平反冤案的时候，桓彦范再度挺身而出，积极支持，前后十次上奏，言辞激昂，要求平反自文明元年（684）以来的受迫害之人，仅仅排除了扬、豫、博三州谋逆案的首犯。他在朝堂上与武则天争辩，毫无怯色，越发激动，犹如暗夜的闪电，耀眼夺目。

敬晖是绛州（今山西新绛）人，明经科出身。圣历元年升任卫州（今河南卫辉）刺史。抵御突厥有功，转任夏官侍郎。此后历任泰州（今山西河津）刺史、洛州长史。武则天去长安的时候，让他担任副留守，应该颇受信任。长安三年（703）他被调回中央，担任中台（尚书）右丞。

就是这批人，被时代挑选出来，很快将改写历史。

五十七

武则天越来越注重化妆，精心打扮，连身边的人都看不出她的年龄，仿佛时间在这里停止了。而且，她身上总是传来奇迹：掉落的牙齿重新长出来了；眉毛也长出来了，而且形似八字[1]，福大命长。为了庆祝这些激动人心的喜讯，武则天曾经大赦天下，改年号为"长寿"，也曾经接受百官的共同祝贺，锣鼓喧天。"长寿"寄托着她的祈望，庆贺得普天皆知，传达出来的是要对年事已高的皇帝充满信心，江山稳固。本来不需要增强的信心，被反复渲染和强调，反而透露出武则天对掌控不了岁月流逝带来身体衰老的无限焦虑。当王朝的运势系于皇帝一人的时候，政治逻辑将被生理进程所左右。大臣们当面或者背后都在议论皇帝的老去，武则天本人不留意的时候也会流露出老人独有的心情。她看见老臣狄仁杰向她下拜的时候，不时会制止道："每见公拜，朕亦身痛。"[2] 老年人的腰酸背疼是相通的。外貌所呈现的容华，武则天心里最清楚，有人向她推荐一位隐居在白鹤山的方外之

1 ————
分别见《资治通鉴》卷205"则天后长寿元年（692）八月"条、卷206"则天后圣历二年（699）正月"条。

2 ————
《资治通鉴》卷207"则天后久视元年（700）九月"条。

鎏金银香囊，中
国国家博物馆藏

鸿雁纹玉梳背，
西安南郊唐墓
出土，陕西历
史博物馆藏

人，法术高明，自称已经好几百岁了。武则天欣然请他炼制长生不老的仙药，花费"巨万"，三年才配出来。武则天私下服用，颇感神妙，自觉有望与彭祖同寿，还因此改年号为"久视"。"长寿"也好，"久视"也罢，长生不老稳居龙座的愿望并无二致，至于实际效果，武则天服药三年真的登仙而逝了。[1]

无比渴望长生不老，要么出自对于既得利益的恋恋不舍，企图永远占有的欲望；要么出自耄耋暮年对于死亡的深深恐惧。拥有巨大权势利益的人，更是兼具这两种情感，即使年龄并不老，也为此焦虑不安。例如不到四十岁的秦始皇，执政十一年，用了一半的时间在全国巡行，寻仙求药，五十岁就死了。年逾古稀的武则天心头的焦虑亦是不言而喻，屡上嵩山，拜谒升仙太子庙，勉力手书长篇《升仙太子碑》，立石镌刻，向天神众仙罗列自己的建树功绩，"方伫乘龙使者，为降还龄之符；驾羽仙人，曲垂驻寿之药"。桑榆晚情，心中祈求，念兹在兹，诉诸沧溟。

武则天真的老了，更加关心身体康健和享受生活，对于总览政务的繁重感到精力不济，甚至有所倦怠，不再事必躬亲，更加希望有能干之人为她分担。这个变化以圣历元年（698）为界，越来越明显。这一年，她做了几件事关大局的重要事情，规定了以后的政治方向，具有标志性意义。

第一件大事就是确定继承人，分清主次，让政治脉络变得清晰。

武承嗣和武三思这两个武氏子弟越来越公开要当继承人，朝中大臣明确反对，让武则天寝食不安，连做梦都出现了鹦鹉折翅的可怜身姿，请狄仁杰解梦，竟然那就是禁锢双子的自己。继承人问题不仅在国内万众瞩目，而且来自外部的压力也越来越大。在东北地区竖起反旗的孙万荣公开打出"还我庐陵王"旗帜，突厥默啜可汗也檄告天下只承认李唐。以庐陵王为号召，在武周内外都可以凝聚人心，武则天不能不严肃面对这个问题。在她身后，那帮无德无能的武氏子弟能镇得住汹汹民意，坐稳江山吗？如果被推翻，她这个始作俑者遗臭万年，毫无悬念。到了不得不确定继承人的晚年，武则天的思路越来越

1 —————
古人炼制的仙丹有容光焕发的效果，也能激发精神亢奋，药物沉积体内，则死于非命。参阅韩昇《北周武帝之死及其宗教文化政策》，载《学术月刊》2023年第6期。

升仙太子碑，原碑位于洛阳市偃师缑氏山巅

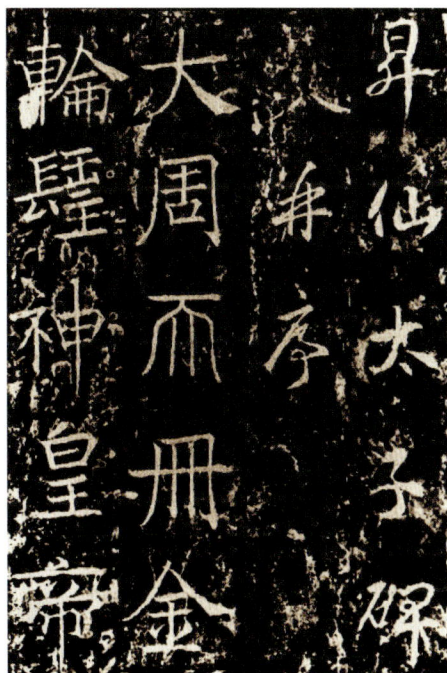

升仙太子碑拓片

清晰起来，还是亲生的骨肉靠得住，再无能也有合法性的加持，维护法统的政治势力只能在她硕果仅存的两个儿子中抉择，无论作为皇帝还是皇后、皇太后，她都能享有社稷血食。以儿子为尊、武氏为辅，政治秩序终于获得最后的确定。

因为这个决定，非分觊觎太子位的武承嗣在年中活活气死了。

三月，以庐陵王患病为由派员把庐陵王一家从边鄙放逐地悄悄迎回都城。重大的改变在水底下展开，到了九月，现任皇嗣一再请求逊位，武则天批准，庐陵王复位，确立为皇嗣，改名"显"，大赦天下。被废黜的皇帝回来了，名义上出任河北道元帅，民心为之一振，鲜有应募的河北招兵出现热潮，万众云集，人们心中燃起希望，奔赴抵抗突厥的前线。

这回武则天是动真格的，皇嗣不再徒有其名，开始强化他和弟弟李旦的政治存在。人们还记得李显一家被黜置边地，而李旦名为皇嗣，形同软禁，朝臣谒见他，竟被处死。武则天仅存的这两个儿子就像祭祖坛上的纸人，说撤下就撤下，朝中掌权的武氏子弟从没把他们放在眼中，都想着随时取而代之。然而，情况真的变了。圣历二年（699），退位皇嗣被封为相王，一家幽禁宫中的限制取消了，儿子们可以走出大内享受阳光。解除人身禁锢是政治解放的第一步，皇家子弟将重返权力中心，相王诸子中就有不久后结束政治混乱迈向盛唐的玄宗。相王在几个月前受命担任太子右卫率，掌握东宫卫队。皇嗣兄弟作为下一代政治核心的地位正在逐步建立起来。

皇嗣轻易不宜外出，其地位的巩固和权力的提升，从相王的活跃度表现出来。圣历二年（699）八月，相王兼领安北大都护。长安元年（701）八月，应对突厥入侵，任命相王为天兵道元帅，率军反击。未出征，突厥已退，遂转领左、右羽林卫大将军。长安二年（702）五月，相王担任并州牧、安北道行军元帅，宰相魏元忠任副职。九月，相王任并州道元帅，武三思、武攸宜和魏元忠任副职。不可一世的武三思居相王之下，这是武则天晚年第一次清晰的政治排序。

这个时期，相王历任内外军职，朝中大臣受其统辖，在共事中增进彼此的亲近感。关键是相王实实在在掌握了部分京中军权与部队，成为朝中大臣们团结起来反抗武则天佞幸男宠的实力基础之一，并在铲除张易之、张昌宗的宫廷政变中起到作用。

武则天重用的武氏子弟、男宠团队与酷吏群体最终被清除，恢复李显皇嗣地位的正统性至关重要。

第二件大事是起用贤能大臣，攘外安内，从而引起向朝廷和制度的回归，政治权力重心由武则天贵戚佞幸向朝官的转移。

狄仁杰出任河北道行军元帅，推荐姚崇担任宰相。此后姚崇与狄仁杰不约而同推荐张柬之担任宰相，起用一批贤能恢复被酷吏政治和贵戚佞幸破坏得凋零残败的社会，复苏经济生产。严峻的外部环境迫使武则天加速了这一进程，最显著的变动出现在军队人事上。战场上优胜劣汰毫不含糊，因此不得不替换掉屡战屡败的武氏子弟，代以能征善战的将领。唐朝开国以来实行出将入相的高级官员选任制度，文官武将相互转换角色，大大加强了朝官队伍。人事一新，朝政必随之改变。

自从延载元年（694）男宠薛怀义先后出任代北道行军大总管、朔方道行军大总管以来，对周边的作战基本由武氏子弟担任战区统帅，指挥军队作战。一连串的战败失地，只好让堪当一面的人来救急，遂演变成为常态，武氏子弟从第一线军事统帅位置上几乎全面退场，代之以主政的朝官。

圣历元年（698）四月，娄师德出任陇右诸军大使。八月，武重规任天兵中道大总管。九月，太子为河北道元帅，实际由狄仁杰担任元帅。十月，任命狄仁杰为河北道安抚大使。

圣历二年（699）四月，魏元忠任天兵军大总管，娄师德为天兵军副大总管，仍任陇右诸军大总管。唐休璟继任陇右诸军大使。

久视元年（700）闰七月，魏元忠任陇右诸军大使。左金吾将军田扬名、殿中侍御史封思业出征西突厥。十月，魏元忠转任萧关道大总管。

长安元年（701）五月，魏元忠任灵武道行军大总管。十一月，郭元振任陇右诸军大使。

长安二年（702）三月，薛季昶任山东防御军大使。四月，幽州刺史张仁愿主持幽、平、妫、檀诸州防御。五月，相王出任安北道行军元帅，魏元忠为副元帅。九月，武三思为大谷道大总管，不日转到相王为元帅的并州道，和武攸宜、魏元忠并为副元帅。十二月，魏元忠任安东道安抚大使。

长安三年（703）十一月，裴怀古任桂州都督、招慰讨击使。

长安四年（704）九月，姚崇任灵武道行军大总管。

从圣历元年到长安四年，亦即武则天生命的最后六年，除了圣历元年武重规短期担任天兵中道大总管以外，均由朝官担任各个方向作战的统帅，其中最受重用的当属魏元忠，从东北到西北，哪里吃紧就到哪里指挥防御作战，此前统军出征的武氏子弟销声匿迹。这一更替无疑削弱了武氏对于军队的掌控。武氏子弟屠杀百姓冒充军功的伎俩，在真刀真枪的战场上彻底失败，依靠残酷的权力斗争获得的权力，最终因为无能而眼睁睁地丧失，武则天权力的根基正在垮塌，不管是否发生神龙政变，这个进程无以逆转。

选任贤能逐渐形成风气，逐渐改变多年来检举整人形成的寒蝉压抑气氛。

侍御史张循宪任河东采访使出巡，遇到棘手的事情，难以做出判断，便询问当地有没有能人襄助。张嘉贞因此机缘被推举出来，把问题剖析得十分清楚，点出要害，提出办法，很多是张循宪想不到的。回朝廷向武则天汇报的时候，张循宪得到武则天的褒奖。他便向武则天大力举荐张嘉贞，并且说愿意让出官职，转授于他。于是武则天召见张嘉贞，入内殿面谈，十分满意，超常规提拔为监察御史。此后任职内外，在玄宗朝升任宰相。

一批贤能之人陆续进入朝廷各个重要部门，铺垫着下一个时代实行新政的人事基础。

物以类聚，人以群分，致力于振衰起敝的贤能官员在朝廷内同气相求，同声共振，没有人牵头组织，却自然而然地走到一起，凝聚成足以左右政局的力量。这是酷吏政治下被打击得七零八落的朝官的重新集合，前所未见。无可奈何花落去，似曾相识燕归来。事物的演变未必依据人的意志和愿望，当它被外力强烈扭曲之后，自然法则越来越在人难以察觉之处起作用，调动并整合各种要素，纠偏并恢复应有的存在状态。

五十八

起用贤能，内外形势至少刹住了下坠的颓势，在一些方面开始有所好转。对于这些能人，武则天不见得信任，思考着如何驾驭他们。她曾经在任命狄仁杰为宰相之后，十分亲近地说道："您在汝南任上做得很好，想知道是谁在背后诬告您吗？"这是常见的驭臣之术：搬弄是非，以免朝中官员团结一致。狄仁杰很了解这套把戏，回答道："如果陛下认为我有错，容我改正；如果没错，我深以为幸，我不想知道进谗言的是谁，这样还能在朝中和谐相处。所以请不要告诉我。"[1]机智的狄仁杰没有落入圈套。这件事情反映出武则天对于朝官的提防和操控。

1 ————
《旧唐书》卷89
《狄仁杰传》。

狄仁杰在武则天晚年获得信任，主要原因有两条：第一是因为他几经酷吏摧残，甚至被判了死刑，在鬼门关前武则天赦免了他，自认对他有救命之恩，他会感激涕零。第二是因为狄仁杰已经垂垂老矣，谅他不会有什么政治野心了。武则天对于臣下，哪怕是武家子弟，也没有基于善的信任，只有高度警惕和威慑下的考量评判和使用，一旦起疑，立即施以重手。这完全是法家的驭下手段，认为只有深深的恐惧才不敢心生异志，才是可以掌控的忠诚。这就是武则天为什么对于大臣们反复残酷迫害再起用的原因，不是她心理变态，而是冷酷的统治手段。

随着越来越多地起用官员，武则天也在加强对于朝政的影响和监察，随时掌握朝廷百官的动态，防止大权旁落。她控制朝政的形式也发生了明显的变化。圣历年之前，主要通过武氏子弟出将入相控制权力，配合酷吏的残酷整肃，双管齐下，全盘掌控。随着处死来俊臣，酷吏的恐怖高压有所减弱，但对于朝廷的控制并没有放松，甚至更加强化，表现在两个方面：

第一，设置连接内外的专门机构，实际上凌驾于朝廷之上。

圣历元年（698），正式设置控鹤监。设立当初面目形态都不清楚，很容易被认为是武则天为了安置男宠张易之、张昌宗而建立的机构。但最初的官员中还有被列为酷吏的吉顼，显然不是那么简单。第二年正月，控鹤监组织扩大，司卫卿张易之任控鹤监，张昌宗和左台中丞吉顼、殿中监田归道、夏官侍郎李迥秀、凤阁舍人薛稷、正谏大夫员半千任控鹤监内供奉，控鹤监丞之下，设有处理日常事务的主簿等官。《资治通鉴》称："率皆嬖宠之人。"给人以男宠机构的印象。

控鹤监内供奉员半千则"以古无此官，且所聚多轻薄之士，上疏请罢之"[1]。可知机构内并非清一色的男宠，更多是"轻薄之士"。此称呼多用于无行文人，唐朝人也用来指称非科举出身的官吏。员半千因为这个上疏而忤旨，遭贬为水部郎中。由此可以窥见武则天对于设立控鹤监的重视与坚持。从其成员来看，包括了三省及御史台主事官员，级别不低，赋予其政治功能。再过一年，亦即久视元年（700），控鹤监进一步强化政治存在，改名为奉宸府，张易之担任奉宸令。至此，这个机构承担传达圣旨、联结武则天与各个朝廷部门的性质表达得清清楚楚，成为上传下达的最高权力咽喉，在朝廷官僚序列中，"班在御史大夫下"[2]。显然武则天欲将其作为朝廷的正式机构，置于御史台之后则显现其监察的属性，不同于此前私属文学陪侍性质的"北门学士"。然而，奉宸府承担了大量宫内事务，"每因宴集，则令嘲戏公卿以为笑乐。若内殿曲宴，则二张、诸武侍坐，樗蒲笑谑，赐与无算"[3]。武则天私属的色彩更加浓重。这种双重性反映出皇帝设置机构的随意性，在既有朝廷机构框架之外，根据特定的目的、个人的兴趣爱好任意设置直属的部门，兼具公私两方面的职能，凌驾于朝廷之上，发展成熟之后，取代外朝机构。整个帝制下的古代中国，一直都在反复上演这出内廷取代外朝的剧目，只是名称不同而已。唐朝中央的三省，原来不都是先朝皇帝的内廷私属部门吗？此后如唐玄宗朝的翰林院，也是如此。武则天的控鹤监名声太坏，存在时间太短，尚未成熟就因武则天的垮台而被清除，最后沦为耻笑之柄。控鹤监并不是一个特例，简单将它划为武则天男宠嬖幸机构，不足以揭示其全貌，探究武则天晚年政局的推演，乃至帝制下的制度演变史。

皇帝私属部门因为兼具公私两面性，所以往往职能混乱，没有明确且严格的职责与编制规定，随性而生，随意而转。控鹤监改称奉宸府，有走向正规化的意图，并做了人员的扩充，"选美少年为左右奉宸供奉"。此事闹得沸沸扬扬，以至于右补阙朱敬则上谏：

臣闻志不可满，乐不可极。嗜欲之情，愚智皆同，贤者能节之不

1 ————
《资治通鉴》卷206
"则天后圣历二年
（699）正月"条。

2 ————
《旧唐书》卷6
《则天皇后》"圣
历二年春二月"条。

3 ————
《旧唐书》卷78
《张易之传》。

使过度，则前圣格言也。陛下内宠，已有薛怀义、张易之、昌宗，固应足矣。近闻尚舍奉御柳模自言子良宾洁白美须眉，左监门卫长史侯祥云阳道壮伟，过于薛怀义，专欲自进堪奉宸内供奉。无礼无仪，溢于朝听。臣愚职在谏诤，不敢不奏。[4]

4 ————
《旧唐书》卷78
《张易之传》。

机构新入职者皆为少年，唐朝吏部铨选新人依照"身、言、书、判"四条标准，制度性要求选拔英俊堂堂之人，称之为"美少年"亦无不可。然而与张易之、张昌宗联系在一起，引人浮想翩翩，饰以流言琐语，奉宸府的形象和武则天的私生活堪为人耻。臣下如此放肆，武则天却只是淡然处之，批示"非卿直言，朕不知此"，还送去锦彩百段慰劳。这一幕出人意料。道理很明白，此时的武则天年近八十，风流不在，也就不把臣下的联想当回事，所奖励的是让她了解到外间的流言。从绯丽情境走出来，回到现场，宫内宴集多有朝官公卿参加，训练有素的美少年在一旁侍候，凝听细言，收集醉后放情浪语，难怪留下侍宴记载的大臣都畏之犹如鬼门关，而年老体衰的皇帝却乐此不疲，宛若拭镜去疑。

第二，专任近侍，偏听偏信。

武则天晚年政局明显的变化，是她只信任到很少的几个人，尤其对于张易之、张昌宗到了偏听偏信的地步，几乎成为她在外朝的化身。

这么多年来，能够和武则天戏谑浪语的就数张易之兄弟俩了。即便有大臣在场，他俩也不避忌惮，举止轻佻，全然没有君臣分际，让大臣们惊呆了。大臣眼中的武则天，端坐在朝堂之上，表现得十分庄严，森然肃穆，可到了宫内和张易之兄弟相处的时候，判若两人。原来武则天也和普通人一样，在情欲方面甚至强烈得多。背过人去，她放纵享受，无论宫内朝中激烈争斗带来的紧张和压力，还是折磨憎恶的对手获得的兴奋和满足，她都会纵情声色，在飘然若仙的感官刺激中抚慰自己，陶醉于征服的快感之中，重聚能量，迎接明天。她收罗了各式各样雄壮的男宠来满足自己的性欲宣泄，冯小宝（薛怀义）魁梧壮实，却太过粗鄙，比来比去，还是张易之兄弟既俊美强壮，又善解人意，在宫中调教，打磨得十分称心，浪语亲昵，让武则天仿佛回到少女时代，一脸春光，忘记了场合。经常陪侍内宴的宰相王及善清正古板，忍不住要出言劝谏，次数多了，武则天不耐烦，对他说：您年纪大了，以后不用参加游宴，处理好文件政务就行了。王及善好心维护皇帝的身份尊严，却讨了个没趣，憋气请病假，一个多月下来，武则天好像忘记他似的，不曾过问。王及善闹点小情绪，希望武则天明白过来，不料却是如此结果，感叹自己执掌决策与诏令的要害部门，本应和皇帝形影不离，竟然个把月不闻不问，可见政务之荒废。于是上表请求退休，武则天虽然没有批准，但王及善心情也没好转，撑到下月就撒手人寰了。

武则天把张易之兄弟视为心头肉，而这对宝贝不是容易满足的人。张易之给自己盖了一座豪宅，高大宽阔，墙刷红粉泥，柱用文柏帖，装饰琉璃沉香，所用皆四方极品，耗费数百万巨资。传言连鬼都叹为观止，夜间在墙壁书写："能得几时？"张易之命下人铲去，第二天又赫然出现，反复六七次，张易之干脆自己在下面写："一月即足。"鬼都劝不住，知难而退。半年之后，张易之也随之而去。[1]

张易之兄弟奢侈挥霍也就罢了，问题是他们还有好几个兄弟，一哄而上，把朝廷当市场，坐摊售卖。张昌仪当洛阳令，热销官职，忙都忙不过来。有一次，他把买主的名状交给主管人事的天官侍郎张锡去办。张锡也有自己的生意要做，竟然搞丢了，再去问张昌仪，张昌仪回答道："我亦不记，得有姓薛者即与。"有这道指示，张锡回到吏部找来候补名单，姓薛的有六十多人，全都授予官职。[2]

不依法而依权，腐败越发不可收拾，特别是武则天亲自提拔的官员，更加有恃无恐。武则天的外甥宗楚客兄弟，贪赃枉法的前科累累，每次都能东山再起，平步公卿。圣历元年（698）初，宗楚客从夏官侍郎转任文昌左丞，第二年（699）便案发，他和弟弟司农卿宗晋卿收受贿赂万余缗，分别被贬黜到地方任职。谁知道他很快回来了，官复原职，再任夏官侍郎，长安四年（704）竟然当上宰相。

1 ——————
《朝野佥载》卷6。《资治通鉴》卷207"中宗神龙元年（705）正月"条记载为张昌仪府邸，当另有所据。传说纷纭，可知张氏兄弟穷奢极欲，坊间怨愤沸腾。

2 ——————
《朝野佥载》卷3。

张锡同张易之兄弟配合甚佳，久视元年（700）擢升宰相，第二年就发现贪污赃款巨大，依法当斩，临刑前武则天特别赦免了他，改为流放。

武则天最后的几年，每年都有宰相一级的官员因为贪污受贿而遭罢免。高官贪渎的普遍化是第一个特点；任职后贪渎变现的快速化是第二个特点。长安元年（701）六月被任命为宰相的李迥秀，长安四年（704）就因为大收贿赂而被贬官。武则天亲信内部贪官轮替化是第三个特点。李迥秀前脚刚走，因为贪污遭贬黜的宗楚客后脚接任宰相。

这些贪官大多同张易之兄弟紧密勾连，傍上这两座通天大山，鸡犬升天。反之，不能满足他俩的欲壑，同样会被禁锢到子子孙孙。隋朝宰相杨素号称出自名门望族弘农杨氏，隋朝皇族也宣称源出弘农杨氏，在难以厘清的血脉上，这两家应为同族。武则天的母亲是隋朝皇族后人，故武则天把杨氏同武氏垄断宰臣定为原则，武家天下杨家臣，杨素后人杨元亨任司府少卿、杨元禧任尚食奉御。这两人没有顺从张易之的索求，张易之恼羞成怒，跑去向武则天控诉，搬出杨素来说事，说不应任用前朝逆臣后裔。在古代，禁锢本朝奸臣后裔当官的情况，时有所见，但追溯到前朝就相当特殊了。不知道张易之如何挑唆，总之武则天大动肝火，颁制痛斥杨素，辞近谩骂，明令"杨素及兄弟子孙已下，并不得令任京官及侍卫"[3]。杨元亨和杨元禧分别被贬黜到遥远的东北和东南两地。这件事震动不小，官场切记不能惹张易之兄弟生气。

张易之把一家兄弟都拖入官场，升迁美职，言无不从。他的母亲阿臧也起心动念，张易之赶忙为她收集金银、珠玉等奇珍异宝，打造七宝帐。家里大床用象牙，被褥用麝貂，毡子用蛩蚊，极尽奢华。物质方面能够满足的，张易之都尽力而为了，情欲方面的需求，张易之也攻无不克。阿臧眼光高，相中当朝宰相李迥秀，唤他来共饮，专门打造一双鸳鸯盏，举杯相逐，逼其私通。李迥秀畏惧张易之权势，嫌阿臧太老，不敢硬顶，急中生智，干脆畅饮大醉，叫唤推搡都醒不过

3 ————
《旧唐书》卷6
《则天皇后纪》
"圣历三年（700）
七月"条。事情
经过见《资治通
鉴》卷207"则
天后久视元年
（700）闰七月"条。

来。每次私聚都是如此。只好请武则天出面，诏令李迥秀好好照顾阿藏。[1]看来张易之兄弟在武则天心里重于泰山，几乎到了百依百顺的地步。

武氏子弟知道张易之兄弟的分量，无不放下不可一世的气焰，"武承嗣、三思、懿宗、宗楚客、宗晋卿候其门庭，争执鞭辔"[2]。武则天亲生子女，即使是皇嗣也得俯首礼敬。长安二年（702）八月，"太子、相王、太平公主上表请封昌宗为王"，武则天没有同意。太子等三人再次请愿，武则天点头了，封张昌宗为邺国公。

张易之、张昌宗兄弟权倾一朝，气焰熏天。武则天晚年的权力结构呈现为：武则天—张易之、张昌宗—皇家（太子、相王、太平公主）、武氏子弟—朝廷。一人之下，万人之上，最后的政治斗争也聚焦于此，猛烈爆发。

五十九

武周末期政治的关键是武则天的身体健康问题。这位身体强健、精力过人的统治者，身体状况迅速恶化，再也无法掩盖。

第一次暴露在百官面前是圣历二年（699），二月四日武则天前往嵩山祭祀，七日"太后不豫"。从精神抖擞登山到病重危急仅仅三天，武则天年老体衰原形毕露。疾病来势汹汹，十分严重，紧急派遣给事中阎朝隐赶往少室山祈祷。阎朝隐甚至洗净身体躺在祭盘上，要用自己作为献给神的祭品，以命换取武则天回转痊愈。经过御医全力抢救，武则天身体稍有好转，十二日中途折回东都。[3]这场大病一直到第二年五月，历时一年多，武则天才感觉痊愈，无比欣慰，宣布改年号为"久视"，去掉皇帝称号中的"天册金轮大圣"，举国庆祝五天。[4]收敛帝号中与佛比肩的张狂，是对神的俯首，求得庇佑；"久视"乃至最后的"大足""长安"年号，则是向佛祈求长生与政局稳定的真

1

《朝野佥载》卷3。《旧唐书》卷78《张易之传》记载："（张易之）母韦氏阿藏封太夫人，使尚宫至宅问讯，仍诏尚书李迥秀私侍阿藏。"

2

《旧唐书》卷78《张易之传》。

3

《资治通鉴》卷206"则天后圣历二年（699）二月"条。

4

《旧唐书》卷6《则天皇后纪》。

情流露。而且，这期间武则天服用了僧人胡超炮制的长生药，"疾小瘳"[5]。使用长生药这类仙药，自我感觉的身体恢复往往都是短期刺激的效果，真正的身体衰落却不可逆转，并且随着老去而断崖式下降。

第二次重病不久又降临了。长安三年（703）九月，"太后不豫"，张昌宗甚至担心武则天死去，可知病情危笃。[6]

第三次重病接踵而至。长安四年（704）十二月，"太后寝疾"[7]，张昌宗召术士问卜。过了年，病情加剧，宫内发生了恢复唐朝的政变。政局尘埃落定，武则天反而不用忧惧，病情转缓，拖到十一月去世。

从圣历二年（699）到长安四年（704）的五年，政局的波澜起伏都随武则天重病这条轴线展开。

第一次突如其来的病危，让武则天不得不格外认真地思考身后之事。

圣历二年（699）七月，武则天命太子、相王、太平公主和武攸暨等武氏子弟在明堂立下和睦誓文，告之于天，铭刻在铁券上，藏入史馆。确立李显为太子的政治地位之后，武则天正在切实推动亲生子女（相王、太平公主）和武氏子弟的双方联盟，共同构成最高权力集团，成为下一代政治人事之本。武氏子弟在这二十年左右封王拜相，已经筑起一定的政治基础，再通过婚姻和政治利益两条纽带同李氏捆绑起来，命运与共。武则天的目的是确保自己的至尊地位和政治格局在身后不被颠覆。她的政治构图在懦弱的中宗、睿宗时期能够起作用，不是因为深谋远虑，而是因为弱主强臣的特殊政治环境。长期遭受禁锢的中宗、睿宗毫无政治人事根基，只能借助既有的武氏制衡强势的朝臣，一旦皇权稳固，就一定要清除僭主政治人事关系的残余势力，因为两者之间的利益和目标存在着根本性的矛盾。无论武则天生前或者身后，朝官中的明白人，甚至武则天的心腹都看得十分清楚，但武则天别无良策，只能一条道走到黑。中宗、睿宗到玄宗三朝的政治推移，把这个道理展现得淋漓尽致。深入的分析，有待他日专论。

在武则天的政治构图中，自家子女和武氏子弟虽有主次，却基本

[5] 《资治通鉴》卷206"则天后久视元年（700）五月"条。

[6] 《资治通鉴》卷207"则天后长安三年（703）九月"条。

[7] 《资治通鉴》卷207"则天后长安四年（704）十二月"条。

第十章 潮落　457

属于同格。武则天让自家子女姓武，试图模糊双方的界限，同时也就淡化了双方的主次关系，为日后你死我活的博弈埋下根子。帝制下政治主次关系必须毫不含糊地确定为君臣关系，杜绝出现僭主形态的可能性。武则天没有做出决绝的了断，日后才有中宗韦皇后、太平公主等复辟僭主政治的图谋。武则天本人是唐朝僭主政治的始作俑者，当然不可能做出了断，同时注定了武氏覆灭的命运。

武则天是权力斗争的精算师，却不是具有洞察力的政治家，工于心计和手段，却拙于治世和远见，迷信权力可以改变一切，勉力维护武氏比肩李氏的政治地位，不惜排除不能完全同调的心腹。久视元年（700），吉顼和武懿宗在朝堂上争功，被武则天视为对武氏的冒犯，把吉顼贬黜到外地。吉顼是武则天欣赏并倚重的大臣，出自酷吏群体，却颇有政治见识，曾经诱导张易之、张昌宗劝说武则天立李显为太子。武则天马上悟出是吉顼的主意，找他深谈，促成此事。吉顼曾向武则天献策，把李氏和武氏像和水土成泥一样调和在一起，武则天晚年一直在这么做。武氏子弟攻击吉顼倒向太子，但武则天心知肚明，并不怪罪。这次贬黜吉顼是为了维护武氏子弟不容挑战，但武则天并没有把吉顼视为敌人，所以在贬黜时还接见了他，动了感情。要是被视为敌人，死得惨不忍睹，哪有这番待遇。武则天晚年贬黜的人，只有两个人处罚后被接见，另一位是魏元忠，很快就要说到他。显然武则天都没有把他们当作敌人。

另一方面，病后的武则天加紧建造佛像寺庙，开展宗教活动。久视元年（700）中，下令僧尼出资协助建造大佛像。长安元年（701），因为成州（今甘肃礼县）奏称见到佛迹，改年号为"大足"。长安四年（704）正月，拆三阳宫，在万安山兴建兴泰宫，作为武则天疗养行宫；四月，向僧尼征税，在白司马坂建造大佛像。这几件事其实都反映出武则天祈佛保佑与渴望延年的病中老人的焦虑心情。而且，武则天还在长安二年（702）七月下令内外官司不再接受提告扬州及豫、博两起反叛大案的余党。扬州案亦即光宅元年（684）徐敬业起兵讨伐武则天案，豫、博案则是垂拱四年（688）皇族李冲、李贞起兵反

乾陵永泰公主
墓墓道

抗武则天案，全国追索余党，将近二十年，株连无数。这一年十一月，监察御史魏靖上疏要求平反来俊臣制造的冤案，获得批准，一部分人获得洗雪。这两件事不是武则天洗心革面，而是料到将来翻案而预先做的处置，反映出她对于身后政治走向不确定性的担忧。求佛也好，平反也罢，萦绕心头的都是步步逼近的死亡。

武则天晚年的焦虑与重病缠身，对朝中事务越来越难以亲力亲为，也就越来越依赖身边的人代她传达指示，处理政务。三次重病，特别是后面两次，清楚显示都是张易之、张昌宗兄弟陪侍在旁，成为她和朝官之间的沟通管道。张易之和张昌宗的重要性凸显出来，一言一行皆代表着武则天的意思，莫辨真伪，是喜是怒都决定着王公百僚的生死，毫不含糊。两件事让满朝侧目屏息：因为不能满足张氏兄弟的要求，武则天禁锢了同称出自弘农杨氏的杨素一族；因为背后议论张氏兄弟权势熏天，武则天逼令亲孙子邵王李重润、孙女永泰公主与夫婿武延基自尽。显而易见，武则天把张氏兄弟视为众臣对自己的权威与忠诚的试金石。这两件震动颇大的案子接连发生在久视元年（700）和长安元年（701），恰好在武则天第一次病危之后，病榻上挣

永泰公主阴线仕女画拓片　　　　　　　　永泰公主阴线仕女画拓片

扎的武则天更加多疑，无时无刻不在担忧大权旁落、内外失控，极度敏感，极度警惕，因此也极其冷酷，极端残忍。这是独裁皇帝末期病态政治的表征。

作为武则天唯一代言人的张氏兄弟，大权在握，同时也成了万箭靶心。权力越集中，矛盾也越集中，福祸相依，屡试不爽。张氏兄弟不懂得畏惧，反而有恃无恐，不但决定了自己的惨死结局，还成为政治斗争的突破口。

张易之、张昌宗兄弟成为满朝公敌，原因在于：第一，出身猥琐，行为不端。以男宠身份公然登上政治前台，卖官鬻爵，收受贿赂，举家嚣张，连老母都要逼迫宰相私通，皆为世人所不耻。第二，既无历练，又无功绩，更无政治人事根基，在政坛高层可谓致命之穴，正所谓德不配位，必有灾殃。第三，不知敬畏，目空一切，既蹂躏朝官，又践踏天潢权贵，集私仇公愤于一身。这三条集中起来，张易之、张昌宗兄弟在政治天平上分量之轻薄，一目了然。没有武则天给他俩权力，他俩就像青烟鬼影。

政治斗争与两军对阵无异，都在选择对方的薄弱之处作为突破口。武氏子弟已成势力，张氏兄弟则属虚张声势，对他的攻击可以直达根源所在，一举改变政局。在武则天末期的政治决斗中，最值得注意的是武氏子弟几乎袖手旁观，让武则天多年在权力核心部门的人事安排宛如虚设。张易之、张昌宗横扫一切的张狂把自己陷入重围，四面楚歌，也让武则天内外失据，孤立无援。

朝臣与张易之、张昌宗兄弟的斗争从规矩和礼仪开始。前已述及，宰相王及善屡屡劝谏武则天，指责张易之兄弟不守臣礼，由于武则天偏袒张氏兄弟，温和的进谏以失败告终，王及善郁郁而终。这一切，朝臣们都看在眼里，心中的愤怒转向张氏兄弟喷发。久视元年（700），韦安石担任宰相。他早就看不惯张氏兄弟破坏规矩的行为，多次当面批评，都成了耳边风，没有效果。有一天，他参加武则天在禁中举行的内宴，看到张易之竟然招引蜀商宋霸子等多人在席间游戏。宫内严禁外人进入，更何况是商人，严重违反禁制。韦安石起身向武则天进言："蜀商等贱类，不合预登此筵。"[1]话说完就命令左右将这些商人全部驱赶出去。举座大惊失色，都把眼光投向武则天。武则天拿韦安石没有办法，理亏不好发作，机敏地表扬韦安石，转圜过去。

前面介绍过担任宰相的苏味道，处理国家事务模棱两可，对于溜须拍马却毫不含糊。长安元年（701），新年从成州传来看见佛陀足迹的喜讯，武则天下令改年号为"大足"。犯案入狱的原宰相苏味道揣摩出圣意，在狱中席地而卧，淡水素食，做悔过状。武则天听了汇报，让他官复原职。这时已经是春暖花开的季节，突然飘起大雪。苏味道捕捉住这一景，率领百官隆重向武则天庆贺祥瑞，呼应新年的佛迹，抚慰她大病痊愈之心，十分投契。万万没有料到，殿中侍御史王

1 ————
《旧唐书》卷92
《韦安石传》。

求礼挺身而出，在武则天面前直言："今阳和布气，草木发荣，而寒雪为灾，岂得诬以为瑞！贺者皆谄谀之士也。"这无异于对谀臣的公开揭露与挑战，大扫武则天的兴头，为此罢朝。

当时还有人进献三条腿的牛，宰相们又率众庆贺吉兆。还是王求礼大声疾呼："凡物反常皆为妖。此鼎足非其人，政教不行之象也。"[1]非但不是吉兆，反而是政教不行的显现，针砭时弊，武则天又讨了个无趣，蹙眉揪心。

这种自发的抵制越来越多，武则天重用的高官一个接一个落马。

圣历二年（699），武则天的外甥宗楚客、宗晋卿因贪污受贿贬官。

长安元年（701），宰相张锡和苏味道入狱。张锡泄密和严重贪污，免死流放。苏味道因可怜而复职。

长安四年（704），正月，宰相李迥秀受贿，遭监察御史马怀素弹劾，贬官。三月，苏味道葬父侵占百姓墓地，使役州县，遭监察御史萧至忠弹劾，贬官。七月，刚被重新起用为宰相的宗楚客，再次犯罪，贬官。

从圣历二年（699）以来，高层落马的几乎都是武则天的亲信。五年倒下六个宰相，震动何其大，政局何其乱。这六人身居宰相高位，像李迥秀还有张易之这条直通武则天的内线做依靠，不是平民或小官能够扳倒的。[2]留下名字的弹劾者，马怀素以刚正著称，不是武则天的亲信；萧至忠此时正依附于武三思，隐约可见武三思的影子[3]，武氏子弟在期间扮演什么角色，耐人寻味。宗楚客是贪污惯犯，苏味道稍逊而已，他们屡贬屡起，武则天的意思表达得十分清楚，而抵制的力量也不依不饶，屡用屡劾，犹如韧性十足的角力赛。而且，时间越往后，贪官佞臣倒下的频度越高，长安四年（704）多达四人，朝廷顶层几乎到了瘫痪的地步。此时此刻，武则天正躺在病榻上倒计生命。斗争烈度直线上升，进入白热化，山雨欲来风满楼。

在朝堂上，要求武则天还政于中宗，甚至呼吁恢复唐朝的声音，从地下转为公开，甚至直面武则天而去。长安元年（701），冀州人苏

1 以上两条引文均见《资治通鉴》卷207"则天后长安元年（701）三月"条。

2 《旧唐书》卷102《马怀素传》记载："时夏官侍郎李迥秀恃张易之之势，受纳货贿，怀素奏劾之，迥秀遂罢知政事。"

3 《旧唐书》卷92《萧至忠传》记载："神龙初，武三思擅权，至忠附之……恃武三思势，擢选无所忌惮。"

安恒上疏武则天：

> 陛下钦圣皇之顾托，受嗣子之推让，应天顺人，二十年矣……今太子孝敬是崇，春秋既壮，若使统临宸极，何异陛下之身。陛下年德既尊，宝位将倦，机务殷重，浩荡心神，何不禅位东宫，自怡圣体。臣闻自昔明王之孝理天下者，不见二姓而俱王也。当今梁、定、河内、建昌诸王等，承陛下之荫覆，并得封王，臣恐千秋万岁之后，于事非便，臣请黜为公侯，任以闲简。臣又闻陛下有二十余孙，今无尺土之封，此非长久之计也。臣请四面都督府及要冲州郡，分土而王之。[4]

4 ————
《旧唐书》卷187
上《苏安恒传》。

提出三条请愿：第一，武则天退位，还政于中宗。第二，武氏子弟之封，降王为公侯。第三，分封李唐子孙为王。武则天很清楚，这是官民的普遍心声，不是杀个人就能压制下去的。所以，她采取怀柔手段，破格召见了苏安恒，赏赐餐食，慰谕一通，打发回去。

上疏没有结果，苏安恒越发壮勇，长安二年（702）再次上疏：

> 昔者先皇晏驾，留其顾托，将以万机殷广，令陛下兼知其事。虽唐尧、虞舜居其位，而共工、驩兜在其间，陛下骨肉之恩阻，陛下子母之爱忘。臣谓圣情以运祚将丧，极斯大节；天下谓陛下微弱李氏，贪天之功。何以年在耄倦，而不能复子明辟，使忠言莫进，奸佞成朋，夷狄纷扰，屠害黎庶。陛下虽纳隍轸念，亦罔能救此生灵。

> 臣闻天下者，神尧、文武之天下也……陛下虽居正统，实唐氏旧基……东宫昔在谅阴，相王又非长子，陛下恐宗祀中绝，所以应其讴歌。当今太子追回，年德俱盛，陛下贪其宝位，而忘母子深恩。臣闻京邑翼翼，四方取则。陛下蔽太子之元良，枉太子之神器，何以教天下母慈子孝，焉能使天下移风易俗焉？惟陛下思之，将何圣颜以见唐家宗庙？将何诰命以谒大帝坟陵？陛下何故日夜积忧，不知钟鸣漏尽？臣愚以天意人事，还归李家。陛下虽安天位，殊不知物极则反，

器满则倾。

言辞激烈，直接指斥武则天鸠占鹊巢，要求还政于中宗，恢复唐朝法统，提出这是天下人心所向。这些言辞要在前些年发出，立刻会被武则天剁为肉泥。但眼下情势已变，人心思唐，武则天怎会没有情报和感知？不讲道理的残暴扼杀会激起广泛的同情。所以，她还是采取冷处理，虽然不再接见苏安恒虚情慰抚，却也没有处罚他。

公开的抵制，暗中的角力，沸扬的舆论，此消彼长，确实已经到了物极必反的境地。要让大家不思念前朝，只有一条路，那就是做得更好，让大家更有所获，对未来充满信心。如果远不如昔，那么前朝的一切，哪怕瑕疵都会被描绘得熠熠生辉。这些虽然不是真相，却是人心。对过去的思念，往往是对当下的批判。这种思念像涟漪泛起，波涌成潮；如种子随风，绿荫遍地。对强权与不公的抵制看不出有任何组织的痕迹，而是自发的行为，基于传统、规则和公正的个人奋起。这些事情虽属散发，却广泛出现，构成社会政治生态。经常是统治者简单粗暴的应对，适得其反地促使诉求不同的各方汇聚在一起，组织起来，把民生、经济、文化、情感等各种层面的异议统统推到政治层面，激烈冲突，酿成变局。武周政权的最后一幕，就是这样上演的，以愚蠢自私的闹剧开场，引起环环相套的两大案，牵连出许多本无相干的官员，共同为其送葬。

武则天晚年倚重的宰辅大臣魏元忠，曾经担任洛州长史，亲眼见到张易之弟弟张昌仪的跋扈。张昌仪担任洛阳令，为洛州下属，可张昌仪仗着兄长的权势，每次到州府时总是不按身份立于庭下，而是直接闯上长史厅堂听政，州官不敢惹他，只能忍气吞声。魏元忠到任，立即将张昌仪驱逐于庭下，对其印象甚恶。张易之一家嚣张，连家奴都在都城市场上横行霸道，魏元忠毫不客气，拿下杖杀。几件事情让张氏兄弟怀恨在心。长安三年（703）九月，武则天要提拔张昌期为雍州长史，征询宰相魏元忠的意见。魏元忠根据他主政岐州造成户口逃亡殆尽的业绩，提出反对意见，更让张氏兄弟恨上加恨。

张昌宗找到武则天病重的机会，奏报魏元忠和太平公主所爱的司礼丞高戬密谋趁机拥立太子。重病卧床，与外间消息不畅，本来就疑神疑鬼，被人一挑拨，哪怕一句平常话都要琢磨半天，何况是最担心的夺权心病，武则天失去理智，下令把魏元忠和高戬逮捕入狱，交张昌宗庭审。张昌宗以高官为条件，引诱凤阁舍人张说指证魏元忠。第二天庭审开始，武则天让太子、相王和众宰相会审。魏元忠抗辩，反复争议。这时候张昌宗要亮出撒手锏，让张说到庭做证。武则天批准，传唤张说。

张说来了，在殿外准备进场的时候，同僚们聚拢过来。凤阁舍人宋璟对他说："名义至重，鬼神难欺，不可党邪陷正以求苟免！若获罪流窜，其荣多矣。若事有不测，璟当叩阁力争，与子同死。努力为之，万代瞻仰，在此举也！"眼见冤案再起，朝臣们不再寒战畏惧，他们起而抗争，甚至准备付出生命。张氏兄弟的愚蠢和跋扈，武则天的蛮横暴力，把朝中大臣们推到一处，他们要绝地反击，即便是重陷深渊。酷吏猖獗的累累白骨，反而激起了向死而生的斗志。

殿中侍御史张廷珪激励张说道："朝闻道，夕死可矣！"

左史刘知几告诫："无污青史，为子孙累！"

张说听在心间，静静地走了进去，每一步都关系生死。

张昌宗扑上来，催促张说快说，声音十分严厉。武则天盯着他，魏元忠望着他。张说开口了，对着武则天说："陛下视之，在陛下前，犹逼臣如是，况在外乎！臣今对广朝，不敢不以实对。臣实不闻元忠有是言，但昌宗逼臣使诬证之耳！"这是用生命给魏元忠做的洗刷。连张昌宗挑选出来的人都不愿意背黑锅，为千夫所指。此案何其不得人心。

张昌宗跳脚，指控张说和魏元忠一同谋反。武则天逼视张说，要他交代。张说讲了自己用历史上的忠臣勉励魏元忠的经过。坚守正道，在张昌宗听来全都成为谋反，是文化太低，还是歪眼视物呢？

陈述到最后，张说慷慨而言："臣岂不知今日附昌宗立取台衡，附元忠立致族灭！但臣畏元忠冤魂，不敢诬之耳。"

张昌宗无脸可丢,武则天却不能全输,呵斥张说为反复小人,拘押下去,交给宰相会同武懿宗一同审讯。

案子越闹越大,朝野瞩目。宰相朱敬则不辞老迈,上疏抗争:"元忠素称忠正,张说所坐无名,若令抵罪,失天下望。"

那位不惧直言进谏的苏安恒闻讯上疏:

陛下革命之初,人以为纳谏之主;暮年以来,人以为受佞之主。自元忠下狱,里巷恟恟。皆以为陛下委信奸宄,斥逐贤良,忠臣烈士,皆抚髀于私室而箝口于公朝,畏迓易之等意,徒取死而无益。方今赋役烦重,百姓凋钳,重以谗慝专恣,刑赏失中,窃恐人心不安,别生他变,争锋于朱雀门内,问鼎于大明殿前,陛下将何以谢之,何以御之?

张易之等读到这份上疏,气急败坏,要屠戮苏安恒。宰相朱敬则、凤阁舍人桓彦范、著作郎魏知古等高官要员站了出来,保护了苏安恒。

魏元忠案震动朝野,这么多官员挺身而出,以命抗争,武周建立以来从未有过。武则天大概也难以明白究竟为什么。魏元忠刚正有能,在百官中威信高是一条,案情太牵强也算一条,可这样的高官没有少杀,为何都波澜不惊呢?道理恐怕在于武则天左右除了武氏子弟、张氏兄弟等一帮专横跋扈的近亲佞臣外,信得过的就数魏元忠了。武则天信任他,百官也信任他,他几乎成为百官上达天听的唯一管道,寄托着最后的希望。如果魏元忠轻易被整倒,希望也就破灭了。这是高不可及的皇帝无法体察的忠臣心理,犯众怒尚可强压,揉碎希望只能抗争。这个案子竟然起到了动员朝野、汇聚忠良的作用,仿佛是拂晓响起的集结号。

武则天并没有相信魏元忠谋反,但事情闹到这份儿上,不能不做个梯子下台。武则天高高举起,轻轻放下,把魏元忠贬为高要(今广东高要)尉。发配那一天,武则天再次破例见魏元忠最后一面。魏元忠伤情忧虑地说道："臣老矣，今向岭南，十死一生，陛下他日必有思臣之时。"武则天问为什么，魏元忠指着立在边上的张易之、张昌宗说道："此二小儿，终为乱阶。"[1]似乎是预言，可明白人谁不知道。

1
以上引文均见于《资治通鉴》卷207"则天后长安三年（703）九月"条。

魏元忠要出发了，太子身边的崔贞慎等八人特地到郊外饯别送行。这也是以前无人敢为的举动，果然遭人诬告，说他们聚集谋反。告密者化名柴明，其实是张易之。武则天命令监察御史马怀素审理，吩咐他从速处置。马怀素要柴明出来对质，武则天不准，指示按照告密状办理。马怀素坚决不从，顶住了武则天说他包庇纵容罪犯的指责，用自己的生命保全了崔贞慎等人。

每一个站出来的人都豁出性命，最后的时刻加速到来。

魏元忠案把朝中官员团结起来，与张氏兄弟斗争成为共同的目标。他们开始反击了。长安四年（704），正月到三月，先后有两位武则天的亲信佞臣李迥秀、苏味道遭到检举而落马；七月，武则天外甥宗楚客再次被拉下马，贪污受贿，证据确凿。补上的宰相是韦嗣立和李峤，还有因母老请辞不到一月重新上任的姚崇，以及天官侍郎崔玄暐。韦嗣立屡屡向武则天净言进谏，前面多有引述，不再介绍，就说崔玄暐，性情耿直，不交际应酬走关系，遭朝廷当政者嫌弃，从天官侍郎转为文昌左丞，亦即从主管人事改为处理行政事务。他一走，手下举杯相庆，人事舞弊频发，武则天见状，又将他调了回来。崔玄暐显然是秉公办事之人。宰相更替反映出佞幸势力衰退、正气回升的变化，以及朝廷官员的意愿。

朝廷吵吵闹闹，年迈体衰的武则天颇为烦心，四月前往兴泰宫疗养，七月十五日回来。第二天，司礼少卿张同休、汴州刺史张昌期、尚方少监张昌仪因为贪污下狱，交由御史台审理。再过一天张易之和张昌宗"作威作福"，一并受审。仅仅三天，发生这么大的变故，在武则天外出疗养期间一定有事情发生，迫使她不得不赶回处理，并且交出随侍左右的张易之、张昌宗。案犯全是张氏兄弟，堪称稀罕，矛头所向，分外明确。佞幸宠臣光鲜飞扬，成为明处的靶子，对手则在水面之下，同气相求。双方立即展开博弈。二十二日，案子仅审理五天，刑部主事司刑正贾敬言上奏，称张昌宗强买田地，应罚铜二十斤。武则天立即裁决："可。"武则天把案子转成表演，显示自己公正无私，毫不偏袒。手下领会圣意，只查出蝇头小利，反证张昌宗相当廉洁。能够将张氏兄弟如数请进大牢，朝官不好糊弄。果然，才过四天，御史大夫李承嘉、中丞桓彦范一同上奏，指控张同休兄弟贪赃四千余缗，当予惩办，张昌宗则须依法免官。证据和法律都摆在台面上了，武则天不好办，问众宰相如何处置。这不是明知故问吗？那位啧啧赞颂张昌宗美过出水莲花的杨再思再次提出匪夷所思的高见：张昌宗炼制神丹，让圣上玉体安康，乃国之大福，功莫大焉。不论法，只谈仙，梯子都搭好了，武则天马上开释了张昌宗，官复原职。

一提到武则天的健康，就没有人敢提出异议，可知当时朝廷高层都了解武则天衰病虚弱的状况。各方都很焦虑。武则天担心被篡权，朝官担心张氏兄弟篡位，张氏兄弟担心遭到清算。局势极其凶险，导致武则天在位最后半年的斗争是你死我活。

很多人没有留意到，就在张氏兄弟案审理的关头，武则天的外甥，宰相宗楚客再次爆出罪案，被贬出京城，武则天的势力遭到进一步削弱。虽然张同休、张昌仪都被贬黜为地方佐官，但是，张氏兄弟的案件并未就此了结。张易之、张昌宗全身而退，血腥反扑在所难免。这回宰相韦安石出面了，上奏弹劾张易之。武则天让韦安石和唐休璟两位宰相来审理，似乎张昌宗在劫难逃了。然而，武则天马上宣布韦安石兼任扬州刺史，唐休璟兼任幽营都督，将他们派遣到外地去，案子也就束之高阁了。武则天采取这个办法，显然知道外间群情汹汹，不能硬压。张氏兄弟案到此可以算作第一阶段。

大臣们不依不饶究竟为什么呢？唐休璟出京赴任时专门见了太子，密言："二张恃宠不臣，必将为乱，殿下宜备之。"[1]朝臣的目标很清楚，确保权力向太子过渡，恢复唐朝。

1 ——————
《资治通鉴》卷207"则天后长安四年（704）"条。

六十

武则天要压下张氏兄弟案子，把主事的宰相纷纷派遣到外地兼职。宰相姚崇也被分派了灵武道行军大总管、安抚大使的职务。朝中总得有撑得起台的人主持，且不能与围绕张氏兄弟展开的博弈相关涉，武则天征询姚崇，姚崇力荐张柬之。十月，张柬之终于当上了宰相。这时的他已经八十岁了，史无前例。一位在年龄上看无可作为的老人，立刻成为朝中恢复唐朝的中心人物。

武则天未必信得过张柬之，同期还任命了房融，以及韦嗣立的哥哥韦承庆为宰相。这韦氏二人虽为兄弟，韦嗣立屡屡直言进谏，韦承庆却依附于张易之。房融也是张易之党羽。宰相群里，张氏党羽仍居优势，张柬之要在夹缝内行事，颇为不易。

十二月，武则天再次病倒了，住在长生院，昏昏沉沉。接连几个月，宰相都见不到她，只有张易之、张昌宗兄弟在身边伺候，传达旨意。朝官们的心再次揪起来，不知宫内发生什么事情。从十月金秋起，京城就下起雪来，一百多天昏晦不明，见不到星星。天象异常，宫内异常，民间也是谣言纷纷，"张公吃酒李公醉"，满城风传。张公指张易之兄弟，李公指李唐大盛，大家相视意会，带着期盼，也忐忑不安。[2]

崔玄暐上奏："皇太子、相王，仁明孝友，足侍汤药。宫禁事重，伏愿不令异姓出入。"[3]大家都懂得最后一刻皇帝身边的人有多重要，突然冒出来的"遗诏"可以让山河变色，王城易帜。所以，朝官要求驱逐张易之、张昌宗，改由太子、相王等亲儿子随侍。说白了就是传位于太子。民间也警惕张氏篡位，大街上有人张贴张易之兄弟谋反的条子，武则天对此不闻不问。

透不过气的压抑气氛中，一个叫杨元嗣的人检举张昌宗召术士李弘泰占相，称张昌宗有天子相，劝他在定州建造佛寺，则天下归心。

2 ——
《朝野佥载》卷1记载："长安四年十月，阴，雨雪，一百余日不见星。正月，诛张易之、昌宗等，则天废"；"天后时，谣言曰：'张公吃酒李公醉。'张公者，斥易之兄弟也；李公者，言李氏大盛也"。

3 ——
《资治通鉴》卷207"则天后长安四年（704）十二月"条。

这份检举有根有据，显然不是民间人士能够知道的。张氏兄弟案子被再次提起，进入第二阶段。

武则天让宰相韦承庆率司刑卿崔神庆、御史中丞宋璟审理。韦承庆和崔神庆都依附于张易之、张昌宗，武则天要保他俩过关的意图表露无遗。术士占相一事无可抵赖，韦承庆和崔神庆审结上报，称张昌宗此前已经把术士说的话向陛下交代过了，依自首赦罪的律条，张昌宗无罪；李弘泰进妖言，应收捕入狱。这与其说是审案，不如说是洗罪。一同审案的御史中丞宋璟和大理丞封全祯坚决反对，另行上奏，质问张昌宗已经身居高官，还要找术士占相，安的是什么心呢？李弘泰占筮得纯乾卦，这是天子之卦，张昌宗如果觉得是妖言，为什么不把李弘泰押送官府！哪怕他曾经上奏汇报过此事，也是包藏祸心，依法当抄家处斩。请将他收监入狱，深入追查。武则天按下不表，宋璟再次上奏，坚持要求收监。武则天批示，让宋璟暂停审理。很快就派宋璟去扬州办案，又命令他审理幽州都督贪污案，转眼又让他担任李峤的副手去安抚陇右蜀地。总之，武则天想方设法要把宋璟调离支走。不料宋璟援引办案条例加以拒绝，君臣僵持不下。去年魏元忠案件中朝官相继起来抗争的一幕再现了。

司刑少卿桓彦范上疏要求惩办张昌宗。宰相崔玄暐上奏请求依法惩办。武则天让法司论议，崔玄暐的弟弟，司刑少卿崔昪拟处大辟极刑。宋璟再次上奏要求拘押张昌宗。朝廷上群情激昂。武则天出面安抚最为激烈的宋璟，说张昌宗已经交代过此事了。宋璟反驳道：谋反罪不容自首，张昌宗若不伏大刑，国法何在！武则天温言劝解。宋璟以死抗争，声色越发严厉。在一旁的杨再思赶忙插嘴护主，要宣敕命令宋璟退下。宋璟厉声道：圣主在此，不烦宰相擅自宣布敕令。宋璟决意不退了，一定要争出个结果。武则天无可奈何，勉强同意让张昌宗到案受审。宋璟胜利了，他站立在御史台庭上，宛若雕像。张昌宗来了，老老实实接受询问。就像武则天低估了宋璟的意志，宋璟同样低估了武则天的决心。审理才进行不多时，宫内特使来了，带来武则天的特赦令，把张昌宗带了回去。宋璟扼腕，痛恨自己太过守法了，应该一上来就敲碎张昌宗这小子的脑壳。武则天试图缓和局面，派张昌宗去向宋璟致歉道谢，宋璟拒而不见。武则天同朝臣的对抗公开化了，双方都不会退让。张氏兄弟案第二阶段落幕，张昌宗再次逃脱法外，有武则天这座笼罩一切的靠山，谁也奈何不了他。但是，谁也逃不过法则，物极必反。

张氏兄弟案引起如此大的冲突，真正的要害既不是贪污受贿，也不是术士占相，而是权力的交班，关乎社稷前途和百官命运。如果张易之、张昌宗只是单纯的男宠，给武则天快乐，供官民茶馆消遣，倒也掀不起大浪来。问题在于这两个人没有自知之明，怀有非分的政治野心，而且还在朝廷高官中培植势力，连宰相崔承庆、房融等都鞍前马后簇拥追随，具有了篡权的可能性，因而被朝野视为心腹大患。没有那么大的实力，却要虚张声势，做力不能及的事，咎由自取。武则天确定传位太子，看不出有临终前突然换马的迹象，死保张昌宗或许是老年人病床前需要用熟悉的人才感到妥帖安心，耐心劝解大臣则希望获得理解。然而多年来恩威莫测的风云变幻，翻云覆雨之手夺走了朝野官民的信任，说什么都无人敢信，一切皆有可能。武则天最后一点需要温存的苦衷，早被她长年的所作所为妖魔化，怎么看都像烟幕。信任没了，沟通必定断裂。武则天误判了形势，错估了自己在官员心中的形象，不用太子随侍，反而拼命保护张易之、张昌宗，成为试图在最后一刻篡位夺权的有力证明。无济于事的解释反而加剧怀疑，越解释越怀疑，螺旋上升。在怀疑的年代，幻想出来的鬼总被认定为真实，直到水落石出，才发现在同影子战斗，至多是小题大做。信任危机造成政治危机，尤其在风云变幻的时刻。

百官群起打鬼，既然依法抗争不能伸张公理正义，那么，他们毅然选择了动用武力。

转眼过年了，正月，武则天改年号为神龙，大赦天下。这次不是一般性的大赦，还有针对性地宣布从文明元年（684）以来，除了扬州和豫、博两大起兵反叛案，以及叛逆谋反的魁首之外，全部赦免。武则天明显在为自己的身后事做安排。这么多的冤案、冤魂，朝中大臣也一再呼吁平反，与其留给身后人操弄，不如自己和解释仇。武则天哪怕病得昏昏沉沉，心里还是明白的。

新任宰相张柬之没有闲着。正像姚崇所荐，他沉稳有谋，能断大事。上任后，他联络可以信任的大臣，集结力量。

杨元琰早就印记在他的心中。当年，张柬之和荆州长史杨元琰职务交接，两人泛舟江上，四周无人，夜色如银，他们谈到了武则天篡唐立周，杨元琰在笼罩四周的夜幕中发出慷慨的声音，誓言匡复唐朝，彼此相视铭心。现在张柬之手中有权了，他找机会问杨元琰是否还记得那个夜晚，言犹在耳。杨元琰毫不含糊，心心相印。张柬之提议任命杨元琰为右羽林将军，获得禁军的部分权力。

张柬之看准了狄仁杰举荐上来的官员，他们都有澄清朝政的志向，敢于同佞幸势力抗争。桓彦范和敬晖参加进来了，一起谋划。张柬之把他们分别安排在左右羽林军将军位置上。因为禁军将领的身份，他们得以不时见到居住在北门的太子，传达消息，沟通内外。这步棋最为关键。太子受到严密的监视，官员难以接近，更不用说深谈了。整个行动必须统一在太子之下，才具有政治的合法性和正义性，成为凝聚官民的旗帜。桓彦范和敬晖做到了，成功说动懦弱的太子同意他们的行动。

禁军中，桓彦范和敬晖秘密影响了其他将领，把李多祚和李湛多争取过来了。

李多祚祖上世代为靺鞨酋长，骁勇善战，重情义，性豪爽，年轻时屡立军功，升迁至右羽林军大将军，掌握禁军半壁。张柬之秘密会见了李多祚，询问他任职多久了？李多祚告知长达三十年，宿卫北门也有二十多年了。张柬之问他，能有这般荣华，位极武臣，是不是蒙高宗之恩呢？李多祚连声称是。张柬之语气凝重地说道："将军既感大帝殊泽，能有报乎？大帝之子见在东宫，逆竖张易之兄弟擅权，朝夕危逼。宗社之重，于将军，诚能报恩，正属今日。"李多祚慨然应允道："苟缘王室，惟相公所使，终不顾妻子性命。"[1] 两人一同向天地发誓，情溢于词，义形于色，定下诛杀张易之兄弟之盟。

1 ——————
《旧唐书》卷109
《李多祚传》。

左羽林将军李湛加盟，最令人意想不到。李湛的父亲是武则天早年的鹰犬之臣李义府，武则天信任他，委以禁军，他反戈一击，起了非常重要的作用。参加进来的还有左威卫将军薛思行等将领。李多祚是禁军统帅一级的高官，其余几位是实际带兵的人。张柬之成功地渗透到禁军内部，蓄势待发。

参与密谋的核心官员，还有在审理张昌宗案件时直言进谏的宰相崔玄暐、袁恕己。袁恕己担任司刑少卿，兼掌相王府兵马。政变当日，他坐镇相王府南衙兵仗中，掩护宫内行动。

短短时间内，张柬之汇聚起一批中高级官员，分布在强力要害部门，顶着杀身灭族的巨大风险，要为恢复唐朝决一死战。几乎不可能的事情，张柬之做到了。是他能力超凡，还是武则天失政成全了他？朝廷上群臣抗争，情绪高涨；朝堂外有志之士集结，摩拳擦掌，各方面的条件马上就要聚拢，发出扭转乾坤的一击。

这一天来得很快，新进入宫内禁军的将军，引起张易之的警惕和怀疑，他也行动起来，让武则天任命武攸宜为右羽林大将军，这才感到安心。张易之这类通过溜须拍马、卖身献媚、夸夸其谈等途径蹿升高位的人，眼睛盯着的多为发号施令的高层，看不起踏实做事的中下层。实际上，真正起作用的恰恰是中下层官员。武攸宜这位空头司令能够指挥得动手下的羽林将军吗？张易之觉得心安，却是打草惊蛇。

张柬之不能犹豫，必须行动了。这一刻，出巡地方的宰相姚崇回到京城，张柬之、桓彦范赶往会面，把计划透露给他。姚崇马上表示赞同，投身进来。再没有犹豫，也不容等待，历史上称作"神龙革命"的行动开始了。

神龙元年（705）正月二十二日，张柬之、崔玄暐、桓彦范与左威卫将军薛思行等人率领五百多名左右羽林兵控制了玄武门。李多祚、李湛和驸马都尉王同皎到东宫迎太子。太子惊惧，不肯出来，王同皎对他说："先帝以神器付殿下，淇遭幽废，人神同愤，二十三年矣。今天诱其衷，北门、南牙，同心协力，以诛凶竖，复李氏社稷，愿殿下暂至玄武门以副众望。"太子还是畏缩不前，弱弱说道："凶竖诚当夷灭，然上体不安，得无惊怛！诸公更为后图。"幼年以来的母威，提心吊胆的流放岁月，把太子改造成怯懦、无能、没有主见的人，同样遭受幽禁的弟弟相王亦是半斤八两，武则天把贤能的儿子都灭了，在她身边能够留下来的就是这样的儿子了。这就是唐朝恢复后中宗、睿宗时代乱政的根源。父弱子强，大唐要到玄宗登上舞台才一扫积弊，再次走向强盛。这个转变有许多曲折和苦难，但没有开这个头，哪来后日的辉煌。

李湛进前慷慨说道："诸将相不顾家族以徇社稷，殿下奈何欲纳之鼎镬乎！请殿下自出止之。"[1]半推半就，太子被王同皎抱上马，从玄武门进入宫中，奔往武则天所在的迎仙宫，途中和张易之、张昌宗相遇，张柬之下令击斩于庑下，突入到武则天病卧的长生殿，侍卫环绕。武则天惊起，看到四周盔甲鲜明，马上明白怎么回事，转为冷静，问谁在作乱？李湛回答道："臣等奉令诛逆贼易之、昌宗，恐有漏泄，遂不获预奏，辄陈兵禁掖，是臣等死罪。"

武则天逐个扫视过去，瞧见太子，瞬间捉住平息事态的突破口，说道："乃汝邪？小子既诛，可还东宫。"只要太子回东宫，武则天就夺回了权位。

太子不知如何是好，众臣深明其中利害。桓彦范上前一步说道："太子安得更归！昔天皇以爱子托陛下，今年齿已长，久居东宫，天意人心，久思李氏。群臣不忘太宗、天皇之德，故奉太子诛贼臣。愿陛下传位太子，以顺天人之望！"水落石出，这次行动不仅是诛除二张奸佞，更要恢复李唐，众臣不达到目标绝不罢休。

武则天还在做最后的努力，用各个击破的手段对付眼前一众将官，力图挽救大厦于既倒。她用高踞朝堂的口气质问李湛："汝亦为诛易之将军邪？我于汝父子不薄，乃有今日！"李湛显露愧色，无言以对。这招有效，武则天转向崔玄暐，语含收买之义，说道："他人皆因人以进，惟卿朕所自擢，亦在此邪？"崔玄暐一路走来，刚正不阿，软硬不吃，坦荡回答道："此乃所以报陛下之大德。"[2]崔玄暐报效的是国家，而不是武则天的私恩。公义高于私情，话说得一清二楚，

1 ——
引文见《资治通鉴》卷207"中宗神龙元年（705）正月"条。《旧唐书》卷82《李义府附李湛传》记载李湛劝说中宗，刘知几《中宗实录》《唐历》《统纪》都载为王同皎所言，《资治通鉴》折中为两人共同劝说。

2 ——
以上引文均见《资治通鉴》卷207"中宗神龙元年（705）正月"条。

再用拔擢厚待来说事，顿然失效。

看不完的面孔，依然熟悉，都是自己的卫士和亲信，个个严肃，站立不动，神情坚定，没有闪烁。武则天知道自己的声音穿不出这道人墙，还是给自己留点尊严吧。她被卫士抬了出去，望着这座自己选定的宫殿，今生再也回不来了。她用遍地鲜血和累累白骨建立起来的周朝也在这一刻名存实亡，只能在历史的幽暗角落找到。

众将士分头捉拿张昌期、张同休和张昌仪，拉出斩首，连同张易之、张昌宗的首级，悬挂在天津桥南。士庶民众一片欢呼，涌上前去，把尸体上的肉全都脔割精光。[3]坐镇相王府南牙兵的袁恕己，收捕朝中的张易之党羽韦承庆、房融两宰以及司礼卿崔神庆，几人银铛入狱。

二十三日，朝廷颁制宣布太子监国，大赦天下，任命袁恕己为宰相，派遣十位使者奔赴各州传达镇抚。

二十四日，武则天传位于太子。

二十五日，中宗即位，宣布大赦，唯张易之一党不赦。

冰雪开始消融，春寒依然料峭，冷暖在拉锯，生机也在涌动。

新朝廷伊始，立即做的一件事情就是启动大平反，宣布受周兴等酷吏迫害的冤案，全部平反，恢复名誉；子女遭配没刑罚的一律恢复身份。唐朝皇族遭配没者，子孙一律恢复属籍，授予官爵。

相王李旦加号安国相王，拜太尉，入朝为相。太平公主加号镇国太平公主。

二十六日，武则天被安置在上阳宫，由李湛负责宿卫。翌日，中宗率领百官前往上阳宫，尊称武则天为则天大圣皇帝。武则天何其幸运，新朝皇帝是亲儿子，孝道伦理决定了儿子必须善待父母，否则如何要求天下臣民尽忠尽孝。而且，这更是政治考量，避免激烈的政治冲突，并引发社会矛盾的井喷，以妥协换取稳定。卧榻上的武则天至此可以稍稍宽心，可以确定人身安全了，不会像她迫害对手那样遭到虐待，也不会像许多被废黜的皇帝一样被囚禁，只要交出政权，儿子对她依然畏惧和恭顺。

3 ——
《旧唐书》卷91
《桓彦范传》。

朝廷的人事改组紧锣密鼓在进行中。二十九日，张柬之、崔玄晔、袁恕己、敬晖、桓彦范分别担任宰相和凤阁、鸾台负责人，李多祚赐爵辽阳郡王，王同皎为右千牛将军、琅琊郡公，李湛为右羽林军大将军、赵国公。这次行动的主要领导人物全面掌控了朝政大权。

二月一日，中宗率领百官到上阳宫谒见武则天，问候起居，此后每十天晋谒一次。这是名存实亡的武周朝下最后一次觐见皇太后了。完成这些安排，唐朝就将隆重恢复了。

二月四日，国号正式恢复为唐，郊庙、社稷、陵寝、百官、旗帜、服色、文字等全部恢复到高宗永淳年以前的制度，神都改回东都。武周所改的制度基本被废除，全都回归唐朝。

二月五日，张易之党羽，原宰相韦承庆被贬为高要县尉；房融除名，流放高州（今广东高州）；原司礼卿崔神庆流放钦州（今广西钦州）。惩罚相当温和，对象也非常集中，仅仅限于张易之死党，没有更多的牵连和扩大，真正在武周时代手握大权、罪恶累累的人丝毫没有受到冲击，只是短暂地销声匿迹，观测时局的变化，可以说武周朝的政治基础安然无损。

中宗可以依靠的唐朝皇族早已被武则天镇压得七零八落，漂泊偷生。当年被诛杀的唐朝诸王、妃、公主、驸马等，暴尸荒外，无人掩埋，子孙或者流放到岭表，或者囚禁在牢里，有些则隐姓埋名藏匿在民间，充当佣力人夫。现在所能做的就是下令各州县寻访已死者的尸骸棺柩，以礼改葬；找回他们的子孙，承祧继嗣，赓续香火。这些人陆陆续续回到京城，在朝堂获得中宗接见的时候，重见天日的喜悦和感激，淹没在惊魂未定的声泪俱下中。中宗根据亲疏关系授予他们官职爵位，其中尚堪一用的当数太宗之子吴王恪的儿子郁林侯千里，因为在武则天时代屡屡进献符瑞而获保全，马上被封为成王，官拜左金吾大将军，史家评价他"褊躁无才"[1]。李氏皇族中，中宗一时无人可用。

中宗能够信任的只有和他共同经历生死磨难的韦皇后，以及沦落边荒时生下的安乐公主，对她们可谓言听计从。安乐公主嫁给武三思

1 ————
《资治通鉴》卷208
"中宗神龙元年
（704）二月"条。

的儿子武崇训，武三思夤缘傍上了中宗。中宗批阅公文及起草诏书需要有人帮助，机敏多才的上官婉儿映入眼帘。她曾经让害死亲爹上官仪的武则天破例重用，更能让凡庸的中宗倾慕依赖，擢为婕妤，专掌制命。上官婉儿因武则天而同武家关系颇深，此时与武三思私通，结为同党。上官婉儿找机会把武三思引荐给韦皇后，让他出入禁中，随中宗谋划政务，关系密切。武三思巧言令色，精于玩耍。中宗让武三思陪韦后玩双陆棋，结果两人十分投契，玩成情人伙伴。中宗倚为内助的两个女人，都和武三思不分彼此，私情纠缠，武氏势力成功地嫁接到唐朝中宗树干上，气焰不减当年，各派政治势力残杀内讧方兴未艾，社会动乱一波未平，一波再起。

　　这种情况，早有人预见到了。铲除张易之、张昌宗的时候，洛州长史薛季昶向张柬之和敬晖进言："二凶虽除，产、禄犹在，请因兵势诛武三思之属，匡正王室，以安天下。"如果不趁势铲除武氏，凶恶势力必将反攻倒算，葬送此次行动的成果。薛季昶多次陈述利害，都未获张柬之和敬晖采纳，最后绝望地说道："吾不知死所矣。"[2]官小无力参与起事的朝邑（今陕西大荔）尉刘幽求对此也洞若观火，提醒桓彦范道："公等无葬地矣。不早计，后且噬脐。"[3]

　　张柬之和敬晖拒绝采取行动铲除武氏诸臣，表明他们主导的这次政变行动，目标明确而有限，就是恢复唐朝，还政于太子，而不是一场刷新人事与朝政的行动。所以，政变行动从一开始针对性就很强，仅限于诛除张易之、张昌宗兄弟及其死党，寥寥数人，并不想扩大。武则天晚年确定中宗为太子接班，武氏与李氏合流，构成顶层政治利益核心集团。只是武则天晚年偏宠张氏兄弟，病床前仅有二张在侧，造成朝野担忧武则天变卦或者被挟持，因而采取政变行动捍卫中宗，顺势恢复唐朝。在此方针下，政变从一开始就没有计划清除武氏集团，薛季昶临时提出铲除武三思的动议，遭到拒绝合乎政变行动的原则，并非优柔寡断。事后回顾，张柬之等朝官高估了张易之、张昌宗的政治能量，这几个没有政治与社会根基的人只能完全依附于皇帝而存在，不具有篡政夺权的实力，即使不自量力悍然篡权，也一定会

2 ————
《旧唐书》卷91
《敬晖传》。

3 ————
《新唐书》卷121
《刘幽求传》。

被迅速敉平。由此看来，这次政变首先是基于误判的正义行动。其次，由于专制君主完全没有可预测性，所以不能说这次政变是多余的行动。

以张柬之为首的起事朝官为什么不愿意铲除武氏集团呢？由于历史记载仅有片段信息留存，不足于回答这个重要的问题，只能做推测而已。与其任意推测，不如认真地思考几个问题。

第一，新任宰相不久的张柬之与几位中级官员，他们的政治力量足以推翻武则天经营已久的政治权力格局吗？

第二，朝官与武氏集团、李氏皇族各自拥有怎样的关系，他们在铲除纯属外来政治素人的张氏兄弟上有高度共识，但在清除武氏集团上能够达成共识吗？或许他们最大的公约数仅限于铲除张氏兄弟。这从政变后对于如何处置武三思的分歧可以窥见一斑。

在朝官未能达成清除武氏集团共识的情况下，贸然把斗争扩大化，很可能造成分裂对立。连人数很少的起事官员内部，意见都不一致，刚刚掌握部分羽林军的桓彦范和敬晖不同意诛杀武三思等[1]，如果扩大到朝廷官员范围，势必有更大的争执。把目标集中于恢复唐朝，才能树立起合法性的旗帜，同时避免内部分裂，未起先败。

不触碰武氏集团是当时情势下政治妥协的结果，希望通过辅佐中宗后续解决这一问题，大概是张柬之等人共同的想法。在这一点上，他们高估了中宗，高估了自己，低估了帝制。

中宗怯懦无见识，李、武相互依赖。张柬之等功臣似乎没有意识到功高震主，对中宗构成心理威胁，反而推动中宗与武氏的结合。帝制下权力来自皇帝，张柬之等功臣虽有报国之心，却处于随时可被一纸解职的地位，国家命运系于中宗喜怒之间，因此，清除武氏集团才有可能刷新朝政。这一点做不到，起事功臣的命运已是在劫难逃。桓彦范、敬晖和袁恕己被残杀，薛季昶自杀，张柬之和崔玄暐忧愤病死，杨元琰落发出家。政治清明的路依然遥远而艰难，弱主之下，各逞私欲的多股政治势力绞杀博弈，乱象丛生，民生维艰。在国家沦丧

<hr />

1 ————

是否趁势诛杀武三思，史书记载不一致。《旧唐书·敬晖传》记载："晖与张柬之屡陈不可，乃止。"《新唐书·敬晖传》记载："易之已诛，薛季昶请收诸武，晖亦苦谏，不从。"《新唐书·桓彦范传》记载："彦范不欲广杀……"显然，主谋的张柬之、桓彦范和敬晖三人在诛杀诸武的问题上意见不一。只是当日内部的争议，已经不得其详了。

的时刻，不能迸发出拨乱反正的压倒性力量，拯民济世，就只有灭亡。一个民族历久弥新，不在于她不会犯错误，而在于具备强大的纠错能力。唐朝正面临生死存亡的考验。

神龙年间恢复唐朝的行动，只是恢复了王朝的合法性，却没有实现政治与社会的变革，故可称为神龙政变，却无法评价为神龙革命。

洛阳城外西南隅的上阳宫卧榻上，武则天远远地注视着朝廷政治的风云变幻，武氏子弟安然无损，朝政换汤不换药，她可以长长地舒口气。自从入宫以来，六十余载，从少女追逐彩虹的梦幻跌落到落发出家的清冷，绝地转机闪现，她开始和高宗并肩踏上政治征程，年年都在搏杀，从朝堂到家内，碾碎反抗，开启整肃，血雨腥风，无时无刻不在担忧失去权力。用无情的残忍去捍卫心中的担忧，最终还是被梦魇的魔影所笼罩，一旦病倒，旋生政变，拼死争来的权力，在临终的眼前失去，无可奈何。幸好她斩草未除根，给自己残留两个不中用的儿子，最终得以平安合上眼睛。魂魄所系的东西彻底失去了，再

乾陵鸟瞰图

乾陵神道上的
石翁仲

乾陵述圣记碑

没有什么值得忧惧牵挂，武则天反而获得了心灵的解脱，不必劳神算计，不再有噩梦连连，本已病笃的身体仿佛出现了奇迹，喘息渐渐平缓，周围虽然变得清冷，内心却是一片平静，生命因此延长，渡过了此生最是风平浪静的日子，整整十一个月。她是被推翻的独裁者中最幸运的人。

神龙元年（705）十一月二十六日壬寅，武则天在上阳宫仙居殿平静去世。

在最后的时刻，她忏悔了，留下遗制："王、萧二家及褚遂良、韩瑗等子孙亲属当时缘累者，咸令复业。"[1]被剁去手脚浸泡在酒瓮中的王皇后、萧淑妃惨状，在武则天心头挥之不去，如影随形，直至生命终结。

武则天还给自己找好最后的庇佑靠山，托身寄魂，遗制："祔庙、归陵，令去帝号，称则天大圣皇后。"她葬送了无数忠贞的生命，扬起漫天风尘，最终还是回归李家媳妇的原形，祈求那一抔不再骚动的黄土。

武则天想得很明白，能不能和高宗合葬，攸关她死后的一切。中宗明白，朝廷大臣们也明白。十二月，武则天将出殡，给事中严善思上疏，认为高宗的乾陵玄宫以石为门，合缝用铁浆铸牢，现在如果要打开，必须凿铁敲石，兴师动众，惊动高宗不得安寝。而且，汉代皇陵，皇后多不合葬，直至魏晋方开此例。所以，建议在乾陵旁边另则吉地建造陵园。如果神明有知，会让他俩幽冥相会；如果无知，葬在一起也无益于事。严善思引经据典，说古论今，说来说去，就是反对武则天与高宗合葬。无须明言，只要不合葬，武则天的地位就没有最终确定，以她杀戮之广，冤虐之深，谁能保证不会被刨坟鞭尸呢？实际上，古代的合葬墓，为了不惊动先入葬者，很多采用同坟不同室的方式。武则天一定要和高宗同一墓室，因为谁都不敢刨高宗的陵寝。而且，她也因此获得千古不移的历史定位，顺手把武周这场闹剧掩藏在唐朝波澜壮阔的河流底下。高宗生前成就武则天，死后还得为她遮蔽矢石。风暴过后，回归平静，能够长存于世的还是立德，立功，立言。

1 ——————
《旧唐书》卷6
《则天皇后纪》。
《资治通鉴》卷
208"中宗神龙元
年（705）十一
月"条所载武则
天遗制中，尚有
王皇后亲属柳奭
一族。

乾陵无字碑

乾陵六十一王宾像

中宗按下严善思的奏疏，毅然决然地将母亲安葬在父亲的墓室里。

死后都要托庇于人，托庇于唐朝的法统，生前的事迹如何纪功呢？生前纠集的无行文人所进献的颂词谀文不能用了，中宗、睿宗两位亲儿子，乃至玄宗这位雄才的亲孙子看了也不会用。一生所为，世人各有评说，历史也会有公论。千百年陪伴着乾陵的是静默的无字碑。

何以诉说呢？

幼年来自亲人的伤害扭曲了武则天的情感，咽下的屈辱砥砺成深藏不露的算计与窥测。家内受到歧视，第一段婚姻又遭冷遇，接连而来的打击让她屡屡身处绝境，为了求得更好的生存，她磨砺出不择手段拼死一搏的勇毅，挫折环境激发出更加强烈的出人头地的渴望，变得残忍冷酷。带着扭曲的倔强，她来到唐太宗身边，梦中憧憬的伟人近在咫尺，内心的倾倒铸就无限的英雄崇拜。她想望着成为唐太宗一般的英雄，掌控一切，运转乾坤。可是，她不曾有过世事的历练，既不懂军事，也不了解经济；她深谙权术，却不知道治国之道；她看到唐太宗的杀伐果敢而竭力效仿，却没有领悟民如水、国如舟的道理，重视工具却迷失目的。所以，她用累累白骨铺出通往权力顶峰的路，却始终没有成为英雄。她精明而不英明，算计却无大计，总是在悖论的两端摇摆，致力追求的仿佛到手了，却发现离想要的更加遥远，于是又开始新的折腾。她自诩的驭下之术，除了铁鞭、铁挝，就是匕首、惩罚、酷刑、残杀，一味地高压，造成大量的农村逃户，学校荒废，社会凋敝，暴力取代能力，治政漠视惠民。她树恩于私党，却结怨于天下，惨淡经营，凄凉收场，最后不得不托庇于倾力推翻的唐朝，留下残破的山河、内讧的朝廷，于前愧对太宗的奠基、高宗的繁荣，于后难望开元盛世之项背。

她被推翻，不是由于性别，而是因为失政。唐朝开放的雄健之风，巾帼不让须眉，妇女活跃于社会生活的各个领域，举足轻重。从宋朝开始，明清时代愈演愈烈乃至反人性的压迫女性，导致近代以来人们的观念中误以为宋代以前的女性也如明清一般悲惨。这种情况不限于性别史，经历漫长的明清专制王朝，现代的中国人对于宋代以前的中国历史有相当大的隔膜和误解。就女性执掌朝政大权而言，秦朝到清朝的整个帝制时代，始于太后掌权，终于太后垂帘听政。其间的王朝，皇后干政、太后主政的事例数不胜数，女性执掌权柄的时间相当长，哪怕到妇女社会地位跌入谷底的清朝，太后主政依然屡见不鲜。朝廷、民间有些"牝鸡司晨"之类的怪话，却没有从法律制度、政治原则上否定乃至禁止女性掌权，反而是接受并视之为合法。推翻武则天的时候，没有人以性别为号召，并不因性别而视其为非法，当时所争的不是性别，而是法统。太后主政合法，太后称帝非法，是因为帝制王朝的皇帝只能血脉承袭，一朝一姓，改姓则改了血统，视同改朝换代。这种情况不分性别，例如王莽借由外戚篡位，尽管他是男性，一样被视为非法，恢复汉朝便成为各路反抗武装的旗帜，王莽连尸体都被生吞活剥。把武则天称帝视为性别平等和妇女解放的标志性事件，完全是经历明清王朝以后出现的伪问题。武则天并没有赋予女性更高的法律地位和权利，和性别平等毫不沾边。当今的人们无须为自己制造的问题情绪激昂，更需要做的是冷静思考：武则天究竟留给后人什么？

斗转星移，四季轮替，无字碑依然如故，伴随着风声、雨声和历史的回声。

后 记

　　这本书先后写了27年。最初是南京大学校长匡亚明教授发起并主持"中国思想家评传"项目，计划撰写一二百位古代思想家评传。当时我刚刚出版《隋文帝传》（1998年）不久，接到南京大学思想家评传中心的邀请，感到非常荣幸。南京大学思想家评传中心的负责人及专家学者来到厦门大学，耐心说明编撰的原则和体例要求，告知这部书将由丛书副总编卞孝萱教授负责审稿，还邀请我到南京大学参加这套丛书的学术交流会。南京大学方面的工作细致暖心，我在感动之余开始奋力撰写。

　　写重要的历史人物，尤其是被时代打上烙印的人物，非常不容易。不仅要对人物的事迹尽量做到掌握无遗，更要与其所处的时代紧紧相扣，从时代背景、人物成长的环境、教育与人际关系对于人物性格的形成和对于世界的认识、成功与挫折的历练等多方位、多视角去研究，还必须尽可能站到历史人物的角度去看待世界，体悟其心理与情感，走进历史人物的内心世界。然而，研究者的阅历和眼光很难与历史人物契合，没有身临其境就无法体会到理智与情感的冲撞，很容易停留于观察者的角度去描述表象，等而下之的则是未加理解便开始进行价值观评判，甚至预设立场而刻意掩饰或者美化，爱之切而欲拥抱入怀，恨之深则要鞭挞至死，这些都是撰写人物传记的大忌。贴近历史人物是研究者首先要做的准备工作，而揭示历史人物活动造成的影响，其举措、行为背后的动机，将看似分散和孤立的事件联系起来复原整个过程等，则是随之而来的研究工作。人物传记要尽力还原历史人物，另一方面还淋漓尽致地展现出研究者的境界和眼光，既是研究的历程，也是心灵的体验，更是人生的灵魂经历，许多感悟难以言表。人物把握是否精确，不靠表决，无须追随大流，更不能为博得喝彩而曲笔。越独特的人物，知之者越少，无人敢称尽悉，故而研究者同读者都是在不同的境界所做的观察与评论，角度与高低不同，便有了纷纭的众说。我是朝着这个方向努力了，书中所论，皆我所思，读者不必苟同，如愿听我叙述已深感满足，若有不当之处亦不敢推诿逃避。本着这样的想法，我开始撰写《武则天传》，缓缓推进，应该可以如期完成。可是，在丛书临近全部完工之际，我突然中断了撰写，书稿从21世纪初被我束之高阁，再没动过。这一停工，让思想家评传丛书缺少了计划中的一种，我一直对匡亚明老校长、卞孝萱先生，以及思想家评传中心的老师们怀着深深的内疚，总想找个机会表示道歉。

2022年秋冬，我把书稿找出来从头阅读，直至搁笔的武则天酷吏政治之处，想起了当年迷茫彷徨的心情。按照思想家评传编撰的方针，重点在于阐论传主的思想或者治国理念等文化方面的杰出贡献，而我从武则天出生到完全执政称尊，实在提炼不出她有什么政治思想或者治国理论，看到的是眼花缭乱的政治手段。以我的理解，思想家应该有根本性、系统性的理论阐发，处于“道”的层面；而各种权谋手段属于即时、即物的技巧运用，处于“术”的层面。细读滚滚而来的颂扬武则天的文字，看不到对其政治思想的揭示与概括，更多是经不起考证的事项罗列与强辩，例如唐朝停罢科举考试几乎都发生在武则天执政时期，许多书本文章却明晃晃地写着武则天大力弘扬科举，培育新兴阶级，造成社会革命；武周时代各地民户逃亡的记载俯首可拾，论者却指责冒着被酷吏迫害的生命危险给武则天上疏的大臣们没有提供统计数据，不予采信，而流离失所逃入山林的农户推动了社会经济的发展等，教我如何随之起舞？我曾经把困惑多次写信给卞孝萱先生，得到他很多的支持与谅解。对于当年的我来说，正是迫切需要出版大量论文著作去争取功名利禄的时候，放弃如此重要的国家重大项目，确实站到了人生歧路口上。我选择了放弃，前面写的权当徒劳。学术探索从来是孤寂的道路，攀登到哪个层面固然与努力和缘分相关，却必须始终真诚，此所谓"慎独"是也。我鼓起勇气把决定告诉了思想家评传中心，他俩没有一丝丝的责怪，也没有任何希望我曲笔的劝说，乃至多年后我到南京大学做讲座时，邂逅当年思想家评传中心的负责人，他们还鼓励我将来一定要把有学术分量的《武则天传》写出来，让我感铭肺腑，化作暖流，推动我无论如何都要完成这项工作。

一页页翻阅当年发黄的书稿，没有任何想修改的地方，就这样原封不动地保留了下来。想起来不无惭愧，20多年过去了，我在武则天研究领域依然停留于当年的认识，这次只是补写了武则天垂拱年以来的部分。一千多年前压抑得透不过气来的肃杀氛围，让事件的考证也在一丝不苟中爬行。恰逢上海遭遇奥密克戎病毒流行而史无前例地实行全区域静态化管理，依照严格的防控要求，足不出户，望着窗外草绿花谢，埋首于文献的考订与阐释。哀苦眼睛不能聚焦久视，蹉跎时光。奋力踽行，力图领略历史的风光，看懂那个时代。

历史温情地展现人性的光芒，也无情地给入载者定位。能够载入历史的人物，都只能在入载者的庞大队伍中定位，而不是与凡夫俗人比肩。因此，历史的评价便显得分外严峻，许多在世间显得魁梧的人物放到历史里变得渺小可笑。历史明确地告诉后人，只有对社会民生尽责并做出杰出贡献者，才有一席之地。人物的前因塑造了性格，而其行为则结出后果，影响着当时乃至其后相当长的历史时段。前因往往是被动的，但在成长过程中通过学习而增进悟性，其感悟的高度也在改变着被塑造的环境条件。所以，人物的性情由被动和主动两个方面构成，既被所处的时代环境所塑造，也可以通过自身的努力获得超越，这就是相似的环境可以诞生截然不同的人物的原因。例如早年的苦难形成了武则天六亲不认的残忍性格，却令汉高祖刘邦明白了善待百姓的道理。而且，与之毗邻的时代或者人物，会增加或者减低其亮度。例如唐太宗的前面是苛酷虐民的隋朝，便把他的宽仁英明衬托得光芒四射；而武则天前有唐太宗，后有唐玄宗，夹在两座丰碑之间，难免黯然失色。或许唐玄宗晚年的失政给了她一点拉升的借力。眼光和格局不够深远，却耽迷于自我塑造而不是去服务于社会和民众，很多人为的努力到头来最佳的结果只是徒劳。武则天生前给自己戴上"天册金轮大圣皇帝"的桂冠，死后却只留下无字石碑。这些都是撰写人物传记时无法回避的问题。撰写传记，作者或多或少会有给传主增色的情感和冲动，多少有点古代给人写墓志的味道，容易滑入脸谱化和程式化的陷阱。作为历史研究，价值判断性质的人物评价给人的启发少之又少，甚至成为深入思考的情感障碍。结论往往是思想止步的地方，也是偏执的出发点。而且，人物的历史定位不见得是铁定的，也不单由历史学家来决定，还原史实并且力图揭示其中蕴含的道理和因果关系，才是历史学家必须努力去做的事情。

武则天不是唐朝偶然出现的现象，反而具有贯穿整个古代的体制性的必然性。然而，她又非常特殊，在合法性皇帝（无论是高宗，还是中宗、睿宗）的罩袍下，以皇后或者皇太后的身份实际掌握政权，尤其在高宗逝世后，她可以通过禁锢皇帝来实行独裁统治。但是，她始终无法建立起权力的合法性，哪怕到她革唐立周、登基称帝，也仍然无法战胜无形却强大的合法性壁垒。除了权力的逻辑，还有血统的原则，后者直接关系到她在新王朝中的宗祀地位，让她明白中国古代王朝的合法性还内含着血统的强大支柱。这不是好恶是非的问题，而是在当时无法取得社会各阶层承认的严酷现实，亦即政治合法性最终源自社会各个阶层的共识。这迫使权力无限扩大的武则天不得不始终处于僭越者的尴尬地位，她可以常年借用酷吏实施恐怖统治，却改变不了人心。因此，她的统治是中国古代非常特殊的僭主政治形态。僭主形态注定会集中最大的资源进行高压统治，最后也一定因为资源的枯竭而瓦解，不具有持久性。一切残酷的行为都在弥补合法性的不足，而不得人心的手段却在快速吞噬权力的基础和少得可怜的合法性。这种僭主形态始于暴政，衰于内讧，终于枯竭，除非有醒悟的掌权者力挽狂澜给予扭转。武则天晚年的五王政变直至唐玄宗夺权即位，表现出来的是唐朝尚存的自我纠正的能力。在整个中国古代历史进程中，武则天时代仍然具有典型意义与深入研究的价值。

我一直认为对于古今人物和历史，不应抱持预设的价值观动辄评判取舍，徒增偏见，画地为牢；也自以为没有资格评判人物。历史应该推动我们做深沉的反思，带来清醒和启发，不应沦为肤浅的评说，各执己见，无助于世。所以，本书只是努力围绕着武则天去揭示这段历史过程，至于如何去评价，留待大家自主思考判断，非我力所能及。书中的考证和推断，只是我的一得之见。如果有助于大家去思考乃至研究，深以为幸。若有不当之处亦请批评指正。历史是一条用史实筑就河床的思想巨流，人尽在其中，我只取一掬，与君共享。

这本迟到的小书，我想把它呈献给匡亚明和卞孝萱先生：斗转星移，不敢忘怀你们寄望青年的那份重托和我竭诚尽责的承诺。

作者于悟证堂一掬书房

2025年3月